NANJING LIBRARY
南京图书馆

南京图书馆

南京图书馆外景

2016 年 5 月中央和国家机关工委到南京图书馆调研党建工作

全国图书馆民国时期文献编目工作研修班

2014 年 10 月举办首届玄览论坛

2017 年 1 月江苏省图书馆学会七届二次常务理事会在南京市召开

2017 年 7 月江苏省图书馆学会 2016—2017 学术年会在连云港市召开

2017 年 12 月文化部第六次县以上公共图书馆评估定级检查组到南京图书馆检查

2017 年 12 月南京图书馆召开建馆 110 周年庆祝大会

2016 年度文化部考核江苏省公共数字文化工程工作反馈会

2016 年 4 月德国图书馆同仁到南京图书馆参观

南京图书馆历史文献修复中心

金陵图书馆开展汽车流动借阅服务

金陵图书馆与南京市公安局特警支队共建书香警营阅读点

金陵图书馆通过与基层社区合作共建分馆

金陵图书馆牵头全市 11 家区馆开展与市馆通借通还一卡通服务

金陵图书馆举办迎“五一”摄影精品展

南京市司法局与金陵图书馆共建“18”法律咨询广场

金陵图书馆新品牌项目“心惦图”在南京监狱展开活动

金陵图书馆文创商店外景

2017 年 10 月无锡市图书馆精彩亮相文博会

2017 年 5 月“书尚往来”无锡市首届换书大集在无锡市图书馆大厅举办

江阴市图书馆大厅

2017 年 6 月江阴市图书馆开展第六届全民诗歌朗诵大赛

江阴市图书馆“三味书咖”城市阅读联盟——青年广场分馆

宜兴市图书馆新馆于 2015 年 12 月建成开放

2016 年 4 月第四届"书香宜兴"读书节在宜兴市图书馆开幕

2016 年 5 月"庆六·一"艺超美苑美术作品展在宜兴市图书馆展出

2017 年 5 月梁溪区图书馆"一汽锡柴读书驿站"挂牌仪式暨 2017"悦 · 读"图书漂流活动在锡柴图书室举行

2016 年 4 月锡山区图书馆"享受阅读　开卷有益"阅读推广公益讲座走进东北塘农坝小学

2016 年 4 月惠山区图书馆"故事大王"公益培训讲座顺利开展

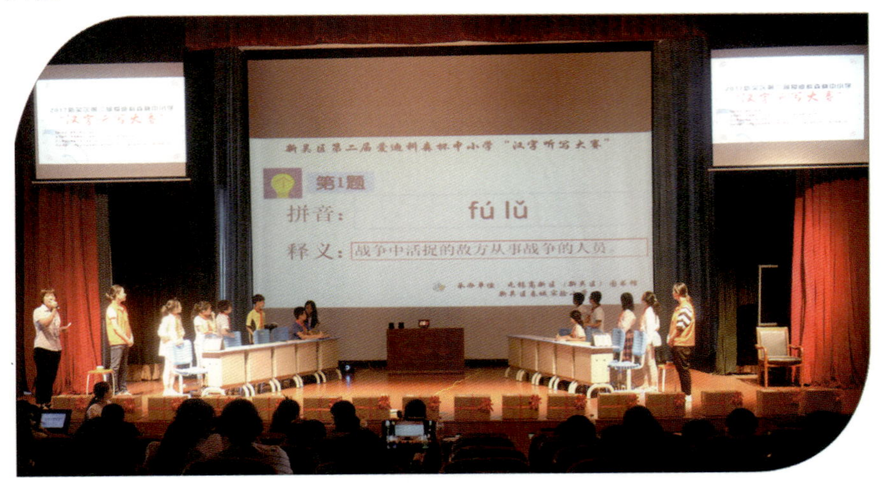

2017 年 10 月新吴区第二届汉字听写大赛在高新区（新吴区）图书馆举行

徐州图书馆与徐州边防检查站签订警民共建协议设立分馆

徐州图书馆邀请焦裕禄纪念馆副馆长董亚娜开展专题讲座

热情为驻徐部队官兵服务，打造书香军营

举办徐州籍作家座谈会

举办世界读书日主题活动

举办“政在你身边”送书活动

举办“七彩虹”少儿绘画比赛

成功举办经典诵读活动

在建的常州图书馆新馆外景

常州图书馆大厅

常州电视图书馆 701 频道于 2011 年 7 月正式开播

常州图书馆滨江街道分馆开展公益讲座

常州图书馆流动服务车走进部队

常州图书馆龙城讲坛之文人常州系列：国学与常州文化

常州图书馆读者朗诵团演出的新年诗会

常州图书馆举办少儿英语活动

学会竞赛

金坛区图书馆新馆外景

新北区图书馆外景

溧阳市图书馆举办“金鸡报晓，纸上生情”活动

武进区图书馆共享大厅

苏州图书馆

苏州市相城区图书馆举办“阅动相城　传承非遗”活动
王建江老师教小朋友学缂丝

苏州图书馆“你选书我买单”服务进校园

苏州图书馆“网上借阅社区投递”自助服务点

苏州市姑苏区图书馆“书香姑苏”阅读节
暨第八届平江晒书节启动

苏州市吴中区图书馆新馆 2017 年 6 月建成开放

苏州市吴江区图书馆举办“悦读彩虹堂”活动

苏州市高新区图书馆“我们的节日 · 端午节”主题活动

苏州市工业园区图书馆举办“爱阅 · 家”——幸福从家庭阅读开始（专题阅读推广）活动

昆山市图书馆外景

太仓市图书馆举办第八届“换书乐”活动“——换·享书世界”

常熟市图书馆“图书馆+”创新服务项目之星耀社分馆

张家港市少年儿童图书馆开设芽芽园

张家港市图书馆创立全国首家24小时服务的免费阅读空间——图书馆驿站

南通市图书馆外景

少儿图书馆内景

电子阅览室

举办春节活动

爱迪科森少儿活动

家庭读书会活动

英语沙龙活动

公益讲座

静海书院成立

静海讲坛

如东县图书馆外景图

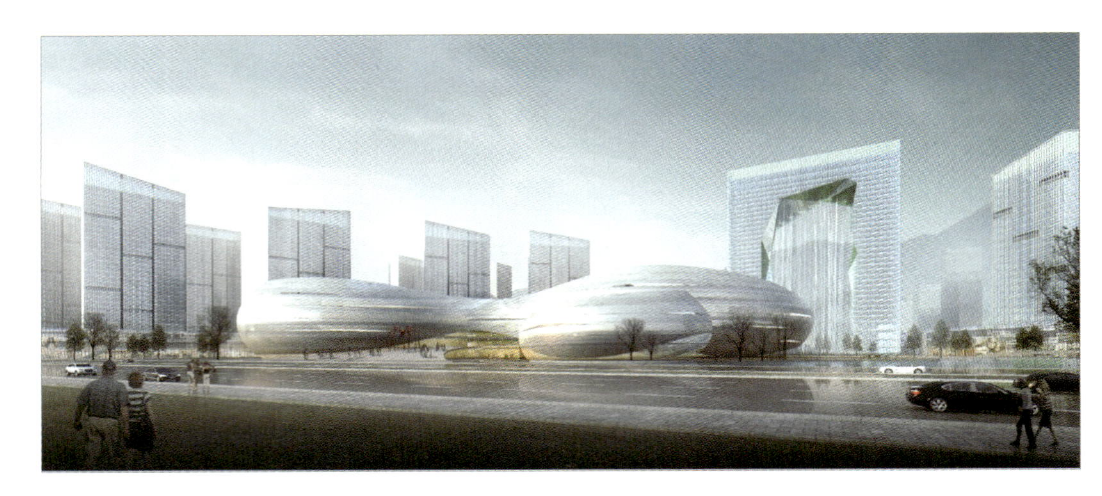

连云港市图书馆新馆外景

连云港市图书馆艺文馆

连云港市图书馆图书漂流区

连云港市图书馆市公安局分馆揭牌

连图山山林美术馆

连云港市图书馆理事会成立大会

连云港市首届公共图书馆业务知识与技能竞赛

连云港市社科界首届学术大会——市图书馆学会学术研讨会召开

连云港市少儿图书馆棒棒堂故事会

赣榆区图书馆邀请青少年来馆参观

连云区图书馆举办“诵读经典进校园”活动

海州区图书馆举办“喜迎十九大 悦读进海州”活动

灌南县图书馆举办“新华杯”青少年读书征文朗诵比赛

2017 年 5 月淮安市图书馆新馆对外开放

淮安市少儿图书馆

2017 年 9 月投入运行的淮安区 24 小时自助图书馆

2018 中国淮安 · 周恩来读书节启动仪式

2017 年 1 月淮安市政府悦读新空间对外开放

2017 年 7 月淮安市图书馆举办“爱心阅读 关爱留守儿童”活动

“朗诵新声代 悦动图书馆”——淮安市图书馆举办青少年语言艺术汇报表演暨诗词大会

淮图翔宇讲坛第三讲
——我国安全环境与战略选择

淮安市图书馆举办翔宇讲坛

清江浦区崇圣书院“智、仁、勇”国学夏令营活动

2018 年 3 月淮阴区图书馆举办“凤凰新华杯”
书香家庭 · 智慧女性读书演讲比赛

洪泽区图书馆馆舍外景照

洪泽农渔民读书节

建设中的涟水县图书馆新馆外貌

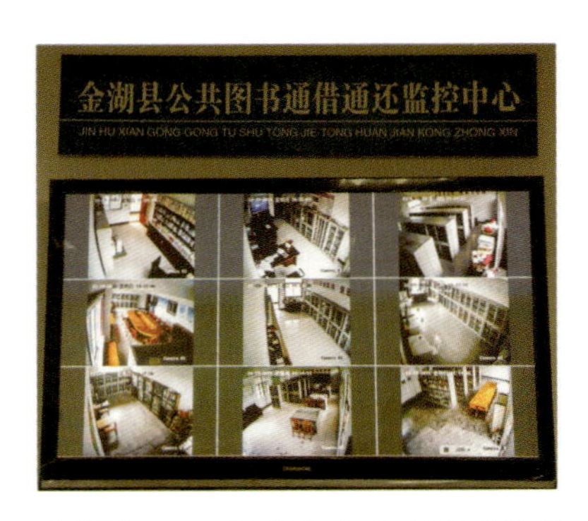

金湖县 2015 年率先在全市完成总分馆体系暨通借通还建设试点工作

全民阅读亮点工程——“盱眙县 24 小时自助图书馆”

盐城市图书馆外景

盐城市大丰区图书馆

盐城市盐都区图书馆

盐城市图书馆图书流动车市民广场宣传服务

首批书香盐城形象大使

首届盐城市图书馆理事会成立

盐城市数字图书馆业务技能竞赛现场决赛

2017 年“盐渎风”盐城市第五届读书节启动

“书香盐城”诗文诵读大赛决赛

2016 书香盐城百日诵读活动启动仪式

《全民阅读》特种邮票暨《倡导全民阅读 建设书香盐城——盐城市图书馆》个性化邮票首发仪式

江苏省五位知名书法家迎新春送“福”到家

“大爱无疆 重建家园”中国书画名家爱心慈善

残障青年作家王忆新书发布暨诗歌朗诵会

扬州市图书馆

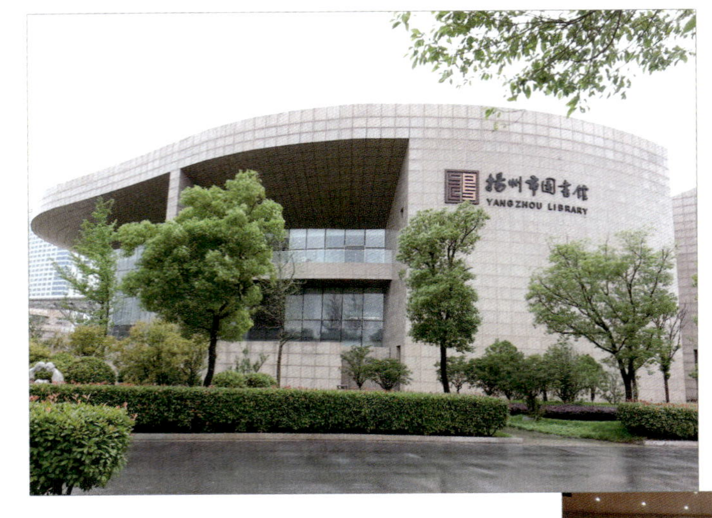

扬州市图书馆

扬图讲堂

扬州市少儿图书馆

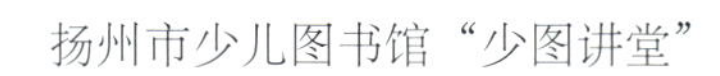
扬州市少儿图书馆“少图讲堂”

扬州市图书馆虹桥坊 24 小时城市书房

扬州市图书馆三湾城市书房

扬州市图书馆上院 24 小时城市书房

仪征市图书馆外景

仪征市图书馆“乐仪讲坛”

高邮市图书馆城市书房

高邮市图书馆“秦邮文化讲坛”

邗江区四望亭路 24 小时城市书房

江都区自在公园 24 小时城市书房

江都区图书馆“书缘讲坛”

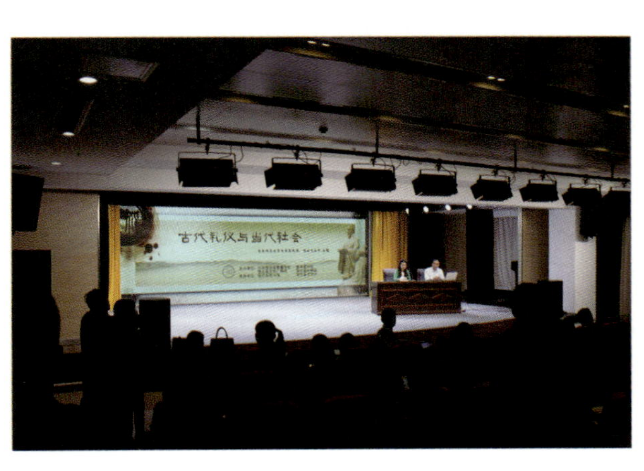

宝应县图书馆“宝应大讲堂”

少儿阅读季一

少儿阅读季二

少儿阅读季三

少儿阅读季四

书香公交电子书

书香公交电子书下载页面

泰州图书馆外景

2016 年泰州图书馆稻河 24 小时自助图书馆建成开放

2015 年靖江市图书馆建成泰州市首家 24 小时自助馆——“马洲书房”

2016 年泰州图书馆泰州舰分馆揭牌

2013 年泰州市区新建 10 个阅读书吧

2014 年时任国家图书馆馆长周和平视察泰州图书馆

2015 年全省首家阅读学会——泰州市阅读学会成立

2014 年 6 月江苏省暨泰州市摄影图片展在泰州图书馆一楼展出

2013 年泰州图书馆开通短信服务功能

2017 年泰州图书馆与“南京银行”联合举办青少年读书节

2017 年 6 月姜堰区图书馆分馆开启
“你选书 我买单”活动服务新模式

2017 年 7 月姜堰区图书馆举办全区首届全民阅读大赛

宿迁市图书馆内景图

少儿阅览室免费开放

24 小时自助图书馆

宿迁市第一人民医院分馆

三台山森林公园漂流书亭

三台山森林公园林中书房

幸福社区新设立幸福书吧 24 小时开放

克拉嗨谷第五空间

关爱残疾人活动图片

小手牵大手亲子阅读活动现场

红领巾读书征文演讲比赛部分获奖小选手合影

2017 年暑期志愿者座谈会

NANJING LIBRARY
南京圖書館

金陵圖書館
JINLING LIBRARY

无锡市图书馆
Wuxi Library

徐州图书馆
XUZHOU LIBRARY

常州圖書館
CHANGZHOU LIBRARY

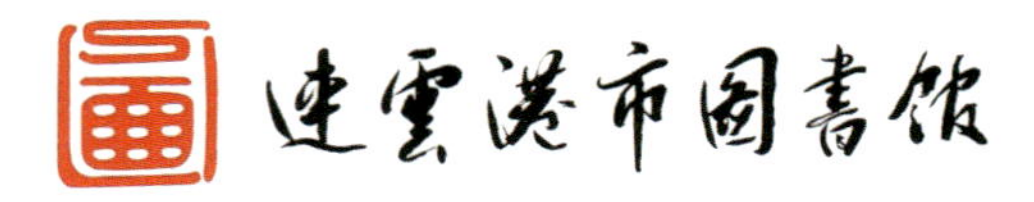
連雲港市圖書館

淮安市图书馆
HUAIAN CITY LIBRARY

揚州市圖書館
YANGZHOU LIBRARY

蘇州圖書館
Suzhou Library

南通市图书馆
NANTONG LIBRARY

鹽城市圖書館
YANCHENG LIBRARY

鎮江市圖書館
ZHENJIANG LIBRARY

泰州圖書館
TAIZHOU LIBRARY

宿遷市圖書館
SUQIAN LIBRARY

江苏省公共图书馆事业发展报告
(2013—2017)

江苏省图书馆学会
南 京 图 书 馆　编

东南大学出版社
SOUTHEAST UNIVERSITY PRESS
·南京·

图书在版编目(CIP)数据

江苏省公共图书馆事业发展报告. 2013—2017 / 江苏省图书馆学会,南京图书馆编. —南京:东南大学出版社,2019.10

ISBN 978-7-5641-8342-4

Ⅰ. ①江… Ⅱ. ①江… ②南… Ⅲ. ①公共图书馆—图书馆事业—研究报告—江苏—2013-2017
Ⅳ. ①G259.275.3

中国版本图书馆 CIP 数据核字(2019)第 051655 号

江苏省公共图书馆事业发展报告(2013—2017)

Jiangsu Sheng Gonggong Tushuguan Shiye Fazhan Baogao(2013—2017)

出版发行	东南大学出版社
社　　址	南京市四牌楼 2 号　邮编:210096
出 版 人	江建中
经　　销	全国各地新华书店
印　　刷	徐州绪权印刷有限公司
版　　次	2019 年 10 月第 1 版
印　　次	2019 年 10 月第 1 次印刷
开　　本	787 mm×1092 mm　1/16
印　　张	25.75
字　　数	686 千
书　　号	ISBN　978-7-5641-8342-4
定　　价	198.00 元

本社图书若有印装质量问题,请直接与营销部联系。电话(传真):025-83791830

编辑委员会

编　辑　组

前　言

江苏历史悠久，经济繁荣，教育发达，文化昌盛，公共图书馆事业发展位居全国前列。在2018年公布的第六次全国县级以上公共图书馆评估定级结果中，共有100家被评定为国家一级图书馆，6家被评定为国家二级图书馆。全省国家一级图书馆数量位居全国第一，占全国总数的10.5%。

为进一步推动全省公共图书馆事业均衡充分发展，在江苏省文化和旅游厅的指导下，江苏省图书馆学会秘书处具体组织实施，依托第六次全国县级以上公共图书馆评估定级数据平台，在各市图书馆学会和业界同行的配合协助下，编制出版了《江苏省公共图书馆事业发展报告(2013—2017)》。

第六次全国县级以上公共图书馆评估定级的考核数据为2013年至2016年，本书在此基础上，整体工作和部分核心指标延长到2017年，全书包括江苏省公共图书馆事业发展总报告(2013—2017)、江苏省公共图书馆事业发展区域报告(2013—2017)、江苏省公共图书馆大数据分析报告(2013—2016)、江苏省公共图书馆事业发展创新案例选编、附录等五个部分。全书立足全省、放眼全国，从多个维度进行了剖析对比。既在纵向上分析了从2013年到2017年江苏省公共图书馆事业各项主要指标的逐年情况，又从横向上分析了全国GDP排名前四位的省(广东、江苏、山东、浙江)公共图书馆事业主要指标的对比情况；既分析了全省13个设区市公共图书馆事业主要指标对比情况，又分析了88个县级公共图书馆事业主要指标对比情况；既有业务数据对比，又有优秀案例分享；既有经验介绍，又有问题分析，找出了差距和不足，以期起到存史、资政和供学术研究参考等作用。

新时代是奋斗者的时代。展望未来，在新时代背景下，《中华人民共和国公共图书馆法》正式颁布实施，中共江苏省委十三届三次全会提出了“文化建设高质量”的奋斗目标，这都给全省公共图书馆事业提供了强有力的法律保障和更好的发展机遇。我们坚信，在党的十九大精神的指引下和省委省政府的领导下，全省公共图书馆事业一定会更加充分、更加均衡地高质量发展，一定会在文化强省建设和“两聚一高”新征程中发挥更大的作用。

本书所涉及数据均来源于全国第六次评估定级各单位所填报数据及2017年上报数据。

《江苏省公共图书馆事业发展报告(2013—2017)》编写组

2018年12月

目　录

第一部分

江苏省公共图书馆事业发展总报告（2013—2017）

江苏省公共图书馆事业发展成就

公共图书馆作为最重要的公共文化设施之一，以创建国家公共文化示范区为契机，深入实施文化畅通工程和精准惠民工程，积极推进总分馆制建设和数字化建设，各级公共图书馆的服务设施不断改善，文献资源日益丰富，服务理念不断创新，服务能力显著提升，社会效益明显增强。

据统计，截至2017年底全省参加评估定级的109个省、市、县(市、区)级公共图书馆总藏量7 601.5万册，其中电子图书5 863.25万册；拥有计算机10 586台，其中供读者使用的电子阅览室终端6 009台；拥有阅览室坐席54 037个(包括少儿阅览室坐席14 936个、视障人阅览室坐席1 399个)。全省公共图书馆共有从业人员3 439人，其中有高级职称的355人。2017年书刊文献外借量2 887.5万人次、外借量5 088.1万册次，举办各类读者活动6 716个，受众达459.25万人次，各级公共图书馆的服务效能、业务建设和保障条件都有了较大幅度的提高，无论是数量还是质量均走在全国前列，已经成为江苏文化建设的一个个缩影和地标。

一、注重基础服务，增强服务效能

1. 市、县(区)两级公共图书馆新馆建设取得较大进步

近些年来，随着国家、各级地方政府部门对全民阅读以及公共文化服务的重视，各地政府部门加大了对公共图书馆馆舍的建设，江苏省公共图书馆的建筑面积有了较大的增加。至2017年底，全省公共图书馆建筑面积达到116.2万平方米，比2013年的85.9万平方米增长了35.3%。南通市、盐城市、淮安市相继建成并开放了新馆，苏州市、镇江市、连云港市的新馆建设也在进行中。

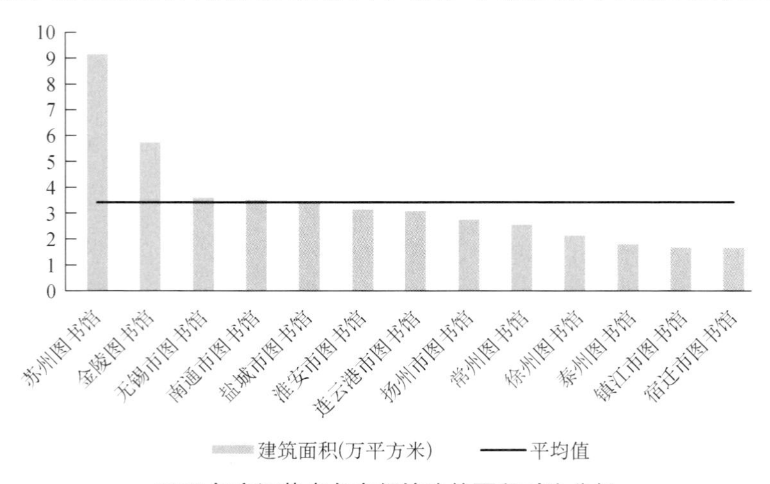

2017年底江苏省各市级馆建筑面积对比分析

江苏省拥有省级公共图书馆和副省级公共图书馆各1家，建筑面积总量达到15.34万平方米。12家市级公共图书馆建筑面积总量为38.42万平方米。市级馆中建筑面积较大的图书馆有苏州图书馆(9.15万平方米)、无锡市图书馆(3.61万平方米)。

江苏省县(区)级公共图书馆中有22家面积达到了1万平方米以上，比2013年增长了4倍。南京秦淮区、宜兴市和张家港市3家区县级馆面积均超过2.6万平方米，无锡市新吴区、张家港市、苏州市工业园区、盐城大丰市、宿迁沭阳县5家区县级馆的面积均超过2万平方米。县(区)级公共图书馆建筑面积位列前三的地区分别为：苏州(21.76万平方米)、南通(13.26万平方米)、无锡(10.06万平方米)。

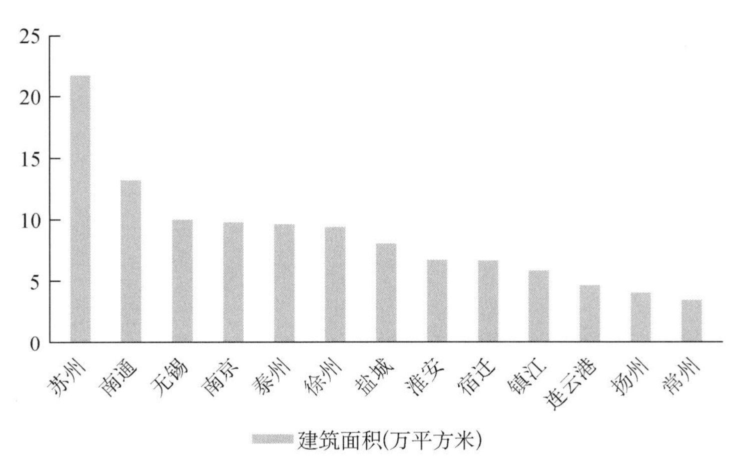

江苏省各地区县(区)级馆建筑面积对比分析

2. 读者数量增长迅猛

截至2017年底，江苏省省、市、县(区)三级公共图书馆共发放有效借书证1 100.1万个，较之2013年的290.9万个增长了约2.78倍；持证读者占全省常住人口的13.75%，较之2013年的3.67%增长了约2.75倍。苏州市公共图书馆持证读者达762.290 7万人，持证读者占比高达71.59%(常住人口1 064.74万人)，民众对公共图书馆的利用率达到了非常高的水平。

以江苏省各地区2017年常住人口数据与持证读者数量对比分析，得出持证读者与常住人口占比靠前的城市分别是：苏州(71.59%)、南京(19.33%)、无锡(13.96%)。

2017年江苏省各地区常住人口与公共图书馆持证读者数量关系(少年儿童图书馆除外)

地区	常住人口(万人)	持证读者数量(万人)	持证读者与常住人口占比
苏州	1 064.74	762.290 7	71.59%
南京	827	159.854 5	19.33%
无锡	652.9	91.175 6	13.96%
常州	470.83	42.434 7	9.01%
镇江	318.13	25.541	8.03%
扬州	449.14	35.339 9	7.87%
泰州	464.58	35.817 6	7.71%

（续表）

地区	常住人口（万人）	持证读者数量（万人）	持证读者与常住人口占比
宿迁	487.94	34.225 2	7.01%
南通	730.2	47.390 7	6.49%
盐城	723.5	26.746 2	3.70%
淮安	489	18.462 9	3.78%
徐州	871	27.135 1	3.12%
连云港	499.64	15.55	3.11%
合计	7 998.6	1 321.964	16.53%

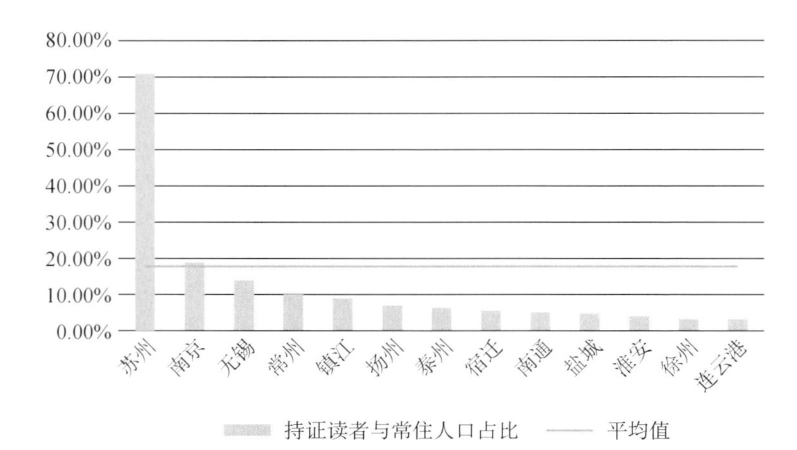

江苏省各地区公共图书馆持证读者数量占常住人口比例对比分析

3. 文献外借和流通率显著提高

江苏省各级公共图书馆普遍采用总分馆制、流动服务点、24 小时自助图书馆、“你选书我买单”等等文化惠民活动，精准服务，2017 年全省年总流通 6 488.6 万人次，年书刊文献外借量2 887.5 万人次、外借量 5 088.1 万册次，有效提高了书刊流通率和图书馆的利用率。

2013 年江苏省公共图书馆总外借量 4 893.38 万册次，2014 年总外借量 5 577.12 万册次，同比增长 13.97%；2015 年总外借量 6 711.82 万册次，同比增长 20.35%；2016 年总外借量 7 989.76 万册次，同比增长 19.04%。根据数据结果分析，江苏省公共图书馆总外借量呈上升趋势。

2013 年江苏省公共图书馆纸质文献外借量 3 617.93 万册；2014 年纸质文献外借量 4 116.86 万册，同比增长 13.79%；2015 年纸质文献外借量 4 602.89 万册，同比增长 11.81%；2016 年纸质文献外借量 5 224.73 万册，同比增长 13.51%。

2013 年江苏省公共图书馆电子文献外借量 1 275.45 万册；2014 年电子文献外借量 1 460.27 万册，同比增长 14.49%；2015 年电子文献外借量 2 108.93 万册，同比增长 44.42%；2016 年电子文献外借量 2 765.03 万册，同比增长 31.11%。

根据数据结果分析，江苏省公共图书馆文献外借量中纸质文献外借量高于电子文献外借量；近几年，纸质文献外借量增长上升趋势较平稳，电子文献外借量呈现较快增长。

2013—2016 年,江苏省各地区公共图书馆纸质文献外借量排名前三的为:苏州(5 878.09 万册次)、南京(2 077.29 万册次)、无锡(1 694.48 万册次)。

江苏省各地区公共图书馆外借量统计表(2013—2016 年)

地区	纸质文献外借量 (万册次)	电子文献外借量 (万册次)	总外借量 (万册次)
南京	2 077.29	1 208.67	3 285.96
无锡	1 694.48	1 003.03	2 697.51
徐州	726.28	200.53	926.82
常州	870.92	523.41	1 394.33
苏州	5 878.09	1 828.18	7 706.27
南通	985.02	381.81	1 366.82
连云港	675.81	297.55	973.36
淮安	817.33	265.05	1 082.38
盐城	985.87	398.26	1 384.13
扬州	944.19	322.72	1 266.91
镇江	639.77	391.88	1 031.65
泰州	782.91	395.02	1 177.94
宿迁	484.43	393.57	878
合计	17 562.41	7 609.67	25 172.08

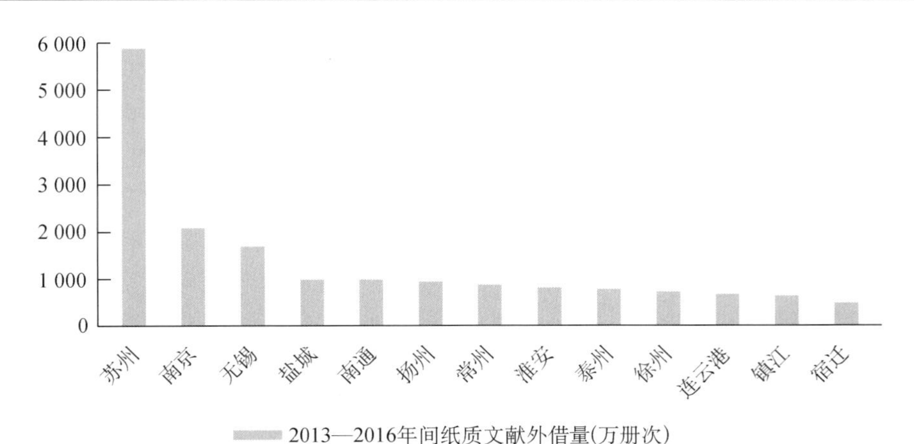

江苏省各地区公共图书馆纸质文献外借量对比分析

以江苏省各地区 2016 年人口数据与公共图书馆外借量数据分析,每万人外借量排名前三的地区分别是:苏州(7.24 万册次)、无锡(4.13 万册次)、南京(3.97 万册次)。苏州市公共图书馆总外借量和服务人口排名均为第一,每万人外借量相比江苏省其他地区高出很多,整体服务效能处于领先地位。

电子文献外借量排名前三的地区分别为:苏州(1 828.18 万册次)、南京(1 208.67 万册次)、无锡(1 003.03 万册次)。

2013—2016 年,江苏省各地区公共图书馆文献总外借量为 25 172.08 万册次。文献外借总量较多的地区有:苏州(7 706.27 万册次)、南京(3 285.96 万册次)、无锡(2 697.51 万册次)。

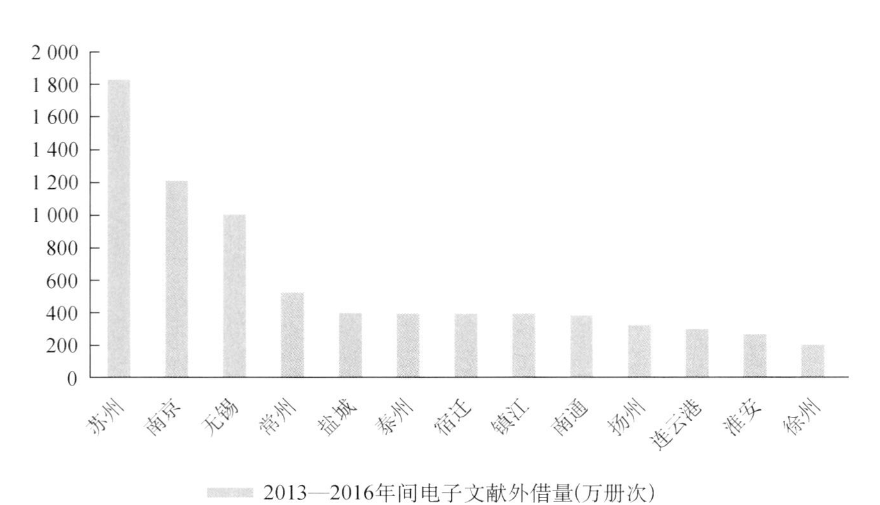

江苏省各地区公共图书馆电子文献外借量对比分析

4. 读者活动丰富多彩

2013—2017 年江苏省各级公共图书馆坚持开展讲座基层行、展览巡展等活动,年组织各类讲座 3 393 次,64.5 万人次参加;举办展览 1 237 次,384.3 万人次参加;举办培训班 2 086 个,培训 10.4 万人次。其中苏州图书馆每年平均开展阅读活动 228.5 场,每万人就有 157.05 人次参与;张家港市图书馆、常熟市图书馆、昆山市图书馆、苏州姑苏区图书馆和苏州高新区图书馆每年分别开展阅读活动均达 80 场以上,每万人就有 50 人次参与。

江苏省各级公共图书馆针对不同年龄段和不同层次的读者开展精准阅读推广活动,社会反响热烈。张家港市少年儿童图书馆以培养更多优秀未成年人为己任,在全国率先探索未成年人分级阅读推广,按照少年儿童不同年龄段的智力和心理发育程度为他们提供科学的阅读计划和有针对性的读物,取得了显著的社会效益。吴江图书馆在解决未成年人阅读城乡差距方面做出了良好的示范。从 2014 年起吴江图书馆打造"阅读齐步走"——未成年人阅读服务城乡一体化建设工程,依托全覆盖的总分馆体系,打通总馆、各分馆及村阅读综合服务中心之间的服务通道,以未成年人阅读活动的常态化、品牌化、体系化建设为中心,以未成年人阅读服务标准化建设为抓手,建构开放、共享的未成年人阅读服务发展机制,为城乡未成年人提供均等优质的精神文化产品和服务。

2013—2017 年江苏省各地区公共图书馆阅读推广活动数量排名靠前的地区有:苏州(4 804 次)、南京(2 900 次)、镇江(2 234 次)。

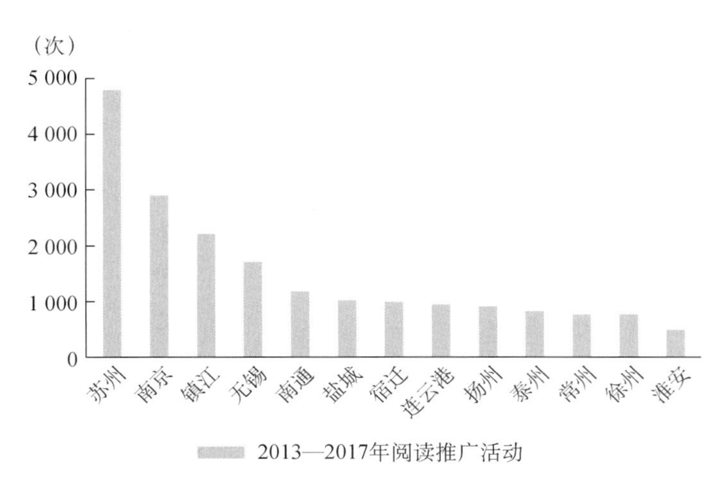

江苏省各地区公共图书馆阅读推广活动次数对比分析

5. 不断创新服务模式，提升服务质量

江苏省各级公共图书馆因地制宜，不断探索和改进服务模式，积极参与公共文化服务体系建设，有效拓展了图书馆服务领域和服务空间，扩大了社会影响。南京图书馆秉承“四面八书”的治馆理念，采用“开放多元”的服务方式，提供“馆中之馆”的精致体验，改建并开放了国学馆、馆史馆、十德堂、和畅文苑、电子阅览广场、个性化阅读空间以及多媒体欣赏室，使老馆焕发了新芽，旧貌换了新颜。

苏州图书馆“网上借阅社区投递”项目以苏州图书馆总分馆体系内可供外借的藏量为依托，读者可通过电脑或手机等移动智能终端，访问图书馆的网上借阅平台，并提出借阅请求后，就可以在自己指定的社区分馆或者“网借投递”服务点“等书上门”。图书馆找到图书后，通过物流系统配送到读者指定地点，同时短信通知，读者凭证刷卡取书。通过网上预借结合社区投递这一创新举措，突破了时间和空间的限制，极大地方便了读者借阅，提升了服务质量。

江阴市图书馆通过与咖啡馆、茶楼、花店等不同服务业态合作，建成与总馆通借通还，集办证、图书借还、阅览、活动功能为一体的图书馆分馆，打造“三味书咖”城市阅读联盟。2017年7月11日建成开放的“漫步咖啡分馆”是江阴市图书馆建立的第9家“三味书咖”城市阅读联盟点，分馆位于江阴市最繁华的地段，室内面积500多平方米，设有阅览座位100余个，各类图书3 000多册，阅读环境舒适、温馨，书香与咖啡在这里得到了有机融合，为广大市民提供了方便快捷的借阅服务。

张家港市图书馆首创“遇见书屋”，利用“互联网＋”科技手段实现图书漂流、知识共享的公益性阅读平台，提供手机扫码、免费借阅、图书漂流、图书捐赠、信息查询、24小时自助等多种服务功能，实现图书漂流可控化、公益捐赠可视化、线上线下活动联动化，打造真正的“全球首创”借阅新智造。

镇江市图书馆大力推动智能公交站台数字阅读项目，极大地方便了市民的阅读，促进全民阅读活动的开展。镇江市图书馆每月定时为全市每个智能公交车移动平台和站台电视屏移动平台提供数字图书或有声读物，读者只要用手机扫描二维码，就能将数字图书或有声读物下载到手机里，即可实现随心移动阅读。

连云港市图书馆利用社会力量合作办馆、南通市图书馆的法人治理结构、苏州市吴江区图书馆总分馆制建设等等服务创新等均在全省及全国产生了积极影响。

二、加强业务建设，提升服务水平

1. 打造服务品牌，社会反响热烈

江苏省各级公共图书馆历来注重对服务品牌的塑造，试图通过良好的品牌效应，吸引更多的人亲近阅读，扩大服务范围，提升服务质量。南京图书馆多年来通过创新探索和积累，创建了 8 个服务品牌，取得了良好的社会效应。除南图阅读节、七彩夏日、缤纷冬日等 5 个老品牌外，江苏省少儿数字图书馆、南图讲座、流通服务点体系建设是近年来的创新服务品牌。“南图讲座”作为南京图书馆的服务品牌之一，围绕时政、经济、文化、教育、科技、军事、历史、生活等 8 大板块，每周面向广大市民举办公益讲座。年均举办各类现场读者讲座、培训 218 场，网上讲座 54 场；年均举办现场展览 84 场，同时开设网上展厅服务。读者阅读推广活动也是南京图书馆的常态化活动，年阅读推广活动达 225.75 次。每年历时 1 个月的“南图阅读节”举办时间横跨世界图书与版权日、图书馆服务宣传周等几个大型宣传活动，成为南图服务品牌。

由金陵图书馆与南京新闻广播自 2012 年起联合推出的“朗读者”志愿品牌活动，是一项关注弱势群体阅读渠道、为视障者朗读书籍的公益行动，开展至今已 7 年之久，与中央电视台“朗读者”、哈尔滨果戈里书店“朗读者”一起，被中央级媒体并称为全国“朗读者”的“三朵浪花”。近 9 000 人的志愿者队伍不仅用录制有声读物的方式为视障朋友送去美好的文学作品，还以视障者剧场等现场交流的形式走近视障者朋友的身边。

2013 年盐城市图书馆首创“盐渎风”全民读书品牌，围绕该品牌举办大型系列阅读推广活动，荣获原江苏省文化厅全省第六届公共图书馆优秀服务成果一等奖。2016 年“盐渎风”国学经典诵读入选团中央全国优秀国学教育项目。

2. 积极参与公共文化服务体系建设，省域公共图书馆服务体系基本建成

以创建国家公共文化示范区为动力，苏州、无锡、镇江等 9 个市（区）进入国家示范区（项目）行列，南京市的文化惠民“百千万工程”、常州市的“电视图书馆”、扬州市的“四位一体”公共图书馆服务平台、无锡市的“三味书咖”“香山书屋”社会参与公共文化服务模式等，各有特色，富有成效，在公共文化服务体系建设中发挥了重要作用，形成了公共文化服务多元联动的格局。

江苏省文化厅等联合制定下发了《江苏省公共数字图书馆服务体系建设三年规划》《江苏省公共图书馆总分馆制实施方案》等多个文件，组织实施了 10 余项全省性公共图书馆服务网络建设项目，基本形成了“政府主导、省馆牵头、全省参与、共建共享”的常态化运行模式。南京图书馆致力于发挥省馆龙头作用，牵头组织的馆际快借服务网、江苏省少儿数字图书馆服务体系、流通服务点体系、江苏省公共图书馆联合虚拟参考咨询服务网，实现了传统资源和数字资源在全省范围内的共享，受到了广泛好评。

3. 重点文化工程成效显著

2015 年成立江苏省公共数字文化建设中心，将三大工程整合成公共数字文化工程，配置专职人员，制定《江苏省公共数字文化系统建设标准》，统筹全省公共数字文化建设。在文化资源共享工程、数字图书馆推广工程、公共电子阅览室建设工程等公共文化工程方面均取得了较大的成就。在公共数字文化基础设施建设方面，实现了全省 114 个公共图书馆的数字图书馆推广工程 VPN 网络连接全覆盖；全省 114 个省市县(区)共享工程中心及 1 300 多个基层服务点“中国文化网络电视互动播出终端”配置实现全覆盖；全省 114 个省市县(区)共享工程中心流媒体资源服务系统使用实现全覆盖。

建成服务于全省少年儿童的“江苏省少儿数字图书馆”，率先开创了全国领先的全覆盖、均等性、便捷性、即时性的少儿公共数字文化服务新平台，填补了江苏省无省级少儿图书馆服务阵地的空白。南京图书馆作为国家联合编目中心成员馆和江苏省联合编目中心，积极参与全国范围内的联盟组织及跨地区、跨系统协调工作，99 家市县图书馆为其成员馆，占比达到 91%。

4. 古籍保护事业成绩显著

按照国家“中华古籍保护计划”的要求，全省已有 115 家单位完成古籍普查任务，古籍书目数据量达 19 万余条，位居全国首位。全省积极推动国家级和省级珍贵古籍名录的评审工作，有 1 295 部珍贵古籍入选《国家珍贵古籍名录》，占全国总量的 10.6%。全省建立古籍修复室 25 个，总面积 1 655 平方米，2016 年南京图书馆对历史文献修复中心进行升级改造，使总建筑面积达 1 000 平方米，在建筑面积、功能布局、设施设备等方面均达到国内一流水准。加强古籍的整理影印出版和数字化工作，全省共完成 200 多万拍古籍的数字化，参与或出版整理影印的古籍 841 种，其中多个项目入选国家重点古籍整理项目、国家出版基金资助项目，在《江苏文脉》《金陵全书》《无锡文库》《扬州文库》《泰州文库》等政府文化项目的编制中，公共图书馆发挥了重要的文献保障作用。镇江市图书馆采购了专业古籍数字化加工设备，对馆藏珍贵古籍进行全文数字化，进一步扩充了该馆古籍地方文献数据资源，争取到国家图书馆“镇江地方文献数据发布平台”项目。

南京图书馆编辑出版的《南京图书馆馆藏稀见方志丛刊》获得江苏省第十三届哲学社会科学一等奖，江苏省社会科学重大基金项目《江苏经籍志》获得立项，发挥了古籍在学术研究和文化建设方面的积极作用。

5. 自建数字资源实现重大突破

江苏省各级公共图书馆积极开展数字资源建设，注重地方文献的采集和数字化工作，取得较大进步。南京图书馆自主摄制完成了《江苏红色之旅》《江苏名人故居》《江苏近现代名人》《江苏特色博物馆》四部系列专题片，与江苏省文物局联合共建了“江苏不可移动文物多媒体资源库”，顺利通过了全国文化共享管理中心的验收，并得到好评。

南通市图书馆已建成馆藏的《通海新报》《通通新报》等古籍图书报纸数字化加工与安全发布管理系统、国宝档案数字加工系统，正在建设南通地区古镇老街图文数据库。泰州图书馆对读者开放“泰州特色历史文献数据库”自建平台，读者可在网上阅读古籍电子全文。无锡市图书馆自建“无锡紫砂专题数据库”等 12 种本馆数据库，满足读者多元阅读需求，其中，

“馆藏古籍全文数据库”可提供图文原貌对照浏览和全文检索，已完成245部馆藏地方古籍的数字化。盐城市图书馆目前已建好“地方志数据库”、《盐城淮剧》专题片、“盐城市政府公开信息数据库”、盐城市图书馆公开课、“全民阅读图片视频库”等共计5.81 TB，盐城市各县区馆除了外购数据库以外，亦积极筹备自建资源，亭湖区图书馆建成的《盐城淮剧系列》《牡丹仙子的传说》曲谱等音视频数据库较有特色。镇江市图书馆在建设学术数据库方面别具特色，建有“中国《文心雕龙》资料中心”和“中国文选学资料中心”两个大型学术研究资料中心，方便学者研究利用。

江苏省109家公共图书馆，数字资源总量共计1 208.2 TB，馆均数字资源11.08 TB。江苏省公共图书馆自建资源总量排名前三的地区有：南京(254.77 TB)、苏州(125.92 TB)、南通(124.31 TB)；排名靠后的地区有常州(41.7 TB)、徐州(58.63 TB)、宿迁(59 TB)。江苏省共有7个少年儿童图书馆，自建数字资源量总计为46.72 TB，馆均自建数字资源量为6.67 TB，其中南京市溧水区儿童图书馆自建数字资源量最多，为12 TB。

2013—2016年江苏省各地区公共图书馆自建数字资源统计表

地区	自建数字资源总量(TB)	馆均自建数字资源数量(TB)
南京	254.77	16.98
无锡	99.61	12.45
徐州	58.63	7.33
常州	41.7	10.43
苏州	125.92	10.49
南通	124.31	15.54
连云港	82.98	10.37
淮安	60.08	6.68
盐城	83.81	8.38
扬州	87.03	12.43
镇江	68.9	9.84
泰州	61.46	8.78
宿迁	59	9.83
总计	1 208.2	11.08

2013—2016年江苏省各少年儿童图书馆自建数字资源统计表

图书馆名称	自建数字资源数量(TB)
淮安市少年儿童图书馆	0
连云港市少年儿童图书馆	11.7

（续表）

图书馆名称	自建数字资源数量(TB)
南京市溧水区儿童图书馆	12
南京市玄武区少年儿童图书馆	5.4
如皋市少年儿童图书馆	1.82
扬州市少年儿童图书馆	5
张家港市少年儿童图书馆	10.8
总计	46.72
平均值	6.67

6. 积极开展数字图书馆建设

（1）建设移动图书馆

新媒体和电子技术的发展为图书馆数字化发展提供了良好的机遇，江苏省各级公共图书馆能够较好地利用这一机遇，建设移动图书馆，从而更好地服务读者。移动图书馆的建设打破时间、空间的限制，使得公众在馆外也能自由获取资源。南京图书馆针对智能手机用户增加的趋势，推出了电子图书和电子期刊的手机阅读服务，以及利用手机等终端进行视频点播的服务，读者可以在线阅读100多万种图书和3 000余种人文期刊，同时可以观看南京图书馆近6 000部流媒体资源，包括影视、动漫、知识、文艺和讲座等。

（2）建设24小时自助图书馆

建设24小时自助图书馆，提供24小时图书自助借还、续借、借阅信息查询、电子文献检索以及书目查询等借阅服务，从而使图书馆实现24小时不打烊，极大地方便公众，同时提高工作效率。江苏省各级公共图书馆中目前已建成24小时自助图书馆的有南京图书馆、金陵图书馆、苏州图书馆、无锡市图书馆等。

（3）与时俱进，利用新媒体技术不断创新服务

近些年来，江苏省各级公共图书馆开通了官方微博、官方微信，为公众介绍馆内各项服务、各类活动、各种资讯。以南京图书馆为例，不仅有本馆的微博、微信，一些业务部门如《新世纪图书馆》编辑部、国学研究所、读者服务部也根据本部门特点开通微信服务平台，向公众普及图书馆学、国学知识、推荐阅读书目等。利用新兴传播平台更好地提供阅读推广，是南京图书馆近些年致力的重点。2018年第九届南图阅读节主题论坛举行时，南京图书馆联合《现代快报》对论坛进行直播，共有11万名读者在线聆听专家讲座，并参与互动。以前受场地限制，参与阅读节主题论坛的人数有限，而直播使得更多的公众得以参与，扩大了传播范围，增加了阅读节的影响。

7. 省图书馆学会工作稳步推进

江苏省图书馆学会积极开展形式多样的学术活动，在学术研究、合作交流、人才培养、队伍培训、讲座展览、科研创新、阅读推广、评估定级等方面，做了大量卓有成效的工作，取得了

显著的成绩，促进了全省图书馆事业的学术繁荣和蓬勃发展。

(1) 以业务建设为中心，学术引领，思想先行，推动了全省图书馆建设和服务水平走在全国前列。各级各类图书馆服务设施不断改善，文献资源日益丰富，服务理念不断创新，服务能力显著提升，社会效益明显增强。南京图书馆的"馆中馆"建设、金陵图书馆的"阅美四季"、苏州图书馆的"网上借阅社区投递"、无锡市图书馆的"主题＋书香"分馆、扬州市图书馆的"城市书房"、盐城市图书馆的"图书馆公益联盟"、镇江市图书馆的"智能公交站台数字阅读"、江阴市图书馆的"三味书咖"、张家港市图书馆的"遇见书屋"等等都成为了服务品牌，得到了业界和读者的好评。在 2018 年公布的第六次全国县以上公共图书馆评估定级结果中，全省共有 100 家被评定为一级图书馆，6 家被评定为二级图书馆。全省一级图书馆数量位居全国第一，占全国总数的 10.5%。

(2) 以学术交流为重点，上下联动，左右协同，进一步提升了省图书馆学会在学界、业界的地位和形象。一是承接中国图书馆学会，积极参与全国的学术活动。持之以恒地组织年会征文，连年荣获"中国图书馆学会年会征文组织奖"，2016 年被中国图书馆学会授予"先进学会"称号。组织参加了"信息时代 数字未来——2016 年数字图书馆业务技能竞赛"决赛，取得了决赛第三名的成绩，省图书馆学会获"最佳组织奖"，选手被授予"2016 年数字图书馆业务技能菁英"荣誉称号。组织全省的专家学者参加学术研讨，组织承办专题学术会议，树立了良好的江苏形象。二是联系兄弟学会，协同开展长三角城市图书馆发展论坛、川吉苏桂冀五省(区)图书馆学会学术研讨会等跨区域的学术活动。三是 2017 年 7 月 27 日至 28 日，在连云港成功举办了"2016—2017 江苏省图书馆学术年会"，获得了业界和社会的广泛赞誉。四是协调各市学会和专业委员会，鼓励开展各具特色的专题学术活动。2016 年 11 月 13 日，阅读推广委员会第一次工作会议在无锡召开，2017 年 10 月 30 日至 11 月 1 日在江苏大学图书馆举办了"2017 华夏阅读论坛暨书评馆员培训与全民阅读推广研讨会"。2017 年 11 月 8 日，数字图书馆专业委员会与浙江省图书馆学会新技术应用分委会等四家单位联合举办了"2017 江浙两省数字图书馆发展论坛"。2017 年 11 月 25 日未成年人图书馆服务专业委员会召开成立大会后，与江苏省少儿数字图书馆建设服务相结合，为全省未成年开展图书馆服务打下了基础。2016 年 1 月 13 日，专业图书馆委员会在江苏省科技情报研究所召开了"大数据时代信息资源开发与利用工作研讨会"；2017 年 11 月 8 日至 10 日，医院图书馆专业委员会在金坛举办了学术年会。2017 年 4 月至 10 月，省图书馆学会联合省高校图书情报工作委员会和超星公司开展了首届江苏省图书馆数据管理与服务创新专题创作大赛。

(3) 以培训展览为基础，加强合作，互利共赢，提高了图书馆从业者的专业素质和人民群众的图书馆意识。一是积极承办中国图书馆学会的各类培训展览讲座，2015 年 4 月 15 日至 21 日，在南京图书馆承办了"民国时期文献保护计划"宣传推广项目江苏站系列活动。2015 年 5 月 19 日，在南京图书馆承办了为期五天的"RDA 的理论与实践"培训班。2015 年 6 月 13 日至 19 日，在南京图书馆承办了以"保护成果，全民共享"为主题的"我与中华古籍"摄影大赛优秀作品展。2015 年 6 月，协助中国图书馆学会开展"我与中华古籍"创客大赛活动，征集到的创意设计作品在全省 22 家图书馆巡展，江苏省内图书馆参与数量排名全国第一。2017 年 6 月 6 日至 9 日，在南京图书馆成功举办了"全国图书馆民国时期文献编目工作研修班"。2017 年 3 月 27 日至 29 日，在扬州市少年儿童图书馆承办了第六次全国少年儿童图书馆评估定级培训班；4 月 19 日，在苏州图书馆承办了第六次全国县级以上公共图书馆评估定级培训班（苏州站）。两次培训班组织有序，得到了普遍好评。2017 年 10 月 16 日至 20 日，在江阴市图书馆承办了 2017 年“阅读推广人”培育行动——阅读推广基础工作专题培训班，江阴市图书馆被授予“阅读推广人”培育项目实践基地称号。二是自主举办各类培训班，2016 年 4 月 12 日至 15 日，在南京图书馆举办了为期四天的“文献主题标引培训班”。2016 年 7 月 28 日，在南京图书馆举办了“信息时代数字未来——2016 年数字图书馆业务技能竞赛”培训班。2017 年 3 月 30 日至 31 日，在南京图书馆举办了江苏省第六次全国县以上公共图书馆评估定级培训班，为评估定级工作打下了坚实的基础。

（4）以科研创新为导向，打造平台，创造机会，形成了一批较高质量的学术成果。一是组织开展省图书馆学会课题研究。先后于 2014 年、2017 年两次开展省图书馆学会课题申报和评审工作。两次共收到申报课题 189 项，立项 81 项，经评审 66 项准予结项，其中一等课题 3 项、二等课题 8 项、三等课题 14 项。二是组织开展两年一次的全省图书馆学情报学学术成果评奖活动。2016 年，配合江苏省文化厅完成了全省第五届图书馆学情报学学术成果申报评奖活动。

（5）以自身建设为前提，革故鼎新，强根固本，省市图书馆学会的整体工作得到了协调发展。一是规范制度管理，夯实了工作基础，进一步理顺了工作流程和办事程序。二是完成省图书馆学会双月内刊《江苏图书馆之窗》的编辑出版和发行任务，2017 年进行了改版，提高了刊物的原创性、学术性和可读性。及时做好省图书馆学会网站的建设和维护工作。2016 年 3 月，成功申请了独立域名并办理备案手续，完成了网站资源的迁移，对网站进行了改版，与《江苏图书馆之窗》区别功能定位，努力与刊物定位不同，目的一致，互为补充，相得益彰。

（6）以人才培养为根本，强化队伍建设，全省上下涌现出了一批优秀人才和先进集体。一是抢抓各种机会，积极推荐优秀人才。金陵图书馆李海燕被授予中国图书馆学会第四届青年人才奖。2015 年全省有 20 人被中国图书馆学会评为“优秀会员”，2 人被评为“优秀学会工作者”。二是以上级评选为契机，积极推荐先进集体。从 2015 年起，每年向中国图书馆学会推荐申报全民阅读示范基地、全民阅读优秀组织奖、先进单位和其他项目。2016 年组织发动全省图书馆参与第二届全国图书馆未成年人服务论坛案例征集活动，共有 20 家图书馆提交了 31 个服务案例，其中 4 个案例分别获一、二、三等奖，省图书馆学会以排名第一的成绩获“优秀组织奖”。

（7）有序承接政府转移职能，成功组织全国县以上公共图书馆第六次评估定级工作。2017 年开展的第六次评估定级与前五次有所不同：不仅组织统筹上有所变化，在“行业学会有序承接政府转移职能”的大背景下，首次由省图书馆学会具体实施完成，而且评估标准还大幅提高，评估形式也升级为无纸化评估，首次在网上填报评估数据，给各级图书馆带来了难度和挑战。为此，省图书馆学会成立了领导小组，制定了工作方案，举办了培训班，建立了 QQ 群，公布了联系电话，省图书馆学会秘书处作为中枢，上传下达，沟通左右，随时研讨标准，答疑释惑，做了大量卓有成效的工作，全省整体评估工作也得到文化部评估组“组织有序、实施得力”的好评。

三、基础保障

1. 政策保障稳步推进

江苏省出台实施了一系列政策法规促进了公共图书馆的发展。先后出台了《江苏省公共文化促进条例》《江苏省关于推进现代公共文化服务体系建设的实施意见》《江苏省基本公共文化服务保障标准》等法规文件，把全省公共图书馆建设纳入对地方政府公共文化服务考核指标体系，确保了图书馆的正常运行。

2. 经费保障稳步提升

(1) 各级公共图书馆财政拨款情况

江苏省各级财政对公共图书馆的投入逐年增加，2013 年财政投入 62 609.46 万元，2014 年财政投入 69 355.8 万元，同比增长 10.78%；2015 财政投入 78 597.63 万元，同比增长 13.33%；2016 年财政投入 98 655.37 万元，同比增长 25.52%。2017 年底，全省各级公共图书馆财政拨款总额达到 102 747.6 万元，比 2012 年的 55 993.8 万元增长 83.50%。2013—2016 年，省级公共图书馆财政总拨款为 58 792.48 万元，年财政拨款 14 698.12 万元，13 家市级公共图书馆财政总拨款为 120 913.36 万元，年财政拨款 30 228.34 万元，馆均年财政拨款为 2 325.26 万元。各市级公共图书馆中年财政拨款排名靠前的分别是：苏州图书馆(9 132.31 万元)、金陵图书馆(3 763.34 万元)、无锡市图书馆(2 623.28 万元)。

2013—2016 年江苏省各市级公共图书馆财政拨款统计表

图书馆名称	财政拨款(万元)	年财政拨款(万元)
金陵图书馆	15 053.36	3 763.34
常州图书馆	8 286.8	2 071.70
淮安市图书馆	3 723.11	930.78
连云港市图书馆	3 930.1	982.53
南通市图书馆	6 283.85	1 570.96
苏州图书馆	36 529.24	9 132.31
泰州图书馆	4 576.81	1 144.20
无锡市图书馆	10 493.13	2 623.28
宿迁市图书馆	4 290	1 072.50
徐州图书馆	3 967.09	991.77
盐城市图书馆	8 167.46	2 041.87
扬州市图书馆	5 966.04	1 491.51

（续表）

图书馆名称	财政拨款(万元)	年财政拨款(万元)
镇江市图书馆	3 876.75	969.19
总计	120 913.36	30 228.34
平均值	9 301.03	2 325.26

县(区)级公共图书馆中年财政拨款超过 1 000 万元的有 10 家，分别是：江宁区图书馆(2 535.7 万元)，张家港市图书馆(1 916.3 万元)，昆山市图书馆(1 702.9 万元)，常熟市图书馆(1 692.1 万元)，吴中区图书馆(1 436.6 万元)，太仓市图书馆(1 397.5 万元)，吴江区图书馆(1 396.6 万元)，江阴市图书馆(1 294.4 万元)，苏州工业园区独墅湖图书馆(1 290.2 万元)，秦淮区图书馆(1 255 万元)。

2013—2016 年江苏省各地区县(区)级公共图书馆财政拨款统计表

地区	财政拨款(万元)	年财政拨款(万元)
南京	17 040.88	4 260.22
无锡	12 452.57	3 113.14
徐州	6 874.82	1 718.71
常州	4 186.92	1 046.73
苏州	34 750.11	8 687.53
南通	9 352.13	2 338.03
连云港	4 330.60	1 082.65
淮安	4 364.86	1 091.22
盐城	9 730.09	2 432.52
扬州	5 963.72	1 490.93
镇江	6 028.08	1 507.02
泰州	7 585.55	1 896.39
宿迁	3 758.86	939.72
总计	126 419.00	31 604.75

(2) 各级公共图书馆文献购置费用

2013—2016 年，江苏省各级公共图书馆共投入文献购置费用 66 954.06 万元，年文献购置费用 16 738.52 万元。13 个市级公共图书馆文献购置费用总计为 22 161.98 万元，年文献购置费用为 5 540.5 万元，其中苏州图书馆年文献购置费用最多，为 1 525.72 万元。

2013—2016 年江苏省各市级公共图书馆文献购置费用统计表

图书馆名称	文献购置总费用(万元)	年文献购置费用(万元)
常州图书馆	1 560	390
淮安市图书馆	800	200
金陵图书馆	2 080	520
连云港市图书馆	548.11	137.03
南通市图书馆	3 528.15	882.04
苏州图书馆	6 102.87	1 525.72
泰州图书馆	546	136.50
无锡市图书馆	1 994.72	498.68
宿迁市图书馆	980	245
徐州图书馆	480	120
盐城市图书馆	1 772.53	443.13
扬州市图书馆	1 240	310
镇江市图书馆	529.6	132.4
总计	22 161.98	5 540.5

2013—2016 年江苏省各地区县(区)级公共图书馆文献购置费用统计表

地区	文献购置总费用(万元)	年文献购置费用(万元)
南京	2 956.46	739.12
无锡	3 722.19	930.55
徐州	920.55	230.14
常州	845.61	211.40
苏州	8 340.30	2 085.08
南通	2 219.37	554.84
连云港	830.08	207.52
淮安	680.95	170.24
盐城	1 839.07	459.77
扬州	1 255.09	313.77
镇江	788.06	197.02
泰州	1 468.57	367.14
宿迁	567.96	141.99
合计	26 434.26	6 608.57

3. 文献资源建设快速增长

至2017年底,全省公共图书馆文献总藏量达13 464.7万册,比2013年的9 112.7万册增长了47.76%;全省人均公共藏书1.68册,比2013年的1.15册增长了0.53册,图书、报刊、视听文献、电子文献等资源建设结构合理,分布协调。

2013—2016年13家市级公共图书馆普通文献馆藏总量为3 368万册件。各市级馆中普通文献馆藏量排名靠前的图书馆分别是:南通市图书馆(640.87万册件)、苏州图书馆(613.71万册件)、无锡市图书馆(332.73万册件)。

2013—2016年江苏省各市级馆普通文献馆藏量统计表

图书馆名称	普通文献馆藏量(万册件)
金陵图书馆	226.17
常州图书馆	332.45
淮安市图书馆	137.56
连云港市图书馆	165.51
南通市图书馆	640.87
苏州图书馆	613.71
泰州图书馆	84.40
无锡市图书馆	332.73
宿迁市图书馆	62.20
徐州图书馆	65.28
盐城市图书馆	157.18
扬州市图书馆	230.21
镇江市图书馆	319.73
总计	3 368
平均值	259.08

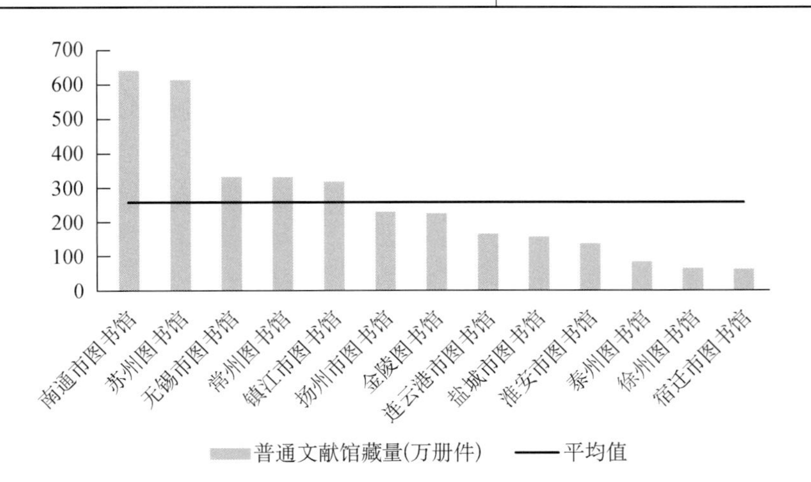

2013—2016年江苏省各市级公共图书馆普通文献馆藏量对比分析

县(区)级馆:江苏省共有县(区)级公共图书馆88个,2013—2016年普通文献馆藏量总计7 771.54万册件,馆均文献馆藏量为88.313万册件。江苏省各地区的县(区)级馆普通文献馆藏量排名靠前的地区有:苏州(1 824.14万册件)、无锡(1 416.06万册件)、盐城(614.02万册件)。馆均普通文献馆藏量排名靠前的地区有:无锡(202.29万册件)、苏州(182.41万册件)、泰州(94.99万册件)。

2013—2016年江苏省各地区县(区)级公共图书馆文献馆藏量统计表

地区	普通文献馆藏量(万册件)	馆均普通文献馆藏量(万册件)
南京	551.29	50.12
无锡	1 416.06	202.29
徐州	526.53	75.22
常州	274.54	91.51
苏州	1 824.14	182.41
南通	544.72	90.79
连云港	374.79	62.47
淮安	254.09	36.3
盐城	614.02	68.22
扬州	274.51	54.9
镇江	259.92	43.32
泰州	569.92	94.99
宿迁	287.01	57.4
总计	7 771.54	88.313

县(区)级图书馆中,无锡高新区(新吴区)图书馆文献馆藏量在县级馆中排名第一,为603.42万册件。

4. 队伍结构日趋合理,管理逐步规范化

2013—2016年,江苏省公共图书馆服务队伍有了较大的增强,从业人员增加了538人,增长了18.6%。专业人才队伍结构明显改善,正高职称增加了17%。南京图书馆共有工作人员526人,其中大学本科及以上学历员工占85.74%,高级职称员工占25.24%。领导班子成员中,一半是图书馆学专业毕业,皆为本科以上学历及副高以上职称。自2008年以来,常州地区各级公共图书馆的工作人员素质普遍有了明显提高。常州图书馆全馆102人,大学本科及以上学历员工53人,占51.96%,其中具有研究生学历员工8人,占7.84%。其余县(区)级馆中,武进区图书馆和金坛区图书馆大学专科及以上学历员工均达100%,溧阳市图书馆达89.47%。

各级公共图书馆能够做到实行科学规范的工作岗位管理,严格做到按需设岗、按岗聘用、竞争上岗,实行岗位责任制,对干部职工进行考核,并采用激励机制鼓励干部职工努力工作、进步发展。

江苏省公共图书馆事业发展存在的问题

一、公共图书馆事业发展与经济实力不完全匹配

据国家统计局网站2016年数据显示，江苏实现地区生产总值77 388.65亿元，在全国排名第二。就人均生产总值而言，江苏省人均GDP为96 887元，在全国排名第四。此外，江苏省下辖的13个设区市全部进入全国百强市，是唯一所有地级市都跻身于百强的省份。可以说，江苏是中国综合发展水平最高的省份之一，已步入“中上等”发达国家水平。与经济方面的“亮眼”表现相比，江苏省公共图书馆的发展水平还未完全匹配。

首先，江苏省公共图书馆在数量上优势不突出。江苏省公共图书馆数量在沿海地区排名第三，次于山东和广东；参评的少年儿童图书馆数量排名第三，次于辽宁和天津。以2016年为例，这几个省份的经济情况如下表所示：

2016年江苏省与部分沿海省市GDP对比分析表

地区	GDP(亿元)	人均GDP(元)
江苏省	77 388.65	96 887
山东省	68 024	68 733
广东省	80 854.91	74 016
天津市	17 885	115 053
辽宁省	22 246	50 791

除了地区生产总值低于广东省以及人均GDP低于天津市以外，江苏省的总体经济发展已达相当高的水平。此外，江苏省的人口密度多年来一直遥居全国各省之首：陆地面积10.32万平方千米，只占全国的1.08%，但常住人口有7 999万人，位列广东、山东、河南、四川之后。《中华人民共和国公共图书馆法》规定：“县级以上地方人民政府应当根据本行政区域内人口数量、人口分布、环境和交通条件等因素，因地制宜确定公共图书馆的数量、规模、结构和分布。”可以说，江苏省高密度的人口形势需要相当数量的公共图书馆与之适应，而江苏省的经济发展水平则为公共图书馆数量的提高提供了可能性。

数量方面的不足，主要是由于江苏省内部分城市存在经济水平、常住人口与公共图书馆数量不匹配的情况。以江苏省各地区2016年常住人口数据与公共图书馆数据对比分析，可知部分经济发达、人口密度较高的设区市，从公共图书馆分布来说，数量偏少，详见下表：

2016 年江苏省各地区常住人口与公共图书馆数量关系

地区	常住人口(万人)	公共图书馆数量(个)	每万人拥有公共图书馆数量(个)
南京	827	15	0.018
无锡	652.9	8	0.012
徐州	871	8	0.009
常州	470.83	4	0.008
苏州	1 064.74	12	0.011
南通	730.2	8	0.011
连云港	449.64	8	0.018
淮安	489	9	0.018
盐城	723.5	10	0.014
扬州	449.14	7	0.016
镇江	318.13	7	0.022
泰州	464.58	7	0.015
宿迁	487.94	6	0.012

其次,就服务效能而言,江苏省公共图书馆的表现总体尚可,但与我国沿海同样经济较发达的一些省份相比,亦有可改进的空间。从宏观上看,在年均讲座培训活动数量及参与人数、人均拥有公共图书馆馆藏量以及每万人占有公共图书馆面积三个方面,江苏省公共图书馆的指标都位于浙江省之后。

2013—2016 年四省文献外借量及外借人次统计表

地区	外借量(万册次)	外借人次(万人次)
广东	16 943.01	6 937.08
江苏	25 172.08	11 435.93
浙江	21 101.68	8 823.78
山东	9 922.71	6 190.97

2013—2016 年四省年均讲座培训活动数量及参与人数统计表

地区	年均讲座培训活动数量(次)	年均活动参与人数(万人)
广东	2 416.56	30.16
江苏	6 072.81	91.39
浙江	9 052.5	105.86
山东	5 287.5	73.45

2013—2016 年四省总馆藏量及人均馆藏量统计表

地区	总馆藏量(万册)	人均拥有公共图书馆馆藏量(册/人)
广东	7 899.85	0.72
江苏	7 601.5	0.95
浙江	6 969.15	1.25
山东	5 065.12	0.51

2013—2016 年四省每万人占有公共图书馆面积对比分析表

地区	每万人占有公共图书馆面积(平方米)
广东	117.2
江苏	145.2
浙江	189
山东	106.6

在总流通人次方面,江苏省公共图书馆排名第三,次于广东省、浙江省。而在计算机终端数量以及电子阅览室终端数上,江苏省公共图书馆均为最少。

2013—2016 年四省流通人次统计表

地区	流通人次(万人)
广东	7 800.81
江苏	5 740.27
浙江	7 039.07
山东	2 821.33

2013—2016 年四省计算机终端及电子阅览室终端数量

地区	计算机终端数量(台)	电子阅览室终端数(台)
广东	16 163	9 723
江苏	10 586	6 009
浙江	11 590	7 063
山东	11 622	7 664

二、财政投入方面存在的问题

第一,对公共图书馆事业的财政拨款增长速度缓慢,财政投入所占比重较小。根据国家统计局数据统计结果，在2013—2016年，江苏省经济发展始终保持较快增长。在此期间，江苏省地区生产总值为271 044.1亿元，对公共图书馆行业财政拨款共309 218.3万元。其中，2013年对公共图书馆财政拨款62 609.46万元，在财政总收入中占比为0.010 5%；2014年财政拨款69 355.8万元，占比0.010 7%，增长较为缓慢。2015年、2016年增长较快，对公共图书馆财政拨款分别为78 597.65万元和98 655.37万元，在财政总收入中占比分别为0.011 2%、0.013 0%。总体而言，江苏公共图书馆行业财政拨款在财政总收入中所占比例较小，与总体经济发展的速度相比仍有不小差距。

2013—2016年江苏省地区生产总值和对公共图书馆财政拨款统计

年　份	2013年	2014年	2015年	2016年	总计
地区生产总值(亿元)	59 753.3	65 088.3	70 116.4	76 086.1	271 044.1
对公共图书馆财政拨款(万元)	62 609.46	69 355.8	78 597.65	98 655.37	309 218.3
地区生产总值同比增长率	10.53%	8.93%	7.73%	8.51%	—
对公共图书馆财政拨款同比增长率	—	10.78%	13.33%	25.52%	—
对公共图书馆财政拨款在财政总收入中占比	0.010 5%	0.010 7%	0.011 2%	0.013 0%	0.011 4%

总体上看，对公共图书馆的财政拨款在所有行业中所占比重较小。这固然是与行业性质有关，但也应该看到，适当增强财政支持的力度，一定程度上对拓宽行业的发展思路、提升行业创造力等方面有积极意义，并为吸引更多人才创造可能。

第二，文献购置费用增速缓慢。文献资源建设是公共图书馆的核心业务之一，而经费多少是决定文献资源建设多少的前提和基础。总体上看，2013年文献购置投入14 319.89万元，2014年投入15 911.48万元，2015年投入16 991.13万元，2016年投入19 731.57万元，增长速度较缓。而部分地区公共图书馆文献购置费增长缓慢，甚至有倒退的情况(见下表)。随着图书价格的攀升，文献购置费的增速势必不能满足文献资源发展的要求。

2013—2016年部分地区公共图书馆文献购置费用一览

地区	2013年文献购置费(万元)	2014年文献购置费(万元)	2015年文献购置费(万元)	2016文献购置费(万元)
无锡	916.29	1 683.96	1 604.59	1 512.08
徐州	370.02	342.26	222.2	466.07
常州	662.6	549.85	565.45	627.71
南通	1 383.45	1 339.97	1 348.3	1 715.8
连云港	385.26	360.66	450.82	411.44
淮安	411.02	410.74	419.16	530.66
镇江	290.38	287.23	275.28	464.77
泰州	408.25	511.9	436.34	658.08
宿迁	126.83	143.34	137.51	160.48

2016 年江苏省各地区公共图书馆普通文献馆藏量统计表

地区	普通文献馆藏量总数(万册件)	馆均普通文献馆藏量(万册件)
南京	1 953.29	130.22
无锡	1 748.79	218.6
徐州	591.81	73.98
常州	607	151.75
苏州	2 457.17	204.76
南通	1 196.41	149.55
连云港	571.72	71.47
淮安	424.13	47.13
盐城	771.19	77.12
扬州	547.72	78.25
镇江	579.65	82.81
泰州	654.32	93.47
宿迁	349.21	58.2

购书经费的多寡与馆藏量有着直接关系。由以上二表对比可知,文献购置费少的地区,一般也是馆均普通文献馆藏量较少的地区。

三、省内各地区公共图书馆发展不平衡

首先,如前所述,江苏省各地区公共图书馆数量上存在不均衡的情况。在县(区)级层面,公共图书馆总计有 88 个。其中,南京的公共图书馆数量最多,共有县(区)级公共图书馆 11 个、县(区)级少年儿童图书馆 2 个。常州的公共图书馆数量最少,县(区)级公共图书馆仅有 3 个,无县(区)级少年儿童图书馆。

就少年儿童图书馆而言,数量总体偏少;且从地区分布而言,也未见有规律性可言。市级少年儿童图书馆仅有 3 个,分布于连云港、淮安和扬州;县(区)级少年儿童图书馆也只有 4 个,两个在南京,苏州、南通各有 1 个。

第二,经费投入方面存在地区差异。2013—2016 年,江苏省共有 109 家公共图书馆获得各级财政拨款 309 218.3 万元,年财政拨款 77 304.60 万元,馆均年财政拨款 709.22 万元。累计得到财政拨款支持较多的地区分别是:南京(91 456.52 万元)、苏州(72 818 万元)、无锡(22 945.7 万元),而较少的地区则不足 10 000 万元。

2013—2016 年江苏省各地区公共图书馆财政拨款统计表

地区	2013 年财政拨款（万元）	2014 年财政拨款（万元）	2015 年财政拨款（万元）	2016 年财政拨款（万元）	期间年财政拨款（万元）	期间财政总拨款（万元）	馆均年财政拨款（万元）
南京	20 598	22 499.3	22 444.3	25 914.9	22 864.13	91 456.52	1 524.28
无锡	4 630.99	5 476.13	5 881.18	6 957.4	5 736.425	22 945.7	717.05
徐州	2 273.24	2 120.97	2 577.83	3 869.87	2 710.478	10 841.91	338.81
常州	2 865.74	2 838.3	3 316.88	3 452.8	3 118.43	12 473.72	799.61
苏州	12 806.1	14 480	18 245.9	27 285.7	18 204.5	72 818	1 517.04
南通	3 044.36	3 662.58	4 681.54	5 232.8	4 155.32	16 621.28	519.42
连云港	2 319.65	2 764.64	2 860.01	3 528.4	2 868.175	11 472.7	358.52
淮安	1 735.11	1 716.11	2 479.83	2 941.03	2 218.02	8 872.08	246.45
盐城	3 819.5	4 042.21	5 070.03	4 965.81	4 474.388	17 897.55	447.44
扬州	2 046.88	2 683.72	3 482.07	5 490.55	3 425.805	13 703.22	489.4
镇江	1 988.58	2 225.97	2 547.44	3 142.84	2 476.208	9 904.83	353.74
泰州	2 544.97	2 864.34	3 138.25	3 614.8	3 040.59	12 162.36	434.37
宿迁	1 936.41	1 981.56	1 872.37	2 258.52	2 012.215	8 048.86	335.37
合计	62 609.5	69 355.8	78 597.63	98 655.4	77 304.60	309 218.3	709.22

各市级公共图书馆中年财政拨款排名靠前的分别是：苏州图书馆（9 132.31 万元）、金陵图书馆（3 763.34 万元）、无锡市图书馆（2 623.28 万元）、常州图书馆（2 071.70 万元）。年财政拨款最少的市级馆仅占苏州图书馆的十分之一左右。事实上，年财政拨款较少的几个城市，却是每万人拥有公共图书馆数量较多的地区，某种程度上可以说经费投入力度还需加强。

2013—2016 年江苏省各市级公共图书馆财政拨款统计表

图书馆名称	财政拨款（万元）	年财政拨款（万元）
金陵图书馆	15 053.36	3 763.34
常州图书馆	8 286.8	2 071.70
淮安市图书馆	3 723.11	930.78
连云港市图书馆	3 930.1	982.53
南通市图书馆	6 283.85	1 570.96
苏州图书馆	36 529.24	9 132.31
泰州图书馆	4 576.81	1 144.20
无锡市图书馆	10 493.13	2 623.28

（续表）

图书馆名称	财政拨款(万元)	年财政拨款(万元)
宿迁市图书馆	4 290	1 072.50
徐州图书馆	3 967.09	991.77
盐城市图书馆	8 167.46	2 041.87
扬州市图书馆	5 966.04	1 491.51
镇江市图书馆	3 876.75	1 875

文献购置费方面，同样存在地区差异。市级公共图书馆中苏州、南通、无锡是文献购置费用较多的地区，远超其他地区。

2013—2016 年江苏省各市级公共图书馆文献购置费用统计表

图书馆名称	文献购置总费用(万元)	年文献购置费用(万元)
常州图书馆	1 560	390
淮安市图书馆	800	200
金陵图书馆	2 080	520
连云港市图书馆	548.107 7	137.026 9
南通市图书馆	3 528.15	882.037 5
苏州图书馆	6 102.869	1 525.717
泰州图书馆	546	136.5
无锡市图书馆	1 994.722	498.680 6
宿迁市图书馆	0.196	0.049
徐州图书馆	480	120
盐城市图书馆	1 772.529	443.132 2
扬州市图书馆	1 240	310
镇江市图书馆	529.6	132.4
总计	21 182.17	5 295.543

第三，服务效能方面，地区差异较大。苏州地区总体表现最好，在文献外借量、讲座培训开展、阅读活动推广、数字资源建设等方面都位居全省前列，整体服务效能处于领先地位。具体到某个公共图书馆，这一现象同样存在。比如张家港市图书馆在讲座培训次数、少儿图书馆每万人参加读者活动人次以及少儿图书馆网站访问量等方面的表现，在同等级别图书馆中表现突出。

具体而言，一是文献外借量上，2013—2016 年江苏省各地区公共图书馆总外借量排名前三的为：苏州、南京、无锡，是外借量较低地区的数倍。这一情形在各电子文献外借量方面同样存在。

以江苏省各地区 2016 年常住人口数量与公共图书馆外借量数据分析，每万人外借量排名前三的地区分别是：苏州（7.24 万册次）、无锡（4.13 万册次）、南京（3.97 万册次）。苏州地区图书总外借量和服务人口排名均为第一，每万人外借量相比江苏省其他地区高出很多。

2016 年江苏省各地区图书馆每万人外借量对比分析表

地区	总外借量（万册次）	常住人口数量（万人）	每万人外借量（万册次）
南京	3 285.96	827	3.97
无锡	2 697.51	652.9	4.13
徐州	926.82	871	1.06
常州	1 394.33	470.83	2.96
苏州	7 706.27	1 064.74	7.24
南通	1 366.82	730.2	1.87
连云港	973.36	449.64	2.16
淮安	1 082.38	489	2.21
盐城	1 384.13	723.5	1.91
扬州	1 266.91	449.14	2.82
镇江	1 031.65	318.13	3.24
泰州	1 177.94	464.58	2.54
宿迁	878	487.94	1.80

二是讲座、培训方面，苏州、南京、盐城地区的公共图书馆开展次数相对较多。其中苏州地区讲座、培训总计为 4 015 次，馆均讲座、培训次数为 365 次，在江苏省各地区中排名第一。

2013—2016 年江苏省公共图书馆讲座、培训次数统计表

地区	讲座、培训次数（次）	馆均讲座培训次数（次）
南京	2 569	197.62
无锡	1 483	185.38
徐州	1 084	135.50
常州	615	153.75
苏州	4 015	365.00
南通	1 060	151.43
连云港	891	127.29
淮安	694	86.75

（续表）

地区	讲座、培训次数(次)	馆均讲座培训次数(次)
盐城	1 613	161.30
扬州	1 171	195.17
镇江	847	121.00
泰州	926	132.29
宿迁	769	128.17

三是阅读推广活动方面，活动数量排名靠前的地区是苏州、南京、镇江。地区差异同样存在于市级、县(区)级公共图书馆，详见下表：

2013—2016 年江苏省各地区公共图书馆阅读推广活动次数统计表

地区	阅读推广活动(次)	馆均阅读推广活动(次)
南京	2 900	223.08
无锡	1 728	216.00
徐州	779	97.38
常州	781	195.25
苏州	4 804	436.73
南通	1 192	170.28
连云港	955	136.43
淮安	492	61.50
盐城	1 029	102.90
扬州	932	155.33
镇江	2 234	319.14
泰州	826	118.00
宿迁	1 007	167.83

2013—2016 年江苏省各市级公共图书馆阅读推广活动次数统计表

图书馆名称	阅读推广活动(次)
金陵图书馆	286
常州图书馆	164
淮安市图书馆	50
连云港市图书馆	450

（续表）

图书馆名称	阅读推广活动(次)
南通市图书馆	567
苏州图书馆	914
泰州图书馆	256
无锡市图书馆	371
宿迁市图书馆	115
徐州图书馆	481
盐城市图书馆	83
扬州市图书馆	143
镇江市图书馆	237

2013—2016 年江苏省各地区县(区)级公共图书馆阅读推广活动次数统计表

地区	阅读推广活动(次)	馆均阅读推广活动(次)
南京	1 711	155.55
无锡	1 357	193.85
徐州	298	42.57
常州	617	205.67
苏州	3 890	389.00
南通	625	104.17
连云港	505	84.17
淮安	442	63.14
盐城	946	105.11
扬州	789	157.80
镇江	1 997	332.83
泰州	570	95.00
宿迁	892	178.40

四是每万人参与活动人次情况，江苏省各地区公共图书馆中每万人参与活动数量排名靠前的地区分别是：淮安(6 098.41 次)、盐城(2 256.27 次)、苏州(2 210.96 次)，是排名靠后地区的数十倍。各地区差异详见下表：

2013—2016 年江苏省各地区公共图书馆每万人参与活动人次统计表

地区	常住人口（万人）	参与活动人次（次）	每万人参与活动人次（次）
南京	827	590 973	714.6
无锡	652.9	472 380	723.51
徐州	871	367 909	422.40
常州	470.83	210 349	446.76
苏州	1 064.74	2 354 101	2 210.96
南通	730.2	503 323	689.29
连云港	449.64	187 703	417.45
淮安	489	2 982 121	6 098.41
盐城	723.5	1 632 414	2 256.27
扬州	449.14	559 966	1 246.77
镇江	318.13	638 318	2 006.47
泰州	464.58	848 215	1 825.77
宿迁	487.94	281 153	576.2
总计	7 998.6	11 628 924	1 453.87

各市级公共图书馆中每万人参与活动数量排名靠前的图书馆分别是：扬州市图书馆（787 次）、苏州图书馆（628 次）、盐城市图书馆（549 次）。

2013—2016 年江苏省各市级公共图书馆每万人参与活动次数统计表（金陵图书馆除外）

图书馆名称	每万人参与读者活动人次（次）
常州图书馆	337
淮安市图书馆	225
连云港市图书馆	205
南通市图书馆	265
苏州图书馆	628
泰州图书馆	232
无锡市图书馆	405
宿迁市图书馆	113
徐州图书馆	145
盐城市图书馆	549
扬州市图书馆	787
镇江市图书馆	476

以各地区县(区)级公共图书馆每万人参与活动人次为基础,得出排名前三的地区为:淮安(5 872.05 次)、盐城(1 707.28 次)、泰州(1 594.28 次),也存在较大地区差异,如下表:

2013—2016 年江苏省各地区县(区)级公共图书馆每万人参与活动人次统计表

地区	常住人口(万人)	评估期内参与活动人次(次)	每万人参与活动人次(次)
南京	827	590 661	714.22
无锡	652.9	207 876	318.39
徐州	871	241 273	277.01
常州	470.83	51 957	110.35
苏州	1 064.74	1 685 576	1 583.09
南通	730.2	300 302	411.26
连云港	449.64	77 528	172.42
淮安	489	2 871 433	5 872.05
盐城	723.5	1 235 220	1 707.28
扬州	449.14	243 526	542.21
镇江	318.13	4 871.32	15.31
泰州	464.58	740 669	1 594.28
宿迁	487.94	226 183	463.55

总体而言,扬州、盐城、淮安、苏州四地的图书馆在组织读者活动方面力度较大、表现较好,所组织的活动能够得到读者的积极响应,优势较为显著。

另外,在少儿图书馆方面,张家港市少年儿童图书馆表现最佳:每万人参与活动人次最多,共 135 次,举办年读者活动次数最多,共举办活动 409 次,远超其余六个少儿图书馆。

第四,数字资源建设存在地区差异。江苏省自建资源总量排名前三的地区有:南京(254.77 TB)、苏州(125.92 TB)、南通(124.31 TB)。其他城市与三地相比,存在较大差距。

类似问题在市级公共图书馆中同样存在,详见下表:

2013—2016 年江苏省市级公共图书馆自建数字资源统计

图书馆名称	自建数字资源(TB)
金陵图书馆	16.12
常州图书馆	10.70
淮安市图书馆	10.08
连云港市图书馆	20.70
南通市图书馆	84.00
苏州图书馆	26.33
泰州图书馆	10.50

（续表）

图书馆名称	自建数字资源(TB)
无锡市图书馆	20.07
宿迁市图书馆	20.00
徐州图书馆	4.00
盐城市图书馆	5.81
扬州市图书馆	15.94
镇江市图书馆	15.96
总计	244.09
平均值	20.34

江苏省少年儿童图书馆自建数字资源量总计为 46.72 TB，馆均自建数字资源量为 6.67 TB，其中南京市溧水区儿童图书馆自建数字资源量最多，为 12 TB，个别少儿图书馆数字资源建设方面有待加强。

第五，在市级公共图书馆中，不同地区计算机终端数量差距较大。淮安市图书馆计算机终端数量最多，为 327 台。

2016 年江苏省各市级公共图书馆读者用计算机终端数量统计表

图书馆名称	读者用计算机终端数(台)
金陵图书馆	234
常州图书馆	86
淮安市图书馆	327
连云港市图书馆	106
南通市图书馆	157
苏州图书馆	219
泰州图书馆	133
无锡市图书馆	159
宿迁市图书馆	60
徐州图书馆	104
盐城市图书馆	127
扬州市图书馆	148
镇江市图书馆	120
平均值	152
总计	1 980

在县（区）级公共图书馆中，馆均读者用计算机数量存在地区差异。且就具体图书馆而言，苏州工业园区独墅湖图书馆计算机终端数量最多，有 270 台。

2016 年江苏省各地区县(区)级公共图书馆读者用计算机数量统计表

地区	读者用计算机终端数(台)	馆均读者用计算机终端数(台)
南京	630	57
无锡	778	111
徐州	304	43
常州	171	57
苏州	1 307	131
南通	526	88
连云港	242	40
淮安	444	63
盐城	481	53
扬州	261	52
镇江	410	68
泰州	609	102
宿迁	227	45
合计	6 390	73

四、投入和产出不对等

江苏省每万人拥有图书馆数量排名前三的城市为淮安、扬州、宿迁。但以常住人口数量与持证读者数量对比分析后，得出持证读者与常住人口占比靠前的城市分别是：苏州(71.59%)、南京(19.33%)、无锡(13.96%)。具体数据如下：

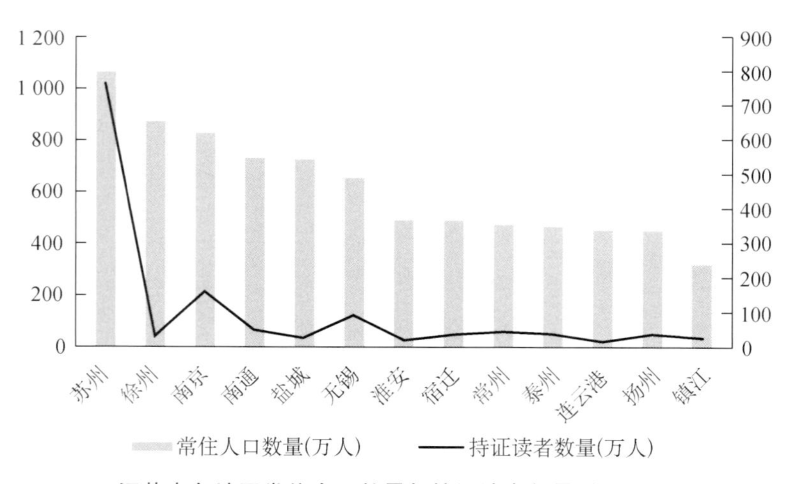

江苏省各地区常住人口数量与持证读者数量对比分析

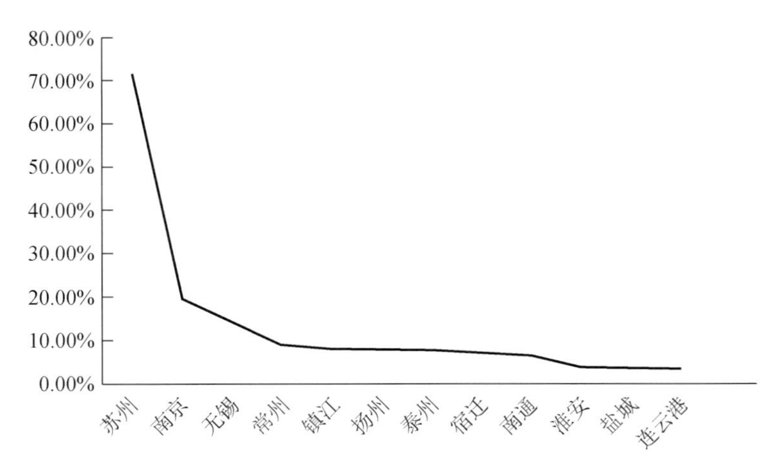

江苏省各地区持证读者数量占常住人口数量比例对比分析

可见，公共图书馆分布较稀疏的城市，持证读者所占比例也较低；而即使公共图书馆分布较密，数量足够，也依然存在读者数量不匹配的问题。某种程度上可以看出，公共图书馆资源实际利用率不高。

就财政投入产出比分析，市级公共图书馆中财政拨款投入较多的图书馆有：苏州图书馆、无锡市图书馆、常州图书馆，而外借量较高的图书馆是苏州图书馆、无锡市图书馆、金陵图书馆。就财政拨款产出比而言，排名靠前的图书馆是镇江市图书馆、常州图书馆、无锡市图书馆。可见，财政投入高，并不一定能获得对等的效益。

从服务效能与服务人口对比来看，苏州、无锡、常州持证读者数量最多，总外借量也最多。但以持证读者人均外借量而言，排名有所变化，市级公共图书馆中持证读者人均外借量较高的图书馆是金陵图书馆、盐城市图书馆、淮安市图书馆。

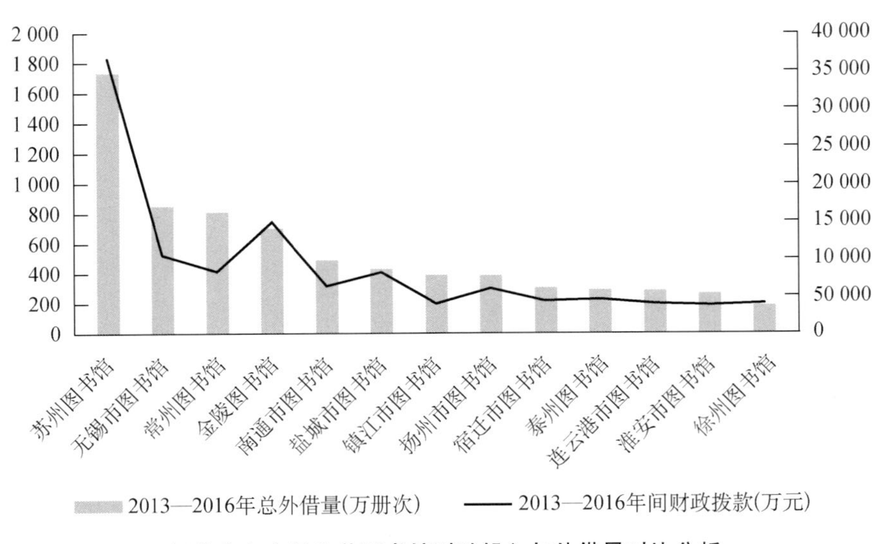

江苏省各市级公共图书馆财政投入与外借量对比分析

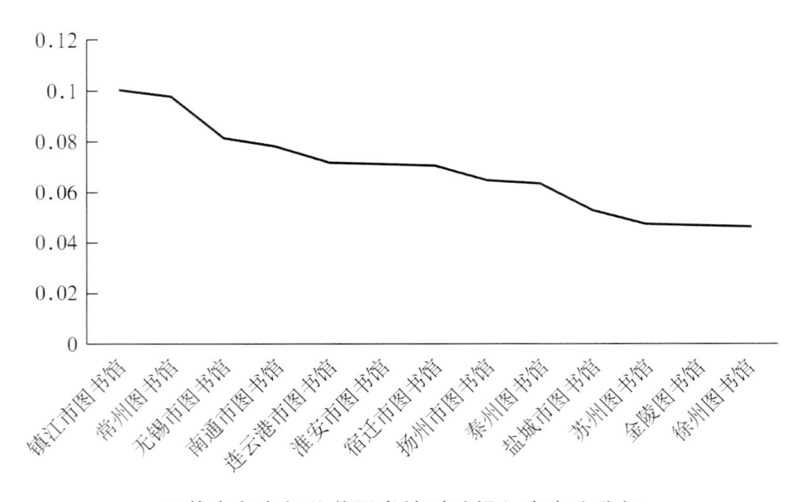

江苏省各市级公共图书馆财政投入产出比分析

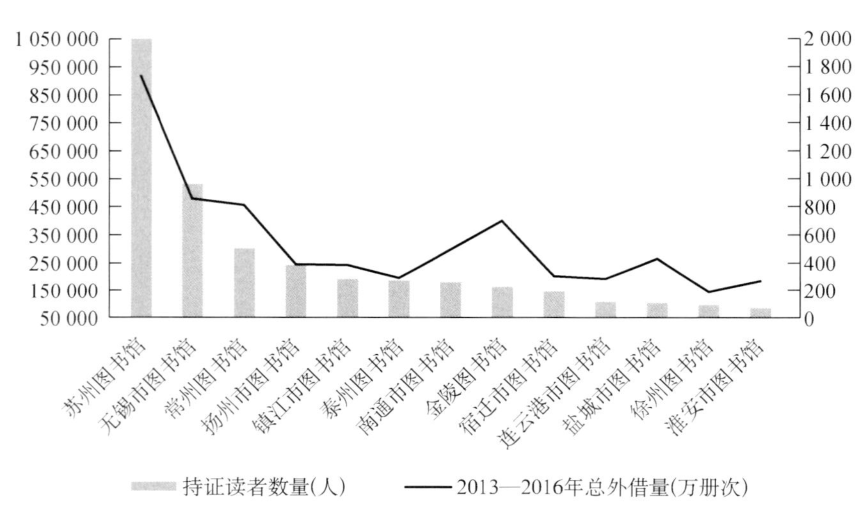

江苏省各市级公共图书馆服务效能和持证读者对比分析

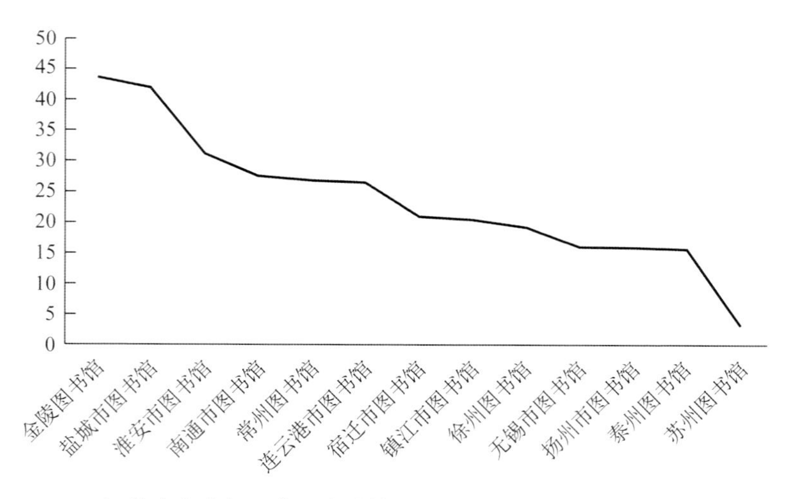

江苏省各市级公共图书馆持证读者人均外借量对比分析

五、业务建设中存在的问题

第一，文献资源增长缓慢。如上所述，由于文献购置费增长较慢、缺乏稳定性以及总体偏少等问题，2013—2016 年，江苏省各市级公共图书馆年人均新增文献入藏数量平均值仅为 0.09 册件。各市级公共图书馆中，年人均新增文献入藏量相对较少的图书馆仅有 0.004 册件，远低于平均值。而在县（区）级公共图书馆中，个别图书馆未见有新增文献入藏。这一态势，不仅与当下图书市场的增长趋势不符，也必然不能满足相关地区基本的阅读需求。

第二，电子资源发展还需加强。根据数据结果分析，尽管近年来纸质文献外借量增长上升趋势较平稳，电子文献外借量呈现较快增长，年增长率超过纸质文献。但就实际数值而言，江苏省公共图书馆文献外借量中纸质文献外借量高于电子文献外借量，不同形式文献资源的利用情况还存在不小差距。

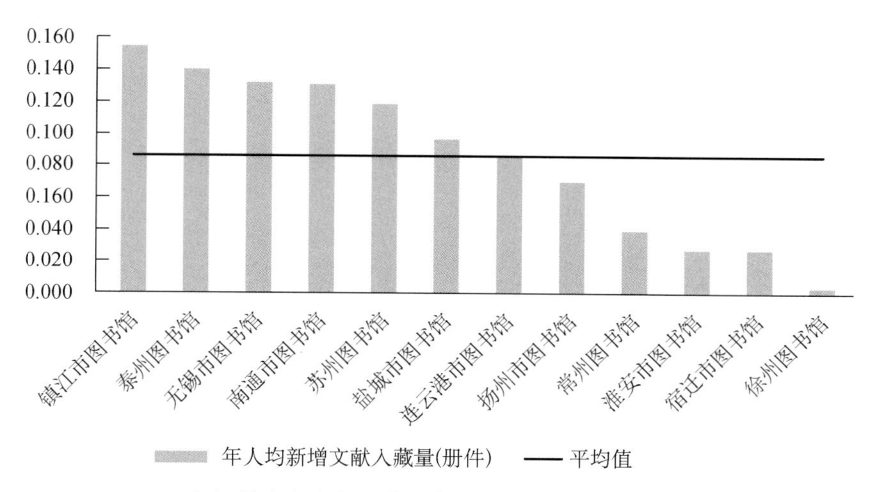

2013—2016 年江苏省各市级公共图书馆年人均新增文献入藏量对比分析

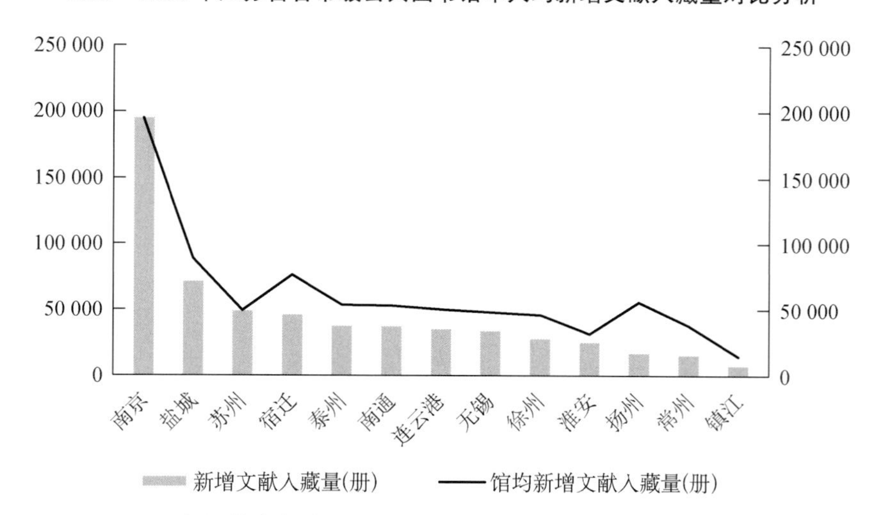

2013—2016 年江苏省各地区县（区）级公共图书馆新增文献入藏量对比分析

江苏省各市级公共图书馆文献外借量统计表

图书馆名称	2013—2016 年纸质文献总外借量(万册次)	2013—2016 年电子文献外借量(万册次)	2013—2016 年总外借量(万册次)	2013—2016 年电子文献外借量占比(%)
金陵图书馆	556.3	146.5	702.8	20.85%
常州图书馆	442.3	367.7	810	45.40%
淮安市图书馆	172.12	93.09	265.2	35.10%
连云港市图书馆	242.05	40.53	282.58	14.34%
南通市图书馆	332.71	157.55	490.26	32.14%
苏州图书馆	1 630.17	104.4	1 734.57	6.02%
泰州图书馆	202.09	87.84	289.93	30.30%
无锡市图书馆	618.39	233.63	852.02	27.42%
宿迁市图书馆	187.77	114.94	302.71	37.97%
徐州图书馆	183.76	0	183.76	0.00%
盐城市图书馆	379	51.97	430.97	12.06%
扬州市图书馆	225.93	160.07	386	41.47%
镇江市图书馆	192.64	196.15	388.79	50.45%
总计	5 365.23	1 754.37	7 119.59	24.64%

与此同时,少儿图书馆电子资源也亟待发展。2013—2016 年内,江苏省 7 家少年儿童图书馆文献外借量总计为 581.21 万册次,馆均文献外借量 83.03 万册次,但是仅连云港市少年儿童图书馆在评估期内电子文献外借量有 0.62 万册次,其余 6 家均无数据。可以说,少儿图书馆的电子资源建设总体比较落后。

江苏省各少年儿童图书馆文献外借量统计表

图书馆名称	2013—2016 年纸质文献总外借量(万册次)	2013—2016 年电子文献外借量(万册次)	2013—2016 年总外借量(万册次)
淮安市少儿图书馆	117.09	0	117.09
连云港市少年儿童图书馆	123.84	0.62	124.46
南京市溧水区儿童图书馆	62.93	0	62.93
南京市玄武区少年儿童图书馆	51.3	0	51.3
如皋市少年儿童图书馆	32.78	0	32.78
扬州市少年儿童图书馆	143.73	0	143.73
张家港市少年儿童图书馆	49.54	0	49.54
总计	581.21	0.62	581.85
平均值	83.03	0.09	83.12

第三，信息基础保障建设有待加强。一方面，图书馆网站建设有待加强。个别县(区)级公共图书馆暂时没有网站，这与当今信息化社会的发展态势不符。另一方面，计算机终端配置存在不足的情况。

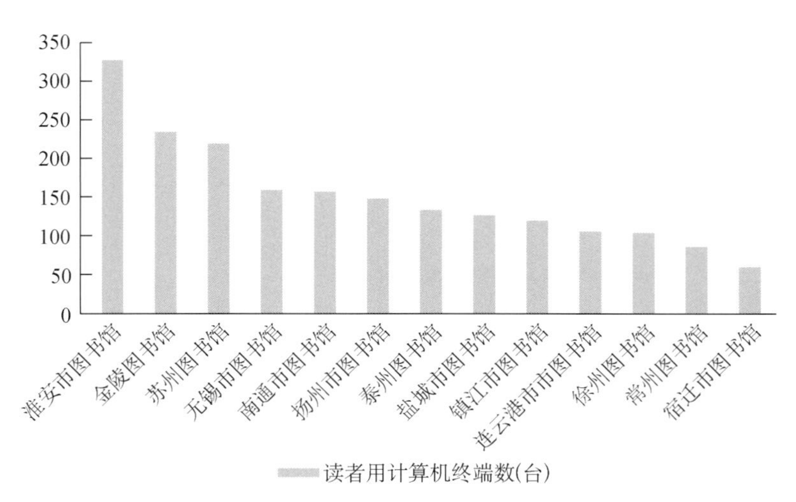

江苏省各市级公共图书馆计算机终端对比分析

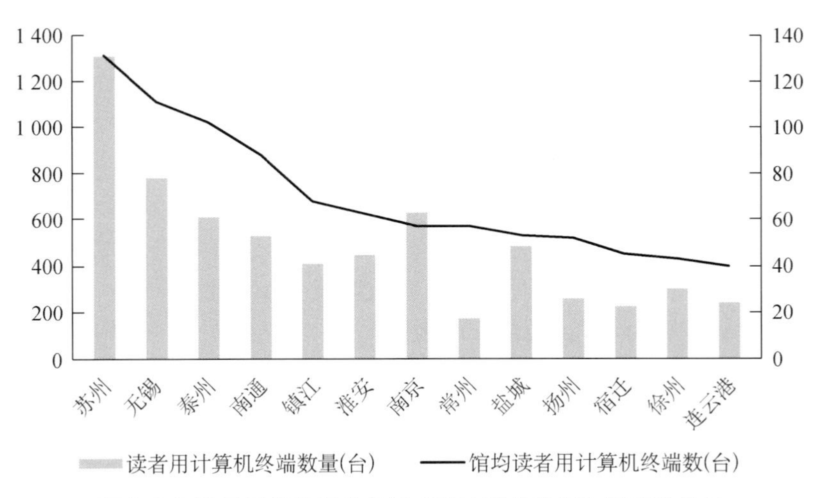

江苏省各地区县(区)级公共图书馆计算机终端数量对比分析

计算机是图书馆信息资源建设的基础保障，图书馆数字资源建设的数量与计算机的配置数量呈正相关性，数字资源建设较为落后的地区，其计算机终端数量一般也较少。

六、馆舍面积存在不达标的情形

市级公共图书馆里建筑面积较大的图书馆有：苏州图书馆(9.15 万平方米)，金陵图书馆(5.73 万平方米)，无锡市图书馆(3.61 万平方米)；面积较小的图书馆仅有 1.66 万平方米。

按照《公共图书馆建设用地指标》和《公共图书馆建设标准》中的规定，服务人口在 150

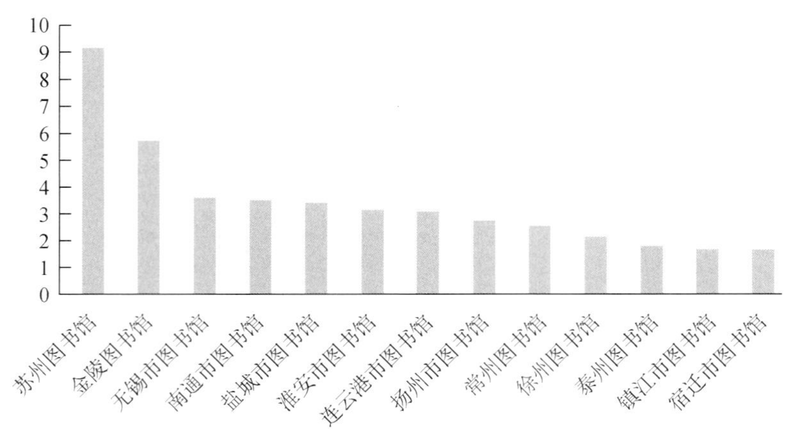

江苏省各市级公共图书馆建筑面积对比分析

万至1 000万的,建设2万～6万平方米的大型公共图书馆。根据这一标准,某些地区的图书馆馆舍面积不达标。馆舍面积不达标,服务面积和馆藏面积就得不到保障,读者的借阅活动以及馆内文化活动都会受到影响。

综上所述,江苏省公共图书馆事业发展情况总体较好,而其中亦有提高空间。《中华人民共和国公共图书馆法》规定:公共图书馆肩负推动、引导、服务全民阅读的重要使命。因此如何吸引读者来馆阅读、培养读者的阅读习惯、引发读者的阅读兴趣等,都是需要不断思考的问题。一方面,应当在对地区人口数量、人口分布等进行综合评估的基础上,结合本地区的经济实力,适当增设公共图书馆或少年儿童图书馆。另一方面,硬件设施需要加强:部分地区图书馆需要扩大馆舍面积,以适应当地人民群众的需求;增加计算机终端数量、完善图书馆网站建设,以作为保障基础,并适应信息社会的发展。更重要的是,不断加强自身业务建设,提升公共图书馆的竞争力。强化文献资源建设,扩大有效的馆藏文献规模;通过开展形式多样的读者活动,完善服务项目,提高文献利用率。此外,还要持之以恒地重视人才队伍建设。高素质的人才队伍,是现代图书馆良好运营的保证,是沟通读者的桥梁,也是提高图书馆科研水平的关键。

第二部分

江苏省公共图书馆事业发展区域报告（2013—2017）

南京图书馆事业发展报告

南京图书馆的前身可追溯至 1907 年创办的江南图书馆和 1933 年民国时期筹建的中央图书馆，1954 年经文化部正式定名为南京图书馆，直属江苏省文化厅(现江苏省文化和旅游厅)领导，至今历经 110 多年。经过改革开放近 40 多年的巨变，特别是进入 21 世纪以来，南京图书馆在馆设面积、办馆条件、文献资源、队伍建设、读者服务、技术应用、业务管理、学术研究、协作共享等方面取得了令人瞩目的成绩。近几年来，南图锐意改革，推陈出新，在全省乃至全国图书馆事业发展中，日益发挥着举足轻重的作用。

一、基本情况

南京图书馆现有建筑面积 9.61 万平方米，包括 2007 年 11 月正式开放的大行宫新馆及成贤街老馆两个馆区。新馆功能布局上主要体现以读者为中心的服务理念，实现藏、借、阅、咨询、管理的一体化。近年来，南京图书馆秉承"藏用并举"的服务理念，采用"开放多元"的服务方式，着力营造温馨、舒适、特色、适用的空间布局，提供"馆中之馆"的精致体验，建成并开放了惠风书堂、24 小时自助图书馆、国学图书馆、少儿图书馆、和畅文苑、十德堂等新型空间，提升了南图的社会影响力。

南京图书馆充分发挥作为全省文献信息资源保障与服务中心的职能作用，藏书体系涵盖社会科学和自然科学各领域，截至 2017 年底，南图普通图书馆藏总量逾 1 200 万册件，其中古籍 160 万册，包括善本 14 万册，民国文献 70 万册；电子书籍 150 万册件，注册读者证超过 100 万张，日均到馆读者约 7 000 人次。全馆实行全面免费开放，开展阅览、外借、信息咨询、网络资源服务、文献传递、馆际互借、新媒体服务、流动服务、讲座、展览、培训及各类读者活动。2013—2017 年间，年文献购置费为 4 500 万元，年文献外借量超过 300 万册次，年举办阅读推广活动 200 多次。

南京图书馆作为全省公共文化服务的重要阵地，努力提升自身的业务能力，发挥全省龙头馆作用，引导和推动全民阅读，服务水平得到社会各界和读者的广泛赞誉。2013 年以来，南京图书馆多次获得"江苏省文明单位""江苏省全民阅读工作先进集体"等表彰，被授予"廉政文化教育基地""省级机关法治文化建设示范点"等光荣称号。在第六次全国县级以上公共图书馆评估定级工作中，南京图书馆取得优异成绩，2018 年被文化和旅游部公布为一级图书馆。

二、服务效能

1. 基本服务全面开展,服务水平稳中有进

南京图书馆坚持节假日全面开放、夜间有限开放,周平均开馆时间 74 小时,年均外借总量超过 300 万册次。2017 年数字资源外购数据库总访问量 1 600 多万次,下载量 250 多万次。

大力推进以全省"一卡通"为基础的馆际互借服务,2017 年建成有江苏特色的"江苏省公共图书馆馆际快借网"(简称"江苏快借")项目,全省 109 家公共图书馆全部加入网络,服务初见成效。同时,南京图书馆代表全省 109 家公共图书馆与国家图书馆、上海图书馆、JALIS 签订了馆际互借协议,建立了全省公共图书馆系统跨地区、跨系统的馆际互借服务。

2015 年起联合凤凰出版集团推出实施的"陶风采——你选书　我买单"暨惠风书堂服务项目,可以让读者方便快捷地借到最新出版的图书,增强了馆藏建设的读者参与感。经过两年多的发展,"陶风采"项目日趋成熟,2017 年该项目的图书年外借量达到 80 万册次。

依托全国文化信息资源共享工程和数字图书馆推广工程的网络与资源,强化了分馆及馆外流通服务点建设,重点建立了东部战区分馆及一批流通服务点。截至 2017 年底,共建立了 105 个直属流通服务点和东部战区分馆,同时通过东部战区分馆向下辐射建立了 112 个连队图书流通服务点,外借量达 155 万册次。

2. 特殊群体服务正常开展,少儿服务成亮点

近年来,少儿服务馆舍成为南京图书馆读者服务工作的重中之重。少儿服务面积比原先扩大 3 倍,占地面积达到 2 115 平方米,按年龄段设置三个室,实现了 0~15 岁少儿读者全年龄覆盖,截至 2017 年底,已发放少儿证 5.8 万张。五年时间图书外借总量达 147 万册次,举办1 089场少儿活动,参加人次 6.3 万。南图牵头建立的"江苏少儿数字图书馆"项目,在服务全省公共图书馆的同时,也全面提升了本馆少儿数字图书馆的服务水平。

在正常开展对残疾人、老年人和农民工服务的同时,重点放在了对本地服刑、监管人员的精准化和全面化服务,建立了南京女子监狱、南京浦口监狱、南京市监管支队等流通服务点,有针对性地提供音像制品、图书期刊等馆藏资源,以及文化共享工程优秀数字资源。五年来,共服务监管、服刑人员近 7 万人次,提供书刊资料 3 万余册,图书外借达 6 万多册次,取得了良好的社会效益。

3. 阅读推广常抓不懈,工作成效显著

推动、引导、服务全民阅读,是新时代公共图书馆的重要任务,南图因时因地制宜,通过开展阅读指导、读书交流、演讲诵读、图书交流、展览讲座等活动,创造性地推广全民阅读,并使阅读活动常态化,平均每年举办阅读推广活动 200 多次。每年历时 1 个月的"南图阅读节"举办时间横跨世界图书与版权日、图书馆服务宣传周等几个大型宣传活动,成为南图品牌服务。阅读节期间举办的系列活动,不仅吸引了大批读者前来参与,也吸引了众多媒体进

行宣传报道。与台湾汉学研究中心共同发起主办的海峡两岸“玄览论坛”，每年举办一届，成为传承与弘扬优秀传统文化的重要平台。“南图讲座”作为延伸服务项目之一，围绕时政、经济、文化、教育、科技、军事、历史、生活八大板块，每周面向广大市民举办公益讲座。年均举办各类现场读者讲座、培训 200 多场，网上讲座数十场，百场“南图讲座”基层行活动受到广大基层图书馆读者的热情欢迎。

4. 信息咨询服务向广度和深度发展

南京图书馆参考咨询组有专职咨询人员 10 余名，开展各种形式、各个学科领域的参考咨询工作，主要包括社科咨询、总服务台咨询、网上虚拟参考咨询、定题服务与文献传递等基础性咨询服务，并能提供 FAQ 知识库智能咨询和基于微信的移动参考咨询服务。此外，还正常开展专题咨询、情报分析、科技查新等知识服务。

立法决策服务作为南图一项常规化服务，依托现有馆藏资源、专业数据库及网络资源，以定向和个性化服务为手段，积极主动地为本省党政军领导机构提供形式多样、高效精准的决策咨询信息服务。南图编印的《港台资讯》《审议参阅》《港台报摘》《信息参考》等资讯刊物，为全省两会提供现场决策咨询服务，建立的“江苏立法决策信息服务平台”等都取得了良好的服务成效。南图为高层领导服务项目获得了“2015 年度科技情报学术成果二等奖”“2016 年度华东地区科技情报学术成果三等奖”。

5. 网络数字化服务成为读者服务的重要途径

南京图书馆建有中英文门户网站，网站结构清晰、内容丰富、界面美观、更新及时。网站设有数字服务、读者服务、馆情信息、国学研究、基本情况五大板块；全省 7 998.6 万人口平均年网站访问量 0.25 次。绝大多数数字资源面向读者提供服务，发布的数字资源占比达到 98.71％。

6. 积极利用新技术开展新媒体服务

自 2013 年建立移动 APP 服务平台后进行过升级，2017 年又对微信服务平台进行了全面改版升级。除南京图书馆官微外，还建立了江苏少儿数字图书馆、书香南图、国学研究等多个专业微信服务平台，微信公众号每月至少推送 4 次服务信息。此外，馆内还有 20 多台触摸屏遍布读者服务区域。馆情信息和读者服务信息每天都会通过网站、移动平台、微信微博、触摸显示屏等多种途径进行发布。

7. 服务管理日趋完善，探索创新打造品牌

南京图书馆十分重视服务品牌建设，多年来通过创新探索和积累，共创建有“南图讲座”“南图省两会服务”“南图阅读节”“陶风读书会”“江苏省少儿数字图书馆”“七彩夏日”“缤纷冬日”“陶风图书奖”等 8 个读者服务品牌。其中既有持续多年的老品牌，也有近几年创立的新品牌。

8. 畅通读者意见渠道，重视读者评价体系建设

通过总咨询台、读者意见箱、电话、邮箱、微博微信、信件等多种方式收集聆听读者意见

和建议，并建立了畅通的反馈沟通渠道。读者对反馈意见处理结果的满意率达到99%。

建立并完善读者日常评价机制。为系统了解广大读者对南京图书馆服务的总体评价，自2015年起，南图在每年的6月和12月，以发放调查表的方式开展一次读者调查，调查表每次不少于500份，集中了解读者对图书馆近半年工作开展的整体感受。经统计，读者调查好评率达到94%以上。

三、业务建设

1. 馆藏发展政策健全，馆藏结构科学合理

南京图书馆制定了完善的馆藏发展政策，包括文献采选原则及具体的采选工作要求，确定了“满足读者需求，确保重点收藏，注重特色，藏用结合，以用为主”基本原则。对各类文献资源的采集依据和工作要求均做了具体的规定。2015年起实施的“陶风采——你选书　我买单”购借服务，已形成了近30万册的“陶风采”特色馆藏。因读者荐购的图书可直接满足读者的阅读需求，此类图书设专库专架存放作为特藏，成为“江苏公共图书馆馆际快借网”的服务用书，进一步将服务延伸到全省读者，满足其阅读需求。合理采选外文图书，基本保证外文文献的重点性和连续性。中文图书复本量控制在3本。

2. 文献编目标准、及时、全面，文献揭示和书库管理科学有序

南京图书馆中外文普通图书编目，均依据相关国家标准进行著录；为保证编目数据规范一致，馆级相关编目细则齐全。南京图书馆中文普通图书编目使用《中国文献编目规则》进行规范著录，中文机读目录使用《新版机读目录格式使用手册》编制规范数据，使用《中图图书馆分类法》(第5版)进行文献分类标引，使用《中国分类主题词表》及《中国分类主题词表》Web版进行主题标引。外文普通图书编目记录以《MARC21书目数据格式使用手册》为标准进行规范著录，以《中图图书馆分类法》(第5版)进行文献分类标引，参照《美国国会图书馆标题表》进行主题标引。

古籍文献使用国家标准《全国古籍普查登记手册》规范著录古籍数据，制定了《南京图书馆古籍著录规则》规范古籍编目，依据四库分类法编制了《南京图书馆藏古籍分类表》，此为南图特色。

严格保证文献编目加工时效，确保图书在20个工作日、期刊在5个工作日、报纸在2个工作日内完成编目或记到工作。编目文献占比达到91.76%。

采用《中国分类主题词表》Web2.1版规范控制数据进行标引；通过MARC数据的856字段，OPAC检索功能实现纸本资源与电子书数字资源相关联；数字资源有完整的MARC数据(元数据)，可实现数字资源的统一检索。

图书严格按照《南京图书馆文献加工流程规范》进行加工，效果整齐美观；按照《南京图书馆图书架位维护管理办法》进行架位管理，专人日常排架理架，确保排架正确率达到80%以上；按照《南京图书馆文献剔旧制定和标准》开展日常图书剔旧工作；文献保护工作规范严格，在书库特别是古籍书库制定了严格的书库管理制度；南京图书馆有完整的书库防火、防

盗、防虫、防潮、防尘等设施设备，相应的措施积极有效，设备运行正常，效果良好。

实现了纸质文献 MARC、电子图书、电子期刊、中文数据库、外文数据库等各种数字资源的一站式检索。实现了 RFID 防盗检测、自助借还、24 小时自助图书馆等功能。通过统计分析系统对图书流通进行动态数据分析。

3. 数字资源建设常态化，资源数量形成规模

南图的数字资源建设已有十多年历史，拥有数字资源建设人员近 60 人，经过长期的积累，数字资源本地存储达到 551 TB，其中自建数字资源达到 168 TB。

4. 积极开展地方文献工作建设

采编部下设地方文献工作小组，制定具体的地方文献工作制度，正常开展地方文献收集、整理、收藏和服务工作，以及地方文献研究工作。目前地方文献收藏量已达到一定规模。

地方文献数据库建设也取得了一定成绩。重点开展馆藏历史文献的数字化和数据库建设工作，以及江苏文化全文数据库和多媒体数据库的建设工作，截至 2017 年底，已陆续完成了 7 个地方文献数据库，即：江苏省不可移动文物数据库、江苏作家作品数据库、江苏省政府公开信息查询服务平台、江苏地方网络资源典藏、江苏地方网络资源典藏（专题）、网事典藏、江苏地区老报纸数据库。这些数据库均可通过检索系统进行访问。

5. 全省公共图书馆服务体系基本建成，共建共享成绩斐然

公共图书馆服务网络建设是公共文化服务体系建设的重要内容，江苏作为东部发达地区，积极开展公共图书馆服务体系建设。南京图书馆作为地区中心图书馆，在江苏省文化厅的领导下，发挥龙头作用，制定了《江苏省公共数字图书馆服务体系建设三年规划》《江苏省公共图书馆总分馆制实施方案》《江苏省公共数字文化系统建设标准》等多个区域服务体系规划性文件。牵头组织实施了十余项全省性公共图书馆服务网络建设项目，在全国属于领先地位。

江苏省区域服务体系建设已基本形成了“政府主导、省馆牵头、全省参与、共建共享”的常态化运行模式，主要取得了以下五个方面的成果：一是建立了江苏省少儿数字图书馆服务体系，全省 101 家公共图书馆参加了共建共享，实现了全省少儿数字图书馆服务全覆盖；二是对数字图书馆服务相对薄弱县区进行重点帮扶，配置了基本数字阅读资源和阅读设备，实现了江苏省数字图书馆全覆盖；三是在全省建立了 217 个各类型流通服务点，配书 30 多万册，范围覆盖全省的市县公共图书馆、东部战区基层连队、政府机关、特殊人群机构、企业、社区、部队院校图书馆等，全省流通服务点体系基本形成；四是建成了江苏省公共图书馆联合虚拟参考咨询服务网，全省有 90 多家公共图书馆加入了该网，2016 年全年解答读者咨询 80 多万条，2017 年文献提供量为 6.44 万册；五是初步建立了江苏省公共图书馆馆际快借服务网。以上全省公共图书馆服务体系的五个项目均是以资源共享为基础而建，其中四个是数字资源共享项目。通过这些项目建设实现了传统资源和数字资源在全省范围内的共享。

南图既是国家联合编目中心成员馆，同时还是江苏省联合编目中心，全省 99 家市县图书馆为其成员馆，占比达到 91%。

6. 图书馆行业协作协调与社会合作取得一定成效

南京图书馆积极参与全国范围内的联盟组织及跨地区、跨系统协调工作，参与全国范围内联盟 2 个，参与跨地区的协作协调工作 3 次。

在社会合作方面，南图积极与其他机构合作开展资源建设工作。2013—2015 年间，与江苏省文物局联合共建《江苏不可移动文物多媒体资源库》，此项目一期和二期已全面建成，完成宁镇扬、苏锡常六地 11 585 处不可移动文物保护单位的数据资源建设，形成 340 万文字、41 745 幅图片、1 900 分钟(320 部视频)的视频资源，并面向公众开放，提供查询、检索等服务。此外，南图还与南京政治学院联合编制《中华大典・军事典・人物分典》、与宁夏自治区图书馆共同出版《南京图书馆藏〈民国日报〉》(宁夏版)，并取得阶段性成果。

平台合作方面：与南京农业大学合作，建立校外教学实习基地；与驻宁军事院校合作，共建共享资源与服务；与新华报业传媒集团在交汇点上进行政务合作；与淮安市文广新局开展共同提升淮安市公共文化服务的战略合作；与禄口机场建立战略合作；与南京艺术学院、金陵科技学院、南京莫愁中等专业学校合作，使江苏省古籍保护中心成为“国家古籍保护中心人才培训基地”。

7. 重点文化工程成绩突出，建设成果和服务成效位于全国前列

在文化资源共享工程、数字图书馆推广工程、公共电子阅览室建设、古籍保护工作等公共文化工程方面南图均取得了较大的成就。古籍保护、数字平台建设、资源建设、服务推广方面均名列全国前列。2015 年成立江苏省公共数字文化建设中心，配置专职人员，制定《江苏省公共数字文化系统建设标准》，统筹全省公共数字文化建设。

8. 基层辅导工作不断改进，学会工作成绩显著

2013—2017 年，举办面向全省基层图书馆的培训班 37 场次，参与人数超 4 000 人次。培训内容主要涵盖了基层公共文化建设、馆际互借、资源联合建设、全省网络管理、少儿活动开展与数字阅读、高级检索、联合参考咨询、评估定级、古籍保护等内容。从理论到实践、从管理到技术，主题丰富。

培训工作管理规范，基本形成一套成熟的流程。每年依据国家与省财政资金支出计划与要求，合理预算，并从培训内容计划、申请、审批、发通知、会务管理、经费报销，及时整理反馈意见，进行总结报道。培训注重效果及反馈，多次向培训班学员发放问卷，采纳学员反馈意见和建议。近年来遍及全省各地的基层公共数字文化建设培训、古籍保护与修复技艺非遗传承人普及培训等几场大型培训活动受到了良好的反馈以及社会反响。

江苏省图书馆学会每年按照要求制定工作计划，编写工作总结。积极策划组织和参与各类学术活动；设立课题立项研究制度、组织开展课题研究；组织开展各类协作协调、宣传推广活动；坚持做好编辑出版、信息交流工作；努力推动组织建设、会员管理与服务工作。五年来，全省中国图书馆学会和江苏省图书馆学会会员人数显著增加，学会影响力不断扩大。2013—2016 年江苏省图书馆学会获得中国图书馆学会颁发的各类奖项共计 14 个。

9. 行政与人力资源管理规范有序

每年定期全面总结上一年度工作，制定新一年度工作计划，编制《南京图书馆年报》，内

容包括年度概况、业务统计数据、大事记等，年度计划和年报同时在图书馆网站发布。

实行科学规范的工作岗位管理，严格做到按需设岗、按岗聘用、竞争上岗，实行岗位责任制，对干部职工进行考核，并采用激励机制鼓励干部职工努力工作、进步发展。

2015—2017年，南图员工年人均教育培训达到145学时，员工获得全国性权威专业机构的专业培训及资质证明数量达到52个，有培训资质证明的员工比例约8%。

10. 财务、资产与档案管理标准规范、执行到位

南京图书馆建立了完善的财务制度、国有资产管理制度和档案管理制度，并严格按照规则制度开展各项工作。

11. 安全与环境管理规范有序

消防安全、保卫等工作均达到国家标准，并有完善的安全监控系统，安保工作获得相关管理部门的好评。

12. 业务统计准确，数据分析全面

南京图书馆馆藏数据的统计与分析主要有以下几种形式：一是通过数据统计平台，实时查询系统对不同类型、不同分馆、不同年份的馆藏数据进行统计；二是通过月报、年报的方式，进行定期馆藏统计汇总；三是以馆藏数据分析报告的形式，对馆藏与利用情况进行分析，为资源采访提供建议。

服务数据的统计与分析主要有以下几种形式：一是通过数据统计平台，实时查询系统中读者借还数据、办证数据、外借数据、人流量等统计数据；二是通过月报、年报的方式，定期对服务与活动数据进行统计整理；三是以分析报告的形式，不定期对服务与活动情况进行分析，或以问卷方式进行读者活动调查，形成各类统计分析报告。

用户数据的统计与分析主要有以下几种形式：一是通过数据统计平台，实时查询系统中读者规模、办证数据、读者不同特征分布统计等；二是通过月报、年报的方式，定期进行读者规模数据的整理汇总；三是以分析报告的形式，不定期对用户进行特征、借还情况的统计分析，预测未来发展规模。

公共建筑通用设备的统计与分析，采用“江苏省公共机构节能信息系统”软件，用信息化方式管理与分析设备，设备统计归口于固定资产管理。

经费的统计与分析由财务人员进行，每月统计经费使用情况，出具《资产负债表》《收入支出表》《收入明细表》《支出明细表》，生成年度《决算报表》《图书馆情况表》《劳动工资情况年报》；每月分析经费使用情况，编制《创收收入表》《支出分析表》《补充资料表》，年末形成年度财务分析报告。年财政拨款情况在年度《决算报表》《资产负债表》《收入支出表》《补充资料表》《图书馆情况表》中有统计分析；人员经费在年度《决算报表》的《基本支出决算明细表》以及《补充资料表》《支出分析表》《劳动工资情况年报》中有统计分析；文献购置费、运行费及其他各专项在年度《决算报表》的《行政事业类项目收入支出决算表》以及《补充资料表》中有统计分析。

工作人员统计与分析情况由各年的统计报告与统计表呈现。工作人员情况的分析从人员类别、人员分类、性别、年龄、学历、职称、进馆时间等多角度进行。

13. 业务研究学术活动开展正常

南京图书馆学术委员会在重大业务问题研究、学术课题研究、中级职称评定、高级职称初评、学术成果评审等方面发挥重要作用。学术委员会自成立以来进行过 3 次成员调整，2 次章程修改，2015 年新的学术委员会由 1 名主任、2 名副主任、11 名委员组成。学术委员会每年至少开展 3 次学术活动。

南京图书馆对重点工作开展调查分析研究，五年内形成了 3 000 字以上的研究报告 7 篇，年均员工发表论文数量 78 篇；年均员工参与撰写或主编的著作近 3 种；省部级科研项目数量 21 个，厅局级科研项目数量 18 个；省部级科研成果奖励的数量 8 个，厅局级或全国性专业学会科研成果奖励的数量 4 个。由南图集体整理出版的《南京图书馆藏稀见方志丛刊》荣获江苏省政府颁发的哲学社会科学一等奖。

14. 组织文化健全，表彰奖励收获颇丰

2011 年 3 月，为树立共同的愿景，充分反映南京图书馆“以人为本，服务第一”的理念和争创“国内一流、国际先进”图书馆的决心，进一步激发员工的工作热情，在全馆员工中开展了征集南京图书馆馆训的活动，共征集馆训 45 条，经专家学者评审，选出入围作品 3 条，最终确定馆训为：惜阴尚思，启智明德。馆训在南京图书馆官方网站、南京图书馆工作空间、南京图书馆员工手册等上都有展示，员工普遍知晓。

党团活动开展正常，工会活动丰富多彩。南图建立了完善的荣誉体系，五年内，集体和个人获得国际行业组织和国家级表彰与奖励 7 次，获得国务院业务主管部门和省级党委、政府表彰与奖励 76 次，获得省级业务主管部门表彰与奖励 80 次，所获荣誉和奖励数量在全省文化系统中名列前茅。

15. 社会化和管理创新取得新成绩

2014 年初南京图书馆着手建立法人治理结构试点工作，成立了南京图书馆法人治理结构试点工作小组。11 月 28 日，南京图书馆理事会、监事会成立，理事会、监事会分别由 15 人和 5 人组成，任期 3 年。理事会、监事会成立的同时，召开第一次工作会议，之后于 2015 年 3 月和 2016 年 3 月召开了第二、第三次工作会议。

为充分发挥服务效能，南京图书馆通过政府购买服务的方式，引入社会化专业管理团队，将部分运营、管理和开放服务进行外包。在购买服务的过程中，均按照《政府采购法》《政府采购货物和服务招标投标管理办法》《招标投标法》《江苏省采购管理条例》及《南京图书馆采购工作规范》等有关规定有序进行。在采购工作中做到有报告、有批示、有依据、按章办事、阳光采购。

接受捐赠工作按《南京图书馆文献资料捐赠管理办法》严格执行。五年内，向南图捐赠图书的公民及社会组织达 2 821 家。

2014 年 8 月，南京图书馆委托合作共建单位南京农业大学对本馆的数字图书馆信息安全风险及服务进行了评估。

拥有完善的志愿者管理制度。志愿者经公开招募、培训后上岗，管理上实行考评积分制。新注册成功的文化志愿者初始赋予 100 分积分。由服务岗位的工作人员评定志愿者服

务满意度，分为优秀、合格、不合格三个等级，对应等级分别给予奖励或扣除积分。

2016年初成立文创小组，设计人员依托馆藏资源，自主开发文化创意产品，共设计制作了折扇、笔筒、鼠标垫、环保袋、笔、文件夹、团扇、对镇、书签、笔记本和折伞、卡包等14个品种。

四、保障条件

1. 政策法制保障突出，公共文化服务体系逐步健全

江苏省公共文化政策保障整体突出。2015年以来，先后出台了《江苏省公共文化促进条例》《江苏省关于推进现代公共文化服务体系建设的实施意见》《江苏省基本公共文化服务保障标准》等法规文件，将全省公共图书馆建设纳入对地方政府公共文化服务考核指标体系。

南京图书馆作为江苏省文化和旅游厅直属单位，图书馆事业的发展得到了上级机关的协调保障，同时，在建立健全公共文化服务体系协调工作机制、积极创建公共文化示范区、提升公共文化服务能力等方面发挥了示范引领作用。

呈缴制度执行良好，2013—2017年间，呈缴本的品种和数量均达到地方正式出版物的70%以上。

2. 财政拨款持续增长，经费保障稳定有力

2013—2017年间，南图年均获得财政拨款金额为14 503.46万元，年增长率为5.80%，是江苏财政收入年增长率的5倍。年均文献购置费稳定在4 500万元，经费充足，保障有力。

3. 科学采购文献资源，馆藏资源得以充实优化

截至2017年底，南京图书馆共有馆藏文献约1 200万册。其中，图书占72%，报刊占10%，古籍占14%，非书资料占4%。每年新入藏图书16万种，报刊8 272种，试听资料2 164种。电子文献馆藏量为403.252 6万册，年新增电子馆藏量20万册。

4. 设施配套不断完善，人员配备科学合理

南京图书馆2007年迁入新馆，建筑面积为7.8万平方米。新馆环境优雅明亮、布局合理、配套设施齐全，实现了智能化、信息化管理。

至2017年底，南京图书馆有工作人员526人，其中大学本科及以上学历员工占85.74%，高级职称员工达25.24%。领导班子成员中，一半是图书馆学专业毕业，皆为本科以上学历及副高以上职称。

五、展望未来

五年来，南京图书馆的事业发展虽然取得了一定的成绩，但是问题和不足依然存在，读

者服务的水平有待进一步提升，基于大数据分析的情报服务尚待开展，一些新技术的应用尚未实现，智慧图书馆建设的步伐急需加快，图书馆自身宣传的力度仍需加大，馆内学术活动不够丰富，业务研究的组织管理有待进一步加强。

在未来一段时期内，南京图书馆将继续以发展为出发点，进一步提升业务水平，聚焦创新，聚焦惠民，充分发挥省级公共图书馆的资源辐射作用，努力创新功能定位，加大对现代科技手段的运用，着力打造线上线下相融合的公共服务平台，为广大读者提供更优质的阅读体验，让全社会充分共享公共文化资源。

（执笔人：吴政）

南京市公共图书馆事业发展报告

截至 2017 年底,南京全市下辖 11 个区,总面积 6 587 平方千米,常住人口 833.5 万人,其中城镇人口 685.89 万人,城镇化率 82.3%,是长三角及华东地区的特大城市。现有副省级图书馆 1 座、县(区)级图书馆 11 座,县(区)级少年儿童图书馆 2 座,全部获评国家一级图书馆。现综合南京市公共图书馆发展实际及第六次评估定级情况进行研究发现,南京地区公共图书馆事业发展整体向好。

一、保障有力 南京公共图书馆发展整体向好

1. 政策法制双重保障

2014 年 11 月 27 日江苏省第十二届人民代表大会常务委员会第十三次会议通过《江苏省人民代表大会常务委员会关于促进全民阅读的决定》,这是我国第一部关于促进全民阅读的法律性文件。之后 2015 年 12 月 4 日江苏省第十二届人民代表大会常务委员会第十九次会议通过了《江苏省公共文化服务促进条例》。而在 2014 年 7 月 2 日,经江苏省文化厅、江苏省财政厅联合部署,南京市江宁区、建邺区、高淳区入选江苏省公共文化服务体系示范区名单,其中江宁区成功入选国家公共文化服务体系示范区(第三批)创建名单。有这样法制和政策的双重保障,南京市公共图书馆发展就此迎来了新的春天,图书馆人就构建现代公共文化服务体系,推动公共文化事业大发展大繁荣献计献策、努力贡献,并在总分馆和全市通借通还体系建设、书香城市建设等领域积极实践,成果颇丰。

2. 公共服务有力保障

文献是构筑图书馆的砖石和基础,2013—2017 年南京全市对公共图书馆年均财政拨款高达 1.15 亿元,其中对副省级图书馆——金陵图书馆年财政拨款总额为 5 637.84 万元,占全市总额的 50.47%,在县(区)级图书馆中有建邺区、栖霞区、鼓楼区等 7 家图书馆年均财政拨款超 400 万元,占全市县(区)馆份额的 63.63%。

财政经费的投入逐年增加有力推动了南京市各公共图书馆的各项事业的蓬勃发展,尤其是图书馆馆藏方面。2017 年全市文献馆藏量为 1 029.32 万册件,人均 1.24 册件,人均新增文献入藏量 0.15 册件。2015 年以来,各县(区)馆的新增文献入藏量普遍得到大幅提升,幅度最高者达到 4~5 倍,足见文献购置经费的保障力度之强。总体而言,南京地区公共图书馆的文献资源基本能够满足服务人口的需求。

3. 面积扩大，服务升级

图书馆的使用面积、阅览座位数量和功能性是为读者提供最好阅读空间的体现，也是读者获得最佳交流体验的保障。目前南京市共有9家县（区）馆设有自营分馆，市馆与3家县（区）馆（江北新区、玄武少儿、雨花台区图书馆）现已立项建设新馆。在功能适用性方面都按照图书馆建筑设计规范，图书馆建筑是其功能的物质化，设计都是按图书馆的需要进行，对于图书馆静、动进行明显区分，藏书空间、借书空间、阅读空间彼此分开，各成一体。其中市馆和部分县（区）馆开设了报告厅、展览厅、多功能厅等相对独立的动态空间。除此之外，因为新馆搬迁，书库阅览等面积的扩大，同时也带动了馆藏量、到馆人数的全面上升。

二、亮点突出　南京公共图书馆进步成效显著

1. 关注服务效能提升服务质量

如何专注服务效能提升服务品质是建立可持续发展的公共图书馆服务体系中心环节和重要问题。近年来，南京市各级公共图书馆锐意进取、共同发展，在基础服务、阅读推广、网络资源服务以及新媒体服务上努力创新，效能提高显著。

（1）基础服务脚踏实地坚实向前

图书馆是人与书的纽带，对图书馆来说持证市民读者数量及文献外借量最能体现图书馆的基础工作成绩以及在公共文化服务体系中的基本作用。

2013—2017年南京市各县（区）级图书馆年均文献外借量共达371.04万册件，市馆年文献外借量达175.7万册件。以2017年为例，金陵图书馆新增文献总数8.1万册件，文献外借163.7万册次，同比增长8.48%，增幅显著。

与此同时，南京市各家公共图书馆的持证读者占比及年读者人均到馆量皆有上升。各馆相继启用大数据、自助办证、移动在线办证等先进的办证手段，更高效快捷地简化了办证流程，为广大市民读者更好地享受图书馆文化资源提供了便利的条件。以金陵图书馆为例，2017年金陵图书馆全年实际完成读者注册7.4万个，同比增长162%。金陵图书馆的移动数字阅读平台“阅汇点”也与南京市政府智慧信息中心举办的市民服务平台“我的南京”有效对接，目前其平台上已注册约150万用户均可自动成为金图数字资源阅览读者。

（2）特色服务饱含温情乐于奉献

① 服务少儿读者生动有趣

未成年读者是我国阅读推广的重点。南京地区各级公共图书馆高度重视针对未成年人的阅读推广工作，纷纷建立了各自的阅读品牌。金陵图书馆的“L.I.B.英文原著阅读沙龙”“小水滴”、建邺区图书馆的“1+1”伴读团、江北新区图书馆的“少儿真人图书馆”、江宁区图书馆的“亲子阅读 共享成长”亲子阅读志愿者服务基地、鼓楼区图书馆针对留守儿童的“象山·希望来吧”等品牌活动都为南京市的未成年读者提供了较好的线下阅读体验。在未成年人线上阅读服务方面，特别值得一提的是江苏省少儿数字图书馆为南京市各级公共图书馆提供了统一的平台，让孩子足不出户，在家就可享受图书馆提供的数字资源服务。

② 服务残障人士热心真诚

在文明图书馆和公共图书馆评估定级的要求下，南京地区公共图书馆无障碍设施齐全，各个县(区)馆均设有专门的视障阅览室，并成立志愿者队伍，开展各种活动。2012年，金陵图书馆联合南京新闻广播创办的“朗读者”活动是金陵图书馆专门为视障读者开展的品牌活动。“朗读者”自2012年首次推出至今，先后荣获“全国盲人阅读推广优秀单位”“江苏省文化志愿服务优秀服务项目”“江苏省第六届公共图书馆优秀服务成果二等奖”等殊荣。

③ 服务老年读者便民温馨

针对老年读者，南京地区各级公共图书馆基本都配备了放大镜、老花镜等便民设施。溧水区图书馆、秦淮区图书馆、江宁区图书馆、高淳区图书馆专门成立了老年阅览室；六合区图书馆(原六合第一图书馆)为老年读者创建了专题数据库，定期为老年读者推送个性化定制资源，并成立专门的服务部门，增加配套设备，为老年读者提供优质的服务；栖霞区图书馆、秦淮区图书馆、江宁区图书馆为老年读者举办电脑培训班，普及计算机操作与上网培训；此外浦口区图书馆还与老年大学以及石桥养老院合作共建了“老年大学”馆外流动服务点、“石桥养老院”馆外流动服务点，不仅为老年读者提供图书借阅服务，还不定期为老年读者提供健康讲座服务。

④ 服务外来人口暖心周到

作为省会城市的南京，其包容性促使越来越多的老百姓选择来宁务工，为了让外来务工人员共同享受南京文化建设的成果，南京地区各级公共图书馆在敞开大门的同时，也为他们提供了丰富的服务：如鼓楼区图书馆的汽车图书馆被命名为南京民工流动图书馆，六合区图书馆(原六合区第一图书馆)以及江宁区图书馆也有专门为农民工服务的流动图书车；溧水区图书馆、江宁区图书馆、浦口区图书馆为农民工提供的专业技能培训；六合区图书馆(原六合区第一图书馆)、溧水区图书馆、高淳区图书馆为外来务工人员提供的春运购票服务；以及雨花区图书馆开展的“带一本好书回家过年”等活动。针对外来务工人员的特点，江宁区图书馆和六合区第一图书馆还开展了农民工维权法律知识问答、法律咨询台、举办法律知识讲座等有针对性的普法活动。

(3) 阅读推广活动多样内涵丰富

讲座、展览及阅读推广活动是图书馆为广大读者推介资源、实现“书是为了用的”目标的主要形式。

2013—2017年，金陵图书馆累积开展讲座培训988场，参与人数达27.18万人，且每年开展多次网上讲座培训，受到市民普遍欢迎，成为城市社会教育的重要阵地；累积举办各类展览243场，观展人数累计达30.97万人次；累计开展各类阅读推广活动743场，总计参与活动读者人次约12万人，社会媒体报道219次。与此同时，南京市各县(区)级图书馆也推出了自己的阅读推广品牌定期举办阅读推广活动，在讲座、展览和阅读推广活动方面，无论是从场次还是从服务人次来看，南京的公共图书馆阅读推广整体发展都呈现出平稳递增的态势，且在活动的质量上，也呈现出品牌化、系列化及多样化的趋势。

图书馆品牌是图书馆通过各种不同的阅读推广服务方式，在用户心目中树立起图书馆形象。南京地区各个公共图书馆在品牌建设的过程中，实施服务群体细分、目标人群选择和服务定位的策略，通过内部管理的不断提升打造了一系列内容丰富、形式多样的品牌活动。金陵图书馆成功打造了“金图讲坛”“阅微”“朗读者”“古琴音乐会”“金图展览”“汽车图书馆”

"义务小馆员"等服务品牌项目。南京市区各公共图书馆做到了"家家有品牌　馆馆有特色"。各县(区)级公共图书馆在市馆的带领下,深挖自身优势,探索区内特色,形成了大批具有本区特色深受本区居民欢迎的阅读推广活动。

(4) 参考咨询专业定题信息服务

金陵图书馆开展信息咨询(含网上咨询、阵地等)、网上原文传递、代检索课题等服务。2017 年金陵图书馆完成信息咨询 12.07 万条,原文传递完成 11.1 万件,代检索课题完成 406 篇。在两会期间,金陵图书馆不仅积极编辑两会专辑信息资料,还进驻会场为两会代表提供文献信息咨询服务。

除了做好参考咨询阵地服务外,各馆还积极参加江苏省联合参考咨询网、全国联合参考咨询网提供网上咨询服务通过编发工作简报、合作编辑专题信息等方式,加强工作交流与合作,极大提升了信息服务水平。此外,各馆还积极与属地高校、科研院所联合开展科技项目的查新、专题咨询与情报分析服务。2017 年金陵图书馆成为南京图书馆科技查新中心业务受理处,面向全省及周边地区的各类单位提供科研项目的查新与咨询服务。

(5) 新媒体服务紧抓时代律动脉搏

除既有的官微、官博外,近年来,在移动图书馆方面,金陵图书馆的"I·金图"数字阅读系统,借助响应式的开发技术将网站信息实时更新同步到移动阅读系统中,构建三种使用渠道(App、微站、授权访问系统),利用五大宣传媒介(微信、微博、网站门户、数字阅读触屏终端、合作平台)向广大市民提供数字阅读推广业务。

在触摸媒体服务方面,加大对新技术、新设备的投入,并联合厂商开展数字资源体验活动,促进移动阅读,让书香南京无处不在。2016 年 10 月,金陵图书馆联合 9 家数字资源厂商开展数字阅读体验活动,向读者推荐"阅汇点"。"阅汇点"已成为金陵图书馆各项资源与服务的总入口。

2. 专注业务建设　提升业务水平

"业务建设"作为公共图书馆发展重要的组成部分也受到南京公共图书馆界的重视。在馆藏、数字资源、地方文献、重点文化工程及总分馆建设等方面各馆都较好地完成基本工作要求,在同等级城市中处于领先水平。

(1) 馆藏资源建设完善配比优化

馆藏资源是图书馆建设的基础,南京地区公共图书馆根据读者需求与社会发展需要制定相应的馆藏发展政策与分编标准,图书、报刊、电子文献的采、分、编、典、用都有严格的工作规范与详尽的工作流程,让馆藏具有完整性、系统性、针对性且没有重大缺藏。与此同时,各馆以读者需求为牵引,整合社会和馆内资源,积极进行平台建设和内容建设。以金陵图书馆为例,2016 年金陵图书馆推出"你选书,我买单"活动,不断进行布局调整适应读者需求,推动"直借"系统的升级开发为"书服到家"信用网借平台,广受读者好评,同时各区馆积极联动,根据自身条件开展形式多样的"你选书,我买单"活动,提高馆藏的针对性、实用性,完善各自的馆藏资源结构。

(2) 数字资源开发自建逐步扩大

就数字资源的开发建设方面看,南京各公共图书馆都能根据区域特色建设地方特色数据库,或古建、或名人、或非遗、或民国、或古籍;各区的民风民俗、民间传说、民歌民谣;有些与文化馆合作建设书画作品库、文艺作品库；图书馆举办的讲座与展览的线上数字化展示而进行的专题数据库建设。截至2017年，南京市公共图书馆自建数字资源总储量高达128.93 TB，其中最具代表性的地方特色数据是金陵图书馆向文化部成功申报的《南京记忆》多媒体资源。金陵图书馆在保证纸质文献资源入藏品种与复本的同时加强了数字资源的建设，其数字资源本地储量也达402.48 TB，内容除了包括CNKI、万方、维普等学术期刊资源外，还购买了超星、中文在线等主流厂商的电子图书资源，读览天下电子期刊和人民日报资源库以及爱迪科森网上报告厅、知识视界等视频资源库，以满足读者对书报刊、音视频等不同文献类型的数字阅读需求。

(3) 地方文献开发利用有条不紊

系统地收藏地方文献是图书馆建设特色馆藏的主要途径之一，南京市公共图书馆普遍重视地方文献工作，从组织管理、文献入藏、加工整理到开展服务，建立起较为完善的地方文献建设与服务体系。各馆收藏的地方文献类型也十分丰富，既有正式和非正式的图书资料，也有地方图片、音视频和档案等，各馆均设立地方文献专藏书库，随之设立地方文献阅览室由专人进行保护。

在做好资源建设、参考咨询、开发利用的基础上，也需要对馆藏的地方文献资源进行开发与研究。金陵图书馆在2013—2017年期间共建成27个地方文献数字资源库，其中包括2个音频库、3个视频库、5个图片库和17个文献库，记录条数共计57 266条，数据量共计16.12 TB。

(4)"三大工程"积极参与，成果颇丰

全国文化信息资源共享工程南京市支中心设在金陵图书馆内，各区均设有县级支中心，按照国家中心和省分中心要求配置硬件设备并进行资源建设。此外，金陵图书馆对基层点的建设与服务情况进行检查与督导，并组织开展共享工程基层服务点优质服务的评比活动，利用共享工程资源为广大读者服务，开展如电影展映、视频观摩、各类培训及技能比赛等，取得了良好的社会效果。

在数字图书馆推广工程建设方面，目前南京逐步建立了图书馆PPTP VPN虚拟网连接，至今已实现1个市馆、13个区馆、93个街道、1 050个社区虚拟网互联，并以此为基础开展了总分馆制、一卡通通借通还服务、南京市公共图书馆联合目录、南京市文化信息资源共享工程、数字图书馆推广工程、数字资源推送等服务。

(5) 古籍保护工作汲古慧今

南京市各级公共图书馆开展古籍普查工作，金陵图书馆及各区图书馆积极参加中华古籍保护计划，2015年，金陵图书馆协助区馆对馆藏古籍进行了古籍登记和普查。全市多位古籍保护人员也因此多次荣获省古籍保护中心相关的表彰。2016年金陵图书馆被评为江苏省古籍保护工作先进单位。2017年金陵图书馆从普查数据中选取了300部具有代表性的古籍，结集出版了《南京市公共图书馆藏古籍善本提录》。

(6) 总分馆体系建设完善成效显著

目前，南京市公共图书馆总分馆体系已经形成1个网络中心馆，13个区级骨干馆，615家街(镇)社区(村)分馆，1家地铁图书馆，5辆汽车图书馆，6家24小时自助图书馆，21台24小时自助设备，371个流动服务点组成的服务体系。除了扩展阵地之外，南京市公共图书馆还不断创新服务形式，一直在探索通过总分馆以外的其他阅读点、服务点等形式开展面向基层服务的延伸实践活动，通过与社会力量合作，把阅读阵地在学校、企业、商圈等全面铺开，让更多的基层的读者能够享受到阅读的乐趣，打通了公共文化服务的最后一公里，让居民可以就近享受公共文化服务。

在此期间，金图还将南京市四级图书馆通借通还一卡通服务工作进行了理论提升，撰写了《南京市公共图书馆总分馆制模式初探》理论研究成果，该成果获江苏省文化厅五星工程论著类一等奖。

(7) 联盟建设积极参与协调协作

金陵图书馆作为副省级图书馆，积极主持、参与跨地区、跨系统图书馆协作协调，倡导共建共享，打通图书馆资源，形成服务合力，共同规划图书馆事业发展，为社会经济发展贡献积极力量。2013 年 4 月，金陵图书馆与镇江市图书馆、淮安市图书馆、马鞍山市图书馆等南京都市圈图书馆签署关于建立资源共享合作平台的协议；2016 年 4 月，"宁镇扬公共图书馆区域合作联盟"在金陵图书馆正式成立；2016 年 11 月，金陵图书馆加入"一带一路"公共图书馆地区联盟。除了文献资源共建共享外，讲座资源、展览资源、专家资源等也成为协作协调的新内容。

(8) 辅导学会业务建设有序推进

近年来，南京市、区公共图书馆不断加强对基层馆的理论与业务指导，加强对共享工程的跟踪辅导，基层业务培训工作取得了一定的成绩，做出了很多积极的探索，取得了显著的工作成果。

2013—2017 年，南京图书馆学会在挂靠单位金陵图书馆的大力支持下，积极组织学会活动，发挥学会职能，严格制定学会年度工作计划并及时进行年终工作总结，整个评估周期学会工作都进行得有条不紊。在此期间，学会除了完成日常工作外，还完成了社会组织评估及学会换届两项大事，使得学会在专业化、规范化的道路上渐入正轨。

(9) 业务管理全面提升稳步扎实

① 业务统计分析

业务统计包括馆藏统计、图书馆服务统计、读者统计以及人员、经费、设备统计等方面。近十年来随着图书馆事业的发展步伐加快，很多区馆搬迁新馆，硬件条件的改善直接带动了业务能力的提高，带动南京市公共图书馆在图书馆的基础业务领域的长足进步。从图书馆各类业务统计角度来看，随着全民阅读工作的深入开展，南京各馆整体数据逐年增高，在读者人数、外借册次以及阅读推广活动开展方面收获喜人。在图书馆自身建设方面，各馆克服了人员不足、经费不足和设备不足等困难，在上级领导的关心和支持下也在总体向好发展。

② 用户管理

近几年，随着 RFID 技术及汇文系统在南京市各家图书馆的建设推广，各馆也相继推出了各种自助设备，以及电子证服务，南京市图书馆的证卡管理也全面进入新时代。在这样的背景下，南京有 7 家区馆办证量过万，其中江宁区图书馆的读者证办证量高达 5 万多张，成为南京区县图书馆办证量之首。金陵图书馆截至到 2017 年已办理有效读者证 152 230 张。在图书馆自动化发展和建设过程中，证卡管理也经历了不同阶段的提升。图书馆基于汇文系统的读者数据管理，为证卡管理提供了数据化管理模式，读者的信息建设更加健全、详实，读者的借阅操作以及网上信息服务更加安全、规范，图书馆对读者的信息管理也更加主动，解决问题更加便捷、有效。

(10) 组织文化表彰优秀奖励创新

表彰和奖励是一个图书馆业务能力行业水平以及社会认可度的集中体现,南京市各公共图书馆近年来群策群力发奋创新也获得了区、市、省甚至是国家层面的表彰和奖励。

整体来看,2013—2017年南京市各馆获得区县级及以上表彰奖励一共534项,其中区级82项、市级201项、省级148项、国家级业务主管部门90项,国家级13项,这是对南京各图书馆发展的充分肯定。金陵图书馆作为副省级图书馆充分发挥自身优势,在2013—2017年期间,取得了省级28项、国家级45项奖项的优秀成绩。

在未来,各馆会加强自身建设,积极参与国家级行业内的相关比赛评奖,为南京市图书馆事业再创辉煌做出贡献。

(11) 文创工作深挖文化内在价值

根据《国务院办公厅转发文化部等部门关于推动文化文物单位文化创意产品开发若干意见的通知》精神,南京市各公共图书馆在整理开发地方文献资源过程中着手文创产品相关开发工作。

金陵图书馆于2017年2月7日成立南京图策文化创意有限公司,并成立了专门的文创发展部负责文创工作。金图文创自成立以来,以京剧节、展览、少儿活动等各种形式为契机,创新文创产品形式,备受读者青睐。目前开发的文创产品累计107个品种,共351个款式。其中自主开发的产品有:水晶镇纸、藏书票、书立、书灯、端午香囊、南京方言帆布包、宣纸信笺等共计30种、82款。

三、正视问题 南京公共图书馆发展有待强化

1. 馆舍面积保障不充分

馆舍面积和财政拨款金额是保证图书馆正常运行的基础,南京市公共图书馆中秦淮、浦口、栖霞、建邺、鼓楼、六合等都搬迁至新馆,馆舍面积提升的同时也带动了图书馆各项事业的良性发展。但作为副省级图书馆——金陵图书馆在建筑面积上却略显不足,位于乐山路上的金陵图书馆总馆建筑面积仅为2.51万平方米,远低于同级其他省市图书馆。而目前,金陵图书馆的文献流通量和接待读者量逐年上升,导致服务空间不足的弊端日益凸显。为解决这一突出问题,经由南京市政府协调,在建的江北图书馆有望在未来交由金陵图书馆统一运行管理,以弥补金图在馆舍面积、馆藏文献总量等保障条件上的短板。

2. 文献资源分布不平衡

虽然南京地区公共图书馆的文献资源基本能够满足服务人口的需求,但各区级馆在文献资源保障方面的发展很不平衡。综观南京地区各区馆的馆藏文献量即可看出各馆馆藏体量差异较大,在创建全国公共文化示范区的进程中,江宁区图书馆的年人均新增文献入藏量有了大幅度的增长并远超其他区。此外,文献资源虽然整体呈大幅增长之势,但增长的幅度不够平稳,存在急增和骤降的现象,带有一定的波动性和随意性,这将对文献资源建设的计划性和系统性产生不利影响。

因此，各级公共图书馆都应当努力争取更有力的经费保障，通过平稳快速的增长来解决文献资源发展不平衡的问题，切实保障全市读者获得平等、优质的阅读服务。

3. 数字资源服务不均衡

随着科技的进步和发展，市民的阅读方式、阅读习惯也在产生巨大的改变，数字阅读已成为当今知识信息获取的重要渠道，推广数字阅读也是公共图书馆的重要工作之一。2013—2017 年南京市公共图书馆中只有秦淮区、江宁区图书馆年数字阅读量占比超过 50%，作为市馆的金陵图书馆也仅有 20.85%。此外，各馆自建数字资源规划性不足，市馆统筹与指导性不强，规范性与标准性也有待提高。

4. 法人治理工作不全面

为进一步深化文化体制改革，完善事业单位治理体系结构，图书馆理事会建设工作也在全市铺开。金陵图书馆于 2017 年 6 月 29 日举行了金陵图书馆第一届理事会成立大会，全体理事审议并表决通过了《金陵图书馆章程》和《金陵图书馆理事会议事规则》两项重要制度文件并成功运行。但目前理事会正式成立且正常运行的仅占全市图书馆数量的一半，一些馆虽然成立了理事会有批示有章程但在实际运行上形式大于内容，鲜有特色，应该多向发达地区如深圳的福田区图书馆、温州市图书馆的法人治理方面学习。

四、合作共赢　共谋南京公共图书馆未来发展

1. “数字联采”逐步联采联建转型升级

为积极响应构建现代化公共文化服务体系建设的精神，提升南京地区公共图书馆的服务效能，方便南京市广大读者的数字阅读需求，将由金陵图书馆牵头，南京市各区公共图书馆自愿加入的原则，签订南京地区公共图书馆电子文献 PDA 与荐购服务联合采购协议。通过联采联建的全新模式，由南京市各公共图书馆合力打造的数字资源联采新模式即将形成。

2. “信用网借”开拓创新网络服务思路

2018 年金陵图书馆与嘉图软件签署了“信用网借 O2O 平台试用协议”开启信用网借服务。信用网借项目顺应当下“互联网+”发展趋势，以市民阅读需求为导向，在未来将创新性地开拓“信用+图书馆+互联网 O2O 平台+物流”服务模式，以信用为门槛，以风控和服务管理为手段，以金陵图书馆为中心建立智能仓储式市级文献保障中心，通过互联网 O2O 平台这一集书刊借阅、阅读推广、知识资源整合等功能的综合性平台建设和物流体系保障，联合南京各区(县)图书馆共同打造“书服到家”——南京共享图书馆信用网借平台。

3. “市区同行”联动发展资源共建共享

为实现各级公共图书馆资源逐步整合和共享，南京市将开展公共图书馆共建共享系列活动，由金陵图书馆牵头组织各区(县)馆共同参与，从业务培训、业务统计、数字化联采、全

市范围的“你选书　我买单”到通借通还“一卡通”，从联合开展征文大赛、摄影大赛、朗诵大赛等阅读推广活动到共同举办“书香金陵”——首届南京市公共图书馆读者节”。“市区同行”共建共享计划将积极推动南京市公共图书馆联动发展，有效发挥市馆服务基层、引领基层的作用，推动部分活动项目的一体化、品牌化发展，带动各区图书馆核心业务和人才队伍建设，促进全市公共图书馆事业发展水平整体提升。

4. “城市书房”建立城市全新阅读空间

“城市书房”是一种崭新的公共文化服务形态，它搭建起了一个全民阅读平台，让市民在家门口就能享受到便捷、高效、普惠的公共文化服务。南京市江北新区图书馆、秦淮区图书馆以及江宁区图书馆在本辖区内尝试设立布局建设“城市书房”，未来南京将有数十家“城市书房”类新型阅读空间与市民见面，丰富南京公共文化服务形式和种类，做到更多样，更亲民。

2013—2017年，南京公共图书馆脚踏实地认真进取谋求自身发展，在数字化网络化不断发展的今天积极求新求变，取得了很多可喜的成果。2018年是《中华人民共和国公共图书馆法》正式颁布实施的开局之年，是南京公共图书馆在“后评估”时代整装迈进锐意进取的新纪年，更是深化文化体制改革推动文化发展创新的又一年。如何利用《公共图书馆法》颁布的有利契机将南京地区公共图书馆的建设发展引入快车道？如何在“后评估”时代抓住机遇完善自身扬帆远航？南京市各公共图书馆在以后的日子里将以党的十九大为精神指引，在上级有关部门的关心支持下，团结一致，努力创新，用行动交出一张优秀的答卷。

（执笔人：尹士亮　秦广宏　吴梦菲）

无锡市公共图书馆事业发展报告

截至 2017 年底,无锡市下辖 2 个县级市(江阴市、宜兴市)、5 个区(梁溪区、锡山区、惠山区、滨湖区、新吴区),常住人口 652.9 万人。有地市级图书馆 1 个,县(区)级图书馆 7 个,2017 年全部申报参评国家一级图书馆。目前,第六次全国县级以上公共图书馆评估定级结果已揭晓,无锡市申报参评的 8 个公共图书馆全部获评国家一级图书馆。其中,无锡市图书馆是唯一的地市级图书馆,其前身为无锡县图书馆,创建于 1912 年,是我国最早的公立图书馆之一。2000 年 10 月 1 日无锡市图书馆新馆正式落成开放,建筑面积 28 243 平方米,坐落在太湖广场南侧。江阴市图书馆创建于 1936 年,1987 年独立建馆,新馆于 2005 年落成开放,建筑面积达 14 300 多平方米。宜兴市图书馆创建于 1956 年,2015 年 12 月宜兴市图书馆新馆落成开放,新馆坐落在东氿文化中心北侧,建筑面积 34 300 平方米。梁溪区图书馆于 2016 年 6 月由原崇安区图书馆、南长区图书馆、北塘区图书馆三馆合并而成,总建筑面积 10 100 平方米,总馆位于无锡市人民东路 328 号。锡山区图书馆创建于 1975 年,图书馆新馆位于锡山区迎宾北路 6 号,2013 年 9 月正式对外开放。惠山区图书馆位于惠山新城政和大道 187 号,2005 年 9 月正式对外开放。滨湖区图书馆位于无锡市金城西路 500 号,2010 年 12 月底正式对外开放。无锡高新区(新吴区)图书馆位于新吴区行创四路 111 号民生大厦 5 楼,2011 年 8 月 30 日正式对外开放。

一、无锡市公共图书馆事业发展概况

2013—2016 年正是无锡市创建国家公共文化服务体系示范区的关键几年,市政府加大了对公共文化事业的政策扶持和经费投入。示范区创建对无锡地区公共图书馆的建设和发展起到很大的推动作用,作为公共文化服务体系的重要组成部分,无锡地区公共图书馆的服务效能、业务建设和保障条件都有了较为显著的提升。

1. 服务效能

(1) 持证读者数量逐步增加。随着无锡地区公共图书馆总分馆建设的推进,尤其是县(区)级公共图书馆总分馆建设的持续推进,无锡市(县)、区两级公共图书馆持证读者数量逐步增加,截至 2017 年 6 月底,持证读者达 91.19 万人,持证读者占比(服务人口 652.9 万人)为13.97%。其中,无锡高新区(新吴区)图书馆持证读者总数达 8.63 万人,持证读者占比为 15.5%;江阴市图书馆持证读者总数达 16.84 万人,持证读者占比为 10.27%,持证读者占比逐步提升。

(2) 年读者人均到馆量与年文献流通率有效提升。年读者人均到馆量与年文献流通率是反映公共图书馆服务效能的两个重要指标。近年来，无锡市(县)、区两级公共图书馆深入完善公共阅读服务网络，全面加强基础业务建设，广泛开展全民阅读推广活动，年读者人均到馆量与年文献流通率得到有效提升。以 2016 年为例，无锡市(县)、区两级公共图书馆读者到馆总人次达 561.85 万人次，人均到馆 0.86 人次。2013—2016 年，江阴市图书馆的年读者人均到馆量为 1.37 人次，惠山区图书馆的年读者人均到馆量为 1.01 人次，年读者人均到馆量有效提升。无锡市图书馆的年均文献流通率为 1.07，无锡高新区(新吴区)图书馆的年均文献流通率为 2.78，年文献流通率有效提升。

(3) 年数字阅读量占比明显提升。近年来，数字阅读日渐兴起，无锡市各级公共图书馆在文献采访中，均注重加强数据库和电子图书的采购，同时提高自建特色数据库质量。江阴市图书馆、宜兴市图书馆、梁溪区图书馆、锡山区图书馆、滨湖区图书馆年数字阅读量占比均在 30%以上。其中，江阴市图书馆设有电子书借阅机、九星阅报机、全媒体网络科普阅览屏、上业科技触摸屏、超星幼儿触摸屏、新东方少儿触摸屏等 12 台触摸屏，为读者提供数字阅读服务，同时举办多场数字阅读推广活动；无锡高新区(新吴区)图书馆为广大读者提供丰富的数字资源，数字资源年平均借阅次数超过 200 万次，年数字阅读量占比达到 81%。

(4) 可远程访问数字资源占比大幅提升。近年来，无锡地区公共图书馆重视数字资源建设，采取外购、自建等多种形式来丰富数字资源，不断满足读者日益增长的文献阅读需求。截至 2017 年 6 月底，无锡市图书馆数字资源本地存储量达 56.12 TB，共有数字资源 48 种，可远程访问数字资源 47 种，占比达 97.92%。江阴市图书馆、宜兴市图书馆、惠山区图书馆、滨湖区图书馆、无锡高新区(新吴区)图书馆可远程访问数字资源占比均达到 100%。

(5) 新媒体服务逐渐兴起。近年来，读者通过新媒体服务及时了解无锡地区公共图书馆发布的各项最新资讯和公告，及时分享公共图书馆开展的各类活动，新媒体服务极大地增强了公共图书馆信息发布的时效性，提升了读者对公共图书馆的服务体验。为加强与读者的沟通和互动，同时也为更好地适应新媒体时代读者的新需求，无锡市(县)、区两级公共图书馆都有正式注册的微信公众平台，定期推送服务信息；都能提供移动图书馆服务，并有良好成效；均设有 5 台以上触摸媒体设备，为读者提供图书预览、电子图书下载等服务。其中，无锡市图书馆有正式注册的微信公众平台和微博号共 3 个，“无锡市图书馆在线”新浪微博、“无锡市图书馆”微信订阅号自 2017 年 5 月起坚持每日推送读者活动、书评、阅读书目等信息。宜兴市图书馆 2015 年采购方正触摸式电子借阅机 12 台，触摸式数字视窗设备 22 台，2016 年采购超星触摸式电子书借阅机 12 台，2017 年触摸媒体设备达 46 台。无锡高新区(新吴区)图书馆自主定制开发制作的综合性移动阅读平台“吴韵书香”APP 于 2015 年 4 月 18 日正式上线，读者可以随时随地访问移动图书馆，获取各类资源和信息，还可以进行个人图书馆的管理，报名参加图书馆的各项活动等。

2. 业务建设

(1) 自建数字资源彰显地方特色。截至 2017 年 6 月底，无锡市(县)、区两级公共图书馆自建数字资源总量达 99.62 TB。其中，无锡市图书馆拥有 12 个自建数据库，资源量合计达到 20.077 TB。其中，《馆藏古籍全文数据库》可提供图文原貌对照浏览和全文检索，已完成 245 部馆藏地方古籍的数字化，达到评估指标设定的最高加分值。无锡市图书馆重视地方文献数据库建设，先后建成《无锡家谱知见目录》《无锡民国时期教育档案文献联合目录》等9个地方文献书目数据库。2017年初，无锡市图书馆与上海图情信息有限公司合作启动馆藏民国地方报纸全文数据库建设，计划于2020年全面完成。宜兴市图书馆、梁溪区图书馆、锡山区图书馆、滨湖区图书馆自建数字资源总量都达到评估指标设定的最高加分值。惠山区图书馆自建的地方文献数据库有《惠山非遗》《惠山名人》《惠山文保》《惠山风采》及《惠山流媒体》等5个数据库，每季更新。高新区（新吴区）图书馆自建的地方文献数据库由吴地文化、地方戏曲、无锡籍作家作品和地方族谱家谱等四部分组成。这些自建数字资源较好地展示了无锡的地方文化，彰显无锡地方特色。

（2）服务体系逐步完善。为大力推进国家公共文化服务体系示范区创建工作，努力构建符合无锡地域特点、覆盖全市、惠及全民的公共图书馆服务网络体系，无锡市政府办公室于2014年9月下发《市政府办公室转发市文广新局市文管中心关于〈无锡市公共图书馆总分馆建设实施方案〉的通知》（锡政办发〔2014〕142号），加大力度推进无锡地区公共图书馆服务体系建设。一是示范区创建引领，城区总分馆建设有效推进。无锡市公共图书馆总分馆建设随着示范区创建工作的不断推进取得了实质性进展。至2015年底，城区范围已基本形成以无锡市图书馆为市级总馆，各区图书馆、市馆直属（特色）分馆为市级分馆，以及以各区图书馆为区级总馆、乡镇（街道）图书馆为分馆的总分馆体系。惠山区图书馆根据规划，着力推进总分馆体系建设。通过文献调拨、统一管理软件、统一数据库等方式建成了以惠山区馆为总馆，7个镇级直属分馆、7个村级直属分馆、107个村级加盟分馆、4个馆外通借通还流通点为分馆的公共图书馆服务网络。无锡高新区（新吴区）图书馆在评估期内完成了涵盖区—街道—社区三级总分馆服务网络的构建，实现了1个总馆、2个园区分馆、6个街道分馆、63个社区图书室服务全覆盖。至2017年底，由无锡市图书馆牵头建设的城区公共图书馆总分馆体系实现通借通还的成员馆已达19个。其中市级总馆1个，区级图书馆4个，直属分馆7个，特色分馆5个，24小时自助图书馆2个。2017年城区总分馆体系通借通还图书总量持续增加，分馆已成为市民学习、阅读和文化休闲的重要空间。二是软硬件齐抓共管，县（区）级总分馆建设快速推进。江阴市政府于2009年正式启动总分馆建设，现有15个二级行政区，已建有17个乡镇（街道）分馆，建设比例为113.3%，实现区域内二级行政区全覆盖。江阴市图书馆在总分馆基础上开展各类延伸服务，拥有1辆流动图书车，6个“三味书咖”城市阅读联盟馆、1个24小时自助图书馆、2个村级分馆等共25个服务网点，图书馆服务网络触角不断延伸。目前已建成以江阴市图书馆为中心，乡镇分馆为基础，其他分馆为补充的三级服务网络体系，所有分馆通过统一的服务平台，实现了图书资源和读书活动的共建共享。2013年以来，宜兴市图书馆抓住发展机遇、改善办馆条件、提高服务水平。至2016年底，宜兴市城乡公共阅读体系初具规模，建成6家镇级分馆，20家村级分馆。2016年无锡市政府办公室下发的《市政府办公室关于转发市文广新局关于〈推进全市城乡一体化公共阅读体系建设意见〉的通知》，明确2016—2018年按照“一年试点引路、二年纵深推进、三年全面覆盖”的计划，积极推进城乡一体化公共阅读体系建设。对建设到位、运行规范的图书馆分馆，经市相关部门考核验收合格后，市级财政给予适当补助。

3. 保障条件

（1）经费投入持续增加。2013—2016年，无锡市（县）、区两级公共图书馆年均财政拨款总额达 7 735.95 万元，其中无锡市图书馆年均财政拨款总额 3 812.78 万元，财政拨款年增长率与当地财政收入年增长率的比率为 231.79%，年购书经费由 300 万元提升至 500 万元。江阴市图书馆年均财政拨款总额 1 058.36 万元，财政拨款年增长率与当地财政收入年增长率的比率为 222.21%。宜兴市图书馆年均财政拨款总额 1 021.06 万元。无锡高新区(新吴区)图书馆、锡山区图书馆、梁溪区图书馆三个区级公共图书馆的年均财政拨款总额均在 400 万元以上。惠山区图书馆年财政拨款总额由 147.5 万元增加到 321.5 万元，经费投入持续增加。

(2) 设施环境逐步改善。近年来，无锡市不断提升和完善公共图书馆的设施建设，升级阅读环境，顺应公共文化服务发展的新需求。宜兴市图书馆新馆于 2015 年 12 月 28 日建成开放，成为宜兴阅读空间新地标。新馆总面积 3.3 万平方米，共 5 层(含负一楼)，设读者座位 1 200个，设计藏书 100 万册，新馆建筑高挑敞亮，功能区域设置合理。无锡市图书馆建成开放 24 小时自助图书馆，配备先进的智能书架、自助办证机、自助借阅机等，为读者提供了更加方便快捷的自助借阅服务。惠山区文体局将惠山区图书馆所在大楼的文化馆、展览馆等迁出，整个建筑为惠山区图书馆单独使用，加上乡镇直属分馆面积，惠山区图书馆建筑面积从 3 355 平方米跃升至 6 600 多平方米，面积明显增加，满足更多读者的阅读需求。同时，无锡市(县)、区两级公共图书馆不断推进公共电子阅览室建设，更新设施设备，安装全省统一的云服务管理平台。

(3) 文献资源不断丰富和优化。无锡市(县)、区各公共图书馆文献馆藏量均在 80 万册以上(含电子文献)。截至到 2017 年 6 月，无锡市(县)、区两级公共图书馆文献馆藏量(含电子文献)达 1 748.79 万册件，人均文献馆藏量近 2.68 册件。2013—2016 年，无锡市(县)、区两级公共图书馆年均新增文献入藏总量为 201.67 万册件，年人均新增文献入藏量达 0.3 册件。文献资源持续丰富和优化，不断满足无锡地区市民群众阅读的需求。

4. 优秀做法和亮点

(1) 保障机制不断完善。近几年，无锡市在示范区创建过程中，不断加大对公共图书馆的建设力度，将“图书馆改扩建工程建设”“建设数字图书馆”“提升公共图书馆的综合服务能力”等内容纳入《无锡市国民经济和社会发展第十三个五年规划纲要》《无锡市“十三五”文化发展规划》《无锡市创建国家公共文化服务体系示范区建设规划(2013—2015 年)》，为公共图书馆工作实现新跨越提供前瞻规划。无锡市还先后制定了《关于推进现代公共文化服务体系建设的实施意见》《无锡市推动公共文化服务社会化发展的指导意见》等保障性政策，编制《无锡市公共图书馆建设标准》《无锡市公共图书馆服务规范》等指导性技术标准文件，推进无锡市公共图书馆事业有序、健康发展。

(2) 文献外借量有效提升。截至到 2017 年 6 月，无锡市(县)、区两级公共图书馆年文献外借量总数达 731.81 万册次，其中，普通文献外借量达 589.65 万册次，人均借阅 0.9 册次。无锡市图书馆的年均文献外借量为 213 万册次；江阴市图书馆年均文献外借量超过 200 万册次。惠山区图书馆的文献外借量由 2013 年的 13.1 万册次提升至 2016 年的 74.4 万册次，新吴区图书馆、梁溪区图书馆的年均文献外借量均超过 60 万册次。宜兴市图书馆、锡山区图书馆的文献外借量均稳步提升。为提高文献利用率，促进文献资源有效流通，各馆加强馆藏资源建设、持续推动服务创新。其中，无锡市图书馆为最大限度地满足读者需求，通过网站、微信、荐购意见簿等渠道收集读者个性化阅读需求，及时补充各类图书；2014年，成人借阅证、少儿借阅证的限借册次由2册提高到5册；2016年建成开放24小时自助图书馆，为市民提供一方不眠“星光阅读栈”；联合无锡新华书店推出“新书直借”服务，持证读者在书店挑选心仪新书，无需付款，直接将新书借回家，有效激发市民阅读热情。近年来，无锡市图书馆不断完善服务网络，推进城区公共图书馆总分馆建设，方便市民就近借阅，2013—2017年度的年文献外借量稳步提升。江阴市图书馆狠抓基础业务，2013年起对所有开架图书重新按索书号严密排架，实时保证在架图书整齐有序，确保读者能在最短时间内找到所需图书；同时，放宽借阅权限，使读者一次可借8册图书；开通人性化提醒，对即将逾期的图书，提前三天通过短信给予友情提醒。惠山区图书馆在评估期内新增纸质文献63万册，数字图书70多万册，文献资源建设取得长足发展；同时，完成了图书管理自动化改造、图书馆功能布局改造及数字图书馆(共享工程支中心)三大工程建设，更好地满足了读者的文献信息需求。

(3) 全民阅读活动精彩纷呈。近年来，无锡地区公共图书馆围绕“太湖读书月”、世界图书日、公共图书馆服务宣传周等主题，广泛开展形式多样、内容丰富的全民阅读活动，吸引了广大读者积极参与，共同构建良好的阅读生态环境。无锡市图书馆年均举办各类读者活动360多场，其中讲座、培训107场，展览61场，阅读推广活动93场，年每万人参加读者活动101人次。无锡市图书馆注重服务品牌的培育和提升，“太湖读书月”已连续举办十届，2015年被评为江苏省全民阅读工作优秀项目；“东林文化讲坛”先后被评为江苏优秀讲坛，第二届无锡市“群芳奖”公共文化服务项目奖，无锡市最佳全民阅读推广讲座项目；创新推出“阅读使者全城行”阅读推广活动，青年馆员化身阅读使者，走进街道、社区、校园、福利院等，传授阅读方法。无锡市图书馆于2013年、2014年连续获得中国图书馆学会“全民阅读先进单位”荣誉称号，2015年被授予“全民阅读示范基地”荣誉称号。江阴市图书馆以“书香江阴”读书节为引领，2013至2016年间，年均开展全民阅读活动300多场；紧紧围绕“让更多的人读更多的书”的服务愿景，大力推行让书走近人的服务方式，深入推进全民阅读活动，先后获得全国“最美基层图书馆”“全民阅读示范基地”“全国十佳绘本馆”等荣誉称号。宜兴市图书馆倾力打造亲子阅读品牌“小飞屋”绘本故事会，依托自身平台，组建以幼儿园老师为力量的志愿者队伍，2016年全年组织开展各类绘本故事会活动40多场次。梁溪区图书馆牵头成立了梁溪区阅读推广公益联盟，以公益先行、探索发展、全民参与为目标，聚合近27家成员单位全力推动全区老年人、残疾人、少年儿童、外来务工人员及子女等多群体的阅读推广活动，受到了广泛的社会赞誉。锡山区图书馆于2015年成立了“爱·成长”读书会，每月定期开展父母情感导读、儿童阅读指导、亲子诵读会、情商训练营等主题活动，组建线上微信群，每周分享微课，与每月线下的主题活动形成了良好的阅读氛围，深受读者欢迎。

(4) 管理与服务模式不断创新。近年来，无锡地区公共图书馆积极运用新技术、新方法、新手段，开拓面向更多读者群体的延伸服务，受到了广泛的社会赞誉。近年来，市(县)区两级公共图书馆总分馆建设取得实质性进展；成立了无锡地区参考咨询、馆际互借、资源共享联盟，实现区域馆际业务协作和资源共享；启动“吴韵书香”城市阅读联盟建设，引导社会力量参与全民阅读，打造新型阅读空间；参与全国公共图书馆讲座资源共建共享协作网，加入江苏省公共图书馆馆际快借服务网和江苏省公共图书馆联合参考咨询网，共建共享优质社会资源。其中，无锡市图书馆在业内率先试行理事会制度。于2009年6月成立理事会，整合社会优势资源，吸纳来自文化、教育、卫生、司法等领域具有不同专业知识结构的13位成员担任理事。每年召开会议，通报图书馆年度工作，向理事征询意见和建议。理事们主动参与图书馆管理和监督，助力图书馆构建科学、民主、规范的现代管理制度，推进图书馆事业可持续发展。此外，无锡市图书馆开通市民卡借阅功能，依托支付宝，开通信用借阅证，并在支付宝和本馆微信平台上，同步推出网上借阅、图书投递服务，开启“信用＋阅读”网上借阅、手机电子证扫码借阅新模式，将图书馆藏书与线上选书借阅、线下快递送书的服务结合起来，让读者足不出户就能选书、借书、还书。无锡市图书馆还坚持探索公共文化服务新路径，以“特色主题＋书香”“综合体＋书香”“花园＋书香”等形式，大力推进总分馆建设，为市民打造别样的阅读家园。江阴市图书馆创新开展“三味书咖”城市阅读联盟建设，吸引社会力量参与总分馆建设。从2014年下半年开始，通过与咖啡馆、茶楼、银行等公共资源与服务业态合作，建成形式多样、遍布城乡，与总馆通借通还，集办证、图书借还、阅览、活动功能为一体的图书馆分馆，打造“三味书咖”城市阅读联盟，开创了全国全民阅读领域PPP模式先河。此外，江阴市图书馆与新华书店合作，2014年起创新推出“新书速递吧”，读者选定的新书当场可以借出，购书费用则由图书馆与书店结算。“新书速递吧”将传统资源采访模式改为了“你选书，我买单”的全新服务模式，深受读者欢迎。无锡高新区（新吴区）于2011年在全国率先尝试以政府购买公共文化服务的形式，通过公开招标，将无锡高新区（新吴区）公共图书馆的建设、管理、运行和服务外包给图书馆运营的专业公司——艾迪讯电子科技（无锡）有限公司。2013年，该馆又将ISO标准引入图书馆日常运作管理之中，依据GB/T 19001—2008《质量管理体系要求》和有关法律法规的要求，结合服务的特点和读者需求，建立并实施图书馆的质量管理体系，科学设置图书馆岗位、改善服务标准、持续改进读者服务内容，确保为读者提供专业化、个性化的服务。

二、无锡市公共图书馆事业发展呈现的薄弱环节

通过对照最新评估标准，无锡市（县）、区两级公共图书馆基本分值和加分分值得分率都比较高，其中基本分得分均在98%以上，反映了无锡地区公共图书馆基础业务建设扎实规范。加分项得分率为64%～87%，反映了各馆在引导性指标方面存在较大的差异，在工作创新方面还有提升空间。如部分图书馆的法人治理、科研项目、文创产品开发等指标需要加大力度推进。近几年无锡市公共图书馆有了较快发展，但仍存在一些问题，具体如下：

一是有些公共图书馆设施设备陈旧，限制了部分服务功能的发挥，如在周边各城市频建新馆的情况下，建于20世纪90年代中期的无锡市图书馆，其基础硬件设施和智能化建设已缺乏示范性和引领性，在区域行业中优势不明显；有些公共图书馆经费投入偏低，新书购置经费偏少，导致“年人均文献购置费”“年人均新增文献入藏量”等指标得分不高。如无锡市图书馆年均文献购置费为519.27万元，年人均文献购置费0.8元，未达到基本分值最高分。

二是公共图书馆的服务辐射区域有限，公共图书馆服务体系建设有待完善，很多指标从总量上来说都比较大，但涉及人均指标则不占优势。如“年持证读者占比”“人均文献馆藏量”“年读者人均到馆量”等指标普遍存在扣分情况，还较难达到基本分值的最高分值。以梁溪区图书馆为例，梁溪区由原崇安、北塘、南长三区整合而成，人口基数高达100.86万，远远超过其他几个区，所以涉及人均指标明显不占优势。如年读者人均到馆量、员工数量存在扣

分情况，人均文献馆藏量、年人均文献购置费也未能达到加分的满分。

三是公共图书馆的信息化、数字化、可视化、智能化建设相对滞后，需加大力度推进。如无锡地区公共图书馆在利用微信、微博公众平台开展服务和宣传方面还存在不足，用户数量与庞大的读者数量相比比例偏低，无锡地区公共图书馆的新媒体服务、新技术应用等仍需继续加强；在及时发布服务数据、增加工作透明度等方面仍有上升的空间。

三、无锡市公共图书馆事业发展新方向

第六次全国县级以上公共图书馆评估定级对无锡地区公共图书馆的发展具有很好的导向作用。在评估中发现的短板，正是需要进一步努力的方向。

一是要加大政府保障力度，更新完善公共图书馆设施设备，逐步增加购书经费，进一步扩大服务覆盖面，切实保障人民群众的基本阅读权利，不断满足人民群众对美好生活的新需求。

二是要加快推进公共图书馆服务体系建设，推动各级公共图书馆均衡发展，扩大公共图书馆的服务辐射区域。合理布局、完善城区总分馆体系，持续推进24小时自助图书馆、特色（直属）分馆建设，选择居民密集度高、辐射范围广、人流量大、交通便利的场所（如交通枢纽站、城市综合体、大型住宅小区等）作为总分馆体系终端网点，扩大公共图书馆的服务辐射区域。依据《中华人民共和国公共图书馆法》要求，县级人民政府要因地制宜建立符合当地特点的以县级公共图书馆为总馆，乡镇（街道）综合文化站、村（社区）图书室等为分馆或者基层服务点的总分馆制，完善数字化、网络化服务体系和配送体系，实现通借通还，促进公共图书馆服务向城乡基层延伸，总馆要加强对分馆和基层服务点的业务指导。同时，各级公共图书馆要积极探索借助社会力量推动总分馆建设。

三是通过不断加强公共图书馆的信息化、数字化、可视化、智能化建设，推动公共图书馆服务的转型升级，提供优质高效的公共文化服务。特别是要利用构建全市“文化无锡云”平台的契机，加快公共图书馆信息资源的数字化留存与转化，利用微信公众号、移动APP等手段，打造、维护好公共图书馆“子云”平台，争取尽快通过“文化无锡云”平台，精准对接读者信息需求，促进人民群众满意度在新起点上实现新提高。

2018年1月1日正式施行的《中华人民共和国公共图书馆法》是党的十九大之后全国人大常委会通过的第一部文化立法，标志着我国图书馆事业正式走上了法制化的快车道。无锡地区公共图书馆将以《中华人民共和国公共图书馆法》为引领，以市民群众的阅读及文化需求作为动力，把握新常态，紧扣新特征，抢抓新机遇，进一步扩大服务覆盖面，传播社会主义先进文化，为推进文化强市、建成“强富美高”新无锡提供有力的智力支撑。

（执笔人：赵霞）

徐州市公共图书馆事业发展报告

截至 2017 年,徐州市共有县(区)级以上公共图书馆 8 家。徐州图书馆是唯一的地市级图书馆,始建于 1930 年,曾为“江苏省立徐州图书馆”,现今使用的馆舍于 2003 年末建成开馆,总建筑面积 2.15 万平方米。馆藏纸质文献 90 万余册,古籍藏量近 10 万册,其中以宋版《四书章句集注》和清内府铜活字版《古今图书集成》为代表的 8 000 余册善本尤为珍贵。县(区)级图书馆 7 家,丰县图书馆始建于 1958 年,馆内拥有包括《四库全书》影印本、《古今小说集成》在内的各类图书 25 万余册,其中纸质图书 15 万册,电子图书 10 万册,新馆建在开发区文博园内,建筑面积 5 500 平方米,在 2019 年投入使用。贾汪区图书馆,位于贾汪区群众文化活动中心西楼,图书馆占地面积 3 000 平方米;藏书量为:纸质图书 9 万册,其中少儿图书 3 万册,实行除维护期外全年开放。邳州图书馆新馆于 2011 年 11 月建成并投入使用,馆舍面积10 650平方米,馆藏图书 35 万册,电子图书、期刊、报纸 10 万册(件),在全省县(区)级公共图书馆中率先建成 24 小时无人值守“城市书房”,受到社会各届关注和认可。睢宁县图书馆新馆是文化艺术中心四馆之一,于 2017 年元月开馆试运行,馆舍面积 6 000 余平方米,纸质图书总藏量 15 万余册,电子图书 10 万册,阅览座席 200 多个,网络信息节点 190 多个,全周免费开放时间达到 54 小时以上。新沂市图书馆始建于 1956 年,新馆为新沂市委市政府为民办实事重点工程,占地面积约 20 亩,建筑面积14 350 平方米,总投资 9 000 余万元,于 2015 年 7 月对外免费开放。铜山区图书馆始建于 1978 年,2004 年搬至现址,新老馆舍总面积 3 500 平方米。沛县图书馆始建于 1957 年,现有馆藏图书 26 万册,珍藏有《四库全书》一套,1949 年至今的《文汇报》《新华日报》各一套及 3 000 卷古籍,其中“程大利捐赠图书馆”“地方文献陈列室”为馆藏特色服务窗口而享誉全省。

一、评估期内徐州市公共图书馆发展总体情况

徐州市现有 7 个县(区)级公共图书馆,其中邳州市、新沂市、沛县、睢宁县为新建图书馆,面积均在 1 万平方米以上,舒适的环境、高新的配置为读者带来了良好的阅读体验,目前,丰县、鼓楼区、泉山区、云龙区均在建设新馆,届时将能更加便捷地为读者服务。徐州市公共图书馆馆藏一般纸质文献 330 万余册,古籍近 11 万册,盲文图书 8 千余册,电子图书 600 余万册。拥有专业技术人员 122 人,具备副高以上职称 16 人,中级职称 68 人,有效借书证近 16 万个,供读者使用的数字终端 476 个,阅览座椅 2 000 余个,志愿者服务专业队伍 23 个,年度开展各类型讲座、培训、展览、朗读会等读者活动 1 000 余场次。新时代开启新征程,新时代呼唤新作为,当前,在全国文化系统深入贯彻落实党的十九大精神和《公共文化服

务保障法》《公共图书馆法》等法律法规，积极推动新时代文化高质量发展的新形势下，徐州市文化事业发展迎来了新时代的春天，徐州各地文化建设也步入了快车道。徐州市委、市政府高度重视全市文化建设，出台了一系列繁荣文化事业、发展文化产业的政策和措施。尤其是进一步加强公共数字文化和智慧图书馆建设，将公共数字文化建设纳入“智慧徐州”建设工程和“为民办实事”工程，全面提升公共文化服务效能和服务水平，更好保障人民基本文化权益，让人民共享文化发展成果。

1. 徐州图书馆

徐州图书馆结合本馆实际在延伸图书馆服务、构建服务网络等方面做了尝试和努力。陆续创建了“铜山区图书馆分馆”“新城区大龙湖蝶梦社区分馆”“鼓楼区下淀社区分馆”，市馆与分馆之间属于联办型总分馆，文献管理上使用南京图书馆研发的“力博图书馆管理系统”，图书、报刊可以在市馆和分馆间进行调剂，具备了一卡通用、图书通借通还功能，除此之外，先后和街道社区、部队、边防检查站、江苏第四监狱、机关事务管理局等 68 家单位，签署了共建协议并设立了流动图书服务站点。2017 年在创建“全国文明城市”期间，设置了 30 个“漂流书屋”，范围覆盖整个主城区。截至目前，有 2 个“城市书房”项目正在建设，建成后将为读者提供“24 小时自助借还服务”。2018 年 1 月，徐州图书馆配备了“流动图书车”，一辆车长 6 米的专用大巴，配备有笔记本电脑、图书报刊、无线移动网络、空调等服务设备，是一座设备齐全、功能完善的迷你型移动图书馆，可以为市民读者进行免费办理借阅证、借还图书、阅览报刊、信息查询等服务。同时，也为市馆总分馆制建设提供了强有力的保障，根据《市委办公室、市政府办公室关于印发徐州市推进现代公共文化服务体系建设的实施意见》(徐委办〔2016〕102 号)文件精神，目前主城区泉山区、鼓楼区、云龙区的区级图书馆即将建成开放，届时徐州市将努力构建以市馆为中心的全市公共图书馆服务网络体制，建成“资源共享、协同采编、统一检索、一卡通用“的城乡公共图书馆总分馆制服务体系。多年来，徐州图书馆坚持把发展公益性文化事业作为保障人民基本阅读文化权益的责任担当，充分发挥自身的功能优势，营造“爱读书、读好书、善读书”的良好氛围，全力助推全民阅读。以阅读宣传周活动为抓手，采取图书导读、展览、讲座、网络信息服务等形式，协调开展馆际阵地宣传、街道社区宣传和媒体宣传等，积极弘扬尊重知识、崇尚文明的阅读理念，培养读者良好的阅读习惯。

(1) 改善图书馆服务环境，营造全民阅读的良好氛围

为给广大读者提供一个良好的阅读环境，使公共图书馆免费开放服务的惠民政策得到更好的落实，让更多的市民享受到推进公共文化服务体系建设带来的好处，对馆内外服务环境进行了全面改造和完善。

2013 年，争取到中央财政专项补助资金 120 万元。克服资金少、时间紧等困难，加强与政府采购中心的沟通，完成了图书馆空调安装工作。

2014 年，积极筹措资金 30 多万元，重新制作和设置了图书馆总体平面分布图，在每一层设置各功能区指引牌、楼层位置标识牌，更新了各服务区的标示牌，重新制作规章制度、文献分布引导图、文献分类标识吊牌、提示牌，装饰了字画、读书格言、徐州地方名人名言等内容；重新粉刷了墙壁，对卫生间全部进行改造和更新；购置自来水净化设备，安装了 3 套读者饮水系统，为读者提供纯净、卫生的开水。

2015年，对图书馆室外环境进行了改造，重新铺设了道路，栽种了美观、宜活的花草树木。新的读者饮水系统已改造完毕，读者服务电梯投入使用，安装了LED宣传屏。

2016年，拥有290个阅览座位的读者自修阅览室建成开放。还根据读者需求，新建了“第二自修室”。

（2）加强图书馆服务宣传，开展丰富多彩的读者活动

① 积极引导广大少年儿童树立“读书好、好读书、读好书”的良好风尚，认真组织开展红领巾读书征文活动，成绩优异，连续荣获2013—2017年度江苏省红领巾读书征文活动优秀组织奖。

② 连续举办了十届“我的书架我做主”读者自主选购图书活动。凡徐州图书馆持证读者均可在书店自主选购图书，并当场办理借阅手续。此项活动常态化开展，更人性化地为读者提供服务。

③ 连续承办八届彭城书法大赛暨全国规范汉字书写大赛（徐州赛区）。通过比赛，弘扬了中华优秀传统文化，促进和提高汉字书写规范和审美品位，收到良好的社会效果，每年参赛选手人数高达10余万人次。

④ 举办了“多彩年华、快乐假日——未成年人假期系列活动”“国事盛典　文化印证展览”“纳凉助读活动”“纳凉助读书法展”“文明读者评选”“徐州市大专院校毕业生公益招聘会”等一系列活动。

⑤ 以“舞动汉风”为主题，充分发挥利用“汉风大讲堂”服务平台，面向大众举办系列讲座。其中央视百家讲坛“三国名将”节目主讲人方北辰教授主讲的《正说曹操铜雀台之谜》，兰考焦裕禄纪念馆副馆长董亚娜主讲的《焦裕禄精神是永恒的社会主义核心价值观》，南京图书馆馆长、省周易文化研究会会长、著名学者徐小跃教授的“国学与人生”讲座和杭州图书馆馆长、杭州市政协常委褚树青教授的“网络环境下图书馆发展新业态”专题学术讲座更是引起读者和市民的强烈反响，收到良好效果。

⑥ 举办各类型展览，内容涉及政治、文化、经济、生活等方面。如“我看这十年——喜迎十八大江苏大众摄影作品展”“诚信中国”“中华古籍保护成果展”等等，使图书馆公益、文化的气氛更加浓郁。

（3）完善图书馆服务职能，努力提高公益服务水平

徐州图书馆以免费开放为契机，全年无休，大力开展均等普惠的公共服务，年均到馆70万人次，书刊外借53万册次（包括流动服务站）。从2017年度开始，图书资源购置费达到260万元，现有持证读者8.6万人，基层服务点68个。

为吸引更多的读者走进图书馆，经常召开读者座谈会，向读者介绍图书馆概况、活动、发展计划，聆听读者的意见和建议。还聘请了多名义务监督员和义务馆员，向他们颁发聘书，让他们为徐州图书馆的发展献计献策。

徐州是第一批国家“双拥模范城”，徐州图书馆和当地驻军一直保持着良好的服务关系，分别在原中国人民解放军第十二集团军某部、联勤15分部某部、徐州军分区、王杰部队、徐州边防检查站、武警部队等处设立了分馆或流动服务站。

2012年，徐州图书馆与新城区大龙湖办事处签订协议，提供图书1万册，在蝶梦社区设立分馆，实行“总分馆”制，实现了图书通借通还，让新城区的市民也能享受读书的乐趣与图书馆的服务。

为充分发挥图书馆公益服务的特性，把爱心送到特殊人群。徐州图书馆与江苏省徐州监狱结成友好共建单位，每年都会精挑细选一批有利于劳教人员思想改造的优秀书刊送到劳教人员手里，丰富了劳教人员的文化生活，帮助他们安心劳教。徐州图书馆还联合徐州监狱共同举办了“2012 徐州监狱爱心助学活动”“首届江苏省徐州监狱服刑人员读书节”等活动。

为保障每一个公民平等享受公共图书馆的权利，徐州图书馆积极开展了“徐州记忆”特藏室、“盲文及盲人有声读物”阅览室、综合展示厅、报告厅、数字图书馆的建设，使徐州市图书馆实现全面提档升级。2014 年，共投入 42 万元进行数字资源建设，购置了博看期刊数据库(8 万元/年)、方正电子图书(15 万元)、阅报机等。自建了“徐州记忆三部曲”(《徐州非物质文化遗产数据库》《徐州地方文献数据库》《徐州传统戏剧数据库》)。

(4) 开展文化共享活动，逐步完善公共数字文化服务

努力推动徐州市文化共享工程建设，积极开展文化共享服务活动，有组织、有计划地为广大读者提供电影、公益讲座等视频资料播放服务，利用移动播放设备，深入到社区、敬老院播放戏曲、电影等视频资料，真正使“文化信息资源共享工程”服务深入到基层。

① 在“颂歌献给党——全国文化信息资源共享工程迎接建党 90 周年群众歌咏活动”中，徐州图书馆推荐的 6 部作品全部入选全国文化信息资源共享工程“颂歌献给党”栏目展播。徐州市王陵街道马可合唱团送展作品《咏梅》荣获一等奖；徐州市云龙区骆驼山街道阳关社区马可艺术团送展作品《南泥湾》和徐州市泉山区老年大学聂耳之声合唱团送展作品《鼓浪屿之波》荣获二等奖。

② 徐州图书馆电子阅览室新购置了 50 台电脑及配套桌椅；完成了市区 21 个街道和 131 个社区共享工程基层服务点建设；争取专项经费 170 万元，为基层服务点配置 60 台电脑及桌椅；铜山区铜山镇文化站被文化部全国公共文化发展中心表彰为“全国文化信息资源共享工程公共电子阅览室示范点”。

③ 为了拓宽图书馆服务渠道，更好地服务读者，徐州图书馆开通了微信公众服务平台。微信公众号为读者提供书目查询、在线阅读、馆内信息发布、活动通知等读者服务。在第五届江苏书展期间还推出了微信微杂志，介绍江苏书展情况及徐州图书馆相关活动。

④ 为以新媒体带动全民阅读，发挥公共图书馆在全民阅读中的带动作用，徐州图书馆与国家图书馆合作，共同打造徐州市移动阅读服务，共同推进全民阅读，建立了徐州图书馆移动阅读分站。徐州图书馆的所有注册读者可用各自读者证号访问数字图书馆移动阅读平台，进入随时随地随身的图书馆，享受 6 万余册优质电子图书、600 余种热门电子期刊杂志的移动阅读服务。每月推出两期阅读专题，快速推动了徐州图书馆移动阅读业务的开展。

⑤ 2015 年数字图书馆推广工程建设任务“政府公开信息”“网事典藏”已按省馆(南京图书馆)要求组织实施。

(5) 有序推进古籍普查登记工作，古籍保护取得丰硕成果

① 在全国古籍普查登记工作中，徐州图书馆已有 25 种馆藏古籍入选《国家珍贵古籍名录》，135 种馆藏古籍入选《江苏省珍贵古籍名录》，其中宋刻本《四书章句集注二十六卷》入围国家古籍保护中心首次公布的 14 项古籍版本、品种及学术价值重要发现，以“曾尘封于书库中，该书在古籍普查之前从未曾见著录于各大书目，直至开展古籍普查后才得以重现于世”的评鉴位列第六。

② 先后荣获第三批全国重点古籍保护单位、江苏省首批古籍重点保护单位、江苏省“十一五”古籍保护先进单位和先进个人。

③《徐州图书馆古籍普查登记目录》于2015年1月由国家图书馆出版社正式出版发行，是江苏省第一家完成《登记目录》的单位。古籍普查登记目录是国家级项目，《徐州图书馆古籍普查登记目录》的出版，摸清了馆藏家底，为古籍保护和利用工作提供了依据，也是古籍保护长期工作的一个里程碑。

④ 出版了《徐州图书馆珍贵古籍图录》，此书全面介绍和展现了馆藏珍贵古籍的真实风貌。该书的出版既具有学术价值又具备了社会文化价值，为读者提供馆藏古籍“准实物”的经验参照，可以把握古籍版本鉴定所讲“观风望气”的精髓，同时也是徐州图书馆古籍整理实绩，并且起到向读者宣传与推介的社会作用，亦是地方文化最佳名片。江苏省文化厅网站、江苏古籍保护网、扬子晚报、徐州日报、都市晨报都进行了报道。

⑤ 做好古籍保护基础建设工作，配置古籍专业设备，筹建古籍修复室，对保护中心重新进行了区域划分，每年度专项投入资金10余万元。

⑥ 加强古籍保护从业人员专项培训工作，2015年3月参加了由国家图书馆古籍保护中心在广东中山大学举办的“第十八期全国古籍修复技术培训班”学习，4月参加国家图书馆、中国图书馆学会、江苏省文化厅在南京图书馆举办的全省民国时期文献保护工作培训班，5月参加了在国家图书馆举办的“第一期全国古籍保护技术培训班”，11月在南京艺术学院参加了第十六期江苏省古籍保护工作培训班。

(6) 开展协作协调，实现文献资源共享

① 为建立徐州市文献资源保障体系，促进全市文献资源保障建设不断优化，共同服务于徐州的经济建设与社会发展，徐州图书馆分别同徐州工程学院图书馆、江苏师范大学图书馆、中国矿业大学图书馆、徐州党校图书馆等兄弟单位签订了文献资源共享协议，互通借书证(重点读者)，文献按需调拨，实现了徐州地区文献资源的共建共享。根据文献资源共享协议的相关内容，徐州图书馆已向徐州高校的教师和部分本科毕业生开放了外借室、期刊阅览室和参考咨询室的全部文献，并进行了多次文献调拨。特别是加强了与徐州工程学院图书馆之间的协作力度，文献调拨多达5次3.5万册，收到了非常好的服务效果。2013年初，徐州图书馆与铜山区图书馆实现了通借通还，与大龙湖蝶梦社区实现了“总分馆”制。

② 2013年4月，徐州市召开了全市公共服务体系建设工作会议，下发了《市政府关于进一步加强公共文化服务体系建设的意见》(徐政发〔2013〕25号)，要求2013年各县(市)区实行“总分馆”制，开展通借通还的“一卡通”服务，至2015年全市建成“资源共享、协同采编、统一检索、一卡通用”的服务体系。

③ 组织实施徐州公共数字图书馆市级中心建设，该项目现已经市发改委立项，市财政“评审中心”评审，项目资金列入“智慧徐州”建设专项经费。按照“智慧徐州”办公室的要求，对方案进行了调整，待相关部门审阅后进行专家评审，然后报政府审批。

④ 徐州市公共图书馆总分馆体系建设实施方案已完成，现依据方案要求，指导各县(区)公共图书馆总分馆体系建设。

⑤ 参加了“江苏省少儿数字图书馆”联合建设项目，目前已联合采购了11家各类型优秀少儿数字资源，并于2016年完成建设任务。

⑥ 2018年5月，徐州市首辆公益流动服务图书车在泉山区湖西社区首发，同时面向全

市社区、中小学、企事业单位征集公益服务路线及停靠地点，徐州图书馆的公益流动图书服务车是一辆车长 6 米的专用大巴，车内配备有笔记本电脑、借还书机、无线移动网络、空调等服务设备，载有 1 000 余册文学艺术、生活百科和少儿读物等各类书刊，与徐州图书馆总馆联网，市民在车上就能享受免费办理借阅证、借还图书、阅览书刊、信息查询等服务，是一座设备齐全、功能完善的迷你型移动图书馆。流动图书车的投入使用，是贯彻落实《公共图书馆法》的重要举措，也是完善"总分馆制"服务网络、延伸公共文化服务阵地、为市民打通公共阅读服务"最后一公里"的创新服务模式。

（7）内抓管理，外树形像，促徐州图书馆服务全面提档升级

徐州图书馆作为全市文化体制改革的试点单位，2015 年全面实行了聘任制、岗位责任制。建立法人治理结构，成立了徐州图书馆理事会、监事会。形成理事会决策、管理层执行、监事会监督、党支部保障的"四位一体"管理体制。并成功召开了第一届图书馆理事会第一次代表大会。

徐州图书馆党支部坚持每周三上午学习制度，使干部职工在服务思想、工作作风、业务水平等方面有了明显提高。通过全面落实科学发展观，紧紧围绕"两个率先"的目标定位，深入开展"争先创优"、争创"群众满意的窗口单位""创建文明单位""办事零障碍，我该怎么办"大讨论等活动，进一步加强了组织制度建设，对图书馆服务结构进行了优化组合，理顺了业务工作流程，完善了管理制度、业务规范、行为准则、岗位责任、绩效考核等工作细则，建立了良好的工作秩序。

2. 县（区）图书馆

（1）举办江苏农民读书节启动活动

江苏农民读书节在新沂市图书馆举办启动活动。以"阅读，让社会更文明"为主题，以满足农民阅读需求、培育新型农民为出发点和落脚点，以阅读惠民、志愿服务、结对共建等活动为载体，广泛开展群众喜闻乐见的阅读活动，突出依托农家书屋等基层阅读服务阵地开展农业技术推广服务，着力营造爱读书、读好书的浓厚氛围，带动全省各地农村形成全民阅读新热潮。

主会场设在新沂市图书馆。在图书馆内外开展"书香新沂"建设成果摄影图片展，科技大集、农业科技推广展示，撤县建市 25 周年主题摄影展，老年大学书画展及老年读书会，书香新沂"微书评"现场体验，"新沂市读书协会"成立仪式及捐书活动，大学生村官和大学生志愿者"走进图书馆，多读书、读好书"等活动。新沂市北沟街道凤凰苑社区农家书屋、棋盘镇白草村蓝莓采摘园等 15 个分会场开展全民阅读推广活动。

（2）实施农家书屋提升工程，巩固农村基层文化阵地

自全省"农家书屋"工程建设启动以来，新沂市图书馆严格按照省市要求，强力推进全市"农家书屋"建设，用三年时间完成了 253 个行政村的"农家书屋"工程建设任务，实现行政村"农家书屋"全覆盖。为 253 个"农家书屋"配送书柜 1 518 个、阅览桌 253 个、椅子 2 024 张，图书 38 万余册、光盘 2.5 万千余盘，杂志各 10 种，并为每个农家书屋统一制作了标志牌、制度牌。2012 年配发一体机电脑 120 台，更新图书 45 万码洋；2013 年更新图书 75 万码洋；2014 年配发 130 台品牌电脑、更新图书 86 万码洋；2015 年配发 84 台品牌电脑、更新图书 98 万码洋。2016 年，原江苏省新闻出版局组织实施"农家书屋提升工程"，徐州市有 130 家书屋

进行了提档升级，为每个农家书屋配发了图书借阅卡 100 张、图书 1 000 册和扫码枪 1 个，更新了 24 台老旧电脑，并对 130 个农家书屋图书进行统一编码，开通了“一卡通”功能，与徐州图书馆实现通借通还，资源共享。2017 年对全市 108 个村农家书屋进行提档，统一业务培训，图书集中分编，设备安装，图书加工。目前，徐州市成功获得“全国优秀农家书屋”“全国优秀农家书屋管理员”，并有 45 个农家书屋成功创建为“三星级示范农家书屋”，16 个农家书屋成功创建为“四星级示范农家书屋”，北沟镇神山村（凤凰苑社区）农家书屋创建为“江苏省五星级示范农家书屋”。

（3）打造“书香新沂”系列活动，广泛开展形式多样的图书宣传工作

为推动文化建设迈上新台阶，打造“花厅讲坛”文化品牌，定期邀请文化名人、专家学者举办系列讲座。《南图巡讲》、《读书圆梦　快乐周末课堂》、萤火虫系列亲子活动等阅读交流活动吸引了越来越多的读书爱好者、中小学生及家长，并组织文化志愿者引导少年儿童走进图书馆，培养阅读习惯。

（4）举办“毅英书屋”揭牌活动

江苏省新闻出版局原局长徐毅英同志无偿向新沂市图书馆捐赠近 1.4 万册（套）珍贵图书。图书馆举行了徐毅英同志向新沂市图书馆捐赠图书仪式暨“毅英书屋”揭牌活动。

（5）实施“书香六进”工程，发挥示范引领作用

立足于新沂文化的实际，从 2015 年起，徐州市全方位实施“书香进学校、进机关、进农村、进社区、进企业、进军营”活动，仅 2017 年，“书香进企业”举办各类企业职工读书活动 26 场，赠送图书 1 500 册；“书香进校园”开展各类阅读活动 32 场，赠送图书 2 000 余册；“书香进社区”，赠送图书 1 600 册，读书知识竞赛、图书漂流等固定类阅读活动每月开展 2 次；“书香进农村”已实现农家书屋与校外辅导站协同共建，全年配送图书 5 000 余册。与雷达站、武警部队、73071 部队、双拥办等组建“双拥图书馆”，定期进行图书流转。

徐州市韩召军家庭自办的“召军书屋”免费为居民提供借阅服务 30 年，被街坊邻居称为“不上锁的图书馆”，2014 年“召军书屋”被原国家新闻出版广电总局授予全国“书香之家”称号。

（6）邳州市图书馆积极倡导全民阅读

坚持以人为本，力求创新性开展工作。邳州市图书馆重点推出大型公益活动——“百姓大讲堂”系列讲座，并将此视作本馆服务品牌进行着力打造。每月一期的“百姓大讲堂”，以求知、鉴赏、交流、分享为主题，内容涉及中国传统文化、邳州地方文化、养生保健文化、艺术鉴赏、励志教育、心理健康等诸多知识系列，架起了专家学者与百姓之间沟通的桥梁，普及和传承了优秀传统文化，将图书馆变成了一所“开放式大学”，引领并形成了全民参与、崇尚学习、做文明市民、树时代新风的良好社会氛围，从而产生了广泛而有益的影响。《邳州日报》《徐州日报》《中国文化报》都对此系列活动进行了报道，经过三年的开展，“百姓大讲堂”成为成熟的服务品牌，为邳州经济社会的发展提供了精神动力和文化支持。

切实履行图书馆的业务辅导职能，做好社会调查与专题跟踪服务。邳州市图书馆先后开展了《邳州城乡小学生课外阅读现状调查》及《“左手乡村、右手城市”携手共推城乡儿童阅读》和“红信封”等阅读推广活动。《“左手乡村、右手城市”携手共推城乡儿童阅读》项目，在 2016 年全省第七届公共图书馆优秀服务成果评奖中荣获二等奖。在实施该项目过程中，我们将邢楼镇“向日葵”读书点作为重点关注帮扶对象，进行捐赠图书和导读服务，并将其作为

活动基地，利用寒暑假先后开展了阅读与写作讲座、“红领巾”读书征文、城乡孩子共读一本好书、暑期读书笔记评选等活动；支持刘屯、李庄、北邢楼村三个读书点的创建；通过手写书信的“红信封”活动，为乡村留守儿童送上一份精神慰藉和鼓励，并根据儿童阅读水平推荐图书，希冀通过倡导阅读改变他们的人生。携手共建两年时间，邢楼“向日葵”读书点不断拓展增创，成为邳州市示范工程，全市各镇村设立了180多个读书点。“左手乡村，右手城市”，我们牵住的是“小白果”城市读书社。“小白果”创立之初，我们积极予以鼓励并商讨办会宗旨、理念及实施方式。读书社成立后，又及时跟进，捐赠一批图书作为启动基础，提供采编技术指导、提供场地和部分资金，大力支持各项活动。携手共推以来，“小白果”读书会持续开展“五个一”阅读延伸活动，即每周举办一次亲子共读；每月组织孩子观看一次经典儿童电影、开展一次户外活动、举办一次古诗诵读；每季度开展一次儿童阅读讲座。徐州图书馆与“小白果”读书会先后联办了“遇见《小王子》名师导读讲座”、母亲节“做枝花儿给妈妈”活动绘本欣赏、“相约端午节、粽想新未来”少儿数字图书馆宣传活动。邀请杨鹏、祁智、汤素兰等知名作家来邳州开展讲座，共举办各类活动80多场，参与人数累计15 000多名，越来越多的孩子既是图书馆的小读者，也是“小白果”的小会员。携手共推城乡儿童阅读行动开创了阅读推广的新思路，也为公共图书馆突破自身局限走出特色，书写了新篇章。

致力于阅读推广工作，成立图书馆阅读联盟，创办小薇读书会，把传统阅读、阵地活动与线上数字图书馆相结合，形成立体模式，将阅读推广到更多的未成年人。2016年，在积累百姓大讲堂经验的基础上，徐州图书馆又牵手徐州市新华书店、民间阅读团体成立了图书馆公益阅读联盟，整合全市力量，共推全民阅读。继百姓大讲堂之后，小薇读书会渐成品牌，且以蓬勃之势发展，自2016年起，每年举办30多期阅读课，吸引5 000余名少儿走进读书会，聆听阅读课，小薇读书会遂成为广大未成年人的课外阅读活动阵地。

（7）邳州市总分馆建设情况

区域内公共图书馆服务体系较为完善，邳州是江苏省“公共文化服务示范区”，邳州市图书馆在2013年初步实现了总分馆制，2015年在邳州市范围内全部实现总分馆制和农家书屋的数据对接，目前有总馆1个、阅读中心1个、分馆25个，乡镇分馆建设达到了100%，有农家书屋462家，达到了文献资源共享和通借通还标准。

二、存在的问题和不足

对于徐州市公共图书馆来说，特别是经济欠发达的县区，由于各种因素的限制，导致图书馆发展资金出现了严重的缺口。财政收入少的地方，图书馆的发展往往比较滞后，无论是硬件设备，还是软件设施，甚至是图书采购经费都得不到有力保障。再加上图书馆不是盈利性的部门，基本上没有创收的业务，如果地方政府和上级部门专项资金的支持不到位，公共图书馆的发展可以说是举步维艰。在一些经济欠发达的县区，图书馆由于资金严重缺乏，导致图书藏书量很低，各类电子设备不齐全。滞后的经济发展导致资金的缺乏，使得徐州市公共图书馆的发展环境处于不利之中，也大大限制了图书馆服务的质量。

三、发展建议

（1）推进公共图书馆文献信息资源体系建设。加大文献资源建设经费投入，确保文献资源达到一定规模并持续更新，通过整体布局、协调采购、分工入藏、分散采集等方式，建立若干总量丰富、各具特色的地方性文献资源保障中心，扩大文献资源规模。落实新增藏量指标，优化文献资源结构，建立涵盖纸本文献、缩微文献、数字资源、网络资源等各种资源类型的公共图书馆信息资源体系。

（2）提升免费开放工作水平。完善规章制度，创新服务手段，优化阅读环境，提升设施空间利用效率；完善信息公开制度，及时向社会公示徐州市公共图书馆基本服务项目和开放时间，有条件的公共图书馆应当根据当地群众实际需要，实行错时开放；完善免费开放工作监督评价机制，推动免费开放经费投入与服务效能挂钩。

（3）深入开展全民阅读。制定阅读推广计划，围绕世界读书日、图书馆服务宣传周、全民读书月以及中华传统节日、重要节假日和重大节庆活动，深入开展系列阅读推广活动；完善针对不同读者群体的优秀读物推荐机制；鼓励读者依托公共图书馆，兴办读书社、阅读兴趣小组等，开展阅读活动，进行读书交流。

（4）提高专业化服务能力。通过定题检索、文献查证、委托课题、信息推送等方式，为政府科学决策提供咨询服务，为企业和教育科研机构提供专题服务，为社会公众创新创业提供文献支撑和信息服务。

（5）加强特殊群体服务。加强老年人、未成年人、残疾人、农民工和农村留守妇女儿童等特殊群体适用资源建设和设施配备，有针对性地开展新技术应用培训、阅读辅导、送书上门、网络服务等，为其更好地融入社会提供帮助。加强对少年儿童的阅读指导，开展面向农村留守儿童的基础阅读促进工作。为中小学图书馆开展阅读活动提供资源保障和业务支持。

（6）加强图书馆数字化建设。深入实施数字图书馆推广工程，提高数字化服务能力，构建标准统一、覆盖城乡、互联互通、便捷高效的公共数字文化服务网络，具备提供互联网服务和移动终端服务的能力。加强徐州市公共图书馆数字资源的整合利用，丰富资源类型，提升资源适应性，满足不同终端、不同人群的实际需求。

（执笔人：闫云飞　朱军）

常州市公共图书馆事业发展报告

常州市位于江苏省南部，下辖 1 个县级市（溧阳市），5 个区（天宁区、钟楼区、新北区、武进区、金坛区），2017 年末全市常住人口 471.7 万人。现有地市级公共图书馆 1 座，县（区）级公共图书馆 6 座，各辖市（区）均有公共图书馆，其中天宁区图书馆为常州图书馆直属分馆，钟楼区图书馆新建成还未正式投入使用，新北区图书馆挂靠在常州工学院图书馆，新馆筹建中。常州自古有“千载读书地”的美誉，公共图书馆事业在全省有着重要的地位。

一、常州地区公共图书馆概况

常州图书馆创建于 1904 年，是有确切史料依据的我国最早的地市级公共图书馆之一。截至 2017 年，全馆拥有正式在编职工 78 人，社会化用工 7 人。大专以上学历 74 人，其中高级职称 7 人，中级职称 41 人。馆舍面积 11 500 平方米，拥有藏书总量 332 万多册，其中馆藏书刊总量 143 万册，电子文献馆藏量 185 万册，古籍文献馆藏量 4 万册。数字资源本地存量 25.6 TB，自建数字资源总量 10.7 TB。共建立了 25 个分馆，38 个图书流动服务点，一辆流动服务车，流动服务车的服务点共有 9 个，两个 24 小时自助图书馆，为本地区的公共图书馆服务网络建设做出了积极贡献。截至 2017 年，常州图书馆持证读者人数为 30.22 万人，持证读者占比为 6.4%。4 年间，平均到馆人次为 130 万，平均外借量为 110.58 万册次，年文献流通率为 1.41，年员工人均流通量 19 852.94 册次。

溧阳市图书馆坐落在溧阳市育才路 55 号市文化艺术中心内，总面积 6 300 平方米。全年开放，周开放时间长达 70 多小时。在职员工 19 人，大学专科以上学历员工占89.47%，中级职称员工比例为 63.16%。馆藏各类文献资料达 59.891 1 万册，年接待到馆读者 28 万余人次，外借图书 25 万余册次，在全市各村（社区）、企业、部队设有流动服务点 100 多个，每年送书上门 3 万余册次。与省内 107 个公共图书馆建立了馆际互借关系，提供纸质和电子形式的政府公开信息查询。

武进区图书馆始建于 1958 年 8 月，2006 年搬迁至武进文化艺术中心，2015 年区政府投入 320 万元原地改造提升。多年来，武进区图书馆始终保持国家一级图书馆、江苏省文明图书馆、常州市先进集体、武进区德育教育基地等荣誉称号。武进区图书馆现馆舍面积 6 200 余平方米，开架图书 25 万余册，藏书 65 万余册。每年和常州图书馆、江苏省少儿数字图书馆联合采购数字资源，征订报刊 500 余种。武进区图书馆秉承“读者至上，服务第一”的开放理念，形成了“五全”服务模式，即所有服务全免费、场馆开放全年化、读者活动全公益、服务体系全覆盖、数字资源全共享等服务。

金坛区图书馆新馆于2017年12月建成开放，坐落于金坛区清风路2号，总建筑面积15 500万平方米，总投资1.189亿元，设计馆藏图书100万册，可同时为1 000人以上的读者提供服务，是一座具有人文唯美、开放共享、绿色生态、科技智慧的第三代公共图书馆。面积6 450平方米的老图书馆改造成为少儿图书馆。全馆现有工作人员28人，均为大专及以上学历，其中在编14人，编外借用1人，社会用工13人。馆内图书总藏量56.514 2万册，年新增文献入藏量76 639册，年人均新增文献入藏量0.14册。

二、常州地区公共图书馆事业发展的整体状况

2013—2017年五年间，常州地区的公共图书馆事业取得了可喜的成绩和长足的发展，现从保障条件、业务建设和服务效能等方面总结汇报常州地区自2013年以来公共图书馆事业发展的整体状况。

1. 政府保障到位，公共图书馆事业发展全面

（1）政策法规保障有力

政府部门的政策法规、规划是公共图书馆事业发展最强有力的保障。常州市十六届人大常委会第三次会议审议通过的《常州市人民代表大会常务委员会关于促进全民阅读的决定》是全省13个地级市中第一个出台的关于促进全民阅读的法规性文件。《决定》中有对公共图书馆的设置要求、总分馆建设、资源建设以及读者服务开展的明确规定，既肯定了公共图书馆在全民阅读工作中的地位，也明确了公共图书馆的建设、运行的标准，为常州地区公共图书馆事业的发展指明了方向。

2015年，常州市正值省级公共文化服务体系示范区验收期，常州市在《常州市国民经济和社会发展“十三五”规划》和《常州市“十三五”时期文化发展规划》中对于公共图书馆在这一时期的建设给出了明确规划，市政府印发了《创建公共文化服务体系省级示范区及国家级项目专项资金管理办法》《常州市创建省级公共文化服务体系示范区建设规划》等相关文件。在此基础上，常州市文广新局、常州市财政局联合出台了《常州市公共图书馆总分馆体系建设规划》。

（2）经费投入充足

近五年来，全市对公共图书馆年平均财政拨款总额达到3 954.84万元，其中对常州图书馆年平均财政拨款在2 000万以上，溧阳市图书馆等县区级馆均在300万以上，金坛区政府在2013年专项投资1.189亿元，建设1.55万平方米的金坛区新馆。全市财政拨款均逐年上升，年增长率与当地财政收入年增长率均成正比。财政经费拨款包括保障费用和业务费用两大块，以常州图书馆为例，2016年财政总拨付金额为1 842.33万元，其中文献购置费、人员保障经费等保障费用为1 826.91万元。全市年人均文献购置费均在1元以上。

（3）文献资源建设扎实

文献资源是图书馆开展各项业务工作的基础。常州地区各图书馆文献资源包括纸质图书（含光盘）、纸质报刊、电子图书、电子期刊、征集的地方文献、内刊等，内容形式丰富多样。2017年，全市馆藏文献资源总量达376.4万册件，人均馆藏超过0.7册件，年人均新增馆藏

量近0.07册件。各馆均制定了详细的《馆藏发展政策》，贴近读者阅读需求，注重馆藏结构的合理性，扎实抓紧文献资源建设，为图书馆各项服务工作的开展夯实基础。

（4）图书馆建筑面积不断扩大

常州市、区各级政府都非常重视图书馆的建筑设施建设：常州图书馆近4万平方米的新馆已经开工建设，预计2019年底投入使用。市政府十分重视新馆建设，特地聘请了德国专家专门设计，符合现代图书馆建筑要求；天宁区投资建成天宁区图书馆，馆舍面积约3 000平方米，馆藏图书3万余册、报纸期刊200多种，设置少儿借阅区、绘本活动区、成人借阅区、电子阅览区、盲人阅读区、办证大厅、报刊阅览区和多媒体学术报告厅，该馆是由天宁区政府委托常州图书馆管理；2013年开工的金坛区图书馆新馆投资1.189亿元，建筑面积1.55万平方米，2017年底建成投入使用，功能齐全、设施完善、设备先进，是一座真正“以人为中心”的现代化图书馆；武进区政府则采取和学校共建的方式扩建武进区图书馆，分别和湖塘桥中心小学和湖塘桥初级中学共建共享公共图书馆，已开工建设。另一方面，随着公共图书馆服务体系的不断完善，各基层分馆、自助图书馆、流动服务点等实际上也扩大了图书馆服务读者的范围。

（5）信息基础设施保障到位

常州全市各级公共图书馆在信息基础设施建设方面均扎实到位，业务工作全自动化，业务管理采用先进的图书馆管理软件，馆内实现WiFi全覆盖。并更多地尝试新的信息技术，如RFID技术、移动信息平台技术等等，打造智慧图书馆。例如武进区图书馆，提出了“紧跟互联网＋发展战略，建设智慧图书馆”的发展思路，已实现图书自助借还、读者证全市通用、微信移动服务、图书精准定位、活动网络管理等智慧化服务，真正用科技服务读者、方便大众。

（6）工作人员素质普遍提高

图书馆工作人员是图书馆服务的主要实施者，其素质高低直接影响图书馆服务的质量和读者满意度。近五年来，常州地区各级公共图书馆的工作人员素质普遍有明显提高。常州图书馆全馆102人，大学本科及以上学历员工53人，占51.96％，其中研究生学历员工8人，占7.84％。其余县、区级馆中，武进区图书馆和金坛区图书馆大学专科及以上学历员工均达100％，溧阳市图书馆达89.47％。

2. 业务建设标准化，扎实推进

常州地区各公共图书馆业务工作标准规范，管理到位，业务建设扎实有效。

（1）文献资源建设全方位

文献资源建设一直是参评各馆业务建设的重中之重，包括纸质图书、报刊资源（含光盘）、数字资源和地方特藏文献资源建设。各馆均制定了《馆藏发展政策》对各类文献资源的采集依据和工作要求作了详细规定，也对各类文献资源结构占比作出规定，严格规范文献资源建设。纸质图书的选购在确保馆藏结构的前提下，在读者参与方面进行了尝试，2015年常州图书馆与常州市新华书店联合推出“你选书，我买单”活动，武进区图书馆紧随其后也推出了读者选书活动，该活动获得了良好的社会反响，不仅有效提高了图书的借阅率，对于全民阅读也起到了很大的推动作用。

地方特色文献建设硕果累累，尤其是常州图书馆专门组织古籍研究专业的队伍征集常州本地方志著作、家谱和历代名人著作、近百年图片资料等。2013年出版了《毗陵人品记》《晚清常州名贤日记四种》《大德毗陵志辑佚》《常州古地图集》;2015年出版了《常州市图书馆志》《常州人物传记四种》《常州科举史料三种》《清代常州地方史料汇编》《旧言集》《江苏省常州市图书馆古籍普查登记目录》;2015年编辑的《常州古地图集》获江苏省档案文化精品奖一等奖。常州图书馆在地方文献研究出版工作中取得的突出成绩得到了省馆领导的高度赞扬。

五年来,各馆数字资源的采购量均有显著上升,与不断上升的数字阅读量相适应。各馆的自建数字资源也在稳步上升,主要集中在馆藏特色文献的数字化上。其中,常州图书馆先后建设了地方文献书目数据库、全文数据库和多媒体数据库。书目数据库包括地方志目录、家谱目录、民国地方报纸目录和地方文献征集目录。全文数据库包括珍贵地方文献《晋陵先贤传》《毗陵科第考》《咸淳毗陵志》《天宁寺志》四种。多媒体数据库以常州名人为建设内容,由常州图书馆自行拍摄完成,包括:常州十大名人资料库、常州籍院士、常州籍进士、常州现代名人库和十集专题纪录片——《青果巷名人传》。金坛区图书馆完成了《金坛地方特色古籍全文数据库》。武进区图书馆建设了家谱目录数据库和中华延陵季子图文数据库。这些数字资源对于常州地区地方特色文化的保存和发展起到了尤为积极的作用。

(2) 公共图书馆服务体系建设全面展开

2015年,为配合常州市"省级公共文化服务体系示范区"建设项目,公共图书馆服务体系建设成为各馆业务建设的重点推进项目。在常州市文广新局的领导下和常州市财政局的大力支持下,到2016年底,覆盖全市的公共图书馆服务体系已初步成形,在市级已建成分馆包括1个区级分馆(武进区图书馆),25个乡镇(街道)分馆(天宁区7个、钟楼区8个、新北区10个),38个图书流动服务点,一辆流动服务车,流动服务车的服务点共有9个,2个24小时自助图书馆,天宁区图书馆正在建设中,服务网络基本已覆盖到整个城区。"总分馆"管理使用专业的图创管理软件,建立常州市公共图书馆集群自动化管理系统的中心平台、分中心平台和分馆子系统(分馆),常州市区各图书馆实现一卡通通借通还。武进区图书馆因自身底子较厚,2011年为配合武进区首批省级公共文化示范区建设,已制定实施武进区图书馆总分馆建设实施方案,以武进区图书馆为中心馆,在武进14个乡镇、2个街道建成统一硬件标准、统一服务规范、统一业务管理、统一目标考核,全区通借通还,资源共享的图书馆总分馆服务体系,该体系作为全市公共图书馆服务体系的二级体系。溧阳市和金坛区参照城区公共图书馆总分馆标准,将乡镇(街道)图书室纳入总分馆体系,推进乡镇(街道)图书室和农家书屋通借通还,因各方原因,溧阳市和金坛区的总分馆体系暂时还未并入全市的公共图书馆服务体系中来,与城区各图书馆未实现馆际通借通还。

(3) 积极参与重点文化工程

常州支中心(设在常州图书馆内)作为全国首批建成的文化共享工程支中心,得到了政府的高度重视。近年来,常州支中心不断向纵深发展,在软硬件、资源建设、服务等方面持续取得新进展。全市现已建成4个支中心(分别设在常州图书馆、溧阳市图书馆、武进区图书馆和金坛区图书馆内),59个基层服务点,其中增强型服务点13个,形成了覆盖市、区(县)、街道(乡镇)、社区的服务网络。在数字资源建设中,一方面积极与上级中心交流沟通,互通有无,共建共享,另一方面,加强资源自建。常州市支中心先后制作了《龙城讲坛·人文常州系列》《文艺与市民》《社科专家面对面》《春雨行动·农工党大讲堂》和《常图讲座》等系列讲座视频，武进支中心则积极与文化馆、锡剧团、凤凰艺术团联系协调，把特色文化品牌展演视频搬上共享工程流媒体平台，溧阳市、金坛区支中心也积极制作地方戏曲、非遗、重大活动、地方文艺舞台等资源共享到共享工程平台。电子阅览室作为文化共享工程的主阵地，也得到了各馆的重视，2015 年常州支中心成功部署全省统一的电子阅览室管理系统。武进区支中心截至 2016 年 12 月建成乡镇、村(社区)共享工程电子阅览室 243 个，配备管理人员 255 名。

数字图书馆推广工程是“十二五”重点文化工程，各图书馆也给予了相当的重视。尤其是常州图书馆，不仅硬件、软件落实到位，在资源建设上更是下足了工夫。作为数字图书馆推广工程资源建设的试点单位，2015 年申报了政府公开信息资源联合建设专题项目，完成 3 000 条源数据仓储和 12 000 条政府公开信息的建设任务。2016 年又申报“数图推广工程：网事典藏、政府公开信息”项目，创建政府公开信息 20 000 条，收录网事典藏 200 家，建设常州市政府公开信息查询服务平台。

古籍保护工作一直以来稳扎稳打，取得了不俗的成绩。各馆均参加“中华古籍保护计划”，常州图书馆和溧阳市图书馆完成各自辖区内的古籍普查，分别出版了本馆的《古籍普查登记目录》。常州图书馆有 5 部古籍入选《江苏省珍贵古籍名录》、4 部古籍入选《国家珍贵古籍名录》。

3. 服务措施重落实，效能显著

读者服务是公共图书馆工作的重中之中，多年来常州地区的公共图书馆强化服务意识，开展多元服务，服务效能取得显著提升，读者问卷满意度均在 95%以上。

(1) 读者服务有针对性，为未成年人和其他特殊群体提供配套服务

少年儿童读者一直是公共图书馆的重要服务群体，各馆均设置相应的少儿室，配套图书借阅区和阅览区，专门为 14 周岁以下的读者提供服务。近年来，各馆已不仅仅满足于常规服务，纷纷针对少儿读者推出系列读者活动，为未成年人带来更多更新的服务体验。例如：常州图书馆和金坛区图书馆开展的“红领巾读书征文”活动，常州图书馆开展的“童话故事大王大赛”“爱在重阳，感恩在我心诗文朗诵比赛”“快乐元宵节，快乐 DIY”“卡魅科技制作”“趣味亲子运动会”；武进区图书馆 0 岁家庭阅读起跑计划、绘本活动、暑期作业辅导等。溧阳市图书馆的未成年人思想道德建设项目连续多次被评为全市二、三等奖。

针对其他特殊群体，如老年人、残障人士和外来务工人员等，各馆服务也是尽心尽力。常州图书馆设置残疾人专用图书证，为残疾人提供借阅服务，并于 2008 年成立了盲人阅览室，有盲文点显器、视障专用电脑、数字助视器等设备及盲文图书读物，由阅览部专人负责；阅览部利用电子阅览室资源专门为老年人普及计算机使用技能；常州图书馆专门为外来务工人员设立农民工流动服务点，提供流动车民工子弟学校借阅服务，为外来民工送书，并开展多项适合外来民工子弟的阅读推广活动。武进区图书馆为外来务工人员开展子女家庭辅导活动，定期为乡镇外来工子女提供免费借阅服务，与夕阳红敬老院合作，为老人们送去多种多样的活动，开展图片展、夕阳红电影、夕阳红文娱表演。金坛区图书馆为解决湖上渔民看书难的问题，在长荡湖建立了水上图书馆，为他们送去专业技术书籍。溧阳市图书馆 2013 年被评为溧阳市敬老文明号，2014 年被评为市全民科学素质普及工作先进集体。

（2）重视社会教育，积极推广全民阅读

社会教育是公共图书馆的主要使命之一。近年来各馆逐步重视社会教育，阅读推广形式丰富多样，主要有讲座培训、展览、阅读推广活动、阅读指导等。常州图书馆讲座培训已形成“龙城讲坛”“春雨行动农工党大讲堂”“社科专家面对面”“常图讲座”四大系列，坚持常年开展。武进区图书馆长期开展创意工作坊、开心跳蚤市场、阳湖大讲堂、名师工作坊、快乐英语坊、武图放映室、绘本悦读坊、武图文化志愿者等多种形式的阅读推广活动，全年开展200余次各类阅读推广活动，参与人次超1万人次。阅读推广活动不仅在馆内举办，还主动与其他单位合作，走进市民中，常州图书馆的“青果朗读”和溧阳市图书馆的“春晖朗读”就是与当地的新华书店合作，每周定期举行朗读活动，市民们在读书的过程中爱上阅读，收获了非常良好的社会效益。常州图书馆的“带你走进图书馆”活动则是走进学校，为学生们送去知识，送去阅读的乐趣。

阅读指导活动也越来越受到重视，每个馆都设有导读台，指导读者利用图书馆资源，各馆还通过推荐书目、馆员书评等形式指导读者阅读。常州图书馆以读书会的形式举办“文笔悦读会”，集中指导阅读，为适应阅读形式的变化，常州图书馆还推出了数字阅读指导服务。

（3）充分利用网络和新媒体，拓展多元化服务

随着网络信息技术的普及，各馆在利用网络开展服务方面已经非常成熟，各馆均建设有自己的网站，提供网上查询、预约服务，通报馆内动态。网站还整合了数字图书馆，为读者提供知网、读秀等优秀的数字资源和电子图书资源。通过常州数字图书馆共建共享平台的建设，常州图书馆、溧阳市图书馆、金坛区图书馆和武进区图书馆已实现共享数字资源，读者只要办理了任何一个馆的借书证，在家里也可以通过图书馆网站免费使用数字资源。常州图书馆还利用有限电视网络，开发了“常州电视图书馆”，极大增加了图书馆服务的覆盖面。

新媒体的出现为图书馆服务提供了更多的可能，各馆紧跟发展，积极开发服务新模式。4家参评图书馆都设立了微信公众号，为读者推送新书信息和活动预告，也提供图书查询和预约服务。“常州图书馆”公众号自2015年7月注册，至2017年共发送信息241条，平均每月发送10条服务信息；“常州图书馆少儿天地”公众号自2013年12月注册，至2017年6月共发送信息150条，平均每月发送3.5条服务信息。为适应市民对于手机的依赖度越来越高的形势，常州图书馆还特地采购了“掌上图书馆”软件，方便广大市民在手机上利用图书馆资源。

四、常州地区公共图书馆事业发展的亮点

1. 品牌引领服务，整体提升服务档次

随着读者服务的深入，公共图书馆的品牌意识逐步增强。近五年来，各馆的各类品牌服务项目成为最大的亮点。讲座培训方面，常州图书馆拥有“龙城讲坛”“春雨行动农工党大讲堂”“社科专家面对面”“常图讲座”四大品牌，品牌的成功运作极大提升了活动的质量，2014年的“走近名家大师系列报告会”邀请到鲁迅的孙子周令飞、郭沫若的女儿郭平英、冰心的女儿吴青、张元济的孙子张人凤等解读名人，让读者们走近大师的世界和生活；2015年邀请著

名音乐家、指挥家、钢琴演奏家滕矢初先生举办专场演奏报告会，讲解《音乐与人生》。“龙城讲坛”项目获第七届江苏省公共图书馆优秀服务成果奖二等奖。社会效益良好的成熟讲座品牌还有武进区图书馆的“阳湖大讲堂”、金坛区图书馆的“金沙大讲堂”。

在少儿活动领域，经过多年的努力，各馆也是品牌迭出。其中，常州图书馆的“红领巾读书”连续4年获得江苏省“红读优秀组织奖”，“七彩姐姐讲故事”由馆员担纲主讲，为低幼儿童讲解绘本。武进区图书馆的“名师工作坊”获评“常州市2016全民阅读年度好活动”，金坛区图书馆“六一杯少儿书画赛”获评江苏省优秀服务成果奖、常州市优秀服务成果奖，并入选全国创新服务案例。

在阅读推广方面，常州图书馆的“青果朗读”“文笔悦读会”深入人心；溧阳市图书馆的“图书漂流”获第五届江苏省公共图书馆优秀服务成果奖一等奖，“书友会”获第七届江苏省公共图书馆优秀服务成果奖三等奖。

2. 新技术整合运用，开启图书馆服务智能化

计算机网络技术、新媒体技术、RFID技术等先进技术被逐步引入图书馆工作。武进区图书馆在整合运用各项新技术的基础上，紧跟互联网+发展战略，提出了“智慧图书馆”的建设思路。武进智慧图书馆目前具有五大功能：第一，利用RFID智能借还系统实现图书自助借还，图书证全市通用；第二，利用微信，开展移动服务，读者足不出户就可以实现图书检索、图书续借、图书荐购、图书过期提醒、逾期费缴纳、活动报名、书店借书、数字资源阅读等一系列功能；第三，利用RFID技术，设置图书架位号，实现检索精准定位，读者通过网络、微信等方式进行馆藏图书检索后，系统会反馈给读者所需图书的具体架位号，大大节约了读者找书的时间和命中率；第四，利用图书开放式采购系统，实现图书开放采购，图书馆在武进区的新华书店、博库书城、大众书局三家大型书店设立读者图书现采基地，读者在这儿家书店凭区图书馆借书证选择符合图书馆馆藏要求的图书即可当场借阅，对于一些书店没有的专业著作，读者可在区图书馆微信或网站推荐图书，区馆将在规定时间内为读者采购该书，并实时通知读者采购进程；第五，活动网络管理，通过网络活动管理系统，读者在图书馆微信或网站，可实时了解图书馆近期将要开展的各类活动的详细情况，并在网上进行活动报名、签到、积分、评论等操作。武进智慧图书馆带给读者的是真正的智慧化、便利化、人性化的服务手段，不仅为读者提供了高质量的服务，也切实改善和提升了图书馆的工作效率，值得其他图书馆学习和借鉴。

3. 创新提升能力，开创图书馆服务新领域

这五年中，最大的创新项目是常州图书馆的“电视图书馆”项目。2013年8月，常州电视图书馆作为江苏省第一家开播的电视图书馆，获得了第二批国家公共文化服务体系示范项目创建资格，2016年正式获得国家公共文化服务体系示范项目称号。常州电视图书馆已经实现了常州地区的全覆盖。电视图书馆所播放资源一是与国家图书馆及国家文化共享工程中心合作，二是由常州图书馆自行摄制，先后摄制了常州地方戏曲——锡剧、常州非物质文化遗产和常州画派作品等内容，进行地方文化特色的精品视频展播。又把“龙城讲坛”“道德讲堂”“市民课堂”“常州公开课”等馆内活动制作成视频在电视图书馆中展示。此外，还利用馆藏地方文献资源，鼓励馆员自学编剧、拍摄、制作，在国家共享工程经费的帮助下，成功拍摄

了10集《青果巷名人传》。2016年常州图书馆因此获评"全省公共数字文化工程考核优秀单位","常州电视图书馆"项目获第六届江苏省公共图书馆优秀服务成果奖一等奖。

常州图书馆2016年开始的"带你走进图书馆"活动也是颇具新意,荣获第一届公共图书馆创新创意作品征集推广活动"优秀奖"。该项目是常州图书馆与常州市解放路小学教育集团合作开展的一项走进校园服务活动,基于公共图书馆"支持正规教育"的使命,以帮助学校培养学生综合能力为目标,定期开展形式多样、内容丰富的各类活动。

五、常州地区公共图书馆事业发展的不足之处

结合各馆的综合情况分析发现常州地区公共图书馆在以下几个方面还存在不足:

首先,公共图书馆服务体系发展不完善。常州地区的公共图书馆服务体系虽然已初步建成,但完善度还有待进一步地提高。常州市区的5个区(钟楼区、天宁区、新北区、武进区和经济开发区),只有武进区拥有成熟的图书馆,天宁区图书馆在建中,其他各区图书馆还在规划中。除武进区外,各区的乡镇分馆均直接设为常州图书馆的分馆。所以在城区的公共图书馆服务体系中,区级分馆缺位,市中心馆任务过重,整个顶层设计不尽合理是最大的不足之处。此外,由于行政归属、技术等方面原因,金坛区图书馆服务体系和溧阳市图书馆服务体系暂无法与城区的服务体系相融合,城区与溧阳和金坛之间还停留在馆际互借的合作状态。

其次,各馆人员配备严重不足。常州图书馆在编人员78名,加上社会化用工和临时工作人员总共102人,服务人口数量为470余万人,人均服务人数为4.6万人。而基本要求是"达到每2万服务人口配备1名员工",常州图书馆的工作人员缺口达到1倍以上。县区级图书馆更加不容乐观,武进区图书馆员工数量仅14人,其服务区域人口143万余人,人均服务10.3万人,远远达不到每2万服务人口配备1名员工的基本标准。溧阳市图书馆工作人员19人,金坛区28人,都远达不到人员保障的基本标准。

再次,新技术运用、新媒体的服务和自建数字资源的建设还有待继续加强。在新技术的运用方面,常州图书馆虽然已引进RFID技术,但在技术实现上还存在一些技术问题,图书的自助借还效果不尽理想,有待提高。溧阳市图书馆和金坛区图书馆在新技术的运用方面也还稍有滞后。除武进区图书馆外,各馆在新技术的整合运用上仍需下工夫。各馆利用微信公众号进行信息推送和宣传的力度不够。

最后,理事会制度在各馆普遍还未得到落实。理事会制度是国家在图书馆管理层面推行的管理创新,有助于提升图书馆的管理水平。截至2017年末,常州地区的4家公共图书馆均还未建立理事会制度。在管理制度的创新方面,各馆还有待进一步的改进和提升。

六、结语

总体而言,2013—2017年五年间,常州地区公共图书馆事业锐意进取、成绩斐然,值得骄傲与自豪,但同时也应该清醒地认识到在公共图书馆服务体系发展、人员配备、新技术新

媒体运用和管理技术等方面还有待进一步学习和提升。常州地区各公共图书馆首先要充分认识到自身的优势,加以发扬光大,争取百尺竿头更进一步;对于自身的不足也要保持清醒的认识,积极整改,及时完善,以此次评估定级为契机,切实提高各馆的业务管理水平和服务工作水平,共同推进常州地区公共图书馆事业的繁荣发展,为常州营造浓厚的书香氛围,真正造福市民百姓。

(执笔人:薛妍　陈萍)

苏州市公共图书馆事业发展报告

苏州市现辖4个县级市(张家港市、常熟市、太仓市、昆山市)、5个区(吴江区、吴中区、相城区、姑苏区、高新区/虎丘区)和1个市政府派出机构的开发区(工业园区),2017年末常住人口1 061.60万。现有地市级图书馆1座,县(区)级图书馆10座(其中姑苏、相城、高新三区图书馆纳入苏州图书馆总分馆体系),县级少年儿童图书馆1座,全部获评国家一级图书馆。近年来,在各级党委、政府的关心和支持下,按照"政府主导、合作建设、专业管理、均等服务"的原则,深入贯彻落实《苏州市公共图书馆总分馆体系建设实施方案》(苏政办〔2011〕180号),截至2017年底,全市已建成市级总馆1个、县级市(区)总馆7个、分馆363个,另有流动图书大篷车、24小时自助图书馆和图书流通点等,基本形成了一个布局合理、方式多样、快捷高效的公共图书馆服务体系。

一、服务体系建设

《中华人民共和国公共文化服务保障法(草案)》和《关于推进县级文化馆、图书馆总分馆制建设的指导意见》都强调各地要加大对本地区公共文化设施建设的支持力度,完善设施网络,为实施总分馆制提供必要的基础设施条件。苏州地区公共文化恰值示范区创建后续建设期,苏州地区公共图书馆服务体系建设在原有的基础上得到了进一步加强。

1. 总分馆建设蓬勃发展,实现镇(街道)一级全覆盖

苏州图书馆总分馆体系至2017年底已建成由1个总馆、81个分馆、2个24小时自助图书馆、3个轨道交通图书馆、98个网上借阅社区投递点(含35个自助服务点)、2辆流动图书车、28个图书馆流动服务点组成的更为完善的综合服务体系。在苏州图书馆总分馆体系建设的示范带动下,苏州市公共图书馆又形成了7个以县市区图书馆为总馆、乡镇(街道)图书馆为分馆、村(社区)基层综合信息服务中心为基层服务点的总分馆体系,年接待人次超过2 300万,人均到馆2.23人次。目前,苏州市公共图书馆总分馆建设已实现了镇(街道)一级的全覆盖。

2. 创新服务模式,服务体系不断完善

持续提升服务质量,积极创新服务模式,是公共图书馆顺应时代发展的必然要求。近年来,为扩大服务范围,提高社会效益,苏州地区公共图书馆积极应用新技术,开拓面向社区、面向农村、面向基层的延伸服务,受到广大读者的热烈欢迎。苏州图书馆2014年推出"网上

借阅社区投递”和“你选书，我买单”读书荐书活动，依托高效运转的物流体系，线上线下联动。张家港市图书馆2013年在全国首创24小时图书馆驿站，打通了基层公共文化服务的“最后一公里”，截至2017年底已陆续在社区街道推出融合了空间设计的无人值守、借阅一体的智能化微型图书馆33个。常熟市图书馆加强与社会力量合作，通过“图书馆＋组织”“图书馆＋教育”“图书馆＋商业”“图书馆＋社区”“图书馆＋景区”等方式与社会机构联合横向发展，从2013年到2017年，新建成特色分馆28家，图书流通点59个。吴江区图书馆在“四位一体”总分馆制的基础上引入“服务外包、社会参与”举措，政府出资购买公益岗位服务，由吴江图书馆（总馆）培育、孵化的未成年人阅读活动，通过服务外包方式配送到基层，该项目被原文化部列入当年科技创新项目立项名单。太仓市图书馆将阅读空间延伸至咖啡馆，“左手咖啡　右手书”项目获2016年度苏州市社科普及创新项目奖。

二、基础业务建设

苏州市各级公共图书馆管理规范，合作广泛，各项业务基础扎实。

1. 馆藏资源建设配置优化，结构更趋合理

近年来，数字阅读日渐兴起，苏州市各图书馆在文献采访中，均注重加强了数据库和电子图书的采购，自建特色数据库量质并进，并实现了苏州地区数字资源的协同采购。地方文献收集普遍得到重视。在不断完善馆藏政策的前提下，尝试建立了读者参与文献资源建设的机制。从2014年起，在苏州图书馆的带动下，苏州市各级公共图书馆陆续推出了“你选书，我买单”读书荐书活动。馆藏文献的可读性和借阅量得到提升。

2. 新技术应用提高了管理效率

苏州地区已普及应用RFID系统，开展自助图书馆服务，不仅提高了管理效率，也拓展了服务范围。苏州图书馆依托高效运转的物流体系，推出“网上借阅社区投递”和“你选书，我买单”读书荐书活动，线上线下联动。市县（区）各级图书馆均有24小时开放、无人值守、远程监控、自助借阅、数字阅读等服务的智能化微型图书馆。

3. 建立理事会和阅促会，创新管理与合作平台

理事会制度是充分调动社会力量和社会资源参与图书馆建设，有效提高决策科学化、民主化水平的途径。苏州图书馆于2016年12月1日成立理事会。理事会由13名理事和1名监事组成，涵盖了政府职能部门、业界专家、知名学者、读者代表、图书馆管理层和职工代表。2017年上半年，张家港市图书馆理事会和相城区图书馆理事会也先后成立。

为了更好地凝聚社会阅读力量，助推书香城市建设，2014年，苏州图书馆与新华书店、独墅湖图书馆馆店联合，在江苏省内率先成立了苏州市全民阅读促进会，创办《书香苏州》会刊，开展“优秀阅读推广组织、优秀阅读推广活动、优秀阅读推广人”评选活动。2016年，常熟市图书馆和太仓市图书馆先后牵头成立了常熟市全民阅读促进会、太仓市阅读推广协会。阅读促进（推广）协会的成立有助于图书馆加强与各阅读推广组织、个人和政府有关部门的

联系，将各类社会阅读资源整合起来，从而推动全市的全民阅读推广工作。

4. 积极参与重点文化工程建设

全国文化信息资源共享工程苏州市支中心设在苏州图书馆内，各市区均设有县级支中心，按照国家中心和省分中心要求配置硬件设备并进行资源建设。通过服务和创新，苏州市共享工程工作取得了多方面的成绩，多家单位获得“文化信息资源共享工程培训工作优秀单位”“江苏省公共数字文化工程考核优秀单位”等荣誉。古籍保护工作成绩显著。苏州图书馆、常熟市图书馆、吴江区图书馆、吴中区图书馆等古籍收藏单位积极参加中华古籍保护计划，认真开展古籍普查登记和古籍研究整理工作，全市共有314部古籍入选《国家珍贵古籍名录》。2014年，苏州图书馆、吴江区图书馆被授予全国古籍保护工作先进单位；2016年，苏州图书馆、常熟市图书馆、吴江区图书馆等被授予江苏省古籍保护工作先进单位。

三、服务效能

在政府部门与业界专家的指导下，苏州市公共图书馆界明确了以服务效能为导向，不断创新服务手段，为苏州市民提供优质高效的图书馆服务的新目标、新方向。2015年《市政府办公室关于推进现代公共文化服务体系建设的实施意见》中提出：“在苏州图书馆跨越式提升服务效能‘10个100%’行动计划的带动下，全面提升全市公共图书馆服务效能。”2013年至2017年间，苏州市各级公共图书馆的服务效能持续提升，成效显著。

1. 读者参与热情显著提高

（1）读者到馆与文献借阅量大

读者到馆与文献外借量是反映图书馆服务效益的重要指标。以2016年为例，苏州全市公共图书馆到馆总人次达2 363.85万人次，人均到馆2.23人次。普通图书外借量达1 332.7万册次，人均借阅1.3册。2013年至2017年，苏州图书馆年均文献外借量400余万册次，张家港市图书馆、常熟市图书馆、昆山市图书馆、太仓市图书馆、吴江区图书馆和工业园区图书馆等多家县级图书馆均达90万册次以上。

（2）持证读者逐年增加

苏州地区公共图书馆近年来陆续开通了市民卡的借阅功能，其中张家港市图书馆自2012年起，常熟市图书馆自2014年起，苏州图书馆和独墅湖图书馆自2015年起。截至2017年6月底，苏州市公共图书馆持证读者达757.89万人，持证读者占比（服务人口1 061.6万人）为71.39%。

（3）读者活动场次丰富，参加人次众多

苏州市公共图书馆围绕阅读节、世界图书日、公共图书馆服务宣传周、“我们的节日”等主题，广泛开展形式多样、内容丰富的阅读促进活动，吸引了广大民众参与。其中苏州图书馆每年平均开展阅读活动228.5场，每万人就有157.05人次参与；张家港市图书馆、常熟市图书馆、昆山市图书馆、姑苏区图书馆和高新区图书馆每年开展阅读活动均达80场以上，每万人就有50人次读者参与。

2. 品牌引领，在推进全民阅读中提升社会影响力

近年来，全民阅读受到了政府和社会的高度重视和广泛关注，连续几年写进国务院政府工作报告，各地的全民阅读活动蓬勃发展。公共图书馆是全民阅读的主阵地，积极发挥主阵地作用，全力推进本地区的全民阅读，不仅是图书馆的本职，也是提升图书馆社会影响力的途径。苏州地区公共图书馆在当地的全民阅读中承担了重要角色，发挥了引领推动作用。

（1）针对少儿读者，开展分级阅读

儿童是阅读推广的重点。苏州市各级公共图书馆高度重视针对儿童的阅读推广工作，纷纷建立了各自的品牌活动。苏州图书馆专门为0～3岁婴幼儿推出了“悦读宝贝”计划。2013年“悦读宝贝”计划被“阅读起跑线”（Bookstart）英国总部承认，苏州图书馆成为中国大陆首家“阅读起跑线”的成员馆。张家港市少年儿童图书馆分别为0～3岁和3～6岁婴幼儿设计“宝贝启蒙”和“幼儿启智”行动，并与南京师范大学全民阅读研究中心合作开展儿童阅读理解监控能力研究，发布了全国首个0～3岁婴幼儿阅读能力发展测评标准。

（2）针对残障读者，提供温馨服务

苏州地区公共图书馆无障碍设施齐全，多个馆设有专门的盲人阅览室，并成立志愿者队伍，开展各种活动。“我是你的眼”视障读者主题活动是苏州图书馆专门为盲人读者开展的品牌活动，内容包括：盲人读书会、盲人爱心电影、苏州大讲坛—阳光讲坛、“一帮一、手牵手”活动、“走向户外、触摸世界”户外活动、真人图书馆等。该品牌活动被评为江苏省文化志愿服务优秀活动项目，并已连续三届获得苏州市阅读节优秀活动奖。昆山市图书馆开展“把爱传递出去——主题、绘画活动”，为昆山市爱心学校的聋哑儿童提供展示自我、放飞心情的平台。独墅湖图书馆则与园区仁爱学校建立长期的共建合作关系，为残障学生提供服务和职业体验的机会。

（3）针对老年读者，开展计算机培训

姑苏区图书馆、相城区图书馆和高新区图书馆联合推出“扶老上网”活动，旨在为老年人开展计算机操作与上网培训，不仅针对不同基础的读者开设有基础班、提高班和兴趣班，而且还建立了读者交流群，由工作人员在线解答读者提问。每年年底举行“扶老上网”总决赛活动，检阅老年朋友们的学习成果。“扶老上网”免费培训获第六届江苏省公共图书馆优秀服务成果奖三等奖。

（4）针对外来务工人员，打造阅读家园

苏州地区外来人口众多，为了让外来务工人员共同享受苏州文化建设的成果，各个图书馆在敞开大门的同时，也为他们专设了景山分馆、工地书屋、集装箱图书馆、“虹筑之家”等阅读场所；同时，针对外来务工人员及其子女的特点开展了相应的活动，如苏州图书馆各分馆的“人在归途互联网订票”活动、高新区分馆的“书香景山阅读改变人生”系列活动、昆山市图书馆的“中华成语，我来听写”昆山市外来工子弟学校成语听写大赛活动等。

（5）针对广大市民，打造优秀讲坛

讲座是图书馆开展知识普及、提升市民文化素养的重要活动方式，苏州市各公共图书馆均有深受市民喜爱的讲座品牌。“苏州大讲坛”是苏州图书馆重点打造的品牌阅读推广活动。2014年，“苏州大讲坛”被江苏省委宣传部评为“江苏优秀讲坛”，同样获评的还有张家港市图书馆“沧江市民大讲堂”、常熟市图书馆“市民课堂”、昆山市图书馆“市民大讲坛”、吴江区图书馆“垂虹讲坛”、太仓市图书馆“娄东大讲堂”、独墅湖图书馆“湖畔论坛”等。

3. 持续创新，业界示范效应显著

苏州地区公共图书馆事业发展的另一个显著特点是持续创新，一些创新项目在国内图书馆界具有一定的影响力。

（1）苏州图书馆“悦读宝贝”计划

这是专为0～3岁儿童提供阅读指导服务的系统工程，2013年加盟“阅读起跑线”，成为中国大陆首家“阅读起跑线”的成员馆，不仅广受社会各界欢迎，也被区域内外的图书馆所借鉴。吴江区图书馆、张家港市图书馆、威海市图书馆、东营市图书馆等来苏州图书馆交流后，都先后推出类似的“阅读起跑线计划”，向婴幼儿家庭派送“阅读大礼包”，并开展阅读指导服务。

（2）苏州图书馆“网上借阅社区投递”项目

2014年，苏州图书馆在全国首创的“网上借阅社区投递”项目，使读者能享受手机借书、家门口取书的便捷服务。该项目在各种评比活动中共获得10个奖项，并被推广到独墅湖图书馆、吴江区图书馆、杭州图书馆、汉中市图书馆、浙江图书馆、合肥市图书馆等。

（3）张家港市图书馆“24小时图书馆驿站”

2013年起，张家港市图书馆在社区街道陆续推出融合了空间设计的无人值守、借阅一体的24小时图书馆驿站。它运用科技手段，提供24小时开放、无人值守、远程监控、自助借阅、数字阅读等服务，打造了一个自助、自主、自由的免费开放阅读空间，成为百姓身边“永不打烊”的图书馆。2015年，张家港市图书馆24小时图书馆驿站获实用新型发明专利，并作为全国唯一县市案例入选中宣部“十八大以来全国《宣传工作创新百例》”，其经验在全国地方县市宣传部长培训班上作为案例授课。

（4）常熟市图书馆“图书馆＋”项目

2014年开始，常熟市图书馆进行了“图书馆＋”基层公共图书馆服务新模式的尝试与实践，通过“图书馆＋”与社会力量结合，突破图书馆自身原有的小圈子，以书为媒，与政府机关、企事业单位、教育机构等场所广泛联通融合，带来更大更强的图书馆服务效能，走向普遍均等的惠民之路。“图书馆＋”总分馆服务创新模式获第七届江苏省公共图书馆优秀服务成果奖一等奖，还多次被中央电视台、《中国文化报》等国家级媒体广为宣传报道。

（5）吴江区图书馆“四位一体”文化信息服务模式

目前，吴江全区250个行政村均建立了集中采购、统筹管理、统一标准和常态服务于一体的新型“四位一体”文化信息服务模式，形成了比较完善的区、镇、村三级图书馆服务设施网络体系。2013年，吴江“四位一体”建设新模式在国家公共文化服务体系示范区创建过程中被评为创新服务举措，2014年获江苏省第六届公共图书馆优秀服务成果奖一等奖，先后被《新华日报》、《中国文化报》、中央电视台、江苏电视台等多家媒体报道。

四、保障条件

1. 顶层设计优化，政策保障有力

2013年，苏州市以全国总分第一的成绩被原文化部、财政部命名为首批国家公共文化

服务体系示范区。如何巩固提升创建成果，继续发挥示范区引领作用，进行卓有成效的后续建设，深化体制改革和机制创新，加快构建苏州市现代公共文化服务体系，需要顶层设计，在政策层面形成保障。

在公共文化建设方面，苏州市先后出台了《苏州市文化发展“十二五”规划》《苏州市国家公共文化服务体系示范区后续建设规划(2014—2016)》《苏州市公共文化服务办法》《苏州市区公共文化设施布局规划(2015—2030)》《关于推进现代公共文化服务体系建设的实施意见》等多个文件来规范和引导苏州地区公共图书馆服务体系建设。张家港市、吴江区等各市区也先后出台了《关于印发张家港市进一步完善公共图书馆服务体系的实施意见的通知》、《关于加强镇(区)、村(社区)公共图书馆数字化阅读设施建设的通知》等文件来保障本地区的公共图书馆总分馆建设的发展。

2. 投入持续增加，图书馆各项事业全面发展

(1) 经费投入逐年增加

2013—2017 年期间，全市年均财政拨款总额近 2 亿元，其中苏州图书馆总分馆年均财政拨款在亿元以上，张家港市图书馆等 6 个县级公共图书馆均在千万元以上。财政拨款年增长率与当地财政收入年增长率均成正比。以 2016 年为例，全市财政对苏州市公共图书馆的拨款总额达 2.55 亿元(含部分新馆建设费)，其中文献购置费达 3 978.65 万元，人均文献购置费达 3.75 元。

(2) 文献资源丰富多样

苏州各市、区公共图书馆文献馆藏量均在 90 万册以上(姑苏、相城、高新三区图书馆纳入苏州图书馆总分馆体系)。全市馆藏书刊总量(不含电子文献)达 1 491.27 万册，人均近 1.5 册，人均新增文献入藏量近 0.3 册件。对于图书馆而言，文献资源的不断丰富和优化是永远不变的工作重点，是充分保障民众阅读需求的基础。苏州地区公共图书馆文献资源保障基本满足服务人口需求。

(3) 建筑面积不断增加

一方面随着总分馆网点建设的发展，阅读空间不断扩大；另一方面，在政府的重视和支持下，新的图书馆建筑陆续建成开放。2014 年，姑苏区图书馆在原苏州图书馆金阊分馆的基础上整修改造后重新开放，面积约为 2 000 平方米，包括 1 700 平方米的成人阅览区、公共电子阅览区和 300 平方米的孩子图书馆。2016 年 4 月，张家港市少年儿童图书馆在原张家港市图书馆老馆的基础上，根据分级阅读理念重新改造布馆后对外开放，现有建筑面积 1.25 万平方米。2016 年 11 月，高新区图书馆(苏州图书馆高新区文体中心分馆)正式对外开放，全馆面积约 1.73 万平方米。2017 年 6 月，吴中区图书馆新馆正式开馆，建筑面积 1.5 万平方米，新馆采用“全开放”“大空间”的建筑格局，布局上动静分明，分区清晰。另外，苏州第二图书馆已于 2016 年初正式破土动工，预计 2019 年开放，规划建筑面积 4.5 万平方米，建成后的苏州第二图书馆将是阅读学习与文化休闲相融合的新概念图书馆，具备公共图书馆服务、文献存储集散、配套服务三大功能。

五、存在的问题和不足

苏州市公共图书馆整体基础比较好，基本业务规范。但各馆在引导性指标方面存在较大的差异，在创新工作方面仍然有许多提升的空间。

1. 公共资源仍显不足

苏州市外来人口众多，占常住人口比例超过 50%，在国内大中城市中仅次于深圳市。大量外来人口涌入，导致苏州市的公共资源普遍趋紧。许多指标从总量上来说都比较大，但涉及人均指标则不占优势，如年文献流通率、年数字阅读量占比、年人均网站访问量、年人均文献购置费、人均文献馆藏量、员工数量等。

2. 新媒体服务、新技术应用、自建数字资源建设等仍需继续加强

苏州市公共图书馆在利用微信、微博公众平台开展服务和宣传方面存在不足，互动读者数量与庞大的读者数量相比比例偏低。同时，苏州市目前只有 4 个馆可以实时显示服务数据，在及时发布服务数据、增加工作透明度方面仍有待进一步加强。另外，需关注提高电子图书阅读量的占比，一方面要注重增加电子图书的入藏量，另一方面要进行宣传和电子阅读推广。

3. 协作、协调方面有待加强

在参与跨地区、跨系统的图书馆协作协调，特别是参与国际协作方面仍有有待加强的空间。苏州作为我国经济社会发展的先进地区，理应以更加开放的姿态积极参与跨地区、跨系统的协作协调并在其中发挥积极作用，也需要有国际化的眼界，参与国际化的协作与交流，积极实施文化走出去的战略。

4. 组织管理和运营创新方面有待强化

在法人治理等组织管理和运营创新方面需要进一步重视和加强。截至 2017 年底，苏州市 12 家公共图书馆只有 3 家成立了图书馆理事会。作为国家推行的管理创新的一个方向，苏州市其他图书馆在这 3 家取得经验的基础上，也需随后跟进。

六、发展方向

1. 不断强化服务保障

在文献购置费、读者用计算机终端数量、人员配备等方面有待进一步加强，保障苏州市公共图书馆服务资源不因外来人口的增加而被摊薄，以切实保障民众的基本阅读权利。于 2019 年启用的苏州第二图书馆，不仅为苏州城北的广大居民带来高层次的公共图书馆服

务，同时也将为苏州地区的公共图书馆提供文献资源的支撑保障。

2. 高度重视图书馆新技术的应用

要高度重视新技术特别是智慧图书馆的发展趋势，加强数字化、网络化和智能化建设，运用“数字图书馆”“大数据云平台”“RFID物联网”等技术，加强知识管理与服务支撑，开展用户行为数据和资源利用数据分析，并利用这些数据提升图书馆的资源配置效率与服务针对性和便利性。依托国内第一家大型智能化书库，将智慧图书馆建设与服务推上一个更高的台阶。

3. 强化跨地区、跨系统的协作与协调

图书馆工作仍需以开放的姿态，加强跨地区、跨系统的协作协调，参与国际图书馆界的协作协调和分工，拓展专业视野，提高服务能力，增强文化自信，提升苏州市公共图书馆地位，进而更好地服务苏州市的经济社会发展。

4. 加强制度建设与管理创新

要充分调动社会力量和社会资源参与图书馆建设发展，有效提高决策科学化、民主化水平，推动图书馆的转型发展。加快推进理事会制度，推进阅读促进（推广）协会的发展。通过搭建平台推动社会合作与资源整合，以利于图书馆的健康发展。建立健全服务标准体系，规范服务项目和服务流程，完善内部管理制度，使公共图书馆的服务更加规范、高效，市民满意率更高，服务经济社会发展更加显著。

（执笔人：许晓霞　徐荣）

南通市公共图书馆事业发展报告

南通，地处长三角北翼，江风海韵，五山毓秀，人杰地灵。近年来，南通地区各级政府持续不断加大对公共图书馆软硬件投入，尤其是党的十八大以来，南通市各公共图书馆进入高速发展期，公共图书馆新馆逐步建成开馆，不但扩大了建筑面积，增强了服务功能，改善了阅读环境，还纷纷引入国内国际最新服务理念，打造出更体现人性关怀，更富有人文情趣，更彰显时代科技进步，更凸现城市文化内涵的新型阅读空间。

南通市有公共图书馆 9 家，在第六次全国公共图书馆评估定级中，有 7 家图书馆获评国家一级图书馆。如皋市少儿图书馆 2014 年才从如皋市图书馆分离独立建制，被评为国家二级图书馆。港闸区图书馆 2018 年新建成开放，没有参加评估。南通市图书馆是南通地区唯一的地市级图书馆，前身是南通图书馆，由清末状元、近代著名实业家、教育家张謇先生于 1912 年创办，是中国早期公共图书馆之一。现在是全国古籍重点保护单位、国家和省市社科普及示范基地、江苏省文明单位、江苏省文明图书馆。南通市图书馆新馆总投资约 2.5 亿元人民币，面积2.8万平方米，设计文献藏量 200 万册、阅览座位 2 000 席，新馆 2015 年 7 月 1 日试运行，10 月 1 日正式开放。南通市图书馆将“省内一流、国内先进，承担地区中心图书馆辐射职能，高起点推进数字化和网络化建设，建成市民读者的大书房”作为新馆的使命。南通市另有县区级公共图书馆 8 家，如皋市图书馆新馆 2012 年投入使用、启东市图书馆新馆 2013 年投入使用、通州区图书馆新馆 2016 年投入使用。港闸区图书馆 2018 年试运行，如东县图书馆新馆 2019 年元旦试运行，海安市图书馆新馆即将开馆(海安于 2018 年撤县建市)。如皋市少儿图书馆作为独立建制单位 2014 年正式对外免费开放。海门市图书馆新馆即将开工建设。

一、南通市公共图书馆事业发展概况

因如皋市少儿图书馆和港闸区图书馆分别到 2014 年和 2018 年才开放运营，故以下各项指标中两馆无 2012 年的数据可对比。

1. 服务效能

(1) 持证读者占比逐年提升。2012 年南通市公共图书馆持证读者 55 116 张，按照市区常住人口 118.1 万，持证读者占比 4.7%，按照全市常住人口 729.73 万，持证读者占比 0.75%。2017 年南通市图书馆持证读者 189 816 张，按照市区常住人口 121.2 万，持证读者占比15.7%，按照全市常住人口 730.5 万，持证读者占比 2.60%。五年间，按照市区常住人口，持证读者占比提高了 234%。按照全市常住人口，持证读者占比提高了 247%。县区级图书馆中，海安市图书馆读者占比增幅较大。

南通市县区级公共图书馆持证读者占比情况

县区级公共图书馆持证读者占比(%)							
年份	启东馆	海门馆	通州馆	如皋馆	如东馆	海安馆	如皋少儿馆
2012	3.40	2.74	2.74	1.42	1.48	0.42	—
2017	4.70	4.23	4.23	3.74	3.20	12.32	1.01

(2) 年读者人均到馆量总体提高，个别下降。2012 年南通市各公共图书馆年读者人均到馆量分别为：南通市图书馆 0.30 人次、启东市图书馆 3.42 人次、海门市图书馆 0.06 人次、如皋市图书馆 0.32 人次、如东县图书馆 2.47 人次、海安市图书馆 0.05 人次；2017 年各馆增加至：南通市图书馆 1.01 人次、启东市图书馆 6.28 人次、海门市图书馆 0.18 人次、如皋市图书馆 0.37 人次、如东县图书馆 6.4 人次。2017 年如皋市少儿图书馆到馆读者 139 600 人次，人均到馆量 1.10 人次。

(3) 年文献外借量有较大增长。2012 年南通市图书馆纸质文献外借量为 468 928 册，2012 年电子文献外借量为 123 870 册。全市公共图书馆 2012 年纸质文献外借量总计 1 676 169 册，2017 年增加至 3 474 939 册(不含如皋市少儿图书馆)，而如皋市少儿图书馆 2017 年的文献外借量为 147 655 册，故 2017 年全市公共图书馆的纸质文献外借总量达到了 3 622 594 册，增幅达到 116.12%。2017 年南通市图书馆电子文献外借量为 4 222 355 册，是 2012 年电子文献年外借量的 34 倍。

南通市公共图书馆年纸质文献外借量

南通市公共图书馆年纸质文献外借量(册)									
年份	南通市馆	启东馆	海门馆	通州馆	如皋馆	如东馆	海安馆	如皋少儿馆	合计
2012	468 928	145 598	72 229	406 709	286 848	157 740	138 117	—	1 676 169
2017	1 276 811	257 344	261 911	452 893	340 115	265 120	620 745	147 655	3 622 594

(4) 年文献流通率平稳上升。2012—2017 年，南通市图书馆年文献流通率从 0.53 提高到 0.78，启东市图书馆从 0.9 提高到 1.14，通州区图书馆从 0.66 提高到 0.71，如皋市图书馆从 0.33 提高到 0.48，如东县图书馆从 0.8 提高到 1.18，海安市图书馆从 0.48 提高到 0.83。海门市图书馆从 0.22 降到 0.18，略有下降。2017 年如皋市少儿图书馆年文献流通率为 1.37。

(5) 年数字阅读占比增幅明显。2012 年南通市图书馆年数字阅读占比 20.8%，主要以方正电子书为主，2017 年年数字阅读占比提高到 75.4%。县区级图书馆中，启东市图书馆、通州区图书馆 2017 年年数字阅读占比分别达 44%、17.53%；如皋市图书馆 2012 年年数字阅读占比只有 15%，主要以电子图书、期刊为主，2017 年占比达 36%；如东县图书馆 2012 年年数字阅读占比 12%，2017 年提高到 58.62%；海安市图书馆 2012 年年数字阅读占比 17%，2017 年达到 63%，主要以知网、超星、中文在线、博看期刊等电子资源为主。五年来，南通市图书馆、如东县图书馆、海安市图书馆数字阅读超过传统阅读。

(6) 年每万人参加读者活动人次各馆差异较大。2017 年南通各馆年每万人参加读者活动人次分别是：南通市图书馆 74.25 人次、启东市图书馆 414 人次、海门市图书馆 146 人次、通州区图书馆310.58人次、如皋市图书馆197人次、如东县图书馆380人次、海安市图书馆153人次，县区级图书馆普遍较高，南通市图书馆的数据相对较低。

(7) 可远程访问数字资源占比多家达到100%。2017年，南通市图书馆对外发布服务的数据库有36个，其中本馆自主采购17个，县区及分馆图书馆购买的共享数据库有7个，参加省馆集中采购12个。提供馆外访问的数据库共有36个，其中在电脑端访问的有36个，在微信端访问的有5个，可远程访问数字资源占比100%。县区级图书馆中，通州区图书馆、启东市图书馆、海门市图书馆、海安市图书馆、如皋市图书馆、如东县图书馆2017年可远程访问的数字资源均达到100%。

通过政府的加大投入和图书馆人的不懈努力，南通市数字图书馆在2016年底被江苏省文化厅评为"第七届江苏省公共图书馆优秀服务成果奖一等奖"。

(8) 新媒体服务方式逐渐多样化。2012年南通各馆仅仅只有网站一种服务方式，到2017年，各馆都开通了微信公众号，建设了移动图书馆，还配备了触摸媒体设备，并且数据和网站能做到同步。2017年南通市图书馆智慧空间体验区对外开放，实现包括3D体验、虚拟管理员、互动拍照换景、虚拟漫游、机器人互动等。

2. 业务建设

(1) 数字资源本地存储量显著增加。随着图书馆的发展，读者对数字资源的需求也日益增加，各馆在南通市图书馆的主导下，协同采购数字资源，一馆采购，全市共享，节约了成本，实现了数字资源的有效整合。南通市数字图书馆始建于2011年，2013年5月完成平台搭建，2016年底实现全地区24个商业数据库的购买和利用，其中南通市图书馆占17个。目前南通市数字图书馆资源存储总量达到120 TB，包含商业购买的镜像数字资源和自建数字资源，其中商业购买的数字资源存储为36 TB；自建数字资源存储为84 TB，主要是南通市图书馆馆藏的《通海新报》、《通通新报》古籍图书报纸数字化加工与安全发布管理系统、国宝档案数字加工系统。县区级图书馆中，2012年如皋市图书馆自建数字资源0.12 TB，自建数据库2个：如皋非遗数据库，包含如皋木偶、香袋、花木盆景、茶干等非遗项目的展示介绍；讲座视频数据库，即名家授课的视频讲座。2017年如皋市图书馆自建数字资源0.16 TB，新增古籍数据库，包含馆藏入选国家级及省级珍贵名录的古籍善本。2017年如东县图书馆自建数字资源0.8 TB，自建数据库1个：如东县图书馆特色库网站。

(2) 总分馆建设成效初显。目前，全市建成了覆盖城市三级公共图书馆网络的服务体系，农家书屋基本实现通借通还服务，图书馆的服务质量和水平也不断提升。2012年底，南通市各馆有直属分馆29家。近几年借助农家书屋建设，县区级图书馆分馆由乡镇(街道)推进到村(社区)一级。已建的分馆全部实现通借通还，分馆之间定期进行图书流转。南通市图书馆建有直属分馆8家，其中特色分馆3家：法律分馆、税务分馆、警务分馆。2017年3月2日，南通市图书馆与南通市中级人民法院共建的法律图书馆被授予"全国职工书屋示范点"，开创南通地区专业特色分馆建设先河。

3. 保障条件

(1) 年财政拨款总额呈上升趋势。从现有数据看，县区级图书馆财政拨款均有不同幅度的增加。海门市图书馆2012年财政拨款总额为351万，到2017年增长至555万，增幅达到 58.12%。启东市图书馆年财政拨款总额分别为 2012 年 367 万、2013 年 454 万、2014 年 399 万、2015 年 609 万、2016 年 602 万、2017 年 858 万，五年间增长 134%。如皋市图书馆从 2012 年的 321.12 万提高至 2017 年的 489.58 万，增长 52.46%。通州区图书馆 2017 年财政拨款总额为 375.3 万，是 2012 年 181.3 万的 2 倍多。如东县图书馆年财政拨款 2012 年 165 万元、2017 年 357 万元，增长 116.36%。海安市图书馆年财政拨款 2012 年 185 万元、2017 年 261 万元，增长 41.08%。2017 年如皋市少儿图书馆年财政拨款 239.2 万元。南通市图书馆 2013 年财政拨款总额为 1 148.48 万元，2014 年 1 205.73 万元，2015 年 1 897.38 万元，2016 年 2 032.26 万元，2017 年达到 2 709.81 万元。各馆年财政拨款均有提升。

南通市一般公共预算收入与南通市公共图书馆年财政拨款总额对比

年份	一般公共预算收入（万元）	财政收入增长率(%)	年财政拨款总额（万元）	财政拨款增长率(%)	财政拨款年增长率与当地财政收入年增长率的比率(%)
2013	4 858 800	15.80	1 148.48	7.70	48.70
2014	5 500 000	15.20	1 205.73	5.00	37.90
2015	6 256 400	12.20	1 897.38	57.40	470.50
2016	5 901 800	−5.67	2 032.26	7.10	−125.20
2017	5 906 000	5.70	2 709.81	33.33	584.74

2016 年地方公共财政收入负增长，南通市公共图书馆财政拨款增长了 7.10%。

（2）年人均文献购置费各馆总体增加。总体而言，县区级图书馆的人均购书经费有所增加，2012 年启东市图书馆 0.12 元、海门市图书馆 0.28 元、通州区图书馆 0.26 元、如东县图书馆 0.14 元、海安市图书馆 0.25 元；2017 年启东市图书馆 0.84 元、海门市图书馆 0.58 元、通州区图书馆 0.61 元、如东县图书馆 1.48 元、海安市图书馆 0.41 元。如皋市图书馆年人均文献购置费没有增加，2012 年和 2017 年均为 0.84 元。如皋市少儿图书馆在 2014 年从如皋市图书馆分离独立建制后，2017 年如皋市少儿图书馆文献购置费 33 万元，人均文献购置费 0.26 元。2013—2017 年间，南通市常住人口缓慢上升，南通市图书馆年人均文献购置费平均为 0.425 元。

南通市公共图书馆年人均文献购置费对比

年份	年文献购置费（万元）	辖区常住人口（万人）	年人均文献购置费(元)	年人均文献购置费增长率(%)
2012	300	729.73	0.41	173.33
2013	372	729.77	0.51	24.39
2014	188	729.80	0.26	−49.02
2015	300	730.00	0.41	57.69
2016	400	730.20	0.55	34.15
2017	300	730.50	0.41	−25.45

（3）文献馆藏量逐年增长。2012 年底，南通市公共图书馆文献馆藏量为 1 000 000 册，

到2017年底，文献馆藏量为1 639 185册，5年间馆藏量增加了63.92%。海门市图书馆2017年文献馆藏量1 452 718册(含分馆)。

南通市公共图书馆文献馆藏量

南通市公共图书馆文献馆藏量(册)								
年份	南通市馆	启东馆	海门馆	通州馆	如皋馆	如东馆	海安馆	如皋少儿馆
2012	1 000 000	304 534	324 186	320 662	360 500	290 000	208 902	—
2017	1 639 185	545 695	1 452 718	633 811	549 500	459 366	1 289 410	108 196

(4) 建筑面积显著增加。2012年，南通市图书馆馆舍总建筑面积为6 000平方米，到2017年馆舍总建筑面积达到28 000平方米(不包括分馆面积)，增加了22 000平方米。海安市图书馆2012年馆舍总建筑面积为4 080平方米，到2017年馆舍总建筑面积达15 300平方米。如东县图书馆由4 000平方米增加到16 000平方米。启东市图书馆由1 500平方米增加到8 275.88平方米。通州区图书馆由3 295平方米增加到8 812平方米。如皋市图书馆新馆2012年正式开放运营，面积为10 153平方米。2017年，如皋市少儿图书馆馆舍总建筑面积为6 500平方米，海门市图书馆新馆在建设中。

4. 先进做法和亮点

(1) 政策支持体系日益完善。近年来，南通市坚持以保障群众基本文化权益为着力点，努力构建覆盖城乡的公共文化服务体系，向广大人民群众提供系统性、制度性、公平性和可持续的公共文化服务。南通市委市政府出台了《关于加快推进现代公共文化服务体系建设的实施意见》《南通市基层综合性文化服务中心建设基本标准(2016—2020)》《南通市创建江苏省公共文化服务体系示范区任务分解表》，海门市制定了《海门市公共文化服务体系建设协调机制工作方案》、海安市出台了《海安县创建江苏省公共文化服务体系示范区实施意见》、如皋市制定了《关于构建城乡一体化公共图书馆总分馆服务体系的实施意见》等，南通市将图书馆建设纳入政府主管部门议事日程，列入地方政府公共服务考核指标体系，实行政府文化事业目标管理责任制，将人员、资源、运行等经费保障纳入政府财政预算，多部门协同保障支持图书馆事业的发展。南通市图书馆发展纳入《南通市国民经济和社会发展第十三个五年规划纲要》，南通市政府印发的《2015年智慧城市建设计划》中提到建设目标在20个公共区域推广免费WiFi覆盖，包括图书馆；制定出切合实际的"十三五"规划。这五年作为新馆建设的基础年，围绕九个目标，把新馆打造成真正的公共文化主阵地。2016年是"十三五"开启的第一年，根据"十三五"规划订立的目标，南通市图书馆启用了"24小时自助还书"、创立新品牌"真人图书馆""静海书院""影视沙龙"，推出"手机读者证"、设立法律分馆等。

(2) 总分馆制建设加速推进。多年来，在图书馆总分馆制建设这项工作上，南通市紧紧围绕原文化部、新闻出版广电总局等5部委联合印发《关于推进县级文化馆图书馆总分馆制建设的指导意见》，积极探索、不断完善总分馆建设南通做法，即以"统一采购、统一编目、统一配送、统一服务"为基准的图书馆总分馆制。在确定服务基准的同时，鼓励各县(市)区根据本地实际情况，总结各自经验做法并不断推广。南通市图书馆作为中心馆，除指导、支持图书馆开展总分馆业务工作之外，也积极建立特色分馆，为总分馆制工作开展树立标杆。下一步，全市文化行政主管部门将进一步加大总分馆建设推进力度，预计到2020年底，南通市将基本实现县级图书馆总分馆制建设全覆盖，真正打通公共文化服务“最后一公里”。

（3）地方文献工作卓有成效。一是注重地方文献收藏。南通市图书馆设立地方文献阅览室，安排专人负责地方文献的征集和编目工作，专设地方文献购书经费。2013—2017年共征集地方文献1 561种，3 673册，其中含有南通本地区及本省范围内的各类方志以及本地区谱牒若干。2016年成立李昌钰文献室。二是制作地方特色文化资料。南通市共享工程支中心拍摄、收集、整理的本地特色文化视频音频资料，例如《古镇余西》《强国梦痕》等。三是注重古籍保护工作。南通市图书馆拥有藏书163.92万册，其中古籍16.8万册，32部入选《全国珍贵古籍名录》、141部入选《江苏省珍贵古籍名录》。南通市图书馆建立了专门的古籍修复室，配备专业修复人员。

（4）全民阅读活动继承优良传统，推陈出新。南通市公共图书馆充分利用馆藏资源，既立足于开展丰富多彩的阵地活动，又将图书服务延伸到基层的每家每户，平均年举办活动次数均有百余场。南通市公共图书馆不仅在世界读书日、图书馆服务宣传周、全民读书月及南通市全民文化节、公共文化服务展示月期间开展各类读书活动，还不断创新活动形式，打造品牌活动，为社会大众所喜闻乐见，获得多项荣誉。如通州馆成立诗文吟诵社，荣获2015年度通州区文化事业发展专项资金竞争立项二等奖、2016年度江苏省社科普及活动专项经费资助、第七届江苏省公共图书馆优秀服务成果奖二等奖等多项奖励；海门馆的“紫石讲坛”注重品牌化、制度化、特色化建设，受到广泛关注和好评，被评为2014年度南通市“十佳”品牌活动；南通市图书馆的“亲子共读”是为低龄儿童打造的精品读书活动，该活动被原江苏省文化厅授予“江苏省第三届公共图书馆优秀服务成果奖二等奖”，被江苏省委宣传部、江苏省文明办、江苏省新闻出版局授予“第六届江苏读书节优秀活动项目奖”，被原江苏省文化厅评为“2013年江苏省文化志愿服务优秀服务项目”等。

（5）关注未成年人，打造公益活动品牌项目。公共图书馆作为全市未成年人思想教育基地，对提高全市青少年的素质有着义不容辞的义务。南通市各馆制定了《图书馆未成年人服务制度》，并将未成年人服务工作纳入目标管理工作任务之一，每年保证充足的购书经费以及活动经费预算，为到馆未成年人各项服务、活动的顺利开展提供保障。各馆积极开展丰富多彩的未成年人服务活动，通过走出馆门，走进学校、走进社区，同时借助网络与新媒体服务的形式，利用内容丰富、轻松愉悦的阅读活动，寓教于乐，培养阅读习惯，引导阅读趋势，提高阅读能力，让孩子们的朗朗读书声飘遍通城。每年常态化举办“七彩夏日”“缤纷冬日”“亲子共读”“红领巾读书征文”等系列活动，并通过开设青少年课外阅读图书专架、百科优秀读物推介，培育少儿的阅读兴趣，吸引孩子们多读书、读好书。此外，各馆还形成少儿阅读品牌活动，如南通市馆的“苗苗悦读坊——倾听绘本故事”、通州馆的“喃喃细语声·宝宝五彩梦”亲子经典诵读活动、启东馆的“阅阅姐姐故事坊”、如东馆的“未成年人读书节”系列活动等。

（6）关爱弱势群体，创新服务内容人性化。近年来，图书馆加大对弱势群体的关爱力度，开展了多样的读书活动，为弱势群体提供更多便利的读书服务，真正将“文化惠民”政策普及社会各个角落。针对残疾人或视障人群服务，各馆都设置有无障碍洗手间，视障阅览室，提供图书点显机、安装了读屏软件的计算机、弱视助视器、听书机等视障专用设备，同时订购了盲文图书杂志供视障人士阅读。如皋市图书馆在市特殊教育学校（聋哑学校）设立了图书借阅服务点，按需送书、定期更新，不定期送展览、学习用品等。在脑瘫文学青年刘逸家设立家庭式图书馆，与其保持密切交流，开出“阅读书单”，送书上门。南通市图书馆与南通市残联合作，打造为全市残疾人提供无障碍阅读的服务品牌，把图书馆资源送到读者手中，例如图书流动车服务，免费为视障读者上门送书，手机无障碍数字阅读等图书馆志愿者服务配套起来为残疾人服务，让他们无障碍阅读，让图书馆成为一个“流动的图书馆”，图书馆随时就在他们的身边，获中国残联人联合会的表彰。针对老年人，各馆都在咨询导读台配备了老花镜和放大镜，免费开展中老年电脑培训服务；免费开设各类适合老年朋友的知识讲座，为老人们提供便利。通州区图书馆成立了南山颐养中心敬老服务点、悦慈老年公寓敬老服务点两个馆外流动点，定期为他们更换图书杂志，让他们享受阅读的乐趣。针对农民工，南通市图书馆通过流动图书车定期进老年读者或农民工相对集中的社区进行服务，设专人进社区为老年读者办理证件。启东市图书馆举办农民读书征文，职工演讲比赛等，给农民工及其他边缘人群提供贴心关怀，使他们通过阅读，提高思想认识、法律意识和文化素养。海门市图书馆专门对留守儿童开展服务，如“捐一份书香，留一份真情”爱心捐书活动、进城务工人员子女的读书讲座、读书研讨会等读书活动。

(7) 业务创新亮点频现。南通市图书馆“你阅我买”进行了线上和线下的开发。线上在南通市图书馆 APP 和微信中增加了功能模块。线下将自助办证机、自助借还机设置到现场，将图书馆业务和新华书店业务相结合。“你阅我买”活动常态化提高了市民的参与度，真正做到方便读者，优化馆藏资源结构。2016 年国庆节期间，南通市图书馆推出了“手机读者证”功能，这是在“互联网＋”思潮下的新尝试，意味着南通市图书馆向“智慧图书馆”又迈进了一步。2017 年 9 月，南通市图书馆智慧空间体验区开始运行，实现包括 3D 体验、虚拟管理员、互动拍照换景、虚拟漫游、机器人互动等。南通市图书馆在主要出入口安装了 3D 摄像头，图书馆入口处大屏数据的实时显示，进行数据采集和分析统计。南通市图书馆、启东市图书馆、海门市图书馆的 24 小时自助图书馆和图书自助服务站(图书馆 ATM 柜员机)相继开放，以满足读者全天候借阅图书的需求，打造书香不夜城。

二、南通市公共图书馆不足之处以及改进方向

近年来，南通市公共图书馆设备设施条件都有较大改善，但在一些方面还要积极向先进馆借鉴和学习，进一步提升业务能力，迎接大数据时代带给图书馆事业发展的机遇和挑战。

1. 保障条件有待提高

人员编制不足，社会化用工流动频繁。南通市图书馆在人员保障上没有达到每 1 万服务人口配备 1 名员工的要求，各县馆也没有达到每 2 万服务人口配备 1 名员工的要求；社会化用工待遇普遍不高，人员流动频繁。目前，各馆在新馆建设过程中，积极向地方政府提出增人增编的申请，保障阵地开放以及读者服务。并通过招募志愿者的形式，让更多热爱读书、有时间、有热情的爱心人士共同参与图书馆事业发展，助力图书馆整书排架，各类读者活动的开展。

2. 第三方评价机制需引入

南通地区除了南通市图书馆和通州区图书馆以外，其余县级馆均未引入第三方评价机制。公共图书馆第三方评估，能增强公共文化服务评价的客观性和科学性，实现现代化治理。南通市公共图书馆将积极推行第三方评价机制的应用，让各馆明确自身现状和存在的不足，了解社会阅读文化需求，从而有针对性提升自身服务建设，进行创新探索，实现自我完善。

3. 自建数据库需继续加强

目前南通市公共图书馆中南通市图书馆、如皋市图书馆、如东县图书馆有自建数据库，主要以南通地区各馆收藏的地方文献和古籍为主，同时兼收各县市的特色文化视频、非遗资料以及南通市共享工程支中心拍摄、收集、整理的本地特色文化视频音频资料等。正在建设的自建数据库有：南通地区古镇老街图文数据库。南通各县区也有丰富的文化底蕴，各自独特的历史古迹和人文风情，南通市图书馆将发挥南通地区中心馆的带动作用，帮助指导各馆进行数据库自建工作。

三、发展建议

随着社会的发展，图书馆事业越来越受到各方面的重视，南通市公共图书馆先后建立了新馆，馆舍软硬件设施等条件有了很大的改善：阅览环境宽敞明亮，购书款项逐年递增，信息化智能化设备紧跟时代潮流，无论是资源建设、技术开发还是服务水平都得到了极大提升，但社会对图书馆多元化服务的认知度并不高。

1. 内外兼修，扩大图书馆的社会影响力

在“三网融合”的环境下，图书馆必须转变各自独立、各自封闭的办馆模式，向馆际合作、网络一体化方向转变，树立竞争与协作的意识，走“内部合作、外部联盟”的共同发展之路。图书馆人要意识到：图书馆的工作已不是简单的借还，图书馆也不是过去所谓的清闲单位。只有激发全体工作人员的创新力，把组织内部的一切创新都纳入自觉活动，主动探索求新的服务方式，才能给图书馆的发展注入源源不断的动力，才会得到社会认可。

2. 夯实基础，打造图书馆 5A 服务

随着科技的进步，生活节奏的加快，数字阅读日益受到追捧。从近几年数字阅读占比看，南通市各馆的数字阅读大有赶超传统阅读之势，各馆要顺应时代潮流在服务平台、内容平台与阅读平台这三个维度优化精进，形成一套完整的全媒体出版模式，实现“一种内容，多种媒体，同步出版”的完整链条，为读者提供图书馆的 5A 服务。

3. 开拓创新，追寻图书馆发展新动向

面临“万物皆媒，人机共生”的智媒时代的到来，智能化、场景化、共享化成为内容传播的

三大趋势，图书馆与用户、内容的关系也将重新连接、深度交互。关注用户体验，挖掘用户价值，提供智能化、泛在化、人性化服务，才能实现从“书的图书馆”到“人的图书馆”的终极跨越。

五年来，南通市公共图书馆在各级政府的大力支持和亲切关怀下，都建设了新的场馆，引进了先进的设备，服务效能不断提升。我们坚信有政府构建公共文化服务体系建设的政策保障和引领，有社会各界的广泛关注与大力支持，有图书馆人的精业笃行，有社会经济的发展支撑，南通市公共图书馆事业的发展会日新月异。

（执笔人：荣嘉）

连云港市图书馆事业发展报告

市级公共图书馆作为一个城市重要的公共文化基础设施和公益性文化服务机构，是这个城市信息交流汇集的重要场所，代表了一个城市文化传承的特点，是一个城市文明和智慧的象征。近年来，连云港市图书馆在发扬以“藏、借、阅”为核心的“书文化”传统的同时，创新结构布局，着力营造温馨、舒适、开放、包容、交流、共享的公共空间，在努力实现文化遗产、开发信息资源、组织社会教育三大功能的基础上，开拓创新，求真务实，形成了连云港特色的惠民文化大客厅。由于大众阅读时间和文化层次的不同，学习内容有限，图书馆贮存的知识，传递的信息，为读者吸收和补充知识教学内容、拓展知识面提供了最大可能。连云港市图书馆紧跟时代发展趋势，适应读者需求，适时提出了由传统图书馆向现代图书馆、智慧图书馆转移的建设目标，努力实现三大转变：一是图书馆建设由注重硬件建设向注重文化内涵建设转变；二是图书馆服务由传统图书借还服务向主动提供文献信息服务转变；三是图书馆文献资源建设由书本管理向知识管理、知识整合转变。

由此，连云港市图书馆一方面加大了不同载体的复合型馆藏文献信息资源的建设和开发，并逐步向数字化方向迈进；另一方面，主动适应阅读群体对文化信息的发展需求，不断推进环境、技术及管理等方面的建设，为构建现代图书馆、智慧图书馆创造良好的条件。

一、总体概况

连云港市现有 8 家公共图书馆，其中市级公共图书馆 2 家（含少儿图书馆），县区级公共图书馆 6 家。在全国第六次公共图书馆评估定级中，8 家公共图书馆全部获评国家一级公共图书馆。截至 2017 年底，连云港市公共图书馆馆舍总面积 5.07 万平方米；共有从业人员 164 人，其中专业技术人员 109 人，占比达 66.5%。

2017 年全市公共图书馆购书经费 324 万元；馆藏总量 351.433 4 万册；持证读者 37 816 人；总流通人次（年外借人次）299.796 2 万人次，书刊文献外借 341.234 2 万册次；组织各类读者活动 1 000 多次，参与活动人数约 85 万人次。

二、资源建设

1. 加强文献资源建设，为社会提供文献资源保障

（1）加大文献资源保障力度。为最大限度满足社会阅读的需求，连云港市图书馆在经费十分紧张的情况下，克服困难，加大投入力度，加速图书馆文献资源建设，以缓解阅读群体

急剧扩大与文献资源需求的矛盾。截至2017年底，图书馆各类载体的馆藏文献资料约270万册(包含分馆)，基本能够满足社会阅读需求。

(2) 构建并完善文献流通服务网络。积极参与馆际互借与文献传递，与本市及外市21个图书馆签订馆际互借协议，参加由南京图书馆牵头的全省公共图书馆馆际互借网和快借网，并利用超星公司的移动图书馆平台，为读者提供文献传递服务。

近年来随着图书馆服务条件的逐步改善，文献外借量有了较大幅度提升，2017年普通文献外借78.4万册次，电子文献21.7万册次，年文献流通率达37.8%。

(3) 注重馆外流动服务。在社区、学校、机关、部队等建有馆外服务点近70个，年均文献借阅量14.6万册次。在咨询部设立政府公开信息查询专区，提供纸质查询服务，同时积极参加国家数字图书馆政府公共信息数据库建设，为读者提供电子查询服务。

2. 加强软硬件建设，为读者提供良好温馨的阅读环境

连云港市图书馆由新馆和老馆两部分组成。老馆建筑面积1.6万平方米，阅览座位数共1 500余个。馆舍符合图书馆建筑设计规范，分区合理，设施配套齐全。新馆建筑面积2.9万平方米，目前主体建筑和外装已全面完工，预计2019年可以组织搬迁。

(1) 合理分配有限资源。加强馆内功能区建设，完善配套基础设施，在市级财政紧张的情况下，保持图书馆经费的逐年增长。2016年，连云港市图书馆财政拨款1 476万余元，比上年增长35.5%，2017年追加经费100万元。通过几年的建设发展，形成了馆内27个阅读活动场所，如多功能展厅、少儿借阅中心、英文绘本馆等16个服务窗口，联办“山山林美术馆”“I·科学实验室”等11个服务项目，增设了露天阅读点，引入新华书店、迪欧咖啡、自动售货机等便民项目，基础设施资源得到合理分配利用，群众满意度高居榜首。

(2) 抓好业务规范化建设。一是从业务统计分析工作入手，制定《连云港市图书馆统计工作制度》，人事管理统计、财务统计采用上级部门配发的专用软件进行统计，业务工作统计利用LIB系统中的数据对办证、藏书、采编等情况进行统计分析。二是规范捐赠管理，制定出台了《连云港市图书馆捐赠文献管理办法》，共接受社会各界捐赠316人次。三是图书馆法人治理结构改革和标准化建设等重点工作均列入政府主管部门的议事日程，并成为政府的目标考核项目清单。出台了《连云港市市级公共图书馆公共文化服务标准》，对服务保障、服务技术、服务评价相关标准有了明确的要求，连云港市图书馆被国家标准委办公室列为第三批社会管理与公共服务标准化试点项目承担单位。四是文献资源保障趋于合理，连云港市图书馆从2008年开始与北京超星公司合作，建设电子图书数据库，目前已达100万种，同时通过超星公司的移动图书馆平台，还可以实现120万种电子图书的文献传递。五是信息基础设施更加高效，新区图书馆投入使用后，除具备基本的综合布线系统、计算机网络系统、电话系统、广播告示系统外，还将拥有楼宇自控系统和智能楼宇管理系统。目前老区馆内有读者用计算机终端106台，读者服务区无线网覆盖率达到100%，同时采用租用云存储空间方式，容量合计76 TB。业务管理采用力博图书馆业务管理系统，功能齐全，可通过B/S模式的远程管理功能，具备全业务流程实现数字化一体化管理。六是推进数字资源建设，建有《超星电子数据库》、《中国学术期刊网络出版总库》等11个数据库，本地数字资源存储量为65.5 TB。其中《连云港市政府公开信息查询数据库》《连云港网事典藏数据库》《淮海戏数据库》《海州五大宫调数据库》《连云港地方文献数据库》等5个自建特色数据库，数字资源总量

达 20.7 TB。

（3）创建多样化新型阅读空间。"互联网＋"时代，图书馆已经从单一借还图书转变为能够为广大读者提供思考、创新和交流所需的资源与服务相衔接的实体空间。连云港市图书馆通过改造、创新等方式，充分利用已有的实体空间，为读者推介出更多的阅读服务场所。例如将宽阔的走廊改造为"图书漂流区"，读者在此可以交换图书，也可交流心得、自修学习；花园一角装修为集饮食、休闲、阅读为一体的"醉雅轩生活美学馆"。近两年，连云港市图书馆利用原有的空间，开辟新的阅读场所十多处，诸如"读者俱乐部""少儿读书沙龙""蓝光影院""心安草心理咨询中心""丝路艺文馆""图书漂流区"等等。这些新开辟的空间从阅读交流、影视欣赏，到生活服务、心理咨询，涵盖了生活的方方面面。服务空间的多样化，有效地发挥了图书馆资源配置的优化与集成作用。

三、服务体系建设

连云港市图书馆是一家有着历史文化底蕴的综合性公共图书馆，是连云港市政府重点建设的文化机构，是政府履行公共服务职能的文化设施，是政府实现面向广大群众的文化关怀、文化享有、文化提高、文化创造的重要方式。建设公共图书馆服务体系是建设公共文化体系的一项重要内容，反映了 21 世纪我国和谐社会建设的必然要求，也是满足人民群众日益增长的精神文化需求，保障公民文化权利，继承优秀传统文化和实现文化创新的必然要求。为实现图书馆建设高质、快速发展，达到后发先至的目标，连云港市图书馆努力强化服务功能，健全机制体制，推升品质效益。

1. 完成服务标准化体系建设，示范效应初显成效

图书馆服务标准化试点建设是连云港市图书馆 2017 年重点工作之一。由馆部起草的《连云港市图书馆服务标准体系汇编》，包括 3 大标准体系、19 个子体系、111 个标准，在服务对象、服务时间、服务内容、服务设施、服务资源等方面逐一规范，并编制了标准明细表和标准体系说明，成为具有创新性、带动性、导向性的规范型、示范型公共图书馆服务标准文本，在连云港地区乃至全国范围内的公共文化服务标准化工作中形成示范效应。

2. 完善图书馆理事会机制，促进公益事业健康发展

图书馆理事会制度是图书馆法人治理的发展趋势，2016 年 9 月 6 日连云港市图书馆成立"连云港市图书馆理事会"，标志着连云港市图书馆法人治理结构建设工作取得了重要进展，是深化文化体制改革迈出的非常重要的一步。图书馆理事会成员既有政府部门和图书馆的代表，还有部分社会各界代表，可以反映不同阶层的不同需求，给图书馆事业发展带来新动力、新资源、新气象。2017 年 3 月份召开理事会二次会议，通过修改理事会章程、增补理事，不断完善理事会日常事务，推动理事会各项工作扎实开展。同年还组织申报省级和国家级法人治理试点单位，完善的理事会制度，为促进公益事业取得长足进步奠定坚实基础，得到了上级领导的大力支持和赞许。

3. 加强区域公共图书馆服务体系建设，推动总分馆同步规划同步发展

积极推进区域服务的共建共享，制定《连云港市公共图书馆文献信息共建共享方案》，全市有 8 家公共图书馆均已加入《连云港市公共图书馆资源共建共享协作网》。连云港市图书馆在购入知网《全文期刊数据库》时，要求提供 10 万页的远程访问量，以供县区馆使用，同时将区馆 IP 纳入合同规定可直接访问的 IP 地址池中。

在总分馆建设方面，2015 年，根据《中共连云港市委、连云港市人民政府关于印发〈连云港市深化文化体制改革实施意见〉的通知》要求，制定《连云港市公共图书馆总分馆体系建设实施方案》，至 2017 年年底，全市共有分馆 511 个实现了区域内三级行政区的全覆盖，打造“15 分钟阅读圈”。连云港市各公共图书馆通过总分馆建设和构建馆外服务点、农家书屋，开展流动服务等形式，逐步形成了“中心馆—分馆—村（社区）图书室（农家书屋）”三级服务网络体系。为保证分馆真正发挥作用，制定出台《连云港市图书馆分馆管理条例》《连云港市图书馆分馆考核办法》，强化对分馆的规范化管理，建立长效机制。定期召开总分馆建设工作推进会，交流工作经验，分析存在问题，推动总分馆建设健康有序发展。

四、服务效能

1. 推广群体阅读，做好社会教育活动

做好未成年人服务，专门设立少儿借阅部门，每周开展少儿读书沙龙，并设立婴幼儿活动室，建立英文绘本馆、双语阅读基地等少儿阅读场所。配合学校“书香校园”活动在班级设立图书角。连云港市图书馆大型综合类少儿阅读推广活动“七色梦想园”服务项目获江苏省文化厅优秀服务成果奖。在其他特殊群体服务方面，连云港市图书馆设有盲人阅览室，设置残疾人走道，借阅室设立老年人专座。在农民工较集中的建筑工地和连云港监狱设立馆外服务点，为所有群体提供阅读服务。

做好社会阅读教育，通过内引外联等方式，做到周周有展览，丰富了市民文化生活。上海图书馆的“读书乐——全国摄影比赛优秀作品展”，南京图书馆的“朝花夕拾——江苏历史名人掠影”等等，都是经由连云港市图书馆展现给广大读者。每年 4 月的全民读书月和世界图书与版权日，5 月的图书馆服务宣传周，以及春节、五一、国庆等重大节假日，连云港市图书馆不但推出各类专题活动，还通过公众号、网站、连云港文化网及当地新闻媒体予以报道宣传。

2. 开展信息咨询新媒体服务，满足查阅需求

连云港市图书馆内设有咨询部，承担读者参考咨询工作任务；在办证处设立咨询台，回答读者一般咨询；各个读者服务窗口均有回答读者咨询义务；参加江苏省公共图书馆联合参考咨询网，安排专人进行实时咨询。购入超星移动平台，为读者提供网上文献传递服务。

建立连云港市图书馆微信公众号，让读者及时了解本馆的最新资源与动态，每周推送不少于 4 次，建立至今已发布信息 2 800 余条，微信公众号关注数量为 10 041 次，长期入选连云港市政务微信排行榜。采用超星公司的移动图书馆平台，提供 Android 和 iOS 两种版本，

有九星电子读报机 2 台，歌德电子图书借阅机 3 台，电子文献 15.48 万册次，数字资源总量 80 TB，可远程访问数字资源占比 46.8%。

3. 打造优质服务平台，提升服务效能

连云港市图书馆实行 365 天全天免费开放，周开馆时间达 76.5 小时，年读者人均到馆量达 129 次。“苍梧讲坛”“我读书我选择，读者荐书活动”“七色梦想园”“连图·童阅会”“连图博阅读书会”等已成为连云港市图书馆的服务品牌，年组织读者活动 400 余场，年接待到馆读者 75 万余人次。

大力推广文明阅读、全民阅读、电子阅读等新型学习方式，采取引导持证读书，推荐数字化读书，积极开展大型集体读书会、专家讲坛、书者交流等活动营造有序读书、群体性交流的氛围。目前，连云港市图书馆持证读者 11.6 万多个，占比达 43.6%，年数字阅读占比达 51%，《苍梧讲坛》被中共江苏省委宣传部评为“江苏优秀讲坛”，“我读书我选择”读书推荐活动被评为“连云港十大公益文化服务品牌”，“引领全民阅读　共建书香港城”“悦读阅美　一路芬芳”等多个读者活动获江苏省文化厅优秀服务成果奖。

五、存在的问题

1. 整体水平不高

连云港市位于苏北地区，经济、文化发展都比较落后，由于城区规模较小且分散，交通相对不便等原因，存在持证读者占比、年读者到馆量以及文献流通率普遍偏低的现象。对比苏南地区，还存在公共图书馆数量偏少、整体发展水平不高等问题。

2. 财政投入经费不足

由于财政投入经费不足，很多资源相对还比较匮乏，要进一步争取财政保障。公共图书馆作为公益性文化服务单位，要更好地服务市民，离不开财政的大力支持。虽然与过去相比，连云港市财政对图书馆的投入有较大增长，但与省内其他地区相比仍有巨大差距。作为图书馆，需要多方努力与呼吁，争取财政的更多支持。

3. 自动化、智能化管理欠缺

在服务数据显示度方面，存在揭示内容不够丰富的问题，要进一步提高数字化水平。数字化是图书馆发展方向。连云港市图书馆数字化水平较低，只有不多的几个数据库，无法满足读者的数字阅读需求。要加强对数字阅读的培训与引导，用好已有的数字资源。要提升图书馆的自动化、智能化管理水平，让馆员将更多的精力投入到深层次服务中去。

（撰稿人：沈爱文　俞萍）

淮安市公共图书馆事业发展报告

近年来，在省市各级党委、政府的正确领导和江苏省文化厅、南京图书馆的关心支持下，淮安市各级公共图书馆深入贯彻落实习近平总书记系列重要讲话精神和治国理政新理念新思想新战略，围绕加快构建现代公共文化服务体系决策部署，按照公益性、基本性、均等性和便利性要求，以完善设施网络为基础，以丰富服务内容、强化资源整合、提高服务效能为重点，以完善体制机制为保障，努力构建覆盖城乡、服务高效、惠及全民的公共图书馆服务网络，进一步推进全民阅读，坚定文化自信，提高城乡居民科学文化素质和社会文明程度，增强广大群众对公共文化服务的获得感，取得了阶段性成果。

一、发展概况

2013—2017 年，是淮安城乡群众读书获得感最多的时期之一。全市公共图书馆事业获得长足发展，图书馆体制改革深入推进，发展活力进一步增强，阅读产品和阅读服务供给能力明显提升，图书馆网点建设和基础设施逐步完善，服务手段日益更新，服务质量明显提高，各项业务工作不断加强。城乡人民读书生活更加丰富。截至 2017 年统计数据，淮安地区常住人口 491 万，共设 9 个公共图书馆，其中包括 2 个地市级公共图书馆（含淮安市图书馆、市“关工委”下属少儿图书馆），7 个县区（涟水县、盱眙县、金湖县、清江浦区、淮阴区、淮安区、洪泽区）公共图书馆。全市基本建成市、县（区）、乡（镇）三级公共图书馆网络，并逐步改善了办馆条件。五年来，全市各公共馆积极推进馆舍新建、改扩建工程。2.85 万平方米的淮安市图书馆新馆、1.7 万平方米的涟水县图书馆新馆先后建成，建于 1962 年的清江市图书馆（老馆）、建于 1992 年的市李崇年图书馆（台胞捐赠）均高质量完成了改扩建与功能升级。此外，各公共馆普遍运用自动化信息管理，数字阅读日渐兴起，数据库和电子图书的采购，自建特色数据库量质并进，图书馆现代化、技术化、信息化建设进入新阶段。2017 年，全市公共图书馆总面积达到 89 988.9 平方米（含淮安区馆 9 667 平方米共建分馆面积），财政拨款总额达3 484.9 万元，图书文献总藏量达 473.4 万册（件），年文献外借量 257.04 万册次，较 2013 年同比分别增长 156%、92%、131.8%、60.7%。据文化部 2018 年全国公共图书馆评估定级结果统计显示，淮安地区共有 7 家公共图书馆获评国家一级图书馆，2 家公共图书馆获评国家二级图书馆，公共图书馆申报参评率、上等级馆达标率均为 100%。

二、主要成效

1. 完善制度设计，保障措施扎实有力

淮安市委市政府高度重视文化事业，以“一机制五纳入”（建立健全政府管理公共图书馆事业与文化、财政、人事等多部门协同保障支持机制，纳入政府主管部门议事日程、纳入对地方政府公共服务考核指标体系、纳入政府文化事业目标管理责任制、纳入政府财政预算、纳入国民经济与社会发展规划）促进文化事业建设与发展，制定并出台了《关于推进文化建设迈上新台阶的实施意见》《淮安市“十三五”文化发展规划》《淮安市“十三五”信息化发展规划》《淮安市“十三五”公共图书馆事业发展规划》《淮安市“十三五”智慧城市发展规划》《淮安公共图书馆条例》《淮安市地方文献呈缴本制度》等一系列政策性文件和法规制度，推动公共图书馆事业建设和发展。各县区相应制定配套政策，形成工作合力，为图书馆发展上台阶、上等级创造了良好条件，提供了有力保障。主要表现在“经费投入、建筑设施、资源建设、信息设施”等“四个”保障有力。此外，全市公共图书馆专业人才队伍不断壮大，学历、职称、年龄结构更趋合理，从业人员数量稳中有升，整体素质进一步提高。目前全市公共图书馆共有179人（其中在编在职人员96人，社会化用工人员83人），在编在职人员中高级职称22人，中级职称57人，占比分别达22.9%、59.3%。淮安市图书馆学会队伍不断壮大，会员达319人，涵盖文化、教育和卫生等多个系统。学会组织建设、制度建设不断完善，每年常态化开展全市性学术年会活动。2015年，淮安市图书馆学会荣获中国图书馆学会“全民阅读优秀组织奖”，2016年获评淮安市科学技术协会“特色学会”称号。五年来，学会始终坚持“百家争鸣，百花齐放”办会方针，着力深化“双创活动”（理论创新与实践创新），大力开展转型期公共图书馆生存与发展课题研究，共计有30余篇论文在国家、省、市专业期刊刊载，对地区图书馆事业发展起到了良好的促进作用。

2. 强化规范管理，业务基础不断夯实

2013年以来，淮安各级公共图书馆坚持普遍均等服务方向，以城乡共建为目标，以综合规范管理为抓手，重点在馆藏组织、服务体系、行业协作、重点工程、基层指导、社会化合作等多方面切入，夯实业务基础，全面推进事业规范、有序、健康发展。馆藏组织方面：各公共馆在建立健全各大类普通图书、报刊等纸质文献的基础上，更加注重音频视频文献、电子图书与特色数据库建设。县区馆普遍采购读秀、超星数据库，淮安市馆建成运河文献、周恩来文献、西游记文献、名人文献等一批数据库，既丰富了馆藏内涵，又体现出地方特色。服务体系建设方面：主城区建成1个总馆（市图书馆新馆）、1个汽车流动图书馆，1个轨道交通图书馆、7个分馆、12个流动服务点、18个24小时自助图书馆的服务体系；各县（区）建成以本级馆为总馆、乡镇（街道）图书馆为分馆、村（社区）基层综合信息服务中心为基层服务点的总分馆体系。截至2018年底，全市建成119个乡镇（街道）图书分馆、1 521个农家（社区）书屋、151个文化共享工程服务点。行业协作方面：全市各公共馆加入由南京图书馆牵头的“江苏省公共图书馆馆际快借服务网”，淮安市图书馆与各县区馆、淮安工学院、淮阴师范学院先后

签订了文献互借协议，促进区域资源共建共享。在社会化管理方面：淮安市图书馆新馆率先引进政府购买、服务外包模式，采取部分岗位和项目购买的方式，推广讲座、展览等惠民服务，同步探索推进图书馆法人治理改革，制定起草了有关章程条例。在重点文化工程建设方面：淮安市图书馆最早设立了全国文化信息资源共享工程市级支中心及电子阅览室。各县（区）馆设有县级支中心，按照国家中心和省分中心要求配置硬件设备并进行资源建设。古籍保护工作方面：淮安市图书馆完成 15 000 多部古籍普查任务，共有 8 部古籍入选第一批《江苏省珍贵古籍名录》，淮安区图书馆与省志办、市志办、南师大古文字研究所建立合作关系，联合出版了《淮安文献丛刻》系列丛书及《江苏地方文献书目》。

3. 锻造品牌特色，服务效能显著提升

淮安各级公共图书馆在做好免费开放服务的基础上，深入贯彻国务院“促进全民阅读，建设书香社会”精神，倡导“让阅读成为一种生活方式”理念，推动全民阅读常态化，并通过专家讲座、读书征文、荐书送书、座谈交流、网上交流等多种形式，着力打造参与度高、受众面广、影响广泛、社会效益好的地方特色阅读品牌。如淮安市图书馆充分凝炼“分众阅读，微信网读、讲坛导读、流动延读、扶弱助读”五大品牌，通过举办“希望来吧夏令营”“少儿绘本阅读”“江苏少儿 E 路畅读”“悦动图书馆——成人有声阅读”“你选书，我买单”“翔宇讲坛”（杜文龙、罗援、李丽等一批著名军事专家莅临翔宇讲坛主讲）“微信有礼”以及联合市科协举办的“爱心速递——科普筑梦”宣传活动，满足城乡群众求知、求美、求乐、求富的需求。同时注重创新服务模式，依托淮安公共文化数字平台，以内容最丰富、互动最精彩、传递最快捷的“阅读菜单”把优质阅读文化送到百姓身边。该项目成功获批国家公共文化服务体系示范项目创建资格。不仅如此，各县区馆全民阅读推广也靓丽多彩，清江浦区图书馆的“大手拉小手”亲子阅读、淮阴区图书馆的“母爱文化阅读”、洪泽县图书馆的“农渔民读书乐”、涟水县图书馆的“大美涟水——诗意安东”诗词朗诵会、盱眙县图书馆的“农家书屋法制教育宣传月”、淮安区图书馆的“七彩夏日”“缤纷冬日”少儿活动等一系列服务品牌的形成，既有效拓展了阅读内涵，又体现了鲜明的地域特色。淮安周恩来读书节被评为全省三大全民阅读活动品牌，充分彰显了公共图书馆在公共文化服务体系建设中的主力军作用。同时，积极探索社会力量参与引领“书香淮安”建设，由市图书馆、淮安书城、淮安文学艺术院、淮安朗诵协会等 4 家单位联合发起成立淮安市全民阅读促进会，指导成立了 33 个基层读书会，组建 10 个阅读志愿服务队、65 个志愿服务站、108 个结对共建点，推动形成多层次多样化全民阅读格局。以 2017 年为例，全市公共图书馆年文献外借总量 290 万册次、年文献平均流通率达 80%、年每万人参加读者活动平均达 340 人次、全市公共图书馆读者满意率达 98%以上。

四、问题分析

本报告截取 2013—2017 年淮安地区公共图书馆发展 15 项主要指标平均值为参照，通过数据量化，进行对比分析排名（详见下表）。

2013—2017 年淮安市公共图书馆发展指标平均值

主要指标	市图 书馆	市少 儿馆	清江浦 区馆	金湖县馆	洪泽区馆	涟水县馆	盱眙县馆	淮安区馆	淮阴区馆
年文献外借量 （万册次）	43.2	32.4	13.3	20.62	20.4	10.4	43	25.5	4.4
排名	1	3	7	5	6	8	2	4	9
年财政拨款总额 （万元）	907	218	242	187.6	205.5	269.69	130	253.1	124.4
排名	1	6	4	7	5	2	8	3	9
文献馆藏量 （万册）	137.5	26	56.5	40.7	38.4	59.99	66.8	33	125.7
排名	1	9	5	6	7	4	3	8	2
建筑面积 （万平米）	3.14	0.60	0.85	0.61	0.34	1.67	0.44	1.14	0.18
排名	1	6	4	5	8	2	7	3	9
读者持证 占比（%）	1.7%	0.56%	6%	3.1%	6.2%	3.8%	4.5%	1.23%	0.16%
排名	6	8	2	5	1	4	3	7	9
年读者人均 到馆量或年文 献流通率（%）	59% （流通率）	72% （流通率）	58.6% （流通率）	71% 79%	99.2% （到馆量）	5% 17%	64% 123.6%	0.61% （流通率）	5.38% 35.77%
排名	5	2	6	3	1	8	4	9	7
年数字阅读 占比（%）	35.1%	无	26.8%	9.1%	26.1%	无	14.38%	15.16%	29%
排名	1	8	3	7	4	8	6	5	2
年每万人参加 读者活动次数	57.6	0.31	2.4	71	244	10	497.9	920.8	13.2
排名	5	9	8	4	3	7	2	1	6
可远程访问数字 资源占比（%）	81.82%	无	79%	无	59.7%	无	92.3%	166.67%	70%
名次	3	7	4	7	6	7	2	1	5
新媒体服务	微信 微博 数字化 移动 APP	微信 数字化 移动 APP	网站 微信 阅读机	网站	网站	无	微信 移动 APP	微信 数字化 移动 APP	微信 触摸屏
数字资源 存储量	16.6 TB	5.49 TB	5.4 TB	无	11.5 TB	无	21 TB	2.057 TB	8 TB
排名	2	5	6	8	3	8	1	7	4
自建数字资 源总量	10.08 TB	无	2.1 TB	10 TB	11 TB	无	7.5 TB	21 GB	无
排名	2	7	4	3	1	7	5	6	7
总分馆制建设	分馆 18 网点 12	无	分馆 36	分馆 10 网点 6	分馆 11	分馆 23	分馆 44	分馆 15 网点 11	分馆 50
排名	2	8	4	6	7	5	3	4	1
人均文献购置 费（元）	0.51	0.16	1.52	1.08	1.32	0.5	2.3	0.21	0.065
排名	5	8	2	4	3	6	1	7	9
人均文献馆 藏量（册）	0.28	0.028	1.19	1.15	0.76	0.7	1.02	0.53	0.136
排名	7	9	1	2	4	5	3	6	8

从以上15项发展指标综合排名看，淮安市公共图书馆发展整体上处于不平衡不充分的状况，这种不平衡不充分既表现在城乡差别、政府重视程度差异，同时也表现在内部管理水平的差距及各馆存在的共性问题上。一是城乡经济发展有差别。从指标对比看，淮安市公共图书馆事业总体发展水平，呈现出市里好于区里，区里好于县里的状况，其根本原因缘于经济发展的差异性，导致文化发展的滞后性比较明显，这既是城乡公共图书馆发展长期存在的突出问题，也是制约城乡均衡发展的主要矛盾。二是政府重视程度有差异。以淮安市图书馆为例，各项综合指标排名均在区域首位之席。从相对指标看：该馆年文献外借量、年财政拨款总额、文献馆藏量、建筑面积、年数字阅读占比都遥遥领先于淮安同级别市馆（市关工委下属少儿馆）及县（区）各公共馆。尤其是年数字阅读占比，突出表现了现代信息技术运用在区域发展上的领先地位，但是从绝对比值看，人均文献馆藏量明显不足，排名靠后，而清江浦区图书馆虽然只是一个区级图书馆，但是人均文献馆藏量却排名第一，充分说明区、市两级政府对公共图书馆的重视程度不一，客观上也说明了市区级的财政支持度已远落后于增长较快的服务人口数量增长度，需要进一步吸引文化主管部门及政府部门的关注度，有效提升地区龙头馆的发展水平。三是内部管理水平有差距。以市少儿图书馆为例，其文献总藏量仅26万册，在全市各馆居于末位，但其年文献外借量平均值高居全市第三名，淮阴区图书馆馆藏量125.7万册，位居全市第二，而年文献外借量却屈居末位，这种情况不同程度地反映了各公共图书馆在管理理念、策略、方法与手段上的差距。四是公共馆存在共性问题。统计分析表明，各公共馆在发展中也存着一些共性问题。其一，在新媒体服务、新技术应用、自建数字资源建设等方面仍普遍存在利用微信、微博公众平台开展服务、宣传等方面的不足，用户数量与庞大的读者数量相比比例偏低。其中金湖县图书馆、涟水县图书馆在可远程访问数字、新媒体服务方面仍然是一片空白，亟需迎头赶上。其二，与苏南发达地区公共馆相比，淮安各公共馆法人治理改革尚处于探索状态，需要以敢为人先、后发先至、破题创新的精神拓荒补白。其三，部分县（区）及乡镇基层图书馆、农家书屋等设施设备亟需进一步提档升级、创新管理、规范服务。其四，市少儿图书馆至今尚未建立总分馆制度，少儿馆还存在分馆数量偏少，辐射面不宽、受众面小的现状，不能有效满足少儿读者的阅读需求。

五、建议与对策

1. 科学精准研判，建立规划机制

省、市、县（区）等各级文化主管部门相应成立公共图书馆建设与管理中心，在各市、县（区）图书馆规划的同时就对其硬件（设施）、软件（管理）等进行先期论证，在馆舍设计功能、标准、规范等方面统筹谋划，按照国家发布的《公共图书馆建设标准》规划设计，按照《公共图书馆评估定级标准》强化管理。使图书馆硬件与软件相匹配，标准与服务相适应。建议制定出台相关文件，会同有关部门每年组织一次对地方政府部门落实《公共图书馆法》及《公共图书馆条例》情况的检查。

2. 争取财政支持，建立保障机制

建立健全财政投入保障机制，保障图书馆事业发展投入不低于国民经济增长率。政府

每年应规划不少于图书馆服务一定比例人口所需经费，用于举办全民阅读推广、自动化设备更新、新媒体管理等，同时应增加专项资金用于增加电子图书、自助图书馆、室外移动阅读平台、设备等，保障公众便利获取图书馆资源的经济条件。

3. 推动创新发展，制定奖励机制

建议由省文化和旅游厅、省图书馆牵头研究制定鼓励支持公共图书馆发展的奖励性政策、建立上等级馆奖励机制，如发放目标奖、绩效奖与相关设备支持等，以增强评估定级工作的政策性、法定性和权威性，充分激发地方各级公共图书馆的创业、创优、创新精神，调动各级图书馆干部群众的自觉性、主动性、创造性，从而推动图书馆良性持续发展。

4. 扶持人才成长，建立指导机制

建立健全“省—市—县(乡)—村”四级业务指导和人才培养机制，采取定向定期举办馆员辅导班、培训班形式，聘请资深或骨干年轻专家，馆员深入基层实行省对市，市对县区、县区对乡镇的层级辅导，以提高图书馆员专业素质；或采取仿效政府雇员的形式，长期聘请图书馆雇员蹲点基层图书馆，或采取选派、委托第三方参与监管等形式，加强业务管理与指导。

5. 提升少儿服务，建立少儿分馆

鉴于少儿读者队伍发展迅猛，而场所、网点分布不均及二孩政策的影响，少儿对图书馆的需求将越来越大。建议将全省少儿图书馆总分馆制列入发展目标规划，协调指导少儿图书馆发展。在条件不成熟的情况下可采取在各公共馆中预留较大空间作为少儿阅览专区，加强少儿图书宣传、采购和推介，深化推进儿童阅读推广。

6. 实现共建共享，促进城乡一体

提档升级县(区)、乡镇、社区图书室功能，形成以市级图书馆为中心、县(区)图书馆为主干、社区图书室为基础、24小时自助图书馆为节点的全覆盖城乡服务网。同时建设公共图书馆统一服务平台，联通市、区和社区图书室，实现全市各级公共图书馆的互通互联、资源共享和“一卡通”通过快捷便利的服务网点，提高公众对图书馆服务的认知度，推动全民阅读活动的普及。

(执笔人：左培远　吴珩)

盐城市公共图书馆事业发展报告

一、盐城市公共图书馆建设基本情况

盐城市辖区内共设有1个地市级公共图书馆、9个县区级公共图书馆。盐城市图书馆、大丰区图书馆、盐都区图书馆、东台市图书馆、射阳县图书馆、建湖县图书馆、阜宁县图书馆、滨海县图书馆、响水县图书馆等9家图书馆为国家"一级图书馆",亭湖区图书馆为国家"二级图书馆"。近几年来,盐城市各级政府不断加大对文化事业投入,公共图书馆设施有了长足发展。盐城市各公共图书馆的服务效能、业务建设较之以前都有着较大程度的发展,文献资源建设增加迅速,文献资源开发程度有所提高,新技术得到了广泛运用,无论是阵地服务还是读书活动方面都产生了较好的社会影响。市图书馆以及各县(市、区)馆在加强基础业务建设的同时,始终坚持"读者第一,服务至上"的宗旨,不断改进服务方式,拓宽服务领域,深化服务内容,充分发挥了图书馆公共文化服务主阵地作用,扎实的工作得到读者和上级部门的认可,为助推全市公民文化素质的提升、为建设书香盐城做出了积极贡献。

1. 体系建设

2013—2017年图书馆工作越来越受到地方各级政府部门的重视和支持,盐城市委市政府不断加大文化基础设施投入,为图书馆事业发展提供了坚强保证。盐城市的公共图书馆基本都新建或搬迁至新的图书馆,设施有了很大改善。2012年11月盐城市图书馆新馆落成使用,原毓龙东路图书馆一、二层的馆舍,成立盐城市少儿图书馆。现盐城市图书馆实际使用面积达到3.35万平方米。大丰区图书馆在2017年建成1.7万平方米的图书馆新馆,采用全开放、大空间的建筑格局。射阳县图书馆于2017年3月在新城区建成面积达6 000平方米的新馆。东台市图书馆正在建3万平方米的新馆,即将开放。滨海县图书馆新馆、响水县图书馆新馆都正在建设中。2017年全市公共图书馆实际使用面积9.052 8万平方米,阅览室坐席数4 348个,供读者使用的计算机终端496个,建成590个分馆。

2. 文献资源建设

2017年,全市公共图书馆馆藏539.686 7万册,其中,图书368.718 6万册,电子图书171.068 1万册。购书专项经费为960.7万元,新增藏量购置费856.1万元,新增数字资源购置费122.7万元。盐城市图书馆馆藏文献总藏量为1 562 835册,其中纸质文献1 251 562册,电子文献311 273册。

盐城市数字资源建设五年间得到了很大的发展。盐城市图书馆外购资源有知网的优秀硕士论文库、维普的期刊库、万方数据、中华数字书苑的电子图书库、龙源期刊、读秀综合知识平台等。数字资源本地存储量达到 17.25 TB。全市各馆采用建设地方文献数据库的方式，整理、加工地方文献资源，包含信息存储、信息检索和信息发布等功能，实现地方文献资源数字化，推动盐城地区的数字资源建设。盐城市图书馆目前已自建好地方志数据库、《盐城淮剧》专题片、盐城市政府公开信息数据库、网事典藏数据库、盐城市图书馆公开课、全民阅读活动图片视频库共计 5.81 TB。各县(区)馆除了外购数据库以外，积极筹备自建资源，亭湖区图书馆建成《盐城淮剧系列》《牡丹仙子的传说》曲谱等音视频数据库较有特色。

二、盐城市公共图书馆建设亮点

1. 创新服务方式，提升服务效能

(1) 文献外借量和流通率高

2017 年全市公共图书馆总流通人次是 337.618 2 万，书刊文献外借 124.356 7 万册次，书刊外借 252.837 6 册次。五年来盐城市图书馆平均年文献外借量为 107.74 万册次，流通率为 0.79。其他县区级图书馆均达 15 万册以上，全市文献年平均流通率达到 0.53。其中，东台市图书馆、盐都区图书馆的年文献外借量均超过 60 万册。盐城市各公共图书馆文献外借量见下图所示。

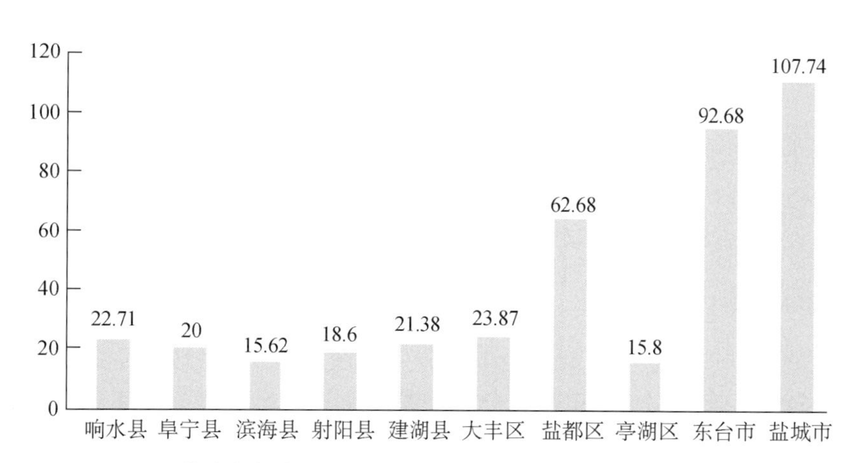

盐城市各地区公共图书馆年文献外借量(万册次)

(2) 持证读者和到馆量增长

盐城市各公共图书馆持证读者到馆量逐年增长，2017 年各馆持证读者数为 279 951。其中，盐城市馆有效借书证为 110 357 个，持证读者占比为 1.41%，年读者人均到馆 0.22 人次。各县区图书馆持证读者占比滨海县图书馆最低(0.2%)，大丰区图书馆最高(9.36%)，各县区图书馆年人均到馆量均在 0.1 人次以上，基本能够满足本地市民日益增长的文化需求。

2017 年盐城市各馆持证读者占比及年读者人均到馆量

馆名	持证读者占比	年读者人均到馆量(人次)
盐城市图书馆	1.41%	0.22
东台市图书馆	2.88%	0.65
亭湖区图书馆	0.80%	0.1
盐都区图书馆	1.68%	1.11
大丰区图书馆	9.36%	0.81
建湖县图书馆	1.55%	0.5
射阳县图书馆	1.50%	0.27
滨海县图书馆	0.20%	0.13
阜宁县图书馆	1.48%	0.21
响水县图书馆	1.16%	0.13

(3) 参加读者活动人次多

2017 年全市组织各类读者活动 598 次,各类读者活动参加人次为 532 300 人次。其中,盐城市图书馆全年共举办《黄海讲坛》讲座 55 场,参与读者 6 000 余人;各类展览 17 场,巡展 36 场,累计参观读者 15 万余人;其他各类读者活动 240 场,受众 10 万余人。

(4) 新媒体服务发展快

为紧跟时代步伐,各馆积极开拓服务新领域,深化服务内容。全市各馆都建有数字图书馆。读者通过市图书馆的网站可以远程访问 26 个数据库。每个图书馆都建有微信公众号,图书馆通过微信公众平台及时发布各类活动信息,读者可以在微信上进行书目查询、预约借还书等功能。

盐城市图书馆在南馆少儿室和少儿图书馆,分别有一个少儿数字体验室,配置多台大屏显示器和平板电脑等,于每周六开展"电子书工坊"活动。各馆在一楼大厅和其他公共空间都设有可触摸设备、查询机、电子读报机、超星阅读机等,供读者使用。

2. 品牌助力阅读推广

图书馆是阅读推广的主要阵地。为了充分发挥图书馆的服务效能,全市各级图书馆积极推进全民阅读推广工作,2014 年被省全民阅读活动领导小组评为江苏省全民阅读工作先进集体,2017 年盐城市获评苏北唯一"江苏省书香城市建设先进市"。根据全市文化惠民政策和全民阅读活动安排,各图书馆开展了一系列丰富多彩、形式多样、宣传面广、活泼健康的阅读推广主题活动。

(1) 精心打造"盐渎风"全民阅读品牌

2013 年盐城市首推"盐渎风"首届全民读书月活动,每年都举办该大型系列活动。该系列活动整合了社会方方面面资源,盐城市图书馆为主体承办单位,活动内容包括优秀书目推荐、读书心得交流、讲座展览、展销展播、读书征文演讲比赛、国学经典诵读、青少年阅读援助、图书馆延伸服务等等。"盐渎风"全民读书月活动在 2014 年原省文化厅全省第六届公共图书馆优秀服务成果评奖中荣获一等奖,"盐渎风"国学经典诵读 2016 年获团中央全国优秀国学教育项目。

（2）《黄海讲坛》系列讲座

为了保证"黄海讲坛"市民讲座常态化举办，盐城市图书馆特别建立了《黄海讲坛》专家库，吸纳教育、艺术、医务等各领域专家百余人，每周举办阅读推广、传统文化、家庭教育、卫生保健等各种专题性讲座。《黄海讲坛》两次被省委宣传部评为江苏省优秀讲坛。

（3）红领巾读书征文活动

盐城市每年都制订详细的活动方案，组织全市中小学生参加全省红领巾读书征文评选活动，同时，各公共馆努力为小读者、为"红读"活动创造良好的阅读、欣赏和收听、收看条件，扩大青少年课外读书活动的参与面。五年来盐城市图书馆每年都荣获原省文化厅颁发的"红领巾读书征文活动"优秀组织奖。盐都区、阜宁县、东台市图书馆分别获得过组织奖。

（4）阜宁县图书馆诵读会

阜宁县图书馆开展了舞台艺术表演形式的诵读会。从前期策划、宣传发动到赛事安排都做了周密布置，建立了活动规划、组织保障、固化主题等三个方面的诵读会长效机制，保证经典诵读活动的延续性，形成经典诵读活动常态化。

（5）盐都区图书馆和悦读书会

盐都区图书馆、顾吾书社发起的和悦读书会每周举办读书活动，弘扬盐城地域文化，营造快乐读书的氛围，拓宽视野，丰富书友业余文化生活。该项目在2016年第七届江苏省公共图书馆优秀服务成果评奖中获奖。

3. 阅读惠民保障特殊群体

（1）未成年人服务

盐城市少儿图书馆是一座专门为未成年人服务的图书馆。与此同时，盐城市图书馆南馆少儿借阅室的开放，布局了专门针对少儿服务的设施设备，开辟了低幼服务专区。"周周故事会"、"小书虫"互换图书活动、古诗词诵读比赛、亲子绘画系列活动、七彩夏日等少儿活动，为激发未成年人读书，丰富未成年人生活发挥了重要作用。大丰区图书馆的"名家阅读进校园"活动获得第七届江苏省公共图书馆优秀服务成果奖。东台市图书馆专门针对少年儿童设立了"国学讲堂"活动。

（2）老年人、农民工等其他特殊群体服务

盐城市图书馆针对残疾人开展"用心点亮世界、用爱构建和谐"助残日主题活动、举办了盲人有声读物阅读新体验、"我是你的眼"温馨读书会、无障碍电影《海洋天堂》等系列活动，让他们真正享受到阅读的快乐，并与铜川图书馆建立一对一的精准扶贫服务。盐都区图书馆开展了"为特殊群体上门服务"系列活动。建湖县图书馆每年都会为农民工举办爱国主义图片展以及送书下乡活动。

4. 创新理念优化服务

盐城市积极开展服务创新，提升服务质量，强化服务品牌建设，积极提升图书馆服务作用力。

（1）"图书馆公益联盟"项目

盐城市联合各县（市、区）图书馆，进行公益资源整合，运用图书馆平台，邀请社会各界爱心人士，组建文化志愿者队伍，在全市范围内推出了以“图书馆公益联盟”为依托的志愿者系列活动，获得了社会各界认可和支持。该项目获评文化部全国基层文化志愿服务典型案例。

（2）“天天悦读1+X”全民阅读服务模式

各馆围绕“书香盐城”建设目标，探索以“盐渎风”读书节活动为抓手，以“图书馆公益联盟”为载体，以“总分馆、盐渎书吧、手机图书馆、微信图书馆、流动图书馆、智慧盐城APP、讲座论坛”为主要服务方式的阅读活动，着力打造“天天悦读1+X”阅读品牌项目（每天阅读+多元化服务内容和服务方式），取得良好的社会效果。2015年被原江苏省文化厅评为全省图书馆优秀服务成果一等奖，2017年获得文化和旅游部第四批国家公共文化服务体系示范项目创建资格。

（3）“我们的节日”弘扬传统

为庆祝节日、陶冶情操、强健体魄，教育引导广大未成年人在参与活动中弘扬传统，各公共馆围绕传统节日开展了多种形式的读者活动，丰富了读者的节日文化生活。“迎新春百科知识竞猜”、“喜闹元宵快乐健身”少儿民间传统体育竞赛、端午知识竞赛、包粽子、中秋重阳讲座，既丰富了节日生活，又寓教于乐，让广大市民在参与活动中感受到中国传统文化的魅力。

（4）“将农家书屋纳入总分馆建设”服务模式

自农家书屋工程实施以来，大丰区图书馆在苏北率先实现农家书屋全覆盖和提档升级工作。以白驹镇狮子口村等一批农家书屋先成功纳入总分馆建设，再推广到大丰区其他农家书屋，到2015年底大丰区实现农家书屋全部纳入图书馆总分馆建设，荣获第十一届江苏省“五星工程奖”服务项目金奖。

5. 强化业务建设

（1）开展协作协调，推进区域公共图书馆服务体系建设

① 开展“江苏快借”馆际互借工作

随着网络的发展，读者对信息资源共享和信息开放要求远远超过在传统社会中的要求。盐城市公共图书馆加入“江苏省公共图书馆馆际快借服务网”，并与兄弟馆建立了馆际互借与文献传递协议关系，读者既可以在图书馆的快借专架借到其他图书馆的图书，也可以通过互联网申请借阅其他图书馆的图书，图书馆通过物流快寄给读者。“江苏快借”利用互联网手段提高了图书馆为读者服务的水平，满足读者多元化需求。

② 发起成立全国地市级图书馆联盟

2017年5月，在盐城市图书馆发起倡议下，全国地市级图书馆联盟成立。该联盟的成立旨在促进全国地市级图书馆公益资源整合，运用图书馆公共平台，为读者提供更多更好的公益服务。《中国文化报》予以宣传报导，盐城市图书馆为全国地市级图书馆联盟首家轮值馆，由70多家地市级图书馆参与联盟协作。在此基础上，盐城市图书馆成功承办了2018年中国图书馆年会第6分会场学术活动“共享共赢：地市级公共图书馆扶贫工作”。

③ 加强与本地的社会合作和资源合作

盐城市图书馆与市营养协会合作创办“营养与健康”高层论坛活动，与市第一小学教育集团合作创办“名师慕课”微讲座活动，与市教育局等单位联合创办“亲子阅读论坛”活动，极大地推进了全民阅读，同时也丰富了馆藏资源。

④ 加强分馆建设与管理

为进一步提高公共文化服务水平，加快公共文化服务均等化进程，盐城市积极探索“部门主导、城乡一体、资源共享”的图书馆服务网络建设模式的新路子。目前，全市已经基本建立了以市图书馆为中心馆、县区图书馆为总馆、各乡镇(街道)综合文化站图书馆为分馆，以农家书屋和社区文化活动中心图书室为基层流通服务点，以图书流动服务车为补充，覆盖全市、资源共享、管理规范的图书馆服务网络。各区县馆总分馆建设已经形成乡镇一级全覆盖。分馆有专人管理，通借通还，能独立开展业务活动，同时组织读者到图书馆开展阅读课、听讲座、观看免费电影、办集体借书证、共享数字资源等。

(2) 积极参与重点文化工程建设

在重点文化工程建设方面，各馆积极参与文化信息资源共享工程与公共电子阅览室建设计划。全市公共图书馆电子阅览室管理软件安装到位，与中心对接，正常运行；终端安全防护软安装使用；全省共享工程流媒体资源服务系统全覆盖；建设了全省市县图书馆 VPN 虚拟网。

在古籍保护方面，各家单位都对保存古籍登记在册，并制定古籍保护工作计划，阜宁县图书馆、建湖县图书馆等多家单位都申请加入“中华古籍保护计划”工作，启动古籍普查保护工作，对所辖区内古籍进行全面摸底清点和编目整理。全市 4 部古籍入选《国家珍贵古籍名录》，10 部入选《江苏省珍贵古籍名录》。2014 年盐城市图书馆和东台市图书馆被授予“江苏省古籍收藏单位”。

(3) 技术创新推动服务发展

随着新技术的发展，各单位积极采用新方法、新手段更好地为读者服务，各馆都有馆藏统一数字化揭示平台，在官方网站上就可以直接访问；使用永久性磁条门和 RFID 芯片安全门检测双重防盗检测系统；采用图书 RFID 智能上架；馆内配有自助借还服务与自助借还终端。盐城市图书馆和大丰区图书馆建有自助办证、自助借还于一体的 24 小时图书馆。

6. 多措并举，加强综合保障力度

(1) 建立健全业务管理机制

盐城市各馆从完善馆藏发展政策入手，抓好制度建设，努力强化馆务管理。每馆都必备《图书馆馆藏发展政策》以及各部室《工作职责》《文献编目标引和编目工作细则》《图书馆排架和维护》《剔旧工作制度》《文献保护制度》《年度岗位目标考核》等制度并严格遵守。同时设立服务监督台和读者意见投诉箱，主动接受社会监督，保证良好服务质量。

(2) 财政经费有保障

盐城地处苏北，虽然经济不够发达，但是有着崇文重教的传统，政府部门对图书馆工作相当地重视和支持，不断加快图书馆建设步伐，每年的图书馆资源购置和运行经费都按时拨付、优先保障。2017 年全市公共图书馆财政补贴收入为 5 386.16 万元，购书专项经费 960.7 万元。其中，盐城市图书馆 2013 至 2017 年财政拨款总额分别为 1 768.65 万元、1 746.25 万元、2 399.74 万元、2 252.82 万元、2 227.86 万元。

(3) 注重人才队伍培养

盐城市定期开展各类业务应用与实践活动，全面推行专业技能考核机制，努力提高队伍整体素质。在 2015 年原省文化厅主办的公共图书馆业务竞赛上，全市获奖人数达全省同层

次获奖人数的53%。其中盐城市囊括全省5个团体一等奖。在2017年江苏省公共图书馆业务竞赛中，盐城市15人获个人一等奖，包揽个人总分前十名。盐城市图书馆、大丰区图书馆获团体一等奖。2018年盐城组队代表江苏赴冀参加“新时代公共图书馆建设与服务”知识竞赛获得全国二等奖。

三、发展不足之处

盐城市大多数公共图书馆都是近几年才开始发展或者刚建设完成，例如亭湖区图书馆2014年才开始正式运营开放。在馆藏总量、古籍藏量相比历史文化底蕴深厚的地区还是有所欠缺。现代公共图书馆服务效能侧重于考虑服务人口基数，盐城市常住人口为723.5万人，年人均文献购置费只达到0.75元，人均文献馆藏量为0.22册，总分馆的效能还有待提高。

新技术应用方面和新媒体服务方面，数字资源建设总量偏少，数字阅读量方面还需提高。一方面要加强数字资源建设力度，另一方面要注重宣传推广，提高电子阅读数量。虽然全市各馆都建有微信公众号，但是在公众号的读者关注量偏少，除了加强宣传推广以外，还要注重微信公众号的信息内容建设。

四、发展建议

1. 加强服务保障

继续加强文献资源保障能力和经费保障建设，部分县区级公共图书馆的购书经费不足，藏书资源存在老化现象，专款拨款与实际需求有差距。在文献资源建设方面，盐城市公共图书馆近十年发展速度较快，在馆藏总量、古籍藏量方面较历史文化底蕴深厚的地区还有距离。另外，在信息基础设施建设、人才配备等方面还需继续加强建设。

2. 需要加强跨界合作服务

在信息开放共享的时代下，继续加强图书馆与第三方信息服务组织、个人的资源共享与合作，建立深层次的跨界交流、合作的服务供给机制，有效拓展服务受众范围，满足读者多层次、动态化的信息需求。

3. 加强图书馆技术创新

注重新技术在图书馆中的运用，充分运用大数据、云计算、物联网等技术，自建地方特色数据库、积极打造移动阅读平台等，利用数据关联技术加强与图书馆、政府部门、社会组织的互通互联，推动图书馆新技术在不同服务领域的开发和升级。

4. 加强数字资源建设和利用

由于经费和技术等原因，各馆在数字资源建设总量和利用率方面数据偏低。首先需加强与数字资源商的合作与交流，实现数字资源与读者需求的深度融合，优化数字资源结构。其次，加强自建地方特色资源。充分运用当地的文化特色、历史典故等特色资源，构建地方特色资源数据库，形成新的数字信息产品和特色化服务，提高数字资源服务能力。第三，注重网站、微信等平台建设，提高读者通过网站、微信等平台获取数字资源的便利性，增加获取资源的途径。

（执笔人：李霞　吴莹莹）

扬州市公共图书馆事业发展报告

2013—2017 年,是我国公共图书馆发展的又一黄金期。扬州现辖 2 个县级市(高邮市、仪征市)、1 个县(宝应县)、3 个区(江都区、邗江区、广陵区),常住人口 450.82 万人。现有地市级图书馆 2 座,分别是扬州市图书馆、扬州市少年儿童图书馆,县(区)级图书馆 5 座,分别是高邮市图书馆、仪征市图书馆、宝应县图书馆、江都区图书馆和邗江区图书馆,广陵区图书馆在建,尚未开放。

面对新环境、新需求、新技术带来的机遇和挑战,全市公共图书馆能够勇于面对,不断探索新的服务方式,不断抓住新的发展机遇,努力拓展自身的服务功能,馆藏资源日益丰富,数字化特征更趋明显;馆舍面积持续扩大,多元化阅读空间更加温馨;数字化设施全面普及,信息技术应用更加深入;重视图书馆品牌建设,阅读推广活动内涵更加丰富,实现了快速、稳健发展。

一、全市公共图书馆事业发展概况

1. 服务效能

(1) 持证读者占比普遍增加

数据显示:2012 年末扬州市图书馆持证读者占比 1.06%,2017 年末占比 6.53%,六年间持证读者占比提高 5.47%,增幅明显。县(市、区)图书馆中,2012 年持证读者占比从高到低排序分别为仪征市图书馆(2.64%)、邗江区图书馆(1.2%)、江都区图书馆(1.15%)、高邮市图书馆(0.36%)、宝应县图书馆(0.23%)。2017 年持证读者占比超过 5%的有 2 家,分别是仪征市图书馆(5.12%)和高邮市图书馆(5%),邗江区图书馆持证读者占比为 3.23%,而人口基数较大的宝应县图书馆和江都区图书馆分别为 1.79%和 1.7%。

(2) 年文献外借量增幅较大

数据显示:2012 年全市公共图书馆文献外借量为 213.85 万册,2017 年增加至 446.46 万册,增幅达到 108.77%。县(市、区)图书馆中,2017 年文献外借量低于 30 万册的有 2 家,分别是仪征市图书馆和江都区图书馆;超过 30 万册的有 3 家,分别是宝应县图书馆、高邮市图书馆和邗江区图书馆,其中最高的邗江区图书馆为 61.43 万册。

(3) 年读者人均到馆量有所增长

数据显示:2017 年与 2012 年相比,全市公共图书馆读者人均到馆量均有所增长。扬州市图书馆由 0.22 增加至 1.02,扬州市少年儿童图书馆由 0.07 增加至 0.14,宝应县图书馆由

0.13 增加至 0.16,高邮市图书馆由 0.2 增加至 0.68,仪征市图书馆由 0.56 增加至 0.6,邗江区图书馆由 0.25 增加至 1.06,江都区图书馆由 0.18 增加至 0.21。

(4) 每万人参加读者活动人次有所提高

数据显示:2017 年,全市各馆年每万人参加读者活动人次分别是:扬州市图书馆 243 人次、宝应县图书馆 150 人次、高邮市图书馆 300 人次、仪征市图书馆 122 人次、邗江区图书馆 116.87 人次、江都区图书馆 173 人次。与 2012 年相比,扬州市图书馆提高了 4 人次;县(市、区)图书馆中,宝应县图书馆提高了 149 人次,高邮市图书馆提高了 155 人次,仪征市图书馆提高 90 人次,邗江区图书馆提高了 25.85 人次,江都区图书馆提高了 71 人次。

(5) 年文献流通率有升有跌

数据显示:2017 年与 2012 年相比,文献流通率上升的有 4 家图书馆,分别是:扬州市图书馆从 0.54 上升至 0.82,高邮市图书馆从 0.56 上升至 0.63,仪征市图书馆从 0.69 上升至 0.78,江都区图书馆从 0.55 上升至 0.62,增幅最大的是扬州市图书馆;文献流通率出现下降的有 3 家图书馆,分别是:扬州市少年儿童图书馆从 1.46 降至 1.17,邗江区图书馆从 1.94 降至 0.85,宝应县图书馆从 1.79 降至 0.67。

(6) 年数字阅读占比差距明显

数据显示:2012 年扬州市图书馆年数字阅读占比为 7.08%,主要以电子期刊、学术论文和地方特色资源等为主,2017 年达到 42%,且访问内容集中在儿童教育、考试学习、传统文化、科普视频等新兴电子资源转变,访问量翻了 5 倍。县(市、区)级图书馆中,宝应县图书馆、高邮市图书馆、仪征市图书馆、邗江区图书馆和江都区图书馆数字阅读占比分别是 66.4%、33.7%、6.18%、12.86%和 64.08%,各馆之间差距明显。

(7) 可远程访问数字资源占比多家达到 100%

数据显示:2012 年扬州市图书馆有 CNKI、维普考试资源、龙源期刊、点点电子书库、百科视频等 9 个外购数据库,通过发放数字资源卡和 VPN 方式实现远程访问;到 2017 年,扬州市图书馆对外发布服务的数据库有 31 个,其中本馆自主采购 19 个,参加省馆集中采购 12 个,均提供馆外访问,可远程访问数字资源占比 100%。宝应县图书馆和仪征市图书馆可远程访问的数字资源占比达到 100%。江都区图书馆、高邮市图书馆和邗江区图书馆可远程访问的数字资源占比分别为 85.37%、82%和 76.47%。

(8) 新媒体服务广泛应用

数据显示:2013 年之前,仅扬州市图书馆配备有触摸媒体设备。2013 年仪征市图书馆注册并认证了官方微博。2014 年 8 月,扬州市图书馆在全市公共图书馆中率先开通了移动图书馆。2015 年到 2017 年,触摸媒体设备、微信公众号、微博服务平台在全市各馆逐步应用。各馆均配备了触摸媒体设备,开通了微信公众号;除高邮市图书馆和邗江区图书馆外,5 家图书馆建设了移动图书馆;扬州市图书馆、扬州市少年儿童图书馆、宝应县图书馆和江都区图书馆开通了微博服务平台;扬州市图书馆、江都区图书馆开通了电视图书馆服务。

2. 业务建设

(1) 数字资源本地存储量显著增加

数据显示:2017 年,全市公共图书馆的数字资源本地存储总量为 110.56 TB,比 2012 年的 44.3 TB 增加了 66.26 TB。其中扬州市图书馆由 15.3 TB 增加至 41.58 TB,宝应县图书馆由2 TB增至6 TB,高邮市图书馆由8 TB增至13 TB,仪征市图书馆由5 TB增至5.21 TB,江都区图书馆由4.4 TB增至8 TB,邗江区图书馆由6 TB增至42.65 TB。

(2) 自建数字资源尚存空白

数据显示:截至2017年扬州市图书馆自建地方文献全文特色库、扬州非物质文化遗产资料库、地方文献书目数据库、讲座、动漫等数据库,自建数字资源总量15.94 TB,比2012年的6 TB增加了9.94 TB。县(市、区)级图书馆中,宝应县图书馆、仪征市图书馆和邗江区图书馆从无到有,分别有0.12 TB、1.26 TB和1 TB;江都区图书馆最为丰富,达到8.12 TB;高邮市图书馆自建资源仍为空白。

(3) 总分馆建设收效明显

2012年底,扬州市图书馆有通借通还分馆2家,到2017年底直属分馆数量达到38家。2014年,仪征市图书馆启动图书馆总分馆建设项目,2015年完成了11家乡镇(办事处)分馆全覆盖,2017年建成村(社区)分馆93家。2015年,高邮市图书馆全面完成全市13家乡镇图书馆总分馆制建设;2016年,完成全市179家村农家书屋"一卡通"建设的全覆盖。2014年,江都区图书馆完成13家乡镇图书馆分馆建设,实现了总分馆间图书资源通借通还;2016年开始,江都区图书馆专门编制了《江都区图书馆总分馆制建设手册》,制定了分馆建设标准及服务规范,目前已完成290家农家书屋分馆建设。2016年底,宝应县图书馆14个乡镇图书馆分馆实现全覆盖;2017年,全县农家书屋、社区、乡镇分馆共计178家与总馆通借通还。2014年,邗江区在全区范围内全面启动图书馆总分馆制建设,已实现15家镇(街道)图书分馆全覆盖,建成村(社区)图书分馆148家。

3. 保障条件

(1) 年财政拨款总额呈现逐年上升态势

数据显示,2017年扬州市财政拨款总额达4 390.55万元,与2013年的2 006.88万元相比,增加值为2 383.67万元,增加幅度达118.77%。扬州市图书馆2017年财政拨款为1 604.16万元,与2013年相比增加近千万元;扬州市少儿图书馆2017年财政拨款总额为782.5万元,与2013年的316.87万元相比年均增幅达29.40%。高邮市图书馆2013年财政拨款总额209.24万元,2017年财政拨款总额达到3 500万元,为新馆建设投资导致。宝应县图书馆从2013年的财政拨款总额88.7万元逐年递增至2017年的456万元,年均增幅达82.81%。仪征市图书馆2013年财政拨款总额为220万元、2014年为208万元、2015年为301万元、2016年为354万元、2017年为541.8万元,除2014年有小幅下跌外,其他各年增幅明显。江都区图书馆2013年财政拨款总额为306.37万元、2014年为367.31万元、2015年为520.58万元、2016年为624.91万元、2017年为615.98万元,2017年出现负增长,但跌幅不大。邗江区图书馆财政拨款总额情况与江都区图书馆相类似,2017年同样出现小幅回跌,但与2013年相比增幅仍达到55.27%。财政拨款年增长率与当地财政收入年增长率相比平均为10倍以上,增幅明显。2017年县区级公共图书馆财政拨款分布从402万元至615.98万元,各馆间财政拨款总额差别不小。

(2) 人均文献购置费增幅明显

数据显示:扬州市图书馆人均文献购置费由2012年的0.2元提高到了2017年的1.33元,达到6.65倍。县(市、区)级图书馆中,除江都区图书馆由2012年的0.28元提高到了

2017 年的 0.81 元，其他各馆人均文献购置费均超过了 1 元，其中邗江区图书馆由 2012 年的 0.47 元提高到了 2017 年的 1 元，宝应县图书馆由 2012 年的 0.47 元提高到了 2017 年的 1 元，仪征市图书馆由 2012 年的 0.84 元提高到了 2017 年的 1.78 元，高邮市图书馆由 2012 年的 0.41 元提高到了 2017 年的 1.07 元。

(3) 人均文献馆藏量得到改善

数据显示：2012 年全市公共图书馆人均文献馆藏量偏低，2017 年得到了一定改善。2017 年扬州市图书馆人均文献馆藏量为 0.57 册，比 2012 年提高了 0.35 册；宝应县图书馆从 0.1 册提高到 0.65 册，高邮市图书馆提高到 0.8 册，江都区图书馆从 0.3 册提高到0.43 册。仪征市图书馆从 0.56 册提高到 0.57 册，增幅仅 0.01 册；邗江区图书馆从 0.33 册提高到 1.256 册，是全市人均文献馆藏量唯一达到 1 册以上的馆。

(4) 建筑面积不断增加

数据显示：2017 年末全市公共图书馆总建筑面积 60 958 平方米（不含分馆），较 2012 年末的 43 496 平方米，增加了 17 462 平方米，增幅达 40.15%。2015 年 1 月，宝应县图书馆新馆建成开放，建筑面积 5 500 平方米。2015 年 10 月，扬州市少儿图书馆三期扩建工程建筑面积 7 092 平方米投入使用，按服务功能划分为借阅区、阅览活动区和成长体验区三大区域，实行了国际标准化分级服务，现有建筑面积 1.31 万平方米，增长了 1.18 倍。高邮市图书馆在建工程，建筑面积 8 800 平方米，按开放型、综合型、多功能型的现代图书馆的要求进行设计，体现以读者为中心的服务理念。2012 年末扬州市图书馆、仪征市图书馆、江都区图书馆和邗江区图书馆馆舍建筑面积分别为 21 720 平方米、5 300 平方米、6 000 平方米和 5 096 平方米，到 2017 年末馆舍总建筑面积未变化。

4. 全市公共图书馆发展之特色

(1) 政府政策支持保障有力

2015 年 7 月，扬州市委、市政府印发《关于推动文化建设迈上新台阶的实施意见》，将扬州市“四位一体”公共图书馆服务体系建设列入“十大文化惠民”工程。自 2015 年起，市财政每年拿出 1 000 万元资金用于“四位一体”公共图书馆服务体系建设，经费保障落实到位。2016 年发布的《扬州市国民经济和社会发展第十三个五年规划纲要》，进一步明确了以突出文化惠民、完善体系、提升效能、促进均等，建成现代公共文化服务体系，显著增强文化服务力、文化创造力和文化保障力的思想。2016 年 11 月，扬州将“进一步提升‘四位一体’公共图书馆阅读服务体系建设水平”纳入《扬州市“十三五”文化发展规划》重点任务。并在政府层面建立了扬州市公共文化服务协调小组，按照职责分工、部门合作、共同推进的原则，切实加强对公共文化服务体系建设的组织领导，实现从文化部门的“内循环”转向各个部门通力合作的“大循环”，探索建立“分工合作、职责明确、联手推进”的运行机制，推动文化建设迈上新台阶。公共图书馆的建设和发展得到了前所未有的重视，近年来扬州市图书馆分馆、城市书房建设及县（市、区）图书馆藏书量增加、总分馆制建设列入了市委、市政府每年的“民生 1 号”文件，对县（市、区）政府进行定时、定量综合考评，保障了图书馆服务体系建设得力、运行有序。

(2) 国家示范项目强力推进

2015 年 5 月，扬州市申报的“四位一体”公共图书馆服务体系项目被原文化部列入第三批国家公共文化服务体系建设示范项目创建名单，扬州以此为重要契机，强化阅读设施网络建设、创新服务载体、推进全民阅读、提升市民素质，取得了显著成效。扬州市“四位一体”公共图书馆服务体系建设项目是涵盖全市公共图书馆实体资源和虚拟资源建设、服务管理等方面的一项系统工程，内容包括：总分馆、流动图书馆、自助图书馆、数字图书馆以及图书配送中心的建设、配送服务及活动开展的联动机制等。总分馆主要包括市县级图书馆总馆，直属分管、乡镇（街道）和村（社区）分馆等；自助图书馆包括24小时城市书房、24小时自助借阅机等；流动图书馆包括流动图书服务车、图书流通服务点等；数字图书馆主要包括图书馆网站、数字资源远程访问站点、微信图书馆、手机图书馆APP、“书香扬州”阅读平台等。截至目前，全市共有县级以上公共图书馆总馆7个，建成直属分管、乡镇（街道）和村（社区）分馆1 000多个，机器式24小时自助图书馆4个，24小时城市书房21个，流动服务车3辆，流通服务点118个，开通了图书馆官网、移动图书馆、微信图书馆和电视图书馆。扬州电视图书馆2016年4月23日运行以来，实现了场州市的全覆盖，受众面达40多万户家庭，市民足不出户就可以轻松“走进”扬州市图书馆，点击量200多万。

（3）阅读推广工作蓬勃开展

近年来，各馆在市委、市政府以文化人，以文化城，大力弘扬“读书修身、读书成才、读书传家、读书兴城”理念指导下，围绕“书香扬州”建设，把全民阅读工作作为培育和践行社会主义核心价值观，推进文化强市的有力抓手，加强组织领导，健全工作机制，完善阅读阵地，开辟城市书房等共享阅读空间，营造全民阅读、全民参与的良好氛围。一是组织建设引导阅读。2016年8月，扬州市全民阅读促进会成立，每年围绕机关干部读书月、职工读书月、农民读书节、全民阅读春风行动等重点阅读推广项目，集聚合力、扩大影响力，做全民阅读的宣传者、推广者、实践者。二是区别服务有的放矢。各馆开展分级、分年龄段的阅读服务和阅读指导，为全市广大少儿群体提供了更科学、更合理的阅读方向。重视老年读者服务，开办了“夕阳红网上冲浪”培训班，让老年读者享受科技带来的红利，丰富了晚年生活。与农村学校共建“春风少年读书会”等活动，让阅读成为农民工子弟和留守儿童安全温暖的心灵港湾。特别是针对视力有障碍的人群，各馆均设立了视障阅览室；针对身体有障碍的儿童，保障他们能够平等获取图书馆的资源和服务；针对心理或者智力有障碍儿童，提供针对性读物，用浅显的语言组织书目分享和阅读活动。开展的各种活动，遵循“引进来”和“走出去”的指导思想，既组织残疾人到馆服务，同时将精心选择、编排的活动带往特殊教育学校，让孩子们更好地与社会接触、融合。三是阅读品牌深受欢迎。各馆紧扣时代脉搏，关注社会公众的兴趣爱好，抓重点、抓热点，着力打造各自的公益讲座服务品牌。“扬图讲堂”推出“今天怎样读古典名著”“家风家训”“先秦诸子百家”“中国优秀古典戏剧”等专题，云集了众多央视《百家讲坛》名家，成为开展导读工作的新尝试，获得“江苏省优秀讲坛”称号。“少图讲堂”“乐仪讲坛”“秦邮文化讲坛”“书缘讲坛”“宝应大讲堂”等一批品牌讲堂，深受公众欢迎。四是“城市书房”市民点“赞”。24小时“城市书房”将门禁系统、防盗监控系统、自助借还系统与图书馆业务管理系统有效整合，完成读者识别进入，自助借还图书，打造了便捷、高效的图书馆服务平台，实现了实体图书馆和数字图书馆协同发展。24小时“城市书房”靠近家门口、阅读全天候、服务一站式、环境很温馨，让阅读融入城市文脉、融入市民生活，成为扬州新的“文化地标”，获得2016年全省宣传思想文化工作创新奖和扬州市政府工作创新奖。2017年开始，城市书房已向市辖县（市、区）推广。

(4) 特色馆藏和古籍保护工作成效显著

一是参与中华古籍保护计划。各馆参与中华古籍保护计划，开展国家、省级《古籍珍贵名录》和“古籍重点保护单位”的申报工作，全市公共图书馆共有78部古籍入选《国家珍贵古籍名录》，201部古籍入选《江苏省珍贵古籍名录》；扬州市图书馆入选“全国古籍重点保护单位”，高邮市图书馆、江都区图书馆、仪征市图书馆和宝应县图书馆为“江苏省古籍重点保护单位”；扬州市图书馆连续两次被评为“江苏省古籍保护先进单位”、仪征市图书馆2016年被评为江苏省古籍保护先进单位。二是实施古籍原生和再生性保护工作。扬州市图书馆建设了标准化的古籍修复室，配备专业修复人员和设备，对古籍进行修复、加固；通过创建“扬州地方文献古籍数据库”，多角度呈现扬州地方文献古籍，实现读者网上数字阅读，避免古籍原本的查询破损。各馆也通过制作珍贵古籍刻本、稿本复印本的形式来保护古籍。三是开展特色馆藏的整理工作。2017年，扬州市图书馆制定了《扬州市图书馆拓片拍摄规范》，完成了馆藏18 000多张拓片的整理和拍摄工作，按照《金石拓片整理的分类定名及著录标准》进行拓片的编目工作，建立了“馆藏古籍拓片专题数据库”。2017年，仪征市图书馆《仪征历代古籍珍贵图录》项目，历经两年多研究终成书出版。

(5) 合作共享产生广泛影响

近年来，全市公共图书馆不断寻求自身发展的新路径，馆际合作和社会合作已经成为丰富图书馆业务工作、充实图书馆活动、保障人民群众的基本文化权益的重要举措。一是全市域共享数字资源有亮点。自2012年起，扬州市图书馆与各县(市、区)签订了《全市公共图书馆数字资源共建共享》协议，开放了包括CNKI、维普考试资源、龙源期刊、点点电子书库、百科视频等9个数据库，实现了在扬州市的全域共享。二是共建数字服务平台有成效。扬州市图书馆先后与中国电信扬州分公司和扬州广电网络有线公司合作，推出了移动图书馆和电视图书馆平台，数字图书、期刊、讲座、精品剧目、多媒体课堂、群众文化活动、文化共享工程等各类数字资源，在很大程度上改变人们传统的阅读方式，培养公众数字阅读习惯。三是合作出版《扬州文库》。扬州市图书馆根据合作要求，按照收录时间和地域调出馆藏古籍藏书目录中的地方文献进行筛选，提供了60种馆藏特色地方文献稿抄本及他馆未见刻本的底本，分录《扬州文库》地方志类、地方史料类、传记年谱家乘类、学术著述类、诗文集类。馆藏珍贵地方文献古籍的影印出版，大大充实了《扬州文库》的收录范围。同时合作方广陵书社向扬州市图书馆赠送了丛书及全套电子文档，电子文档的获得为今后数字资源建设合作提供了可资借鉴的方法。

三、存在的问题和不足

5年来，全市公共图书馆的各项工作开展总体情况良好，成效明显。但仍存在县(市、区)级图书馆之间的发展不平衡的问题，与先进地区相比，差距不小。

1. 服务效能有较大提升空间

从服务效能考察指标可以发现，各馆除文献流通率指标有升有降外，持证读者占比、读者人均到馆量、年文献外借量、阅读推广活动次数、数字阅读量占比等数据均在不同程度地增加，但还有较大提升空间，如持证读者占比虽普遍增长，但县（市、区）图书馆持证读者的实际数量却不多，最多的高邮市图书馆为3.72万张，最少的宝应县图书馆为1.36万张。文献流通率下降的有扬州市少年儿童图书馆、邗江区图书馆和宝应县图书馆，其中邗江区图书馆和宝应县图书馆下滑过快，幅度较大。在新媒体应用方面，专门的移动图书馆平台缺乏，微信和微博关注用户量偏低，高邮市图书馆和邗江区图书馆缺少移动图书馆服务，尚未开通微博服务。

2. 业务建设要充分挖掘创新

各馆在文献资源建设方面，文献剔旧工作执行有待加强，文献资源的共建共享工作有待创新，自建数字资源工作有待加强，高邮市图书馆自建资源仍为空白，宝应县图书馆、邗江区图书馆刚起步，自建数字资源质量有待提高；在总分馆建设方面，普遍存在分馆图书利用率不高，活动开展不多的问题，村（社区）全覆盖需加紧落实；在图书馆行业协作协调和社会合作方面，协作协调工作参与不多，差距不小，与社会机构共建共享成效不显著；图书馆宣传工作市县级偏多，影响力有限。

3. 保障条件必须持续推动发展

各馆在经费保障方面，编外工作人员经费、读者活动经费明显不足；在文献保障方面，各类资源配置要更加合理；在人员保障方面，编制少，在编人员少，编外人员多，在编人员图书馆专业背景缺乏，专业技能有待提升。在建筑设施保障方面，仪征市图书馆、邗江区图书馆、江都区图书馆和宝应县图书馆馆舍空间略显不足，功能布局欠合理，导致部分功能室合二为一，动静分区存在困难，制约了图书馆读者活动的开展等。

四、发展建议

面对新时代公共图书馆事业高质量发展的要求，全市公共图书馆应对标找差距、合力补短板、合作求创新，更好地满足人民日益增长的美好生活需要，满足人民群众多样化、个性化和不断升级的精神文化需求。以人民中心为导向，完善公共图书馆服务体系，通过高起点保障、高标准建设、高效能服务，不断提升人民群众的获得感和幸福感。

1. 加强服务效能提升

全市公共图书馆要将服务效能放到首位，针对考察指标反映出来的差距，要注重读者发展，开展形式多样、个性化突出的阅读推广活动；要充分利用现代信息技术，数字化信息资源，创新决策信息服务方式；要注重自媒体服务，利用好各种平台载体，广泛开展对新媒体平台使用的宣传，改善服务数据新闻媒体宣传力度不足问题；要加强区域联动，采用同一主题多馆联动参与形式，扩大图书馆界整体影响力；要重视服务品牌建设，努力提升品牌辨识度。通过这些有效方式，不断提升整体服务水平。

2. 加强业务建设创新

扬州市公共图书馆要加强文献资源建设，重视纸质资源中地方特色文献建设，加快地方文献数字化；加大各种数字资源的采集、整合与保存，实现纸质资源和数字资源协调发展；进行数字资源联合建设，实现资源共享。要强力推进总分馆建设、发挥市中心馆作用，推动市联盟，特别是要在提高分馆图书利用率，活动经常化方面下大力气；要推进图书馆行业协作协调，探索实施法人治理，引进第三方评价机制，依托本土、本馆特色开发文创产品。创新运营管理模式，深化社会合作机制，聚合社会力量推进全民阅读，激发社会力量参与到图书馆建设和管理，从“政府主导”公共文化服务向“政府引导＋社会力量参与”模式强化，发展“城市书房＋”服务模式，广泛联合社会各界力量，寻求跨界合作的新思路，与旅游景点、书店、咖啡馆、银行、商场等联后发展，参与文化空间的营造及阅读活动的策划、组织与实施。

3. 加强政策资金保障

全市公共图书馆要积极争取政府支持，在政策和资金上，保障图书馆事业发展；要着眼事业长远发展，着力加快人才队伍的培养，全面提升馆员素质，进而提升服务水平，更新工作理念，掌握服务新技能，开展服务新项目；要充分利用现有馆舍条件，进行功能布局的合理调整，为广大读者提供便捷、温馨的阅读环境。

（执笔人：袁晖）

镇江市公共图书馆事业发展报告

截至到2017年,镇江市共有县区级以上公共图书馆7家。镇江市图书馆是唯一的地市级图书馆,创立于1933年,前身是江苏省立镇江图书馆,1949年新中国成立后改名苏南镇江图书馆,1957年更名为镇江市图书馆。县区级图书馆6家,京口区图书馆原为镇江市第九中学图书馆,由学校老厂房改造而成,2015年京口文化艺术中心落成,位于其中的京口区图书馆新馆于2016年正式建成开放;润州区图书馆现馆舍建于2008年,位于润州区三茅宫镇江实验学校西侧;丹徒区图书馆前身是丹徒县图书馆,始建于1957年,2002年丹徒撤县建区,丹徒县图书馆更名为丹徒区图书馆,2006年建成新馆开放服务至今;丹阳市图书馆创建于1956年,几经迁址后现以西环路为临时开放地;扬中市图书馆独立建制于1977年,目前新馆建设已获立项;句容市图书馆创建于1959年,文革期间被撤,1978年恢复建制,1990年代中期馆舍被定性为危房,失去对外开放功能,处于半闭馆状态,2014年新馆建成,于2015年1月1日正式对外开放。

一、镇江市公共图书馆事业发展概况

因句容市图书馆和京口区图书馆分别到2015年和2016年才开放运营,故以下各项指标中两馆无2012年的数据可对比。

1. 服务效能

(1) 持证读者占比小幅提升。2012年底镇江市图书馆持证读者占比4.43%,2017年持证读者占比4.44%,六年间持证读者占比提高了0.01%。县区级图书馆中,2012年各馆持证读者占比分别是润州区图书馆2.7%、丹徒区图书馆2.3%、扬中市图书馆1.09%、丹阳市图书馆1.67%,到2017年该项数据变更为润州区图书馆2.5%、丹徒区图书馆4.61%、扬中市图书馆1.99%、丹阳市图书馆2.05%。除润州区图书馆外,各馆持证读者占比均有小幅增加,其中以丹徒区图书馆增加比率最高。京口区图书馆和句容市图书馆2017年持证读者占比分别是1.11%和2.49%。

(2) 年读者人均到馆量有所提高。2012年镇江市各公共图书馆年读者人均到馆量分别为镇江市图书馆0.38人次、润州区图书馆0.35人次、丹徒区图书馆0.39人次、扬中市图书馆0.01人次、丹阳市图书馆0.27人次,2017年各馆增加至镇江市图书馆0.57人次、润州区图书馆0.48人次、丹徒区图书馆0.5人次、扬中市图书馆0.55人次、丹阳市图书馆0.44人次。京口区图书馆和句容市图书馆2017年的读者人均到馆量是0.23人次和0.56人次。

(3) 年文献外借量有较大增长。除京口区图书馆和句容市图书馆外，镇江市5家公共图书馆2012年文献外借总量为963 420.5册次，2017年增加至1 866 663.4册次，增幅达到93.75%。而京口区图书馆和句容市图书馆2017年的文献外借量分别为13.2万册次和21.16万册次，故2017年镇江市公共图书馆的文献外借总量达到了2 281 196.73册次。

(4) 年文献流通率趋于下降。2012—2017年，3家公共图书馆年文献流通率有所下降，镇江市图书馆从0.66下降到了0.52，丹徒区图书馆从0.71下降到了0.7，扬中市图书馆从0.76下降到了0.7，镇江市图书馆降幅最高。润州区图书馆从1.07提高到1.09，丹阳市图书馆没有变化，均为0.7。京口区图书馆和句容市图书馆2017年该指标的数据分别是0.54和0.11。

(5) 年数字阅读占比增幅明显。与传统文献流通率下降的趋势相反，镇江市各公共图书馆年数字阅读占比有较为明显的增加。2012年镇江市图书馆年数字阅读占比只有10%，主要以电子图书、期刊、论文等传统电子资源为主，2017年达到49.11%，且访问内容由原来传统电子资源向儿童教育、传统文化、科普视频等新兴电子资源转变，访问量翻了五倍。县区级图书馆中，润州区图书馆、丹徒区图书馆、扬中市图书馆也由12%、21.1%、5%分别增加至30%、33.6%、16%。京口区图书馆、丹阳市图书馆、句容市图书馆无对比数据，2017年该项指标数据各为23.12%、32.74%和8%。

(6) 年每万人参加读者活动人次各馆差异较大。2017年，镇江各馆年每万人参加读者活动人次分别为：镇江市图书馆127.45人次，京口区图书馆3 194人次，润州区图书馆1 626人次，丹徒区图书馆2 959.23人次，丹阳市图书馆233人次，扬中市图书馆118人次，句容市图书馆76.67人次，可以看出区图书馆普遍较高，市图书馆和县级市图书馆的数据相对较低。与2012年相比，镇江市图书馆从73.78人次提高到127.45人次，增长率为72.74%。县区级图书馆中丹阳市图书馆是唯一下降的图书馆，从308人次降到233人次，其他馆均有提高，润州区图书馆从487人次增加到1 626人次，丹徒区图书馆从1 310人次提高到2 959.23人次，扬中市图书馆从3.3人次增加到118人次。

(7) 可远程访问数字资源占比多家达到100%。2012年镇江市图书馆有读秀、中国《文心雕龙》资料中心、中国文选学资料中心等7个可远程访问的数字资源，占比为38.89%；到2017年，镇江市图书馆对外发布服务的数据库有29个，其中本馆自主采购14个，上级主管部门提供1个，自建2个，参加省馆集中采购12个。提供馆外访问的数据库共有24个，其中在电脑端访问的19个，在微信端访问的5个，可远程访问数字资源占比82.76%。区图书馆中，润州区图书馆、丹徒区图书馆、扬中市图书馆、丹阳市图书馆2017年可远程访问的数字资源占比均达到100%，京口区图书馆和句容市图书馆则分别占比66.7%和80%。

(8) 新媒体服务方式逐渐多样化。2012年，镇江各馆中仅镇江市图书馆有手机APP一种新媒体服务方式。到2017年，除润州区图书馆外，其他6家图书馆均开通了微信公众号。镇江市图书馆、润州区图书馆、丹阳市图书馆和扬中市图书馆等4家图书馆配备有触摸媒体设备。镇江市图书馆、扬中市图书馆和丹阳市图书馆等3家图书馆建设了移动图书馆。镇江市图书馆还于2017年5月开通了微博，和微信公众号同步更新。

2. 业务建设

(1) 数字资源本地存储量显著增加。2017年，镇江市7家公共图书馆的数字资源本地存储总量为73.67 TB，比2012年的23.8 TB提高了49.87 TB。其中镇江市图书馆由9.8 TB增加至27.49 TB，润州区图书馆由4 TB增至8 TB，扬中市图书馆由4 TB增至7.28 TB，丹阳市图书馆由6 TB增至22.9 TB，句容市图书馆2015年开馆时数字资源本地存储量仅为0.8 TB，到2017年增加到了2 TB。

（2）自建数字资源总量可观。2017年镇江市图书馆共建有《文心雕龙》论文全文数据库、文心雕龙专著数据库、古籍地方文献数据库等10个数据库，资源总量达到15.96 TB，比2012年的2.07 TB增加了13.89 TB。县区级图书馆中润州区图书馆从1 TB增加到4 TB，扬中市图书馆从1 TB增加到4.28 TB，丹阳市图书馆从6 TB增加到11.65 TB，京口区图书馆、丹徒区图书馆、句容市图书馆2017年该项数据分别为6 TB、13.56 TB和2 TB。7家图书馆自建数字资源总量2017年为57.45 TB，比2012年提高了47.38 TB。

（3）总分馆建设成效初显。2012年底，镇江市图书馆有分馆26家，到2017年底，直属分馆数量达到65家。润州区图书馆从2012年的7个分馆增加到了2017年的22个分馆。2013年开始，丹徒区图书馆开始建设镇（街道）一级分馆，到2015年底镇一级分馆全覆盖。从2017年开始，推进村（社区）一级分馆建设。已建的分馆全部实现通借通还，分馆之间定期进行图书流转。2011年，丹阳市图书馆首个分馆“凤美”分馆在凤美社区成立，2012年又相继在全市每个乡镇均开设分馆，现有分馆12家，全部实现“一卡通”通借通还服务，是镇江范围内首个实现“一卡通”的县区级图书馆。2015年，句容市图书馆分馆覆盖率仅为3%，2016年增加到了68%，到2017年句容市图书馆实现了分馆全覆盖。另外，京口区图书馆和扬中市图书馆2017年也分别有6个和3个分馆。

3. 保障条件

（1）年财政拨款总额总体呈上升趋势。从现有数据看，县区级图书馆财政拨款均有不同幅度的增加。润州区图书馆2012年财政拨款总额为95万元，到2017年增长至112万元，增幅达到17.89%。丹徒区图书馆年财政拨款总额分别为2012年145万元、2013年145.02万元、2014年165.35万元、2015年143.18万元、2016年170.20万元、2017年307.79万元，除2015年有小幅下跌外，基本稳步提升。扬中市图书馆从2012年的284.91万元提高至2017年的455.31万元，增长率为59.81%。丹阳市图书馆2017年财政拨款总额为443万元，相较于2012年的300万元提高了47.67%。句容市图书馆年财政拨款总额分别为2015年427万元、2016年561万元、2017年742万元，年均增长率为36.89%。镇江市图书馆2012年财政拨款总额已达到1 131.55万元，2013年降至914.03万元，后逐年提升，2014年967.68万元，2015年968.15万元，2016年1 026.89万元，到2017年才超过2012年，达到1 369.1万元。

镇江市一般公共预算收入与镇江市公共图书馆年财政拨款总额对比表

年份	一般公共预算收入（万元）	财政收入增长率	年财政拨款总额（万元）	财政拨款增长率	财政拨款年增长率与当地财政收入年增长率的比率
2012	2 154 790	18.46%	1 131.55	46.54%	252.10%
2013	2 545 158	18.12%	914.03	−19.22%	−106.11%
2014	2 777 647	9.13%	967.68	5.87%	64.26%

（续表）

年份	一般公共预算收入（万元）	财政收入增长率	年财政拨款总额（万元）	财政拨款增长率	财政拨款年增长率与当地财政收入年增长率的比率
2015	3 028 468	9.03%	968.15	0.05%	0.54%
2016	2 930 110	−3.25%	1 026.89	6.07%	−186.81%
2017	2 843 378	−2.96%	1 369.1	33.32%	−1 125.83%

（2）年人均文献购置费各馆有增有降。总体而言，县区级图书馆的人均购书经费有所增加，润州区图书馆 2017 年为 1.06 元，比 2012 年 0.72 元增加了 0.34 元。丹徒区图书馆 2017 年为 1.42 元，比 2012 年的 0.35 元提高了 1.07 元。扬中市图书馆从 0.81 元提高到 1.64 元。丹阳市图书馆年人均文献购置费也有小幅增加，从 2012 年的 0.61 元提高到 2017 年的 0.66 元。京口区图书馆和句容市图书馆 2017 年人均文献购置费比较高，分别是 3.76 元和 1.6 元。而镇江市图书馆则有所下降，2013—2017 年间，镇江市常住人口缓慢上升，但镇江市图书馆年文献购置费却逐年下降，年人均文献购置费平均为 0.42 元，人均文献购置费增长率平均为−18.84%。直到 2017 年，年度文献购置费下降趋势才被打破，但 2017 年的文献购置费也仅比 2011 年高 5 万元。

镇江市图书馆年人均文献购置费对比表

年份	年文献购置费（万元）	辖区常住人口（万人）	年人均文献购置费（元）	年人均文献购置费增长率
2012	240	315.48	0.760 7	64.44%
2013	160	316.54	0.505 5	−33.56%
2014	159.4	317.14	0.502 6	−0.56%
2015	111	317.65	0.349 4	−30.48%
2016	99.2	318.13	0.311 8	−10.77%
2017	150	318.63	0.470 8	50.97%

（3）文献馆藏量逐年增长。镇江市公共图书馆 2013 年新增文献入藏 922 281 册件，2014 年新增 213 020 册件，2015 年新增 503 580 册件，2016 年新增文献入藏 316 930 册件，到 2017 年底，全市公共图书馆文献馆藏总量为 622.88 万册件。截至到 2012 年底，镇江市图书馆文献馆藏量为 1 191 673 册件，到 2017 年底，文献馆藏量为 3 834 206 册件，5 年间馆藏量增加了221.75%，年均文献增长率达到 44.35%。县区级图书馆中以丹阳市图书馆文献馆藏增量最大，2017 年 98 万册件，比 2012 年 30 万册件增加了 68 万册件。润州区图书馆 2017 年藏书207 528册件，这一数据相较于 2012 年底的 183 137 册件提升了 13.32%。2012 年底，丹徒区图书馆文献总藏量 14.3 万册件，到 2017 年底总藏量为 313 172 册件，文献馆藏量增加了 119%。扬中市图书馆在 2012 年和 2017 年的文馆藏量分别为 27.6 万册件、42.8 万册件，馆藏量增加了 55.07%。句容市图书馆文献馆藏量分别为：2015 年 4.8 万册件、2016 年 22.4 万册件、2017 年 33.94 万册件，也实现了逐年增长。

（4）人均文献馆藏量普遍提升。2017年底，镇江市图书馆人均文献馆藏量为1.2册，比2012年的0.38册提高了0.82册，润州区图书馆从0.62册提高到1.03册，丹徒区图书馆从0.48册增加到1.02册，扬中市图书馆从0.86册增加到1.25册，丹阳市图书馆从0.31册增加到1册。句容市图书馆2015年开馆后，人均文献馆藏量逐年增加，2015年0.08册，2016年0.36册，到2017年增加到0.62册。到2017年，除京口区图书馆和句容市图书馆（均为0.62册），其他5家图书馆人均文献馆藏量都已达到1册或以上。

（5）建筑面积总体增加。2012年，镇江市图书馆馆舍总建筑面积为13 440平方米。到2017年馆舍总建筑面积达到16 832平方米（不包括分馆面积），增加了3 392平方米。京口区图书馆2016年正式开放运营，面积为5 014平方米。2008年，润州区图书馆2 500平方米的馆舍竣工投入使用，到2017年，面积无变化。2012年丹徒区图书馆建筑面积为2 330.03平方米，到2017年总馆建筑面积增加至3 737.46平方米，增加了60.4%。扬中市图书馆建筑面积由2012年的2 200平方米增长至2017年的3 500平方米，增加了59.09%。2012年，丹阳市图书馆的建筑面积为3 613平方米，到2017年面积没有变化。句容市图书馆2015年落成新馆，建筑面积为1.5万平方米。

4. 优秀做法和亮点

（1）政策支持体系日益完善。2012年、2015年镇江市委市政府先后出台《关于加强全市公共文化服务体系建设的实施意见》和《关于加快推进现代公共文化服务体系建设的实施意见》，以基本建成覆盖城乡、功能健全、实用高效的全市公共文化服务体系为总体目标，其中多项条款涉及公共图书馆的建设与发展。2016年镇江市政府印发了《关于构建全市图书馆服务体系工作方案》，以加快构建“行之有效、覆盖城乡、规划统一、资源共享、集中管理”的图书馆服务新体系。此外，文化事业发展方向也从20世纪的“紧紧围绕经济建设”开始向“文化事业强、文化产业强、文化队伍强”转变。公共图书馆建设作为全市文化事业发展的重要内容，近年来被纳入了全市社会经济发展总体规划，和经济工作同安排、同部署、同落实、同考核，如与公共图书馆事业发展密切相关的“十五分钟公共文化圈”“公共数字文化平台建设”等均被列为镇江市“文化民生提升工程”建设考核项目。各县（市）区也把图书馆建设摆上重要议事日程，保证全市三级图书馆服务网络的正常运行和业务工作的有序开展。

（2）特色馆藏和古籍保护工作成果显著。一是注重地方文献收藏。镇江市图书馆建成了镇江历史文化名城资料中心，目前，共收藏地方文献2 559种，4 013册。润州区图书馆拨出专门经费采购地方文献，同时配之社会征集、接受捐赠等方式，专架排放，专人管理。二是加强特色馆藏建设，2017年镇江市图书馆已建成中国《文心雕龙》资料中心、中国文选学资料中心、镇江古籍资料中心等多个专题馆藏数据库。三是注重古籍保护和宣传。得益于原省馆的文化遗存，镇江市图书馆是古籍大馆，现有古籍近20万册，善本219种4 800余册，国家级珍贵古籍30余部，省级珍贵古籍百余部。自2009年镇江市馆被国务院命名为“全国古籍重点保护单位”以来，镇江市图书馆建立了专门的古籍修复室，配备专业修复人员和设备，实现古籍修复常规化；参与起草的《镇江市古籍保护办法》是国内第一部关于古籍保护的地方政府规章，开启了镇江市古籍保护的法治化进程；积极开展古籍数字化工作，目前已先后将700余种1 000余册地方文献古籍进行数字化扫描和文字识别，涵盖了镇江历代官修的府县志、山水志、寺观志以及地方史料、名人传记、家谱家乘和诗文集等多种文献。四是进行地方文献开发工作。2016 年开始编纂大型地方文史类丛书《镇江文库》,这是镇江有史以来最大规模的文化整理工程,现已整理出版了 14 册,收录了自宋代《嘉定镇江志》、元代《至顺镇江志》以来的历代府志、县志,其中有多部文献属于海内外存世稀少的善本。各县区级图书馆也高度重视地方文献征集和古籍保护工作,实现专架排放、专人管理。

(3) 全民阅读工作成绩优异。近年来,各馆发挥阵地优势,联合各方力量,利用多种方式不断推动、引导、服务全民阅读,实现镇江市全民阅读工作更加深入、全面、科学地发展。首先,阅读活动场次逐年增加。2012 年,镇江市馆全年举办读者活动 20 余场,到 2017 年,仅"文心讲堂"就举办了 22 场,各类型阅读活动全年达 208 场。其次,阅读品牌影响日益提高。镇江市图书馆的"文心公益"系列活动、润州区图书馆的"润心讲堂"、京口区图书馆的"多彩大课堂"等阅读品牌日渐深入人心,获得社会广泛好评。第三,阅读推广队伍不断壮大。2015 年成立"镇江市全民阅读促进会"后,每年开展多场阅读推广培训活动,大力培育阅读社团和阅读推广人。到 2017 年,已培育各级各类阅读社团 50 余个,培训国家级阅读推广人 26 人,初级阅读推广人 2 800 多名。第四,阅读服务对象有所扩大。在做好均等、普遍服务的前提下,各馆重点给予特殊群体人文服务的关怀。为视障读者服务的项目"靠近我,点亮你"获省优秀服务成果二等奖;在特教中心建立分馆,把图书馆办到聋哑孩子的身边;为进城务工人员举办培训班,为外来务工人员子女多的桃花坞、宝盖路学校开设流通点并组织活动。

(4) 业务创新亮点频现。2015 年实施的"智能公交"项目把城市公交网络整合成一个覆盖全市的数字阅读延伸平台,每季度按主题发布 20 余本不同品类的电子读物,读者扫一扫二维码就能将图书下载至手机中;"你阅读,我买单"项目以图书采选权为切入点,读者持镇江市图书馆专门定制的"你阅读,我买单"借阅证,到镇江市新华书店门店可直接免费办理图书借阅,读完还到图书馆,所购(借)图书直接成为图书馆藏书。"阅读+"少儿积分兑换课程项目将小读者借阅图书、参加阅读活动等行为折算成阅读积分,在此基础上,创新性地推出了阅读积分兑换文化、艺术、体育、科学、道德课程的举措。此外还有"我为市民选本好书"采书活动、"人人都是图书馆"读者互借平台等基于读者需求、关注读者互动的特色项目。

(5) 资源共享范围进一步扩大。一是以全国文化信息资源共享工程为载体,实现共享工程全覆盖。在省共享工程分中心的指导和支持下,镇江市、县(区)两级图书馆建有共享工程支中心,乡镇(街道)文化站建有基层点,村(社区)依托党员远程教育网实现共享工程在我市的全覆盖。二是以镇江市文献信息资源共享体为载体,实现公共馆与高校馆之间的"通借通还"。它以镇江市图书馆、江苏大学图书馆、江苏科技大学图书馆、镇江高等专科学校图书馆及丹徒区图书馆为主体,逐渐扩展到地区范围内的各行各业的图书馆,按照"统筹协调、相互支持、形成合力、促进发展"的原则,逐步实现文献信息资源在镇江全市范围内的共建共享。目前,共享体成员馆联合推出了"图书通借通还和网上预约借书服务",市民持通用证可在五馆间自由借阅图书,同时可将所借书籍就近归还到五馆中的任意一馆。共享体的建立打破了不同系统之间资源共享的壁垒。公共图书馆不再"单兵作战",而是与高校图书馆互相支持,共同服务社会。此举被《中国文化报》宣传推广。以共享体为核心的"城市书房、文化共享"项目被评为江苏省文化厅优秀服务成果一等奖。三是以市、县(区)、乡镇(街道)社区三级公共图书馆服务网络为载体,"一卡在手、通借通还"打造市区 15 分钟公共图书馆服务圈。四是以数字图书馆、手机图书馆、电视图书馆为载体,构建镇江公共数字文化服务平台。在国家大力推进"三网融合"的背景下,以数字图书馆、电视图书馆和手机图书馆为核心的公共数字文化平台使资源共享的水平更高、效率更高、效益更大，也将使图书馆的文献信息服务变得更加广泛、便捷、多元、智能以及个性化。

二、存在的问题和不足

近年来，镇江市各公共图书馆努力促进自身发展，争取为更多的读者带来更人性化的服务，但本着高标准、严要求，与周边一些“老大哥”图书馆相比，镇江市各公共图书馆的工作仍有一定的差距。具体如下：

1. 效能导向不够明显

从对镇江市公共图书馆服务效能指标的比较中可以看出，除年读者人均到馆量各馆均有提高外，持证读者占比润州区图书馆有所下降，年文献流通率镇江市图书馆、丹徒区图书馆、扬中市图书馆有所下降，年每万人参加读者活动人次丹阳市图书馆有所下降。在新媒体服务方面，目前京口区图书馆还没有网站，润州区图书馆没有微信公众号，7 家公共图书馆中仅镇江市图书馆开通了微博。

2. 保障条件仍需提升

镇江市公共图书馆的各项保障条件较为薄弱。首先，经费保障不足。财政拨款总额虽总体上升，但年财政拨款增长率有所下降。其次，文献资源保障有待提高。各馆年人均文献购置费普遍不足，镇江市图书馆的该项指标甚至出现下降趋势。第三，馆舍条件差，新馆建设过程坎坷。一些图书馆馆舍陈旧，布局和设计方面不能满足现代化的要求。2013 年，丹阳市图书馆为配合市政建设进行搬迁，馆舍未建先拆，至今新馆未交付使用；镇江市图书馆的新馆早在 2013 年已立项奠基，后被迫中止，直到 2017 年重新选址立项，目前项目还未动工。此外，各县区馆均反映缺少自助借还机、24 小时自助图书馆、图书流通车等设备。第四，在现代化信息管理方面也有不足。如在电子档案方面比较薄弱，还需进一步丰富网上讲座、培训和展览等活动种类，尚不能实现利用数字化实现智能图书上架等。

3. 中心馆地位不够突出

与镇江市的县区级公共图书馆相比，镇江市图书馆在各项指标上没有优势，尤其是服务效能的多项指标数据甚至还低于县区级图书馆；作为镇江全市图书馆服务体系建设的中心馆，镇江市图书馆在促进馆际交流和资源共享上的作用发挥不够，仍有较大的发力空间。

三、发展建议

1. 对标找差，解决短板问题

针对发展过程中存在的问题和薄弱环节，各馆应积极寻求外部支持，同时改进馆内各项工作，推动图书馆在服务效能、业务建设和保障条件等方面全面提高。如镇江市图书馆在经费保障、文献资源保障、服务效能等方面存在不足；京口区图书馆没有独立的借阅系统端口，同时缺少触摸媒体设备、自助借还设备等新技术设备应用；润州区图书馆数字资源和地方文献建设亟待加强；丹徒区图书馆专业人员缺口较大；丹阳市图书馆缺少读者服务配套设施，功能实用性有待提高；扬中市图书馆需加强馆际合作和区域联盟建设；句容市图书馆缺少信息化管理系统，无法实现业务流程数字化一体化管理。这些将是镇江市公共图书馆未来发展需要重点关注解决的问题。

2. 突出特点，发挥已有优势

各馆应巩固和保持已有的特色及成果，如进一步推动阅读推广和社会教育，创新服务模式，提升服务质量，将图书馆打造成引领阅读风潮、凝聚阅读群体的公共文化场所；进一步加强地方文献及特色馆藏建设，树立品牌意识，开发图、文、声、像等多种载体并存的库群，建成人无我有、人有我优的特色馆藏资源；进一步做好古籍保护和数字化工作，改善古籍保护条件，参与古籍普查及名录申报，开展古籍数字化工作，组织古籍知识宣传活动，让书写在古籍里的文字真正活起来。

3. 面向未来，寻找新的方向

以公共图书馆发展趋势为导向，各馆要更加重视提升服务效能，关注用户体验，挖掘用户价值；要积极开展全民阅读工作，发挥公共图书馆在全民阅读中的引领者和主阵地的作用；要进一步加强服务体系建设，纳入更多人群，让公共文化服务更加普惠均等；要顺应时代潮流提升图书馆数字化水平，发展数字阅读，并运用新理念、新技术提高服务成效；要深化馆际交流与合作，实现资源共建共享；要转变管理思路，引入各方力量推动图书馆事业发展。

（执笔人：杨秀　褚正东）

泰州市公共图书馆事业发展报告

泰州现辖3个县级市(靖江市、泰兴市、兴化市)、3个区(海陵区、高港区、姜堰区),常住人口464.58万人,现有地级市公共图书馆1家,县(区)级6家,共7家公共图书馆。

泰州图书馆始建于1922年,迄今已有90多年历史,2012年4月,迁址于泰州市鼓楼南路295号文化中心。海陵区图书馆是由原泰州图书馆(老馆)的基础上改建而成的,2014年10月正式对外开放。姜堰区图书馆始建于20世纪70年代初,现馆舍建于2000年,位于姜堰区南大街246号,2012年姜堰撤县建区,姜堰市图书馆更名为姜堰区图书馆。高港区图书馆位于高港区文化中心大楼,2007年建成开放。泰兴市图书馆建于1956年,2017年4月泰兴市图书馆新馆对外开放,新馆面积为7 000平方米。靖江市图书馆始建于1934年,现馆舍位于靖江市公园弄49号,6 000多平方米。兴化市图书馆始建于1958年,2008年迁馆于长安中路。

一、泰州市公共图书馆事业发展概况

因海陵区图书馆2014年才开放运营,故以下各项指标中无2013年的数据可对比。

1. 服务效能

(1) 持证读者人数成倍增长

2013—2017年,泰州市公共图书馆持证读者人数逐年增长且增速明显,2013年全市持证读者11.47万人,2017年增加至20.74万人,增加近1倍。其中泰州图书馆、靖江市图书馆、泰兴市图书馆持证读者人数较多。海陵区图书馆从无到有,增幅最大,2017年持证读者已经达1.27万人。

泰州市公共图书馆持证读者人数统计(万人)

年份	泰州图书馆	海陵区图书馆	高港区图书馆	姜堰区图书馆	靖江市图书馆	泰兴市图书馆	兴化市图书馆	合计
2013年	4.02	0	0.47	1.6	3.24	1.4	0.74	11.47
2014年	4.69	0.28	0.47	1.7	3.63	1.43	0.84	13.04
2015年	5.36	0.71	0.39	1.55	3.99	2.51	0.98	15.49
2016年	6.06	0.74	0.52	1.77	3.96	3.01	1.1	17.16
2017年	6.91	1.27	0.75	1.47	4.36	5	1	20.74

（2）年文献外借量稳中有升

除海陵区图书馆外，泰州市6家公共图书馆2013年文献外借总量为174.66万册次，2017年增加至230.7万册次，增幅为32.09%。而海陵区图书馆2017年的文献外借量为17.6万册次，故2017年泰州市公共图书馆的文献外借总量达到了248.26万册次。年文献外借量增长最快的为姜堰区图书馆，近年来由于该馆农家书屋一卡通的快速发展，外借量得到了大幅增长，从2013年的22.6万册增加至50.85万册次，增幅近125%。

泰州市公共图书馆文献外借量统计（万册次）

年份	泰州图书馆	海陵区图书馆	高港区图书馆	姜堰区图书馆	靖江市图书馆	泰兴市图书馆	兴化市图书馆	合计
2013年	52.86	—	3.52	22.6	42.7	33.5	19.48	174.66
2014年	53.52	1.6	5.29	25.1	43	34.1	20.72	183.33
2015年	49.23	10.5	6.12	41.2	56	35	21.05	219.1
2016年	45.47	12.1	5.5	49.8	56.7	35.1	20.17	224.84
2017年	57.62	17.6	6.86	50.85	56.8	35.3	23.23	248.26

（3）参加读者活动人次保持较高水平

2017年，泰州各馆参加读者活动人次分别是：泰州图书馆2.56万人次，海陵区图书馆0.2万人次，高港区图书馆0.2万人次，姜堰区图书馆5.6万人次，靖江市图书馆1.8万人次，泰兴市图书馆9.3万人次，兴化市图书馆0.67万人次，总人次为20.37万人次。从数据看，姜堰区图书馆、泰兴市图书馆参与活动人次较高。两个成立较晚的高港区图书馆、海陵区图书馆的数据相对较低。与2013年相比，泰州地区图书馆参加读者活动人次从19.22万人次提高到20.37万人次，小幅增长。

泰州市公共图书馆读者参加活动人次统计（万人）

年份	泰州图书馆	海陵区图书馆	高港区图书馆	姜堰区图书馆	靖江市图书馆	泰兴市图书馆	兴化市图书馆	合计
2013年	2	—	0.56	6.3	1.97	8.33	0.06	19.22
2014年	0.97	—	0.21	7.1	1.85	8.44	0.03	18.60
2015年	1.55	0.5	0.17	4.6	2.14	9.03	0.06	18.05
2016年	2.7	1.4	0.35	5.2	1.9	9.1	1.1	21.75
2017年	2.57	0.2	0.23	5.6	1.8	9.3	0.67	20.37

（4）数字阅读快速发展

近年来，各馆每年投入经费购置数字资源，提供网上阅读服务。泰州图书馆拥有电子图书、期刊、报纸、学术论文、有声读物、随书光盘等可远程访问数据库7种，自建数据库2种。泰州市各馆全部加入江苏省少儿数字图书馆采购项目，为全市少儿读者提供丰富多彩的数字资源线上、线下阅读活动。泰州、姜堰、兴化等多家图书馆还开通手机APP或微信公众号,为读者提供便捷的数字图书掌上阅读服务。

从网站访问量情况来看,数字阅读发展迅速,越来越受到广大读者的欢迎。全市各公共馆门户网站的访问量 2013 年为 29.23 万人次,2017 年为 55.43 万人次,增长 90%,年均增长 22.4%。其中访问量最大的是姜堰区图书馆,年均增加 1.9 万人次。海陵区图书馆 2016 年刚刚开通自己的网站,高港区图书馆网站故障,数据不全。泰州图书馆 2015 年起由于开通了微信及 APP 阅读平台,大量读者选择使用手机阅读,网站访问量出现减少。

泰州市公共图书馆网站访问量统计(万人次)

年份	泰州图书馆	海陵区图书馆	高港区图书馆	姜堰区图书馆	靖江市图书馆	泰兴市图书馆	兴化市图书馆	合计
2013 年	12.16	—	—	12.6	1.24	1.73	1.5	29.23
2014 年	16.54	—	—	16.8	2.82	1.86	1.5	39.52
2015 年	11.09	—	0.25	17.2	5.44	1.98	1.6	37.56
2016 年	10.96	1.27	—	19.6	7.5	1.98	4.6	45.91
2017 年	9.46	12.89	—	20.3	5.5	2.68	4.6	55.43

2. 业务建设

(1) 文献资源建设不断强化

近年来,泰州市各馆购书经费逐年上升,数字资源建设发展迅速。泰州地区公共图书馆拥有馆藏文献 300 多万册件。各图书馆根据年度馆藏采购计划,每年参加春秋两季南京图书馆藏会以及全国各大书展挑选图书。馆藏注重图书的科学性、多样性、合理性。姜堰区、海陵区、靖江市图书馆常年开展"你选书,我买单"活动,提高市民对馆藏建设的参与度,真正做到方便读者,优化馆藏资源结构。

(2) 自建数字资源初见成效

泰州图书馆 2013 年参加《全国文化信息资源共享工程 2012 年地方资源建设项目》,拍摄 7 部《泰州优秀传统文化》专题片,并通过国家中心验收。完成 2015—2017 年度数字图书馆推广工程联合建设项目"政府公开信息""网事典藏"的项目建设工作,建成网上发布平台,供读者查阅。2016 年以来,泰州图书馆加强古籍数字平台建设,正式对读者开放《泰州特色历史文献数据库》自建平台,读者可在网上阅读古籍电子全文。

(3) 古籍及地方文献的保护、开发和利用工作着力推进

在古籍保护工作中,泰州地区公共图书馆依据定级标准实施古籍的分级管理,对珍贵古籍进行重点保护。泰州地区入选省名录的古籍已达 63 部,其中泰州图书馆 51 部,兴化市图书馆 10 部,靖江市图书馆、兴化中学各 1 部。泰州图书馆被评为"全国古籍重点保护单位",兴化市图书馆、泰兴市图书馆被评为"江苏省古籍保护单位"。靖江市图书馆大力推进古籍征集与管理工作,"刘国钧古籍中心"对外开放,编纂出版《中华古籍总目 · 江苏靖江卷》。

3. 保障条件

（1）年财政拨款总额总体稳步上升

从现有数据看，泰州市公共图书馆财政拨款逐年增加，从 2013 年的 2 443.9 万元增加至 2017 年的 3 877.2 万元，增长了 58.6%。泰州图书馆财政拨款增长幅度相对较小，年增长率只有 6.4%。在所属的县区图书馆中靖江市图书馆财政拨款数额相对较高，增长较快，2017 年财政拨款已经达到 900 万元，其他县区图书馆除海陵区图书馆逐年减少外，均实现小幅增长。

泰州市公共图书馆年财政拨款总额统计表（万元）

年份	泰州图书馆	海陵区图书馆	高港区图书馆	姜堰区图书馆	靖江市图书馆	泰兴市图书馆	兴化市图书馆	合计
2013 年	1 088.89	—	145.64	213	454	297	245.37	2 443.9
2014 年	961.11	480	167.8	226.81	443	174.65	306.5	2 759.87
2015 年	1 298.35	150	216.54	365.39	603	194.67	325.97	3 153.92
2016 年	1 228.46	130	309.74	444	705	396.5	324.1	3 537.8
2017 年	1 366.3	100	323.5	402	900	425	360.4	3 877.2

（2）年文献购置费各馆有增有减

总体而言，泰州市公共图书馆的购书经费有增有减，基本保持稳定。导致增减不一的原因主要是因为 2014 年度海陵区图书馆开馆时使用 144 万元突击购书和姜堰区图书馆 2016 年增加的一次性购书经费。县区馆中比较突出的是靖江市图书馆，年购书经费增幅较大，从 2013 年的38.6万元增加至 2017 年的 120 万元，增加了 80 多万元，是原来的三倍多。高港区、泰兴市、兴化市三馆年购书经费均在 20 万元左右，经费很少且变化不大。泰州市 2017 年人均文献购置费为 0.81 元，在全省处于较低水平。

泰州市公共图书馆年购书经费（万元）

年份	泰州图书馆	海陵区图书馆	高港区图书馆	姜堰区图书馆	靖江市图书馆	泰兴市图书馆	兴化市图书馆	合计
2013 年	124.48	0	13	20	38.6	20	24.58	240.66
2014 年	160.57	144	13	20.84	60	20	20.1	438.51
2015 年	126.38	41	20	31.2	70	20	20	328.58
2016 年	145.49	40	20	88.6	120	20	22.23	456.32
2017 年	123.9	30	14.5	27.8	120	20	40	376.2

（3）文献馆藏量逐年增长

泰州市公共图书馆 2013 年文献总藏量为 179.21 万册件，2014 年文献总藏量为 214.5 万册件，2015 年文献总藏量为 251.96 万册件，2016 年文献总藏量为 280.88 万册件，到 2017 年底，全市公共图书馆文献馆藏总量为 304.97 万册件。5 年间馆藏量增加 125.76 万册件，增加了 70.17%，年均文献增长率达到 14.03%。县区级图书馆中以姜堰区图书馆文献馆藏增量最大，2017 年为 65.77 万册件，比 2013 年的 21.1 万册增加了 211.71%。高港区图书馆、泰兴市图书馆、兴化市图书馆三馆增长幅度较小。海陵区图书馆虽然 2014 年刚刚开放，到 2017 年文献总藏量已经超过了高港区图书馆和兴化市图书馆。

泰州市公共图书馆文献总藏量统计表(万册次)

年份	泰州图书馆	海陵区图书馆	高港区图书馆	姜堰区图书馆	靖江市图书馆	泰兴市图书馆	兴化市图书馆	合计
2013 年	63	—	6.083	21.1	43	25.4	20.63	179.21
2014 年	67	12	6.7	33.4	48	25.9	21.5	214.5
2015 年	69	17.5	7.6	56.9	52.2	26.63	22.13	251.96
2016 年	74	26.8	8.13	62.70	59.4	27.19	22.66	280.88
2017 年	77	29.2	8.56	65.77	69.7	28.09	26.65	304.97

(4) 建筑面积增长明显

为了满足市民日益增长的文化需求，泰州市委、市政府不断加强公共文化服务设施建设，公共图书馆建筑规模不断扩大，各公共图书馆总建筑面积从 2013 年的 3.8 万平方米增加至 2017 年的 5 万平方米，规模扩大 32%。海陵区图书馆筹建于 2014 年，在原泰州图书馆的基础上改建而成的，2014 年 10 月 29 日正式对外开放，总建筑面积约 4 800 平方米。泰兴市图书馆 2014 年新馆开放，占地 12 000 平方米，新设专家阅览室、24 小时自助图书馆。靖江市图书馆新增底楼面积 1 000 平方米，将其改造为读者服务中心，新辟了新华书店"新书速递吧"，新增少儿读者座位 30 个，开辟电子阅览功能、少儿数字体验功能，建成了泰州市首家少儿绘本馆，建成了"刘国钧古籍中心"，并将地方文献室、经典阅览室、盲文阅览室融为一体。

4. 优秀做法和亮点

(1) 全民阅读活动精彩纷呈

文化惠民，理念先行。泰州地区各公共图书馆打破传统保守的服务理念，积极拓展公共图书馆的社会教育功能，开展各类全民阅读活动，增强服务辐射能力，让图书馆服务的广度和深度都得到延伸。

5 年来，泰州图书馆竭力打造"凤城讲坛"品牌，为市民提供高水平、高质量的公益讲座、培训 180 场；利用展厅、网站开展各类展览 60 多场；依托"文化共享工程"的数字资源，展播公益电影及视频讲座 160 多场。围绕"4·23"世界读书日、市"胡瑗读书节"、少儿数字阅读推广、"小太阳"送书等活动品牌开展一系列全民阅读推广活动，每年活动 100 多场次，年均参加活动人次达 2 万余人次。2015 年，泰州图书馆荣获"中国图书馆学会全民阅读先进单位"。靖江市图书馆购置了泰州市首台流动服务车开展图书流动服务，绘本馆吸纳绘本"粉丝"5 000 多人，开展绘本讲读活动 200 多场，形成了"绘本外教""绘本妈妈""绘本宝宝"等多个活动品牌，靖江市图书馆少儿绘本馆荣获"全国十佳绘本馆"称号。姜堰区图书馆"三水讲坛"自 2006 年开办以来，已举办各类文化讲座 400 多场，成为一个闪光的公益文化品牌。"三水讲坛"获得了江苏省五星工程奖。兴化市图书馆开办品牌活动——"快乐读写"公益班，常年为贫困、留守儿童提供公益培训服务。公益班始办于2010年10月，至今已办30期，每期学员60多人。“少儿读书俱乐部”在泰州市文明委2014年度未成年人思想道德建设工作创新创优成果评比中获创新成果提名奖。

（2）总分馆制建设成果显著

近年来，各公共图书馆为提升泰州市公共文化服务水平，不断加强图书馆总分馆制建设，先后建成分馆432家，分馆遍及农村、社区、机关单位、学校。

泰州图书馆分别于2009年建成10个标准化社区分馆、2013年建成10家社区书吧。2016年起，泰州图书馆积极推进市、区两级公共图书馆的总分馆制建设，逐步实现市、区公共图书馆的互借互通和资源共享。目前泰州图书馆已建成各类分馆36家，为倡导全民阅读，建设书香城市作出积极的贡献。

2013年姜堰区图书馆完成16个乡镇分馆、262个村农家书屋“一卡通”通借通还工程建设任务，实现农家书屋与区级资源共享、通借通还。2016年，姜堰区投入51.1万元打造农家书屋云服务平台，集成视频监控、数字资源访问、慕课培训系统和在线互动交流功能，进一步提升基层分馆的管理水平和服务能力。姜堰区被省新闻出版广电局表彰为“农家书屋提升工程示范区”。

2014年，泰兴市图书馆试点总分馆制“一卡通”建设，年内与50家农家书屋联网。2015年，作为江苏省政府唯一试点县，泰兴率全省之先，实现市、镇、村三级总分馆“一卡通”全覆盖。获评江苏省农家书屋提升工程试点工作先进市、示范市。

靖江市图书馆在靖江市政府机关大楼建成9个“牧城伴读角”，在城区咖啡馆、银行、茶座、花店、宾馆大厅、大型小区等场所，通过公私合营、共建共享的方式建成12家“牧城书驿”。

（3）新技术在图书馆应用广泛

2012年，泰州图书馆新馆采用RFID（无线射频识别）技术，通过先进的读者自助借还系统实现快捷的借阅服务；2015年以来增设6台“云借阅”触摸屏移动借阅设备。2017年，靖江市图书馆引进RFID自助借还机，并添置了自助办证机、自助图书消毒机、电子书借阅机等现代化设备。2017年，姜堰区图书馆改建提升电子阅览室功能和环境，升级RFID图书管理系统。2017年，兴化市图书馆争取财政专项70万元购买数字资源和电子借阅等设备。

2015年以来，随着现代通信技术在图书馆的推广应用，泰州市加强“城市书房”建设，全面推进24小时自助阅读空间建设，建成设施先进、环境温馨、资源丰富的阅读新空间，打造百姓身边的公共阅读场所。全市先后建成8家“城市书房”；泰州图书馆建成稻河古街区、鼓楼路、泰山公园、金鹰河滨广场、梅兰路等5家自助图书馆；靖江馆建成2家“马洲书房”，即人民公园自助馆和康阳社区自助馆；姜堰馆建成南大街自助图书馆。

（4）新媒体服务方式逐渐多样化

2016年，泰州图书馆为了丰富公众号的服务功能，增加读者的阅读途径，10月份起，开设微信阅读。微阅读下设“微期刊”“书香泰州”“公开课”等五大板块。200种知名刊物2万多册精品电子书，供读者在线手机阅读电子图书。泰州图书馆现已有1.7万人添加公众号。2017年，泰州、姜堰、兴化等多家图书馆同时开通手机APP，为读者提供便捷的数字图书掌上阅读、新书通报、借阅排行、图书检索、手机续借等功能，实现线上图书借阅全流程管理。手机阅读越来越受到读者的喜爱，成为读者新的阅读途径。

二、存在的不足

1. 经费投入不足

泰州地区对公共图书馆总体财政投入不足，文献购置费普遍较低。泰州图书馆每年购书经费只有100多万元，数字资源购置费20万元，年人均文献购置费只有0.37元；海陵区图书馆在新馆建设投入后，财政投入每年不足200万元，并呈逐年递减的趋势；高港区图书馆每年的文献资源购置费不足15万元，运行经费也只有10多万元；兴化市图书馆年人均文献购置费只有0.19元，财政投入严重不足。

2. 人员配置不足

泰州图书馆在职人员59人，服务人口464万，人均服务人口将近8万人。兴化市图书馆只有员工17人，服务人口有158万，人均服务人口9万多人。人员配置不足的问题已经成为制约地区公共图书馆事业发展的瓶颈。在人员不足的情况下，各馆均还有人员被借用的情况。

3. 新技术在图书馆的应用不足

新技术在泰州地区公共图书馆的应用不足，远远落后于周边地区图书馆。目前，泰州地区公共图书馆使用RFID图书管理技术的只有泰州、靖江和姜堰三馆；24小时自助图书馆全市只建成5家；流动图书车仅靖江一辆，其余各馆均没有购置；各馆在数字图书馆建设上的投入较低，专项的数字资源购置费很少。在新媒体服务方面，目前高港区图书馆还没有网站，多家图书馆没有微信公众号，7家公共图书馆中仅泰州图书馆开通了微博平台。

三、发展建议

1. 主动寻求支持，解决问题和不足

各图书馆要针对自身存在的问题和不足，主动积极寻求主管部门及财政部门的支持，推动图书馆在服务效能、业务建设和保障条件等方面全面提高。具体到各馆：泰州图书馆购书经费不足，分馆布局不到位，没有流动图书车；海陵区图书馆读者活动少，经费不足；高港区图书馆新技术应用落后，没有数字化阅读平台；兴化市、姜堰区图书馆专业人员缺口较大等等。这些将是泰州市公共图书馆未来发展需要重点关注解决的问题。

2. 推进总分馆建设，加强服务延伸

各馆应巩固和管理好已有分馆，进一步完善全市总分馆服务体系。建设以流动服务与定点服务相结合、自助服务与人工服务相结合、纸质服务与数字服务相结合的多渠道、多形

式、多功能的总分馆服务模式。继续推进市、区两级公共图书馆的总分馆制建设，在与海陵区图书馆通借通还良好运行的基础上，开通与姜堰区图书馆、高港区图书馆的图书通借通还，全面实现市、区公共图书馆的互借互通和资源共享。24 小时自助阅读新空间是将来城市分馆建设的发展方向。目前泰州市自助图书馆只有 5 家，远远落后于其他经济发达地区。各馆应该充分运用民生工程项目，逐年建设“城市书房”，建成更多的利用率高、流通人气强的高效能分馆，更好地服务于民。

3. 提升数字化水平，加强新技术应用

数字化服务的核心是数字资源，做好数字资源建设，是图书馆工作的基础和标志。各馆要争取财政支持，购置较为丰富的数字资源，以满足广大读者的阅读需求。同时，加强地方特色资源的数字化建设，充分挖掘地方文化，打造属于自己的特色数据库。此外，加强新技术在图书馆的应用，各馆要注重升级自己的管理平台，高港区、海陵区、泰兴市、兴化市等图书馆要尽快完成 RFID 的应用，增加自助借还服务，来弥补人员不足的问题。

4. 开展阅读推广活动，共同建设书香泰州

各馆要积极开展全民阅读活动，发挥公共图书馆在全民阅读中的引领者和主阵地的作用。继续巩固“凤城讲坛”“小太阳送书”“三水讲坛”“靖江少儿绘本”“兴化少儿读书俱乐部”等品牌活动，在此基础上，围绕市“胡瑗读书节”、世界读书日、六一儿童节等节假日开展讲座、展览、未成年人教育等丰富多彩的读书活动，加强活动创新，积极打造图书馆公共文化服务品牌活动。举办更多影响力大、读者欢迎程度高的读书活动，为推进书香泰州建设和全民阅读活动的顺利开展作贡献。

（执笔人：沈嵘　章素梅）

宿迁市公共图书馆事业发展报告

近年来，宿迁市各级公共图书馆本着公益性原则，在充分发挥职能作用、确保正常免费开放、满足群众阅读文化需求的同时，积极创新思路，开展总分馆建设、馆藏资源建设和全民阅读、社科普及等活动，进一步完善社会服务项目，不断延伸服务阵地，着力提高服务质量和管理水平，以满足全市群众日益增长的文化需求。现将宿迁地区公共图书馆2013年至2017年事业发展情况报告如下。

一、发展概述

目前，宿迁市共有6家公共图书馆，其中市级馆1家，即宿迁市图书馆（以下简称市馆）；县区级馆5家，即沭阳县图书馆、泗洪县图书馆、泗阳县图书馆、宿豫区图书馆、宿城区图书馆。至2018年，市馆与沭阳县、泗阳县和宿城区图书馆已获评国家一级图书馆，宿豫区图书馆为国家二级图书馆。2013年以来，各公共馆围绕“书香宿迁”建设，把阅读推广作为推进文化强市建设、提升居民文明素养的有力抓手，加强制度引领、坚持项目带动、强化宣传推介、拓展阅读空间，图书馆事业发展卓有成效。

据统计，全市各馆年文献外借量、文献馆藏量、年财政拨款总额逐年攀升，市馆、宿城区图书馆场馆面积得到大幅扩充。通过统计数据分析，2013年到2016年四年间平均年文献外借量和年财政拨款总额最高的市馆达到75.68万册次和1 072.5万元，县区级馆排名第一的沭阳馆达40.68万册次、238.14万元。文献馆藏量方面，市馆现有藏书132.253 4万册件，泗阳馆有112.368万册件，泗洪馆仅有29万册件。对比数据不难看出，虽然全市图书馆事业发展整体趋势稳中向好，但是各公共馆之间存在较大差距，发展均衡性仍有待提高。此外，值得注意的是县区级图书馆馆藏量都相对偏少，并且建筑面积方面（总分馆面积和），除泗阳馆（3.5万平方米）面积较大外，其他公共馆总馆面积均相对较小。

名称 指标	宿迁市图书馆	沭阳县图书馆	泗洪县图书馆	泗阳县图书馆	宿豫区图书馆	宿城区图书馆
年文献外借量	75.68万册次	40.68万册次	20.28万册次	68.22万册次	32.68万册次	23.49万册次
年财政拨款总额	1072.5万元	238.14万元	90.6万元	722.25万元	154.69万元	211.21万元
文献馆藏量	132.253 4万册件	64.8万册件	29万册件	112.368万册件	56.4872万册件	51.17万册件
建筑面积	1.66万平方米	1.61万平方米	0.98万平方米	3.5万平方米	0.67万平方米	0.92万平方米

二、服务效能

1. 丰富馆藏文献，形成特色数据库，读者获得感显著增强

随着全民阅读氛围的不断加深，“书香宿迁”建设取得显著成效，各馆纸质文献资源和电子文献资源都得到了极大的扩充，读者对公共文化服务的获得感显著增强，持证读者及到馆量显著增加。据统计，各公共馆持证读者量、年读者人均到馆量、年文献流通率、年每万人参加读者活动次数显著提高。通过统计数据分析显示，到2016年底，持证读者占比最高的沭阳馆达到6.231%；年读者人均到馆量最高的泗阳馆、宿城馆达到0.52人次；年文献流通率最高的市馆达到1.22；年数字阅读占比最高的宿豫馆达到52.7%；年每万人参加读者活动次数最高的泗阳馆达到536.9人次。通过数据对比分析发现，各馆在服务效能方面各有特色，在今后的发展中需要进一步加强交流，取长补短，优势互补，从而提升各自场馆的知晓率、吸引力和到馆率。

名称 指标	宿迁市 图书馆	沭阳县 图书馆	泗洪县 图书馆	泗阳县 图书馆	宿豫区 图书馆	宿城区 图书馆
持证读者占比	2.98%	6.231%	0.812%	3.154%	1.885%	4.55%
年读者人均到馆量	0.14人次	0.14人次	0.45人次	0.52人次	0.17人次	0.52人次
年文献流通率	1.22	0.63	0.699	0.61	0.58	0.46
年数字阅读占比	37.96%	35.2%	22.58%	50.03%	52.7%	36.99%
年每万人参加读者活动次数	28.69人次	39.43人次	1.48人次	536.9人次	102.05人次	13.72人次
可远程访问数字资源占比	100.00%	100.0%	100.0%	94.44%	100.0%	83.33%
新媒体服务	有微信、微博；线上读者占比：0.2%；定期推送（每月至少2次）服务信息；有移动图书馆；触摸媒体机器数量20台；有读者体验区，并组织活动	有微信、微博；定期推送服务信息，每月平均高于2次；有移动图书馆；拥有触摸媒体机器4台	有微信；有移动图书馆；触摸媒体机器数量3台	有微信；2016年7月开通微信公众号每月至少推送信息两次；有移动图书馆名称；触摸媒体机器数量5台	有微信；定期推送图书馆最新资讯和相关活动等服务信息；有移动图书馆；有共用触摸媒体机器6台	有微信、微博；通过微信、微博不定期的信息推送；有移动图书馆；触摸媒体机器数量5台

伴随当下阅读方式多样化、数字化趋势，宿迁市各公共图书馆不断强化数字资源的宣传、推广和利用，除了不断购置移动图书馆阅读资源，并开通微信图书馆，满足手机用户阅读需求外，还通过推进各类电子阅读机进园区、进机关、进学校、进企业、进社区，实现数字资

源互通共享,阅读资源利用水平显著提高。据统计,全市可远程访问数字资源占比情况为:市馆 20 个、泗阳馆 17 个、宿城馆 10 个,其中市馆 100% 可远程访问;新媒体服务方面,从表格内容可以看出,市馆在微信公众平台、微博服务、移动图书馆、触摸媒体服务各方面发展情况最好。

此外,为助推宿迁市生态经济示范区和"江苏生态大公园"建设,市馆开展生态文化数据库建设,进一步推进馆藏文献资源建设,加强地方文献收集整理利用,加快推进地方文献资源数据库建设。先后整合馆藏数据资源,举办《中华稀有被子植物展览》线上专题展览、《守住绿水青山》生态保护纪录片和生态文化专题讲座资源,并在馆内电子阅读设备上滚动播放,让读者深切感受到国家在生态文化建设工作上的最新进展和成效。

2. 关爱特殊群体,打造服务品牌,社会效益显著提高

宿迁市各级公共图书馆作为公共文化服务机构,一直以关爱未成年人健康成长和满足残疾人、老年人等特殊群体文化阅读需求为己任,积极发挥图书馆的资源优势和社会功能,开展形式多样的关爱特殊群体的主题活动,受到了社会各界的广泛参与和一致好评。2017年,为进一步培养幼儿的阅读兴趣,树立从小利用图书馆学习的习惯,市馆在少儿阅览室对面单独设立了少儿体验区,配有 4 台江苏省少儿数字图书馆设备,提供绘本、电子书、儿歌等不同数字阅读服务,受到了小读者和家长的欢迎。2018 年,市馆建成全市首个留守儿童图书室,并与乡镇共建了 3 个留守儿童图书室,与乡镇小学携手传递书香。

此外,各馆均设有视障人士阅览室并配备专业工作人员定岗服务,每年财政拨付专项经费定期开展关爱未成年人、残疾人及老年人等特殊群体的主题活动,并形成了"七彩的夏日""缤纷的冬日""我们的节日"未成年人主题活动等品牌活动,社会效益显著增强。

3. 整合阅读资源,开展联合服务,"一张网"逐步铺开

近年来,由市馆牵头,联合县区公共馆积极推进宿迁市"政务服务一张网"建设,统筹实施文化信息资源共享、数字图书馆推广、公共电子阅览室建设三大工程。在完成对接我市"政务服务一张网"APP 平台基础上,市馆还加强与高校图书馆交流与合作,开展联合服务,在全省设区市中率先实现全市图书馆服务一张网。目前,已经与宿迁学院图书馆、宿迁高等师范学校图书馆、宿迁卫校图书馆、宿迁中学图书馆及各县区图书馆达成协议,构建宿迁市公共图书馆、高校图书馆阅读服务一张网。内容包括图书检索、信息服务一张网建设,针对全市读者开放读者证注册、数字资源初步整合联建、阅读推广活动整合等,推进全市公共图书资源通借通还和"一卡通"服务,促进了各类资源设施互联互通、共建共享,实现全市阅读资源共享共用。

三、业务建设

1. 重视业务建设,合理规划馆藏,资源利用水平显著提高

2013—2017 年,全市各公共图书馆坚持场馆建设和运行管理并重,不断完善图书馆服

务工作规范，推进图书馆服务标准化、规范化和制度化建设。各图书馆结合自身馆藏特点形成馆藏发展规划，并按照规划进行图书采购、馆藏布局调整，严格执行排架制度，确保排架正确率超过 90%，以便于读者查询利用。通过信息化方式，结合读者意见调查和读者利用率分析进行资源采访，为全市人民提供更具针对性的阅读资源，资源利用水平显著提高。据统计，仅宿迁市区 2015 年公共图书馆年流通人次 87.8 万人次，2017 年达 116.343 人次，增长率 32.51%，书刊年文献外借量达 920 340 册次。

此外，2013—2017 年间，各公共馆的数字资源本地存储量、自建数字资源总量、总分馆制建设三方面也取得了长足进步。通过统计数据分析显示，到 2016 年底，市馆的数字资源本地存储量达 40 TB，自建资源 20 TB，在全市遥遥领先，沭阳、泗阳、宿豫、宿城馆的数字资源建设情况相差不大，泗洪馆数字资源存储量 2.8 TB，也有所增长。总分馆制建设方面，市馆、泗洪、泗阳、宿豫、宿城五馆在本区域二级行政区都设有分馆，完成度 100%，建议在各二级行政区增加分馆数量；而沭阳馆区域内二级行政区有 34 个，数量较多，仅有一半设有分馆，建议扩大分馆覆盖面。

2. 开展总分馆建设，推进全民阅读，文化惠民不断深入

近年来，按照打造市区 15 分钟文化圈和“三服务三促进”活动要求，实施园区“阅读幸福工程”，市馆结合社区文化活动中心、城市之家、第三代公厕、24 小时自助图书馆建设等推进总分馆建设，实现全市各县区、园区图书馆图书通借通还，并通过流动图书车定期流转更新图书。截至 2018 年，市馆已有 23 家分馆、9 个流通服务点、4 个城市书吧、一家数字图书馆和 8 个 24 小时自助图书馆，布点 30 余处歌德电子读书机和 50 余处共享书巢。分馆建设已形成二级行政区全覆盖格局，图书流通服务点遍地开花。各分馆均免费对外开放，挂牌公告，每周开放时间不低于 42 小时，据统计，23 家分馆馆舍面积累计7 000余平方米，藏书量 19.8 万余册，有效读者数量 20 000 余人，累计服务读者 68.2 万人次。同时，以市直机关“折墙见绿”活动为契机，在太湖路建设书香一条街，将太湖市馆近 3 千米路段两侧机关门卫室改造为 24 小时自助图书馆、城市书房、特色书吧和朗读吧，形成城市新的文化风景和公共图书馆服务品牌，不断扩大“书香宿迁”社会影响力。

此外，市、县（区）图书馆总分馆联合举办了丰富多彩的全民阅读活动，如：定期开展阅读、摄影、绘画、礼仪、书法等专题讲座、世界读书日系列宣传活动、书香农家书画大赛活动等，进一步提高了群众对图书馆的关注力，激发广大人民群众的阅读兴趣。总分馆体系的推进不仅有效提高了市区居民的阅读率，让文化发展成果惠及更多群众，让更多读者可以就近阅读，有助于在全社会掀起全民阅读热潮。

四、保障条件

2013—2017 年间，宿迁市公共图书馆年人均文献购置费和人均文献馆藏量显著提升，但与苏南地区相比，仍存在总量较少问题。通过统计数据分析显示，到 2016 年底，泗阳馆年人均文献购置费为 2.63 元、人均文献馆藏量为 1.0 册件，沭阳馆年人均文献购置费 0.14 元，相对较少，泗洪馆人均文献馆藏量 0.03 册件，相对较少。沭阳馆、泗洪馆应进一步积极争取

各方面资金支持，着重增加文献购置经费比重，增加文献馆藏量。

名称 指标	宿迁市图书馆	沭阳县图书馆	泗洪县图书馆	泗阳县图书馆	宿豫区图书馆	宿城区图书馆
年人均文献购置费	1.009 元	0.14 元	0.2 元	2.63 元	1.19 元	0.54 元
人均文献馆藏量	0.44 册件	0.6 册件	0.03 册件	1.0 册件	0.69 册件	0.7 册件

五、存在的问题及发展建议

1. 总体基础薄弱，各项工作仍待加强

宿迁各级公共图书馆起步比较晚，设施设备比较落后，很多基本服务项目仅仅解决了从无到有的问题，未能实现从有到优的突破，如年读者人均到馆量 2013 年到 2016 年四年平均未能达到人均 1 次。同样的情况在年文献流通率与持证读者占比等指标上都有体现。此外，各级公共图书馆总体上都存在场馆建筑面积小、文献馆藏少的问题，均未实现图书智能上架，新技术应用仍需加强。各级公共馆的数字资源还在起步阶段，相对较少，无法适应当前数字化阅读趋势。

总体来说，宿迁市县区级图书馆在服务效能和保障条件等方面还需要继续加强。

2. 图书馆功能日渐多元，馆员综合素质亟需提高

随着社会的高速发展，对图书馆服务提出了更高要求，传统的借还书服务已无法充分吸引读者，现代图书馆除了是读者的免费“书房”外，还需要为读者提供更加个性化、人文化、便利化的服务，以留住读者，进而推广阅读。宿迁市各级公共图书馆部分存在馆员服务理念陈旧，仍停留在做好传统借还服务阶段。因此，下阶段各馆需加强馆员培训，在做好基础服务的同时，转变服务理念，创新服务方式。

3. 公共馆发展不均衡，部分场馆亟需提升

宿迁市公共馆之间存在较大差距，其中宿豫馆、泗洪馆各项建设基础相对比较薄弱，亟需提升。接下来，各馆将积极争取各项资金和相关政策支持，加强各馆之间的交流互助，推动全市图书馆事业发展。

2013—2017 年期间，宿迁市公共图书馆事业虽取得一定成绩，但仍处于探索上升过程中，各公共图书馆将以党的十九大精神为指导，进一步加强学习、深入研究，不断创新工作理念，以群众需求为导向，推动图书馆服务标准化、均等化，进一步完善服务项目，改进服务质量，拓宽服务途径，推动宿迁市图书馆事业建设水平再上新台阶。

（执笔人：张竞元　任海涛）

第三部分

江苏省公共图书馆大数据分析报告（2013—2016）

本报告是基于2013—2016年间全国县级以上公共图书馆评估定级的基本数据，全面而精确地对区域内图书馆的服务效能、业务建设、保障条件进行系统性分析，准确、全面地总结2013—2016年间各级公共图书馆的优点及不足，前瞻性地把握公共图书馆的业务需求和发展趋势，形成可持续发展的良性循环。本报告前面部分选取第六次全国县级以上公共图书馆评估定级平台填报数据，后面部分选取国家统计局公开数据。

情况概览

江苏，简称“苏”，是中国省级行政区，以“江宁府”与“苏州府”之首字得名，位于东部沿海、长江下游，东南与浙江和上海毗邻，西接安徽，北接山东，地跨长江、淮河，京杭大运河从中穿过。省会城市为南京，下辖13个设区市、22个县级市、19个县、55个市辖区。

一、江苏省面积、GDP、常住人口指标分析

江苏辖江临海，扼淮控湖，地形以平原为主，陆地面积10.72万平方千米，占全国的1.1%。人均国土面积在全国各省区中最少，是中国面积较小的省份之一。

江苏省下辖的13个设区市全部进入全国经济百强市，是唯一所有地级市都跻身百强的省份。根据统计结果，2016年江苏省实现地区生产总值76 086.17亿元，人均生产总值95 257元，常住人口7 999万人。人均GDP、综合竞争力、地区发展与民生指数(DLI)均居全国各省第一，成为中国综合发展水平最高的省份，已步入“中上等”发达国家水平。

二、江苏省各设区市综合指标概览

1. 江苏省公共图书馆数量及分布

据《2017年江苏省年鉴》统计，江苏省共有109个公共图书馆。

按图书馆类型分析：省级公共图书馆1个，位于南京；市级公共图书馆13个，所有设区市均有分布；区县级公共图书馆88个，分布在各区县。少年儿童图书馆共7个，其中市级少年儿童图书馆3个，区县级少年儿童图书馆4个，无省级少年儿童图书馆。

按地区分析：南京的公共图书馆数量最多，共有15家公共图书馆，其中省级公共图书馆1个、市级公共图书馆1个、区县级公共图书馆11个、区县级少年儿童图书馆2个。常州的公共图书馆数量最少，仅有4个，其中市级公共图书馆1个、区县级公共图书馆3个。

根据统计结果来看，江苏省公共图书馆的整体分布情况较为合理，公共图书馆数量在沿海地区排名第三，仅次于山东和广东；参评的少年儿童图书馆数量也排名第三，在沿海地区仅次于辽宁和天津。

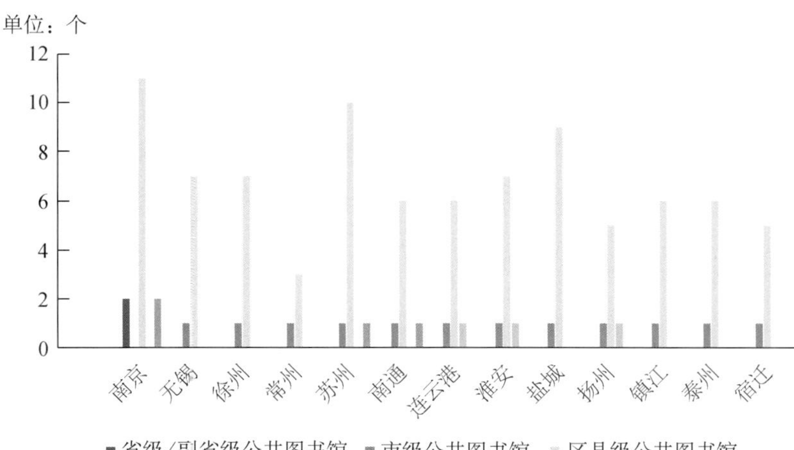

江苏省各地区公共图书馆分布

2. 江苏省财政收入情况分析

根据国家统计局数据统计结果，在2013—2016年间，江苏省经济发展始终保持较快增长。2012年地区生产总值54 058.22亿元，2013年地区生产总值为59 753.3亿元，增长10.54%；2014年地区生产总值65 088.3亿元，增长8.93%；2015年地区生产总值70 116.4亿元，增长7.73%；2016年地区生产总值76 086.1亿元，增长8.5%。

2013—2016年间，江苏省地区生产总值和图书馆财政拨款均稳定增长，且对公共图书馆财政拨款在财政收入中的占比逐年提升。

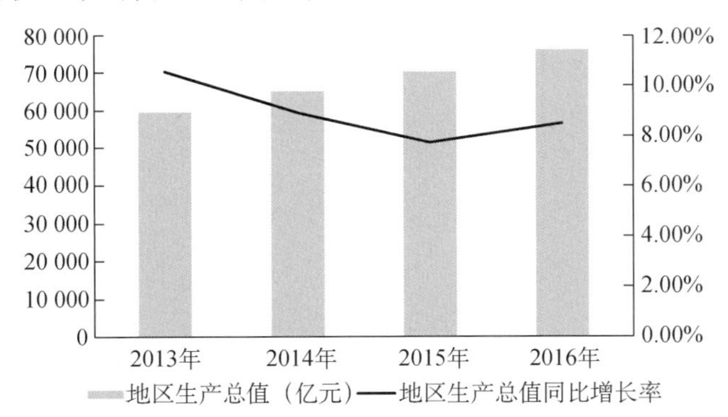

2013—2016年江苏省地区生产总值及增长趋势分析

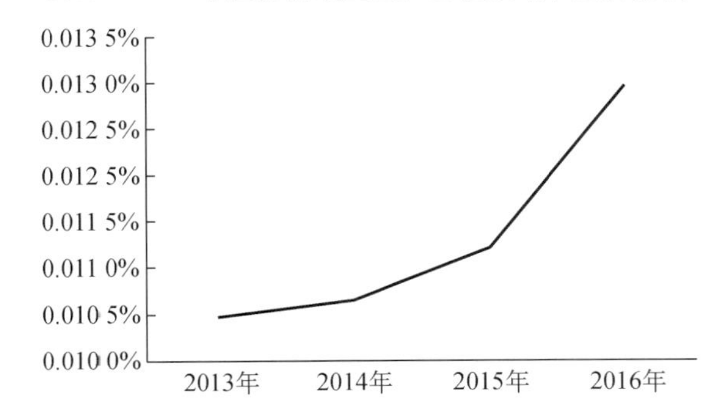

2013—2016年江苏省公共图书馆财政拨款在财政总收入中占比分析

3. 江苏省公共图书馆数量与常住人口分布分析

2013—2016 年期间，江苏省常住人口始终保持持续增长。据《2017 年江苏省年鉴》统计结果，2013 年江苏省常住人口为 7 913.49 万人，同比增长 0.25%，2014 年常住人口为 7 960.06 万人，同比增长0.26%；2015 年常住人口 7 976.30 万人，同比增长 0.20%；2016 年常住人口为 7 998.60 万人，同比增长 0.28%。

以江苏省各地区 2016 年常住人口数据与公共图书馆数据对比分析，得出每万人拥有公共图书馆建筑面积排名前三的城市分别是：南京（259 平方米）、淮安（176 平方米）、苏州（168 平方米）；排名靠后的地区分别是：徐州（81 平方米）、宿迁（108 平方米）、南通（111 平方米）。

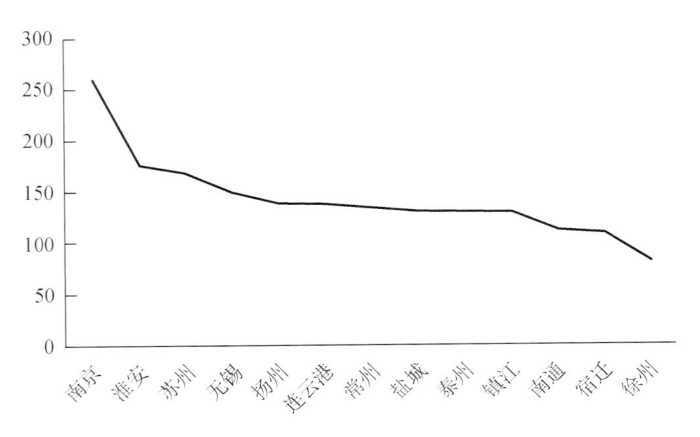

2016 年江苏省各地区每万人拥有公共图书馆建筑面积分析（平方米）

以江苏省各地区 2016 年常住人口数据与持证读者数量对比分析，得出持证读者与常住人口占比靠前的城市分别是：苏州（71.59%）、南京（19.33%）、无锡（13.96%）；排名靠后的分别是：徐州（3.12%）、连云港（3.46%）、盐城（3.70%）。

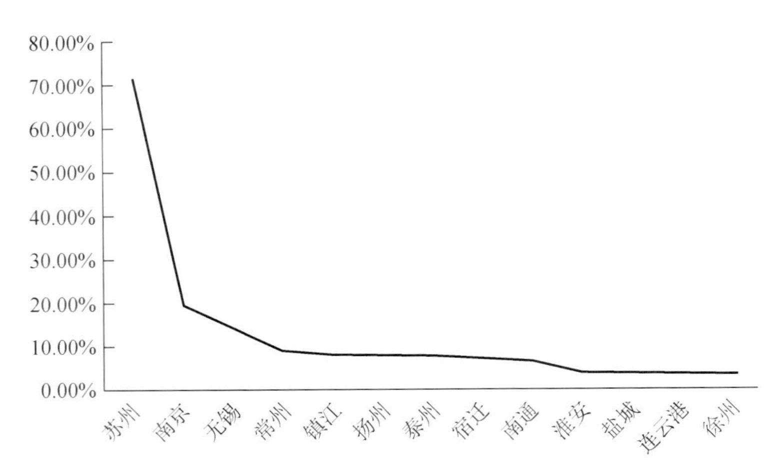

2016 年江苏省各地区持证读者数量占常住人口对比分析

注：本小节数据来源于国家统计局官网（http://www.stats.gov.cn/）

服务效能分析[①]

一、周开馆时间统计分析

1. 江苏省公共图书馆周开馆时间整体情况分析

2013—2016 年间，江苏省 109 家公共图书馆，周开馆时间总计为 7 577.52 小时。

江苏省各地区总计周开馆时间中排名前三的地区为：南京（990.5 小时）、苏州（895.5 小时）、盐城（635.5 小时）；总计周开馆时间排名靠后的地区有：常州（278.5 小时）、宿迁（441 小时）、南通（478 小时）。

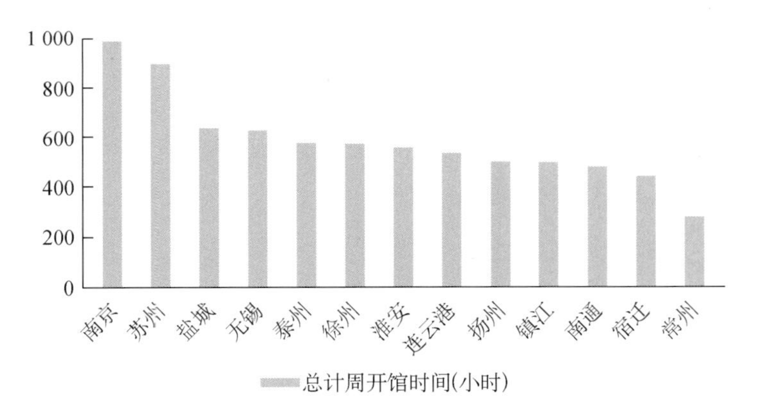

2013—2016 年江苏省各地区公共图书馆周开馆时间对比分析

2. 省市县标准级别公共图书馆周开馆时间对比分析

2013—2016 年间，江苏省 102 家公共图书馆（不含 7 家少儿馆），周开馆时间总计 7 190.9 小时。

（1）**省级馆**：省级公共图书馆（南京图书馆）周开馆时间为 74 小时。

（2）**市级馆**：市级公共图书馆共有 13 个，周开馆时间总计 1 076 小时，其中徐州图书馆周开馆时间最长，为 112 小时，南通市图书馆周开馆时间最短，为 66 小时。

---

① 注：本章节将副省级公共图书馆金陵图书馆并入市级馆对比分析。

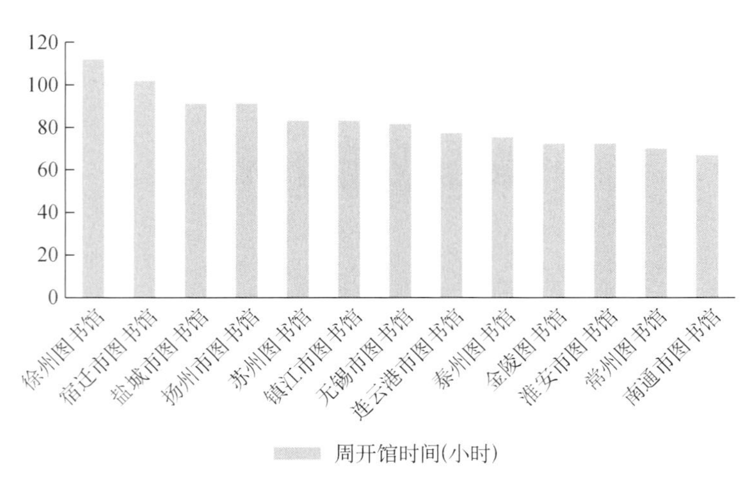

2013—2016 年江苏省市级公共图书馆周开馆时间对比分析

（3）**县级馆**：县级公共图书馆共有 88 个，周开馆时间总计 6 040.9 小时。县级馆周开馆时间排名前三的地区分别为：苏州、南京、无锡；总计周开馆时间排名靠后的地区有常州、宿迁、扬州。

县级公共图书馆中泰兴市图书馆周开馆时间 168 小时，在县级图书馆和全省所有图书馆周开馆时间排行中位列第一；盐城市大丰区图书馆和淮安市淮阴区图书馆周开馆时间为 48 小时，在全省县级公共图书馆中周开馆时间最短。

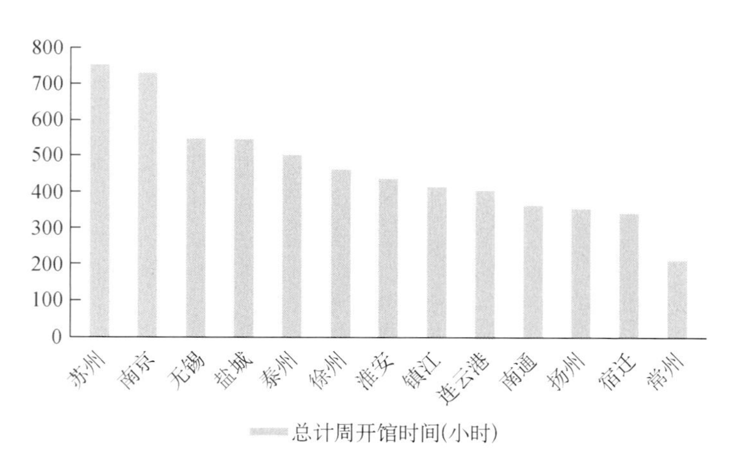

2013—2016 年江苏省各地区县级公共图书馆周开馆时间对比分析

3. 少年儿童图书馆周开馆时间分析

2013—2016 年间，江苏省 7 家少年儿童图书馆周开馆时间总计为 386.62 小时。少年儿童图书馆周开馆时间最长的是张家港市少年儿童图书馆，为 59.5 小时；周开馆时间最短的是淮安市少儿图书馆，为 50.17 小时。少年儿童图书馆的周开馆时间从总量上和单馆的服务时间上明显低于一般公共图书馆。

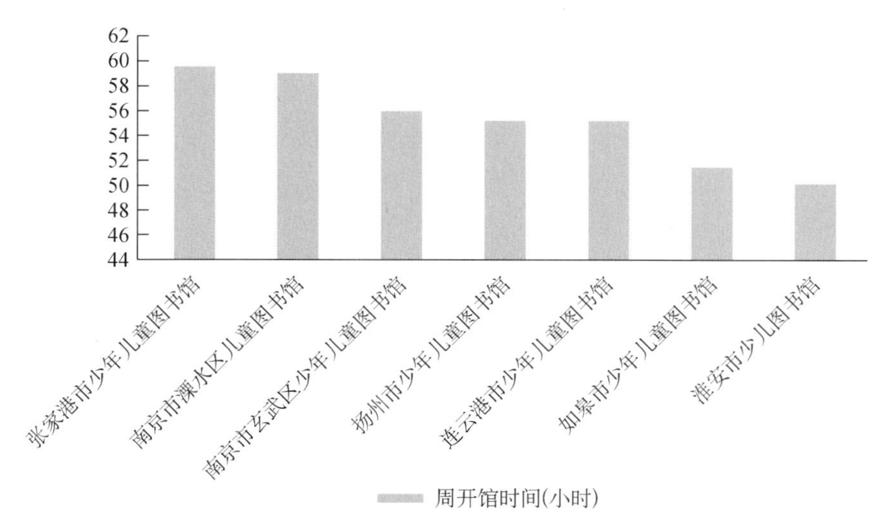

2013—2016 年江苏省各少年儿童图书馆周开馆时间对比分析

二、文献外借量统计分析

1. 江苏省公共图书馆文献外借量整体情况分析

(1) 时间维度分析

2013 年—2016 年间，江苏省 109 家公共图书馆文献外借量总计为 25 172.1 万册次，其中纸质文献外借量为 17 562.41 万册次，电子文献外借量为 7 609.67 万册次。

2013 年江苏省总外借量 4 893.38 万册次；2014 年总外借量为 5 577.12 万册次，同比增长 13.97%；2015 年总外借量为 6 711.82 册次，同比增长 20.35%；2016 年总外借量为 7 889.76 万册次，同比增长 19.04%。根据数据结果分析，江苏省公共图书馆总外借量呈逐年上升趋势。

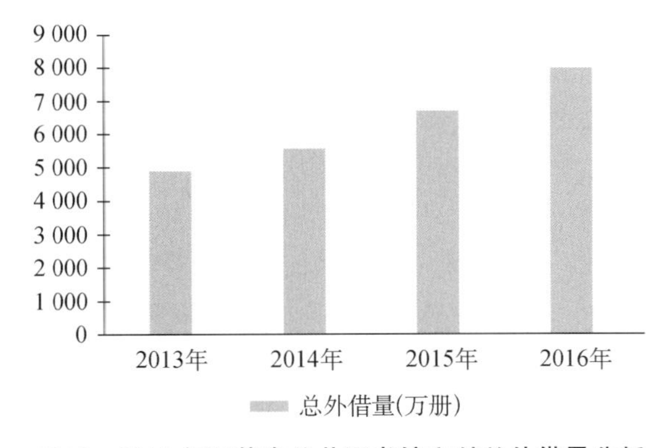

2013—2016 年江苏省公共图书馆文献总外借量分析

2013 年江苏省纸质文献外借量 3 617.93 万册次;2014 年纸质文献外借量 4 116.86 万册次,同比增长 13.79%;2015 年纸质文献外借量 4 602.89 万册次,同比增长 11.81%;2016 年纸质文献外借量 5 224.73 万册次,同比增长 13.51%。

2013 年江苏省电子文献外借量 1 275.45 万册次;2014 年电子文献外界量 1 460.27 万册次,同比增长 14.49%;2015 年电子文献外界量 2 108.93 万册次,同比增长 44.42%;2016 年电子文献外界量 2 765.03 万册次,同比增长 31.11%。

根据数据结果分析,江苏省公共图书馆文献外借量中纸质文献外借量高于电子文献外借量。近几年,纸质文献外借量增长上升趋势较平稳,电子文献外借量呈现较快增长。

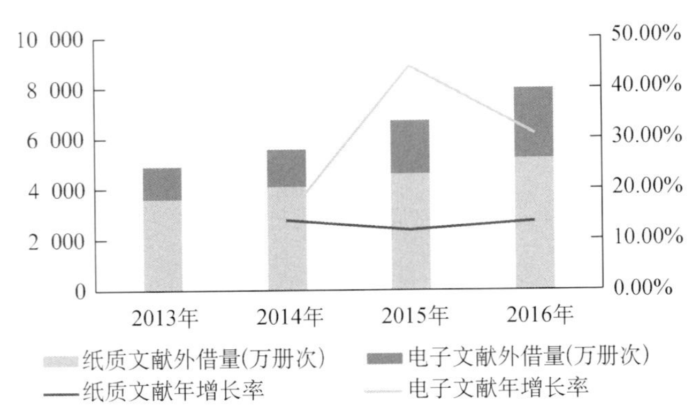

2013—2016 年江苏省电子文献外借与纸质文献外借增长率对比分析

(2) 地区维度分析

2013—2016 年间,江苏省各地区公共图书馆总外借量排名前三的为:苏州(7 706.27 万册次)、南京(3 285.96 万册次)、无锡(2697.51 万册次)。外借量相对较低的地区有:宿迁(878 万册次)、徐州(926.82 万册次)、连云港(973.36 万册次)。

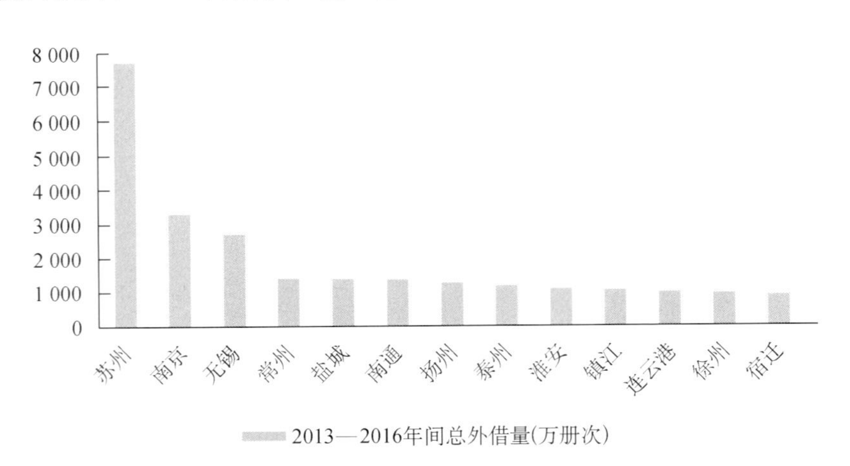

2013—2016 年江苏省各地区文献总外借量对比分析

纸质文献外借量排名靠前的地区分别为:苏州(5 878.09 万册次)、南京(2 077.29 万册次)、无锡(1 694.48 万册次);排名靠后的地区有:宿迁(484.43 万册次)、镇江(639.77 万册次)、连云港(675.81 万册次)。

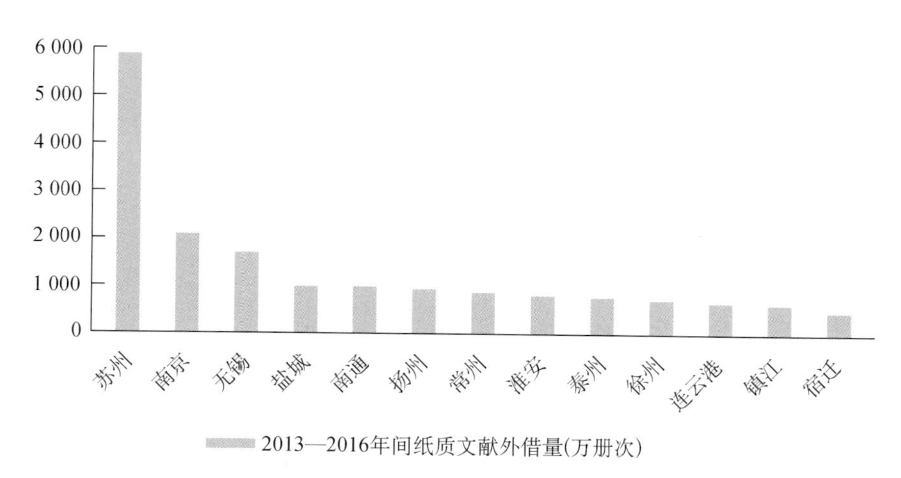

2013—2016 年江苏省各地区纸质文献外借量对比分析

电子文献外借量排名靠前的地区分别为：苏州（1 828.18 万册次）、南京（1 208.67 万册次）、无锡（1 003.03 万册次）；排名靠后的地区有：徐州（200.53 万册次）、淮安（265.05 万册次）、连云港（297.55 万册次）。

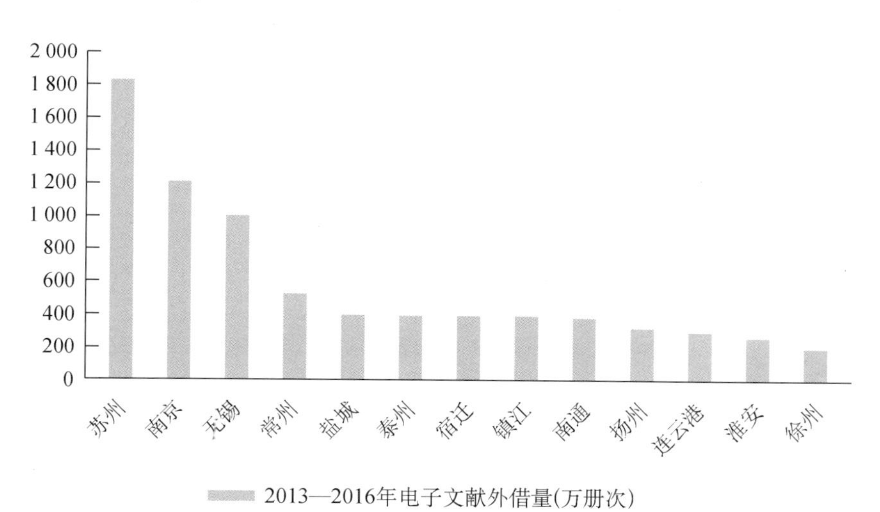

2013—2016 年江苏省各地区电子文献外借量对比分析

以江苏省各地区 2016 年人口数据与公共图书馆外借量数据分析，每万人外借量排名靠前的地区分别是：苏州（7.24 万册次）、扬州（5.76 万册次）、无锡（4.13 万册次），排名靠后的地区分别是徐州（1.06 万册次）、泰州（1.63 万册次）、南通（1.87 万册次）。苏州市图书总外借量和服务人口排名均为第一，每万人外借量相比江苏省其他地区高出很多，整体服务效能处于领先地位。

2. 省市县标准级别公共图书馆外借量分析

（1）**省级馆：**2013—2016 年间，省级公共图书馆（南京图书馆）文献外借总量为 1 314.56 万册次。

（2）**市级馆：**2013—2016 年间，市级公共图书馆文献外借总量为 7 216.64 万册次。

文献外借量排名靠前的图书馆分别是：苏州图书馆（1 734.57 万册次）、无锡市图书馆

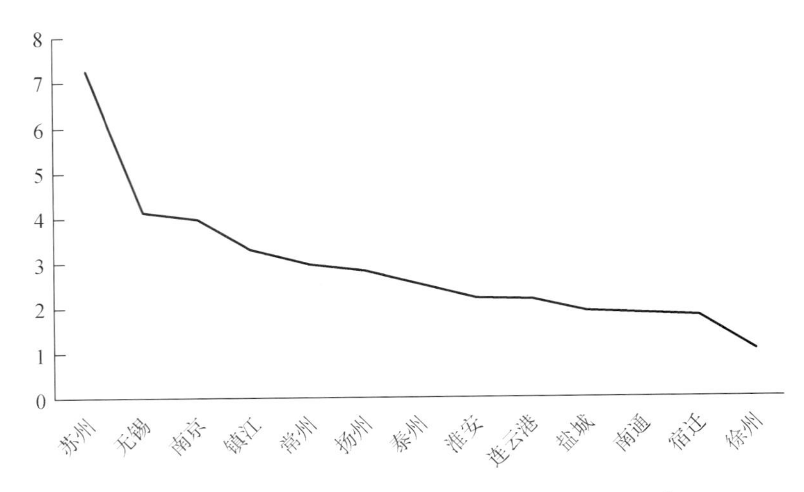

2016 年江苏省各地区每万人外借量对比分析(万册次)

(852.02 万册次)、常州图书馆(810 万册)。市级公共图书馆中文献外借量相对较小的分别是:徐州图书馆(183.76 万册次)、淮安市图书馆(265.20 万册次)、连云港市图书馆(282.58 万册次)。由以上数据可得,市级公共图书馆间文献外借量差距很大,主要是受各设区市经济发展水平和人口数量的差异影响。

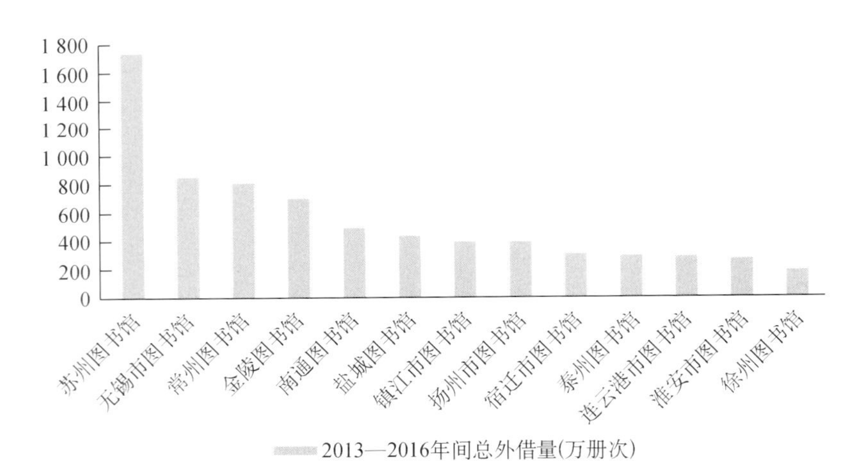

2013—2016 年江苏省各市级公共图书馆文献外借量对比分析

2013—2016 年间,电子文献外借量占比较多的图书馆分别有:镇江市图书馆、常州图书馆、扬州市图书馆;占比较少的图书馆有:徐州图书馆、苏州图书馆、盐城市图书馆。

(3) **县级馆**:2013—2016 年间,县级公共图书馆文献总外借量为 16 305.84 万册次。

文献外借总量较多的地区有:苏州(5 922.16 万册次)、无锡(1 845.49 万册次)、南京(1 304.13 万册次);文献外借总量相对较少的地区有:连云港(566.31 万册次)、宿迁(575.3 万册次)、常州(584.33 万册次)。

纸质文献外借量较多的地区有:苏州(4 193.38 万册次)、无锡(1 076.09 万册次)、南京(800.02 万册次);纸质文献外借量相对较少的地区有:宿迁(296.66 万册次)、连云港(309.92 万册次)、常州(428.62 万册次)。

电子文献外借量较多的地区有：苏州（1 723.78 万册次）、无锡（769.4 万册次）、南京（504.11 万册次）；电子文献外借量相对较少的地区有：常州（155.71 万册次）、扬州（162.65 万册次）、淮安（171.96 万册次）。

县级公共图书馆中总外借量最高的图书馆是张家港市图书馆，外借量为 412.54 万册次；总外借量最低的为连云港市连云区图书馆，外借量为 6.41 万册次。

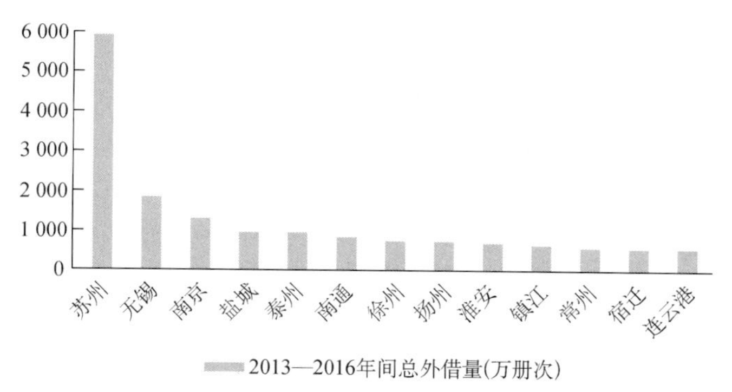

2013—2016 年江苏省各地区县级公共图书馆文献外借量对比分析

2013—2016 年间，江苏省各地区县级公共图书馆电子文献外借量占比较多的地区有：宿迁（48.43%）、连云港（45.27%）、无锡（41.69%）；占比较少的地区有：扬州（22.06%）、淮安（24.56%）、南通（26.58%）。

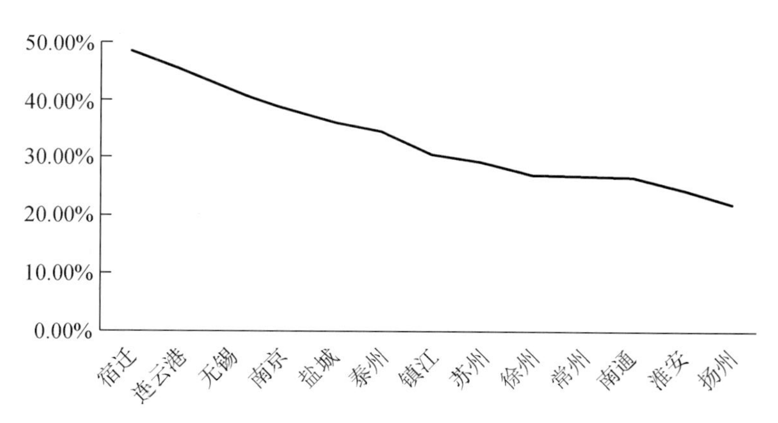

2013—2016 年江苏省各地区县级公共图书馆电子文献外借量占比分析

3. 少年儿童图书馆外借量分析

2013—2016 年间，江苏省 7 家少年儿童图书馆文献外借量总计为 581.85 万册次，其中扬州市少年儿童图书馆的文献外借量最多，为 143.73 万册次。少年儿童图书馆的电子文献外借量和纸质文献外借量都低于一般公共图书馆。

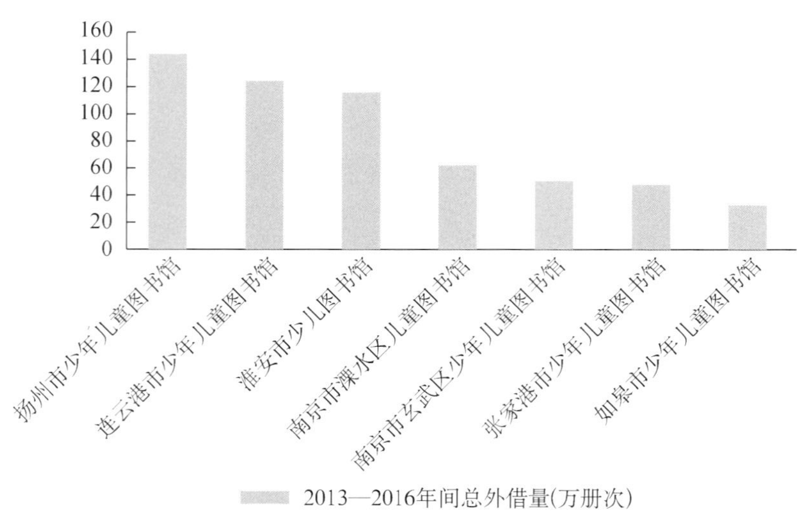

2013—2016 年江苏省各少年儿童图书馆文献外借量对比分析

4. 服务效能与服务人口对比

本小节对 2013—2016 年间的江苏省公共图书馆的文献外借量和持证读者数量进行对比分析。

（1）**省级馆**：南京图书馆持证读者数量为 125.84 万人，外借量为 1 314.56 万册次。

（2）**市级馆**：

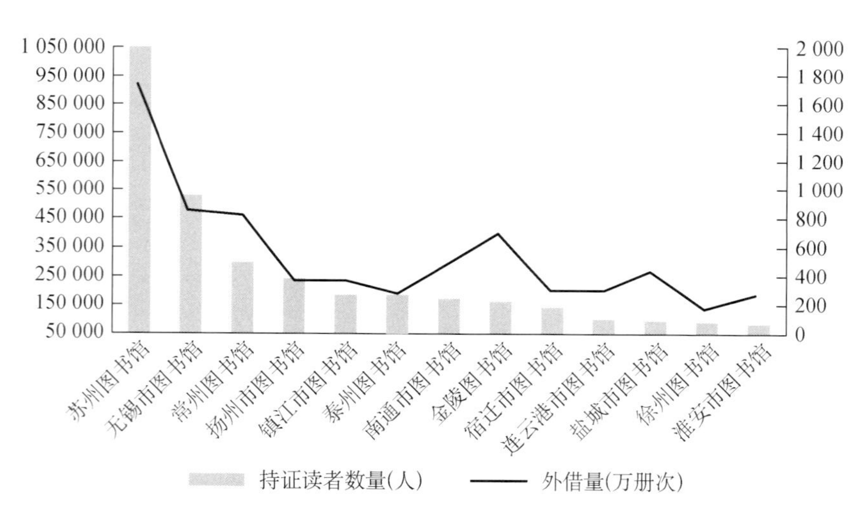

2013—2016 年江苏省各市级馆服务效能和持证读者对比分析

结论：

由上图可得，市级公共图书馆中外借量较高的图书馆有：苏州图书馆、无锡市图书馆、常州图书馆；持证读者数量较高的图书馆有：苏州图书馆、无锡市图书馆、常州图书馆。

（3）**县级馆：**

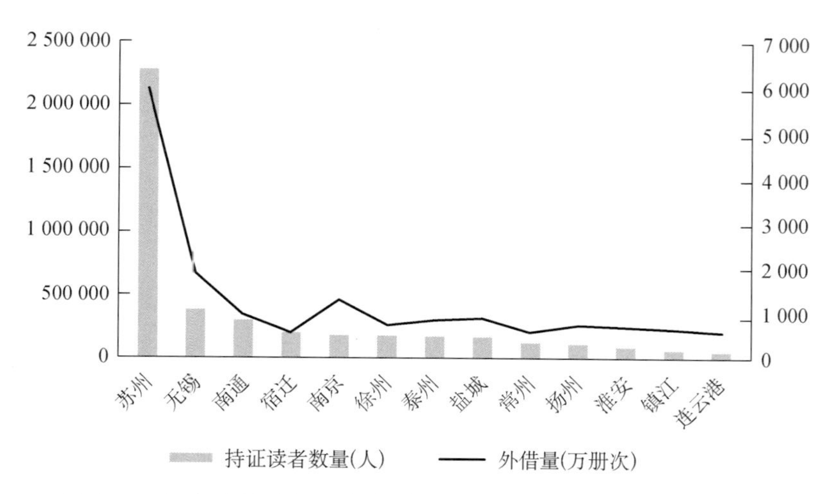

2013—2016 年江苏省各地区县级馆文献外借量和持证读者对比分析

结论：

由上图可得，江苏省各地区县级公共图书馆持证读者数量较多的地区有：苏州、无锡、南通；外借量较高的地区有：苏州、无锡、南京。

三、讲座、培训次数统计分析

1. 江苏省公共图书馆讲座培训次数总体情况统计分析

2013—2016 年间，江苏省 102 家公共图书馆总计开展讲座、培训 17 737 次，其中苏州、南京、盐城地区的公共图书馆讲座、培训开展次数相对较多。苏州地区讲座、培训总计为 4 015 次，在江苏省各地区中排名第一。宿迁、淮安、常州的讲座培训总次数较少，分别为 769 次、694 次、615 次。

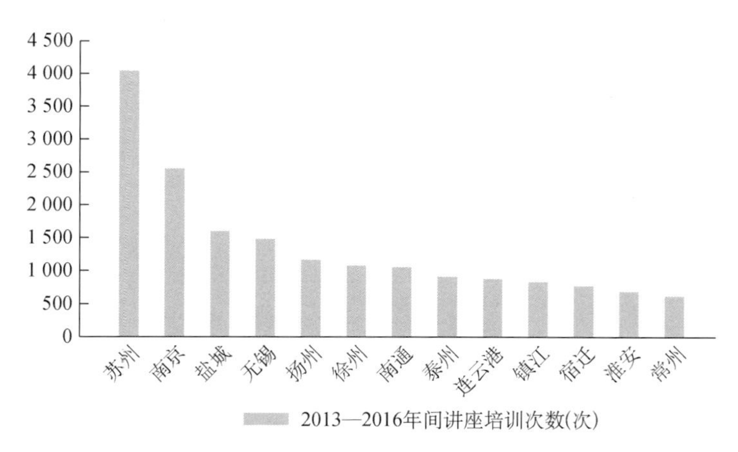

2013—2016 年江苏省各地区公共图书馆讲座、培训次数对比分析

2. 省市县标准级别公共图书馆讲座、培训次数统计

省级馆:2013—2016 年间,省级图书馆(南京图书馆)讲座、培训次数总计为 872 次。

市级馆:2013—2016 年间,江苏省 13 个市级公共图书馆讲座、培训次数总计为 5 182 次。其中苏州图书馆讲座、培训次数最多,为 865 次;淮安市图书馆讲座、培训次数最少,为 165 次。

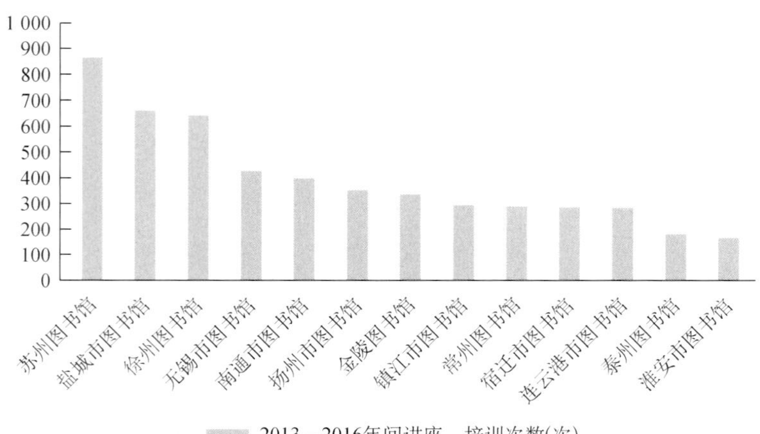

2013—2016 年江苏省各市级馆讲座、培训次数对比分析

县级馆:2013—2016 年间,江苏省 88 个县级公共图书馆举办讲座、培训次数总计 11 692 次。其中苏州地区、南京地区、无锡地区的讲座、培训次数相对较多,分别为 3 150 次、1 370 次、1 057 次;宿迁地区、徐州地区、常州地区讲座、培训次数相对较少,分别为 484 次、442 次、325 次。

县级公共图书馆中张家港市图书馆讲座、培训次数为 1 737 次,在县级公共图书馆和全省所有公共图书馆讲座、培训次数排行中位列第一;徐州市贾汪区图书馆讲座、培训次数仅为 5 次,是县级馆和全省公共图书馆中讲座、培训次数最少的图书馆。

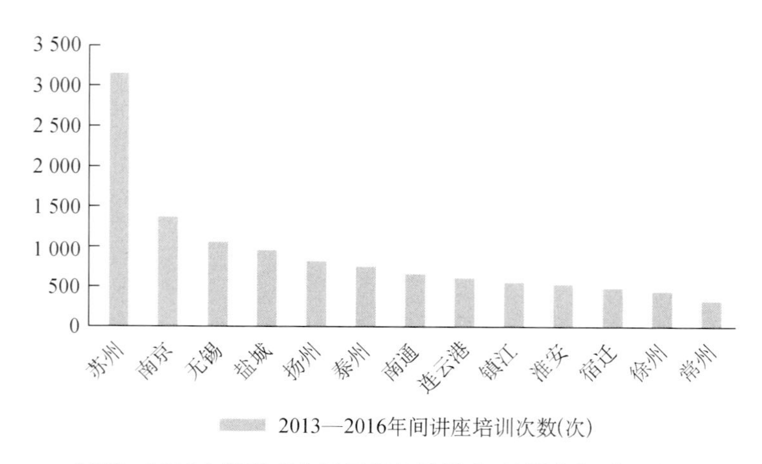

2013—2016 年江苏省各地区县级馆讲座、培训次数对比分析

四、阅读推广活动次数统计分析

1. 江苏省公共图书馆阅读推广活动次数总体情况统计分析

2013—2016 年间，江苏省 102 家公共图书馆阅读推广活动总计开展 19 659 次。

2013—2016 年间，公共图书馆阅读推广活动数量排名靠前的地区有：苏州(4 804 次)、南京(2 900 次)、镇江(2 234 次)；排名靠后的地区有：淮安(492 次)、徐州(779 次)、常州(781 次)。

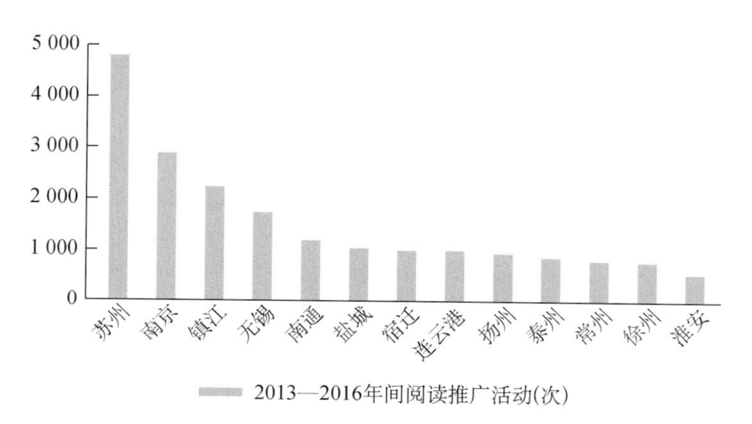

2013—2016 年江苏省各地区图书馆阅读推广活动次数对比分析

2. 省市县标准级别公共图书馆阅读推广活动数量分析

省级馆：2013—2016 年间，省级公共图书馆(南京图书馆)阅读推广活动举办次数为 903 次。

市级馆：2013—2016 年间，市级公共图书馆阅读推广活动次数总数为 4 117 次。

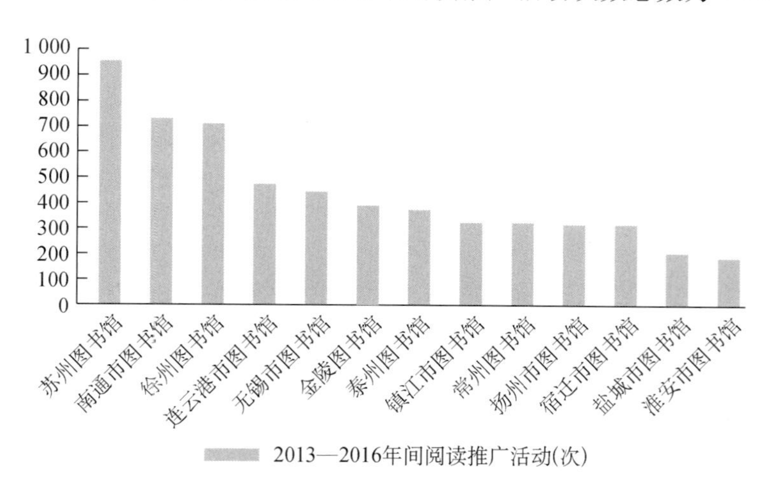

2013—2016 年江苏省各市级公共图书馆阅读推广活动次数对比分析

市级公共图书馆中阅读推广活动次数排名靠前的图书馆分别是:苏州图书馆(914次)、南通市图书馆(567次)、徐州图书馆(481次)。市级公共图书馆中阅读推广活动次数相对较少的图书馆分别是:淮安市图书馆(50次)、盐城市图书馆(83次)、宿迁市图书馆(115次)。

县级馆:2013—2016年间,县级公共图书馆阅读推广活动次数共14 639次。

以江苏省各地区阅读推广活动数量为基础,得出排名前三的地区为苏州(3 890次)、镇江(1 997次)、南京(1 711次);排名靠后的地区为徐州(298次)、淮安(442次)、南通(505次)。

县级公共图书馆中丹阳市图书馆阅读推广活动数量最多,为1 654次;徐州市贾汪区图书馆阅读推广活动数量最少,仅为8次。

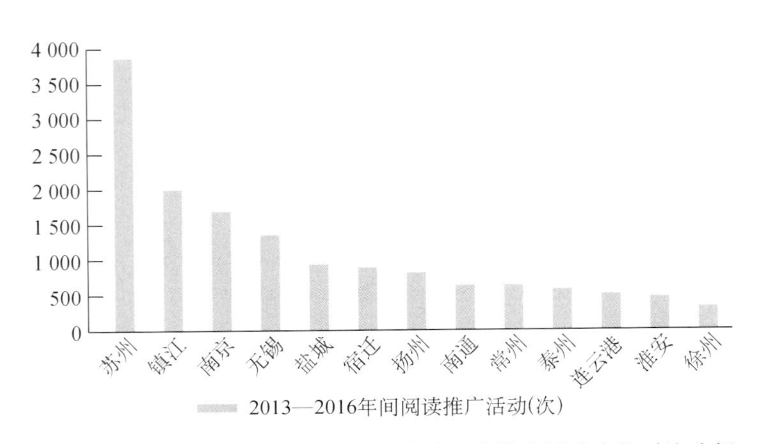

2013—2016年江苏省各县级公共图书馆阅读推广活动次数对比分析

五、每万人参加读者活动人次统计分析

1. 江苏省各地区每万人参加读者活动人次总体情况统计分析

2013—2016年间,江苏省102家公共图书馆每万人参与活动人次为1 453.87次。

江苏省各地区公共图书馆中每万人参与活动数量排名靠前的地区分别是:淮安(6 098次)、盐城(2 256次)、扬州(2 210次);排名靠后的地区有:连云港(417次)、徐州(422次)、常州(447次)。

2. 市县级公共图书馆每万人参与活动情况分析

市级馆:2013—2016年间,江苏省各地区市级公共图书馆每万人参与活动人次为1 059.82次。

2013—2016年间,市级公共图书馆中每万人参与活动人次数排名靠前的图书馆分别是:扬州市图书馆(787次)、苏州图书馆(628次)、盐城市图书馆(549次);排名靠后的分别是:宿迁市图书馆(113次)、徐州图书馆(145次)。

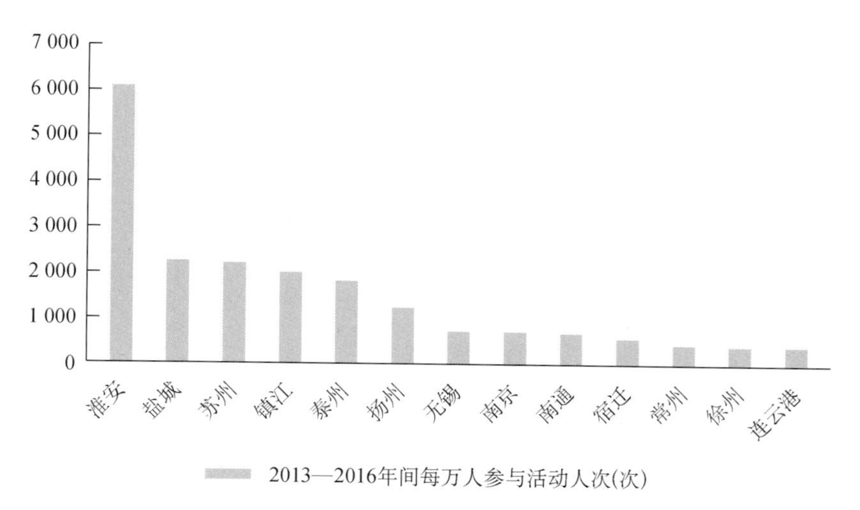

2013—2016 年江苏省各地区每万人参与活动人次对比分析

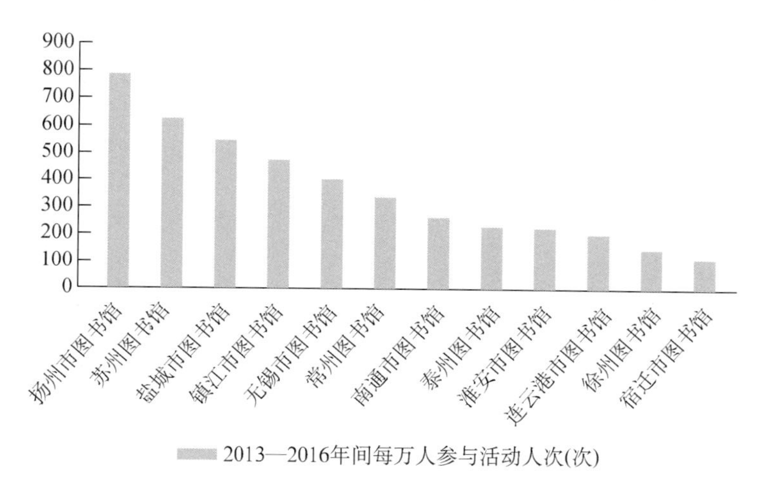

2013—2016 年江苏省各市级馆每万人参与活动人次对比分析

县级馆:2013—2016 年间,江苏省各地区县级公共图书馆每万人参与活动人次为 1 126.92 次。

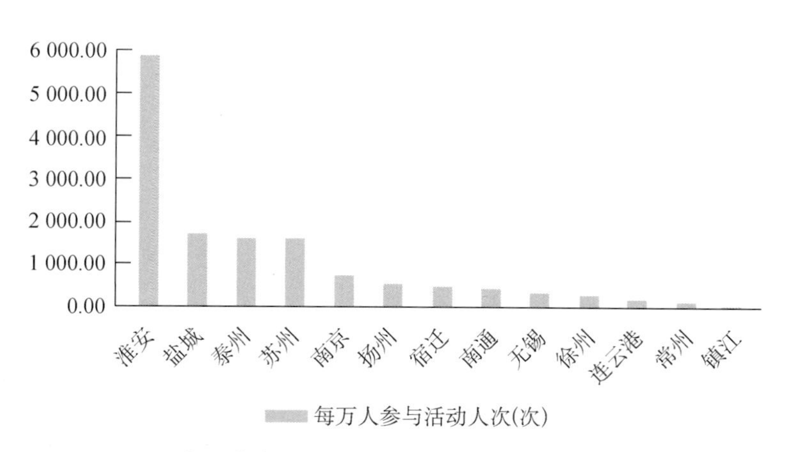

2013—2016 年江苏省各地区县级馆每万人参与活动人次对比分析

2013—2016年间，江苏省各地区县级公共图书馆每万人参与活动人次排名前三的地区为：淮安、盐城、泰州；排名靠后的地区为：镇江、常州、连云港。

3. 江苏省少年儿童图书馆每万人参与活动人次对比分析

2013—2016年间，江苏省少年儿童图书馆每万人参与活动人次数量平均值为21次。以每万人参与活动人次为基础，得出每万人参与活动人次最多的图书馆为张家港市少年儿童图书馆，共135次；最少的图书馆是淮安市少儿图书馆，为1.2次。与一般图书馆相比，少年儿童图书馆的每万人参与活动人次相对较少。

业务建设分析

一、馆藏情况统计分析

1. 江苏省公共图书馆普通文献馆藏量整体情况分析

截至 2016 年底，江苏省 109 家公共图书馆普通文献馆藏总量共 12 452.41 万册件，其中排名靠前的地区为苏州、南京、无锡；排名靠后的地区为宿迁、淮安、扬州。

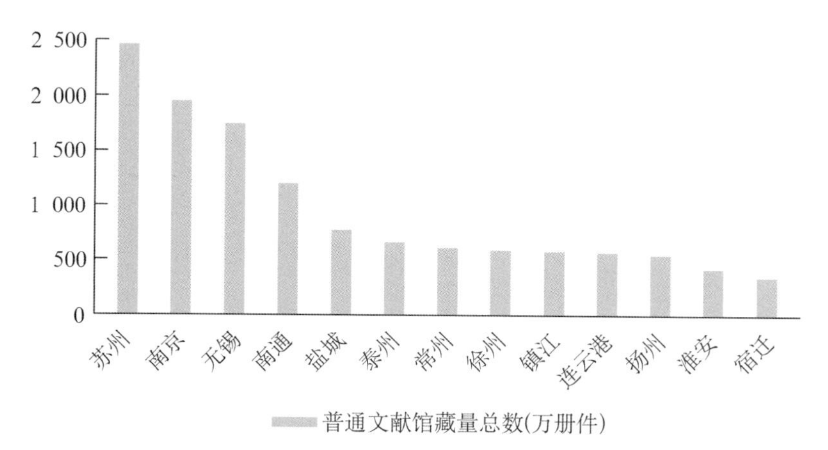

2016 年底江苏省各地区公共图书馆普通文献馆藏量对比分析

2. 省市县标准级别公共图书馆馆藏情况分析

省级馆：截至 2016 年底，江苏省省级公共图书馆（南京图书馆）的普通文献馆藏量为 1 138.73 万册件。

市级馆：截至 2016 年底，江苏省 13 个市级公共图书馆的普通文献馆藏总量为 3 368 万册件。市级馆中普通文献馆藏量排名靠前的图书馆分别是：南通市图书馆（640.87 万册件）、苏州图书馆（613.71 万册件）、无锡市图书馆（332.73 万册件）。市级馆中文献馆藏量较少的图书馆分别是：宿迁市图书馆（62.20 万册件）、徐州图书馆（65.28 万册件）、泰州图书馆（84.40 万册件）。

县级馆：截至 2016 年底，江苏省 88 个县级图书馆的普通文献馆藏量总计 7 771.54 万册件。江苏省各地区的县级馆馆藏总量排名靠前的地区有：苏州（1 824.14 万册件）、无锡

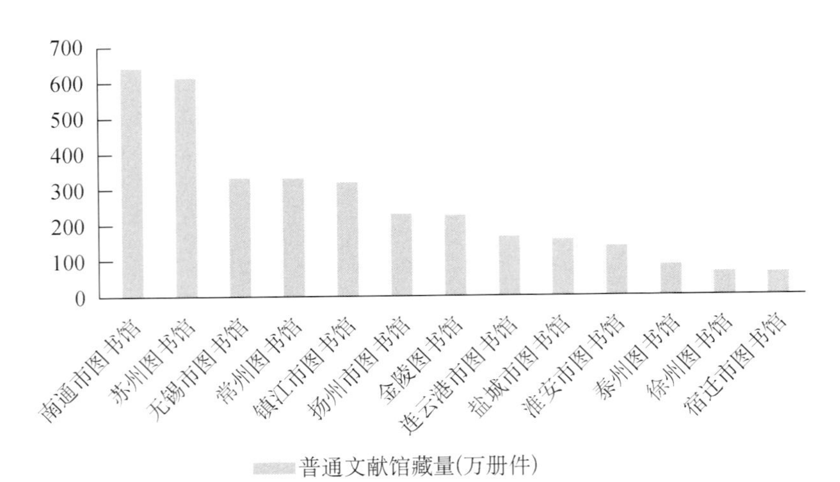

2016 年底江苏省各市级图书馆普通文献馆藏量对比分析

(1 416.06 万册件)、盐城(614.02 万册件);排名靠后的地区有:淮安(254.09 万册件)、镇江(259.92 万册件)、扬州(274.51 万册件)。

县级公共图书馆中,无锡高新区(新吴区)图书馆文献馆藏量在县级馆中排名第一,为 603.42 万册件。

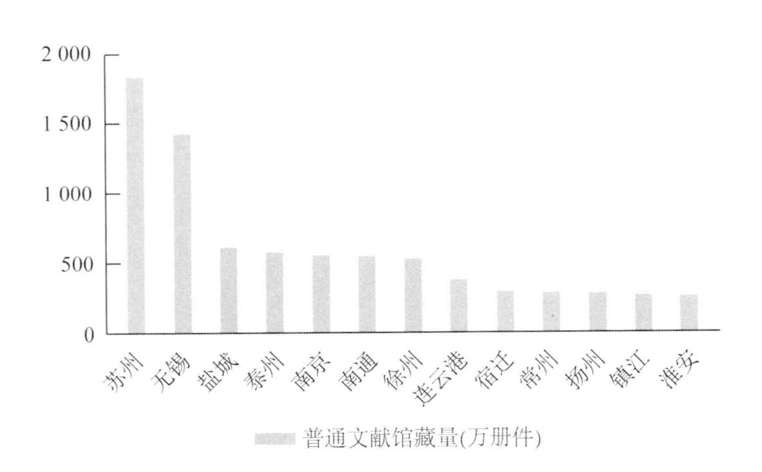

2016 年底江苏省各地区县级公共图书馆普通文献馆藏量对比分析

3. 江苏省少年儿童图书馆馆藏情况分析

截至 2016 年底,江苏省 7 个少年儿童图书馆的普通文献馆藏总量为 174.13 万册件。其中扬州市少年儿童图书馆馆藏量最丰富,为 43 万册件;如皋市少年儿童图书馆馆藏量较少,仅为 10.82 万册件。

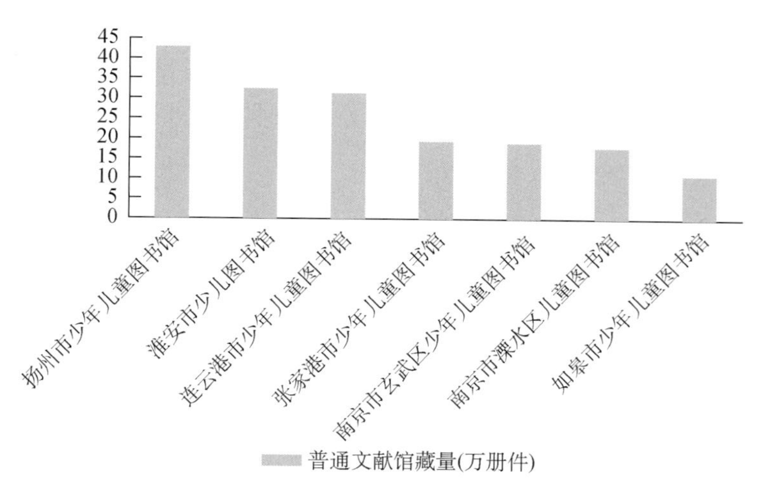

2016 年底江苏省各少年儿童图书馆普通文献馆藏量对比分析

二、资源建设情况分析

1. 江苏省公共图书馆资源建设总体情况分析

2013—2016 年间，江苏省 109 家公共图书馆的数字资源总量共 1 208.2 TB。

江苏省自建资源总量排名前三的地区有：南京(254.77 TB)、苏州(125.92 TB)、南通(124.31 TB)；排名靠后的地区分别为：常州(41.7 TB)、徐州(58.63 TB)、宿迁(59 TB)。

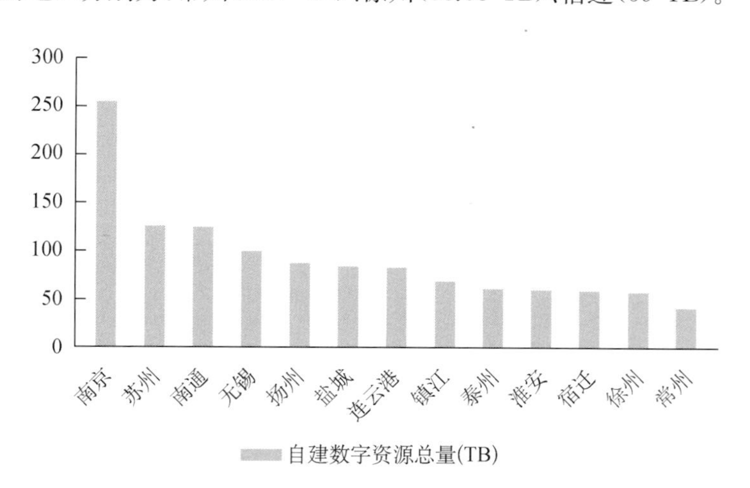

2013—2016 年江苏省各地区的公共图书馆自建数字资源数量对比分析

2. 省市县标准级别公共图书馆资源建设数量分析

2013—2016 年间，江苏省 102 家公共图书馆的自建数字资源总量为 1 161.528 TB。

省级馆： 2013—2016 年间，省级公共图书馆（南京图书馆）自建数字资源总量为 125.84 TB。

市级馆：2013—2016 年间，江苏省 13 个市级公共图书馆的自建数字资源量总计为 244.10 TB。其中南通市图书馆自建数字资源量最多，为 84 TB；徐州图书馆自建数字资源量最少，为 4 TB。由以上数据得知，市级馆中自建数字资源分布不均衡。

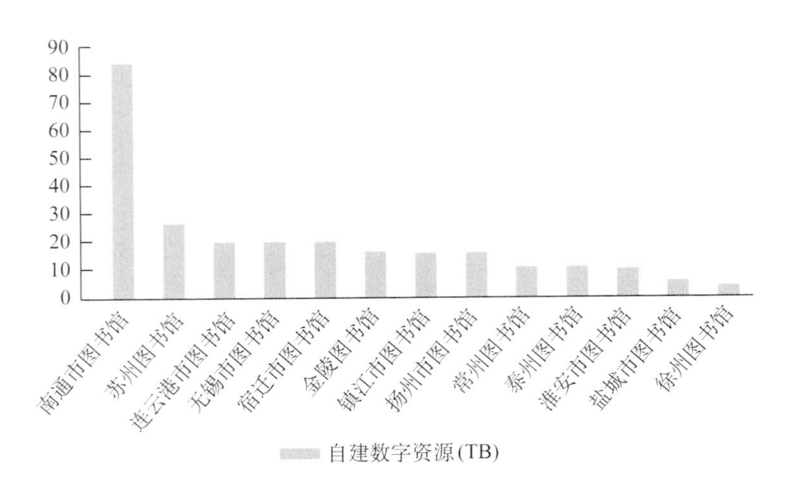

2013—2016 年江苏省各市级馆自建数字资源量对比分析

县级馆：2013—2016 年间，江苏省 88 个县级公共图书馆的自建数字资源总量为 775.43 TB。

其中南京、苏州、无锡的县级公共图书馆自建数字资源总量相对较多，分别为 95.41 TB、88.79 TB、79.54 TB；常州、南通、宿迁自建数字资源量较少，分别为 31 TB、38.49 TB、39 TB。

县级公共图书馆中扬州市邗江区图书馆自建数字资源量为 42.65 TB，在县级公共图书馆自建数字资源总量排行中位列第一。

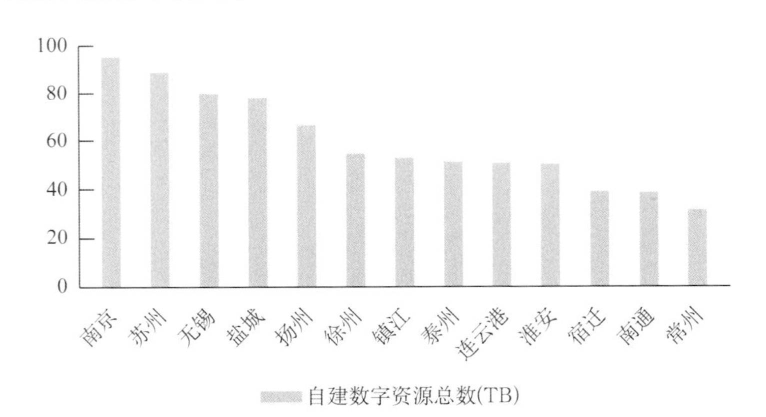

2013—2016 年江苏省各地区县级馆自建数字资源对比分析

3. 江苏省少年儿童图书馆资源建设分析

2013—2016 年间，江苏省 7 个少年儿童图书馆自建数字资源量总计为 46.72 TB，其中南京市溧水区儿童图书馆自建数字资源量最多，为 12 TB。

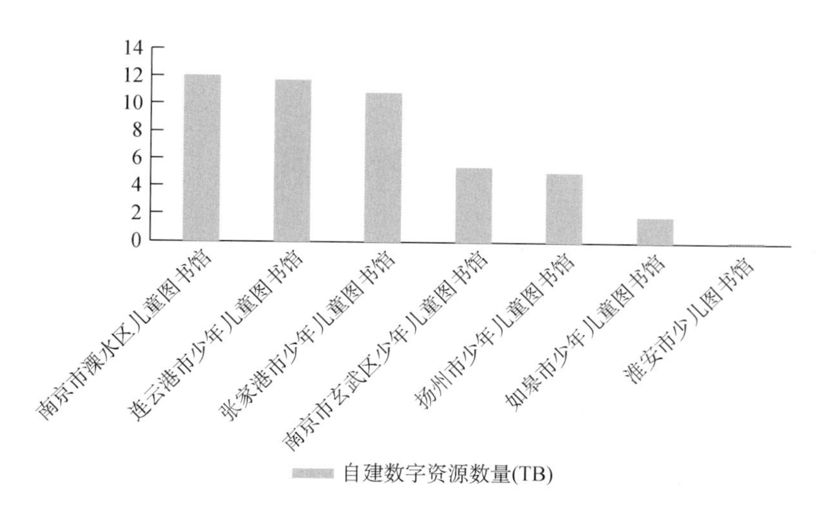

2013—2016 年少年儿童图书自建数字资源对比分析

保障条件分析

一、财政拨款分析

1. 江苏省公共图书馆财政拨款总体情况分析

2013—2016 年间，江苏省 109 家公共图书馆的财政拨款共 309 218.40 万元，年均财政拨款 77 304.6 万元，馆均年财政拨款 709.22 万元。

2013—2016 年间，江苏省对公共图书馆的财政拨款逐年增加。2013 年财政投入 62 609.46万元；2014 年财政投入 69 355.8 万元，同比增长 10.78%；2015 年财政投入 78 597.63 万元，同比增长 13.33%；2016 年财政投入 98 655.8 万元，同比增长 25.52%。

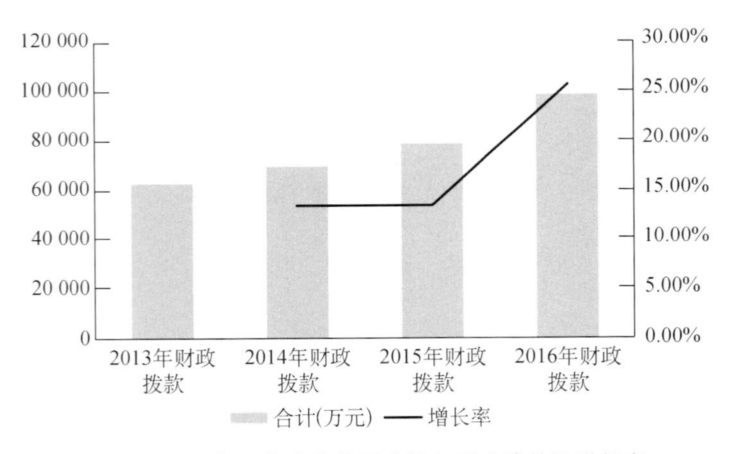

2013—2016 年江苏省公共图书馆年财政拨款及增长率

2013—2016 年间，江苏省各地区年财政拨款最多的地区分别是：南京、苏州、无锡。

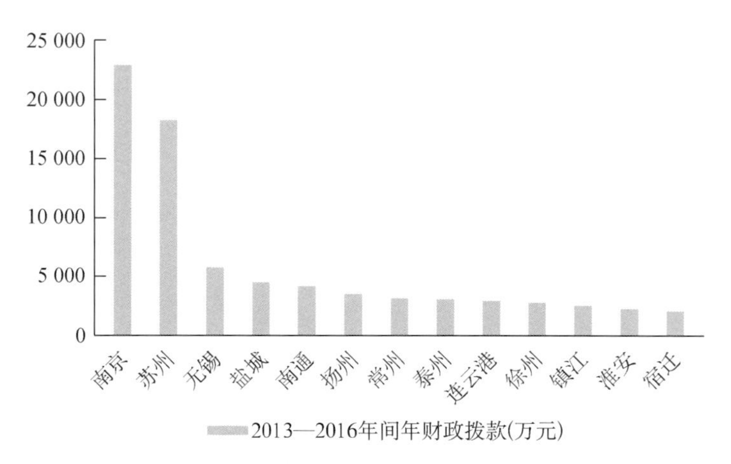

2013—2016 年江苏省各地区年财政拨款对比分析

2. 市县标准级别公共图书馆财政拨款情况分析

省级馆:2013—2016 年间,省级公共图书馆(南京图书馆)财政总拨款为 58 792.48 万元,年财政拨款 14 698.12 万元。

市级馆:2013—2016 年间,市级公共图书馆财政总拨款为 115 143.74 万元,年财政拨款 28 785.94 万元。

2013—2016 年间,各市级公共图书馆中年财政拨款排名靠前的图书馆分别是:苏州图书馆(9 132.31 万元)、金陵图书馆(3 763.34 万元)、无锡市图书馆(2 623.28 万元)。各市级馆中年财政拨款相对较少的分别是:淮安市图书馆(930.78 万元)、镇江市图书馆(969.19 万元)、连云港市图书馆(982.53 万元)。

由此可得知,江苏省各市级公共图书馆财政拨款整体数额较大,但区域间不均衡。

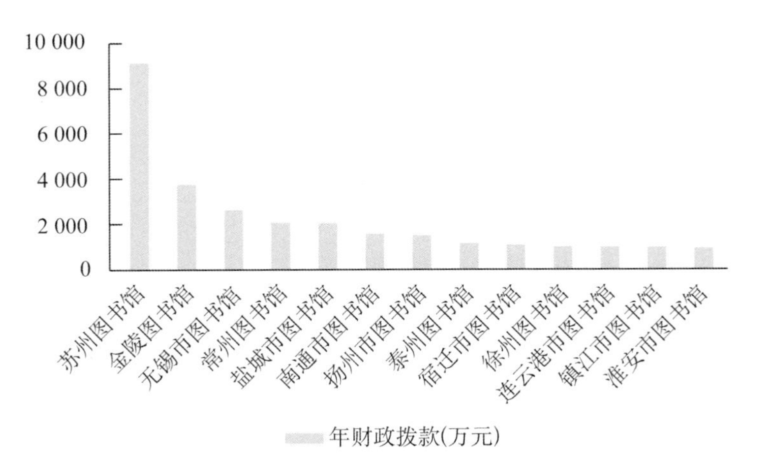

2013—2016 年江苏省各市级公共图书馆年财政拨款对比分析

县级馆:2013—2016 年间,江苏省县级公共图书馆财政总拨款为 126 419 万元,年财政拨款为31 604.75万元。年财政拨款排名靠前的地区为:苏州、南京、无锡;排名靠后的地区为:宿迁、常州、连云港。

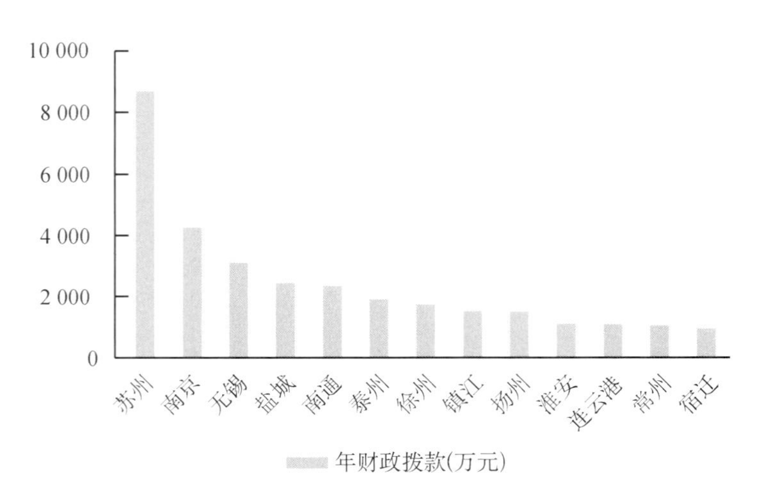

2013—2016 年江苏省各地区县级公共图书馆年财政拨款对比分析

3. 江苏省少年儿童图书馆财政拨款情况分析

2013—2016 年间，江苏省 7 家少年儿童图书馆财政总拨款为 8 862.88 万元，年财政拨款为 2 215.72万元。在少年儿童图书馆中，连云港市少年儿童图书馆年财政拨款最多。

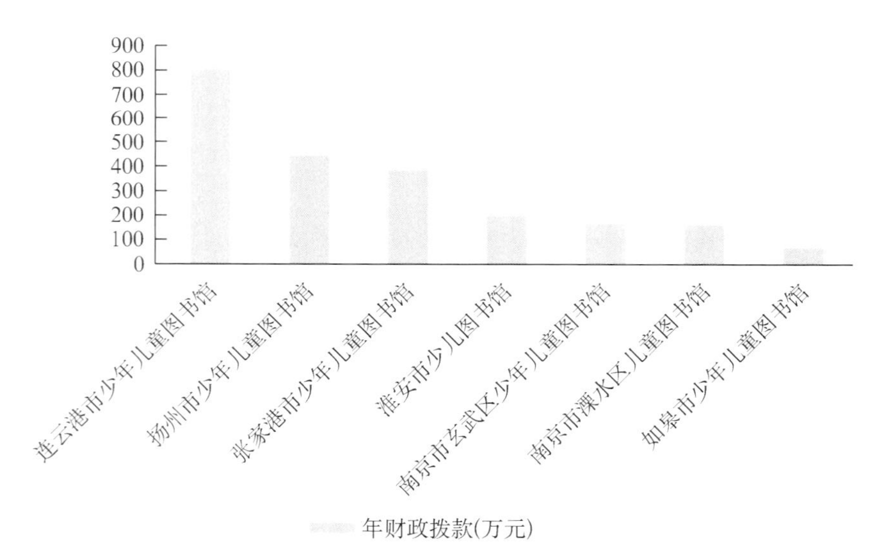

2013—2016 年江苏省各少年儿童图书馆年财政拨款对比分析

4. 各标准级别图书馆财政拨款增长率情况

省级馆：2013—2016 年间，省级公共图书馆（南京图书馆）财政总拨款总体持上升趋势，2013—2014 年增长率为 19.03%，2014—2015 年增长率为−3.59%，2015—2016 年增长率为 5.8%。

市级馆：2013—2016 年间，市级公共图书馆财政拨款总计为 115 143.74 万元。2013—2014 年，增长率为 1.29%；2014—2015 年财政拨款大幅增长，增长率为 22.87%；2015—2016

年财政拨款增长率持续上涨，为 33.82%。

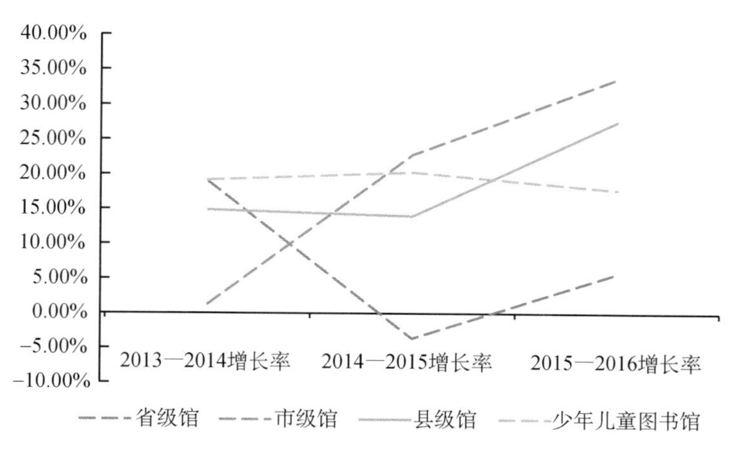

2013—2016 年各标准级别公共图书馆财政拨款增长率情况

县级馆：2013—2016 年间，县级公共图书馆财政拨款总计为 126 419.18 万元。2013—2014 年间，增长率为 14.88%；2014—2015 年间，增长率为 14.03%；2015—2016 年间，财政拨款再次大幅增长，增长率为 27.66%。

少年儿童图书馆：2013—2016 年间，少年儿童图书馆财政拨款总计为 8 862.88 万元，总体趋势呈较快增长。2013—2014 年间，增长率为 19.19%，2014—2015 年间，增长率为 20.34%，2015—2016 年间，增长率为 17.84%。

5. 财政投入产出比分析

本小节对公共图书馆的财政拨款和文献外借量进行对比分析。

（1）**省级馆：**2013—2016 年间，南京图书馆获财政拨款达 58 792.48 万元，年文献外借量为 606.74 万册。

（2）**市级馆：**

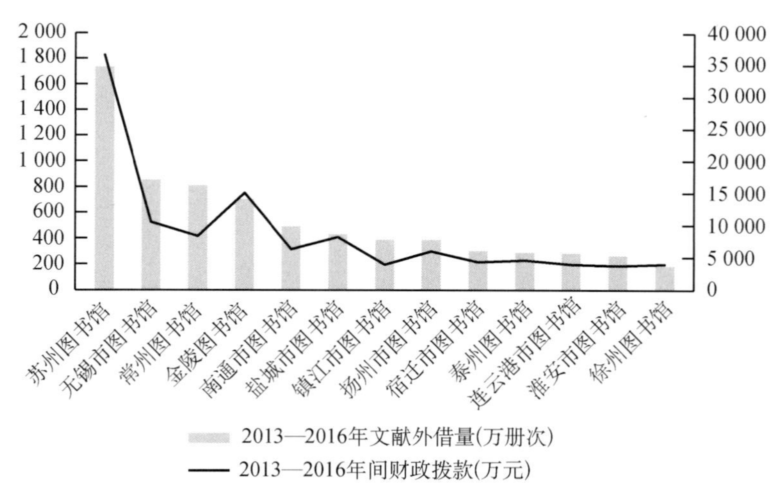

2013—2016 年江苏省各市级馆财政拨款与文献外借量对比分析

结论：

由上图可得知，市级公共图书馆中财政拨款投入较多的图书馆有：苏州图书馆、金陵图书馆、无锡市图书馆；文献外借量较高的图书馆有：苏州图书馆、无锡市图书馆、常州图书馆。

（3）县级馆：

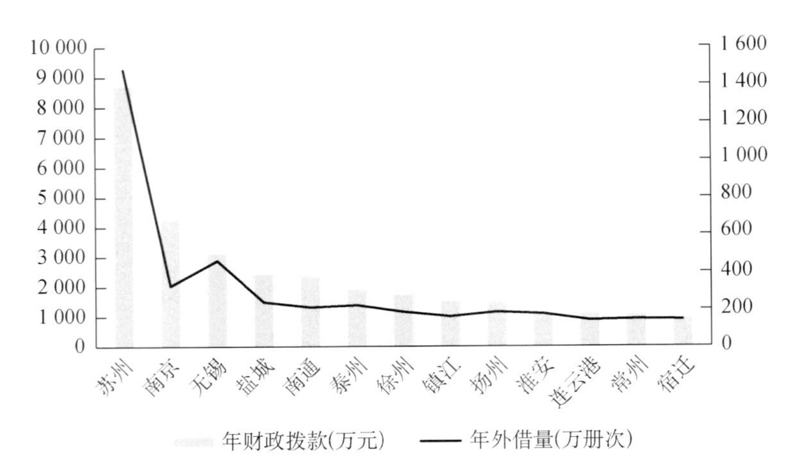

2013—2016 年江苏省各地区县级馆年财政拨款与年外借量对比分析

结论：

由上图可得知，各地区县级公共图书馆中年财政拨款较多的地区有：苏州、南京、无锡；年外借量较高的地区有：苏州、无锡、南京。

（4）少年儿童图书馆：

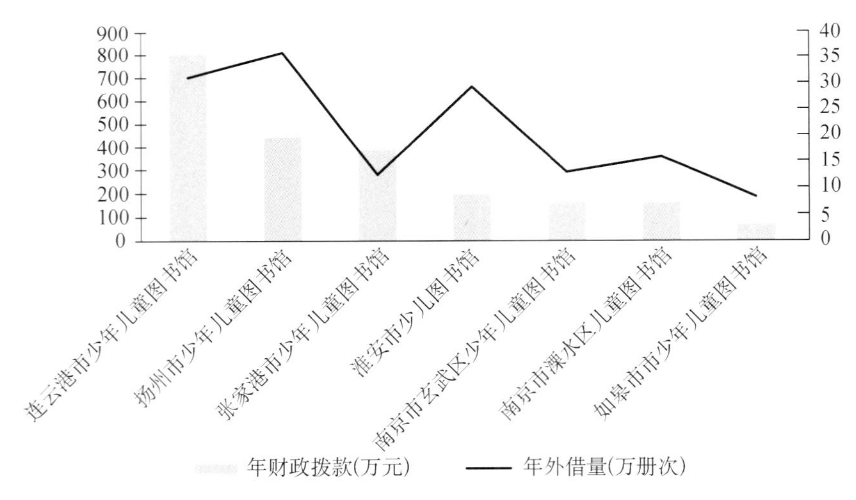

2013—2016 年江苏省各少年儿童图书馆年财政拨款与年外借量对比分析

结论：

由上图可得知，2013—2016 年，少年儿童图书馆中年财政拨款较高的是连云港市少年儿童图书馆，年外借量最高的是扬州市少年儿童图书馆。

二、文献购置费用

1. 江苏省公共图书馆文献购置费用总体情况分析

2013—2016 年间，江苏省公共图书馆共投入文献购置费用 66 954.07 万元，年文献购置费用 16 738.52 万元。

按时间统计：2013 年文献购置投入 14 319.89 万元；2014 年文献购置投入 15 911.48 万元；同比增长 11.11%；2015 年文献购置投入 16 991.13 万元，同比增长 6.79%；2016 年文献购置投入 19 731.57 万元，同比增长 16.13%。根据数据结果分析，2016 年文献购置投入最多，增长最快，增长率大幅度提高。

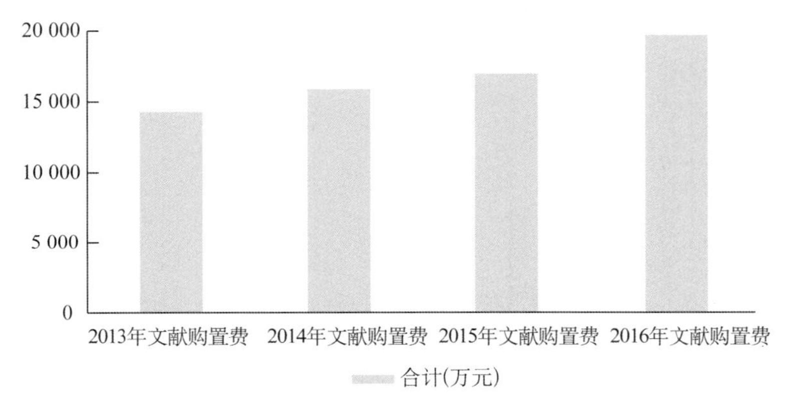

2013—2016 年间江苏省公共图书馆文献购置投入情况分析

按地区统计：2013—2016 年间，年文献购置费用较多的地区分别是：南京（5 799.12 万元）、苏州（3 667.67 万元）、南通（1 446.88 万元）；较少的地区有：宿迁（142.04 万元）、镇江（329.42 万元）、徐州（402.05 万元）。

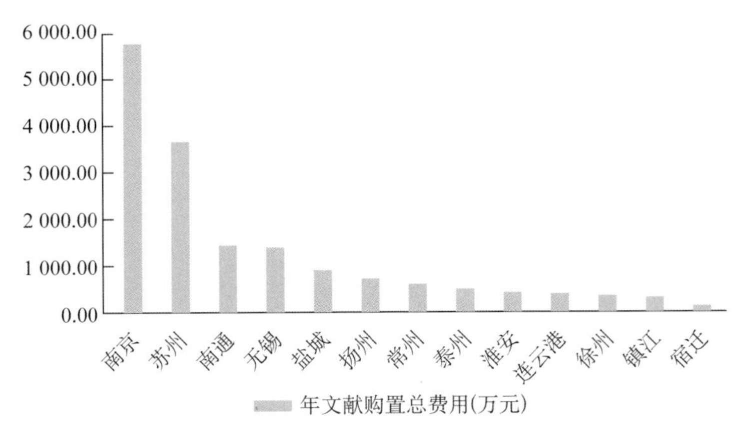

2013—2016 年江苏省各地区公共图书馆文献购置费用对比分析

2. 省市县标准级别公共图书馆文献购置费用情况分析

2013—2016 年间，江苏省 102 家(少年儿童图书馆除外)公共图书馆，文献购置费用投入总量为 66 954.07 万元，年文献购置费用为 16 738.52 万元，年馆均文献购置费用为 164.1 万元。

省级馆：省级公共图书馆(南京图书馆)文献购置费用为 10 040 万元，年文献购置费用为2 510万元。

市级馆：市级公共图书馆 13 个，文献购置费用总计为 21 182.17 万元，年文献购置费用为 5 295.54 万元。

市级公共图书馆中苏州图书馆年文献购置费用最多，为 1 525.72 万元；宿迁市图书馆年文献购置费用最少，为 0.05 万元。

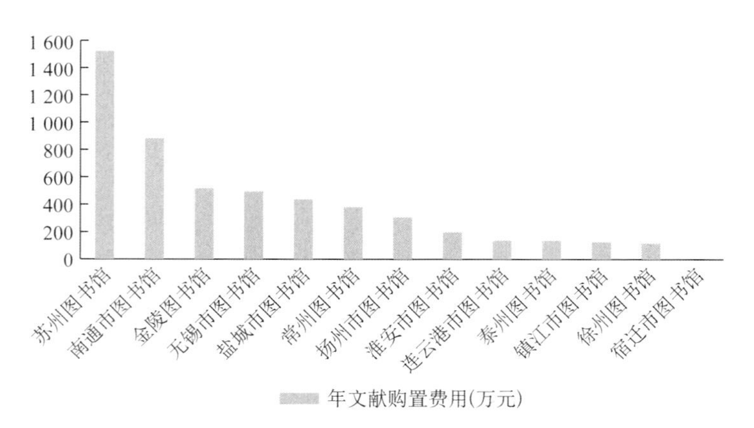

2013—2016 年各市级馆年文献购置费用情况

县级馆：县级公共图书馆 88 个，文献购置费用总计 26 434.26 万元，年文献购置费用 6 608.57万元。

苏州地区、无锡地区、南京地区年文献购置费用相对较多，分别为 2 085.08 万元、930.55 万元、739.12 万元。

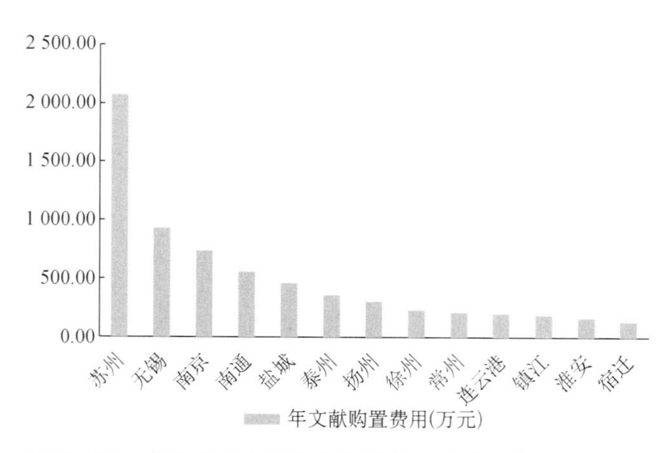

2013—2016 年江苏省各地区县级馆年文献购置费用对比分析

县级公共图书馆中苏州市吴中区图书馆年文献购置费用为524.16万元，在县级公共图书馆年文献购置费用排行中位列第一；徐州市贾汪区图书馆、宿迁市泗洪县图书馆年文献购置费用较低。

3. 江苏省各少年儿童图书馆文献购置费用情况分析

2013—2016年江苏省7个少年儿童图书馆，文献购置费用总计为1 337.63万元，年文献购置费用334.41万元。其中扬州市少年儿童图书馆的年文献购置费用最多，为97.38万元；如皋市少年儿童图书馆年文献购置费用投入最少，为10万元。由以上数据得知，少年儿童图书馆中文献购置费用间的差距较大。

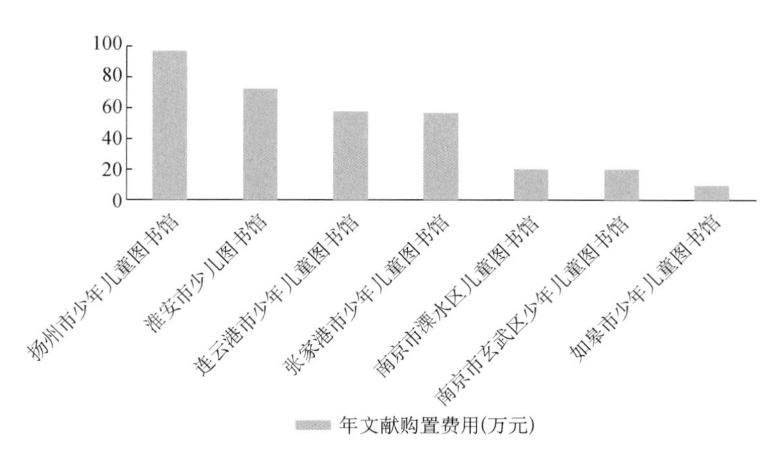

2013—2016年江苏省各少年儿童图书馆年文献购置费用对比分析

三、建筑面积

1. 江苏省公共图书馆建筑面积总体情况分析

图书馆建筑面积统计反映公共图书馆基础设施建设的强弱情况，并能间接反映馆舍环境的好坏。截至2016年底，江苏省109家公共图书馆建筑面积共为172.71万平方米。

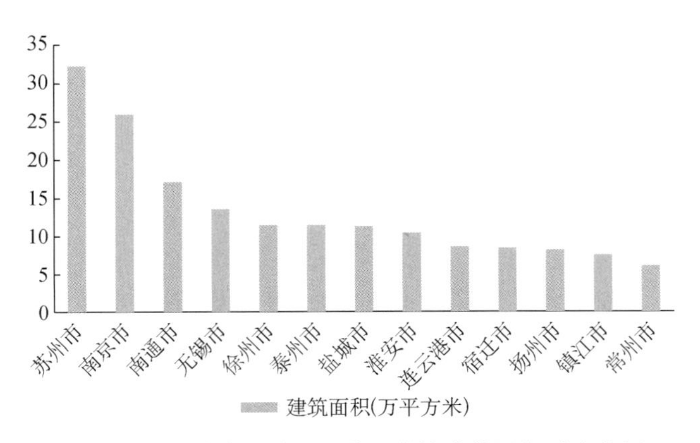

2016年底江苏省各地区公共图书馆建筑面积对比分析

2. 省市县标准级别公共图书馆建筑面积情况分析

省级馆:江苏省省级公共图书馆(南京图书馆)建筑面积为9.61万平方米。

市级馆:江苏省共13家市级公共图书馆,建筑面积总量为44.15万平方米。

市级馆里建筑面积较大的图书馆有苏州图书馆(9.15万平方米),金陵图书馆(5.73万平方米),无锡市图书馆(3.61万平方米);建筑面积较小的图书馆有:宿迁市图书馆(1.66万平方米)、镇江市图书馆(1.68万平方米)。

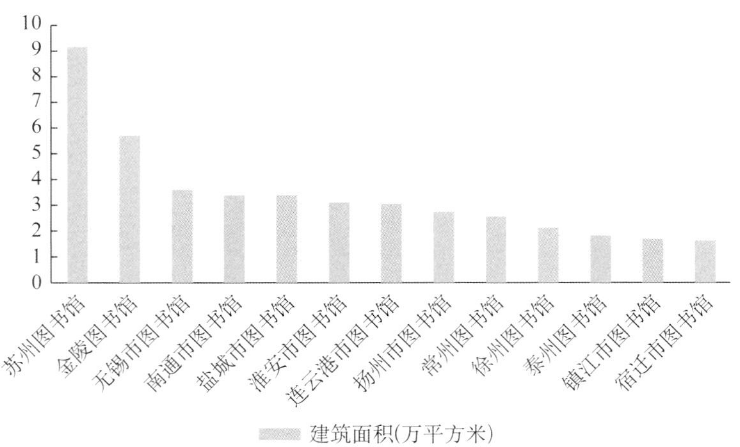

2016年底江苏省各市级馆建筑面积对比分析

县级馆:江苏省共88个县级公共图书馆,建筑面积总量为113.76万平方米。

以各县级公共图书馆建筑面积情况为基础,得出排名前三的地区分别为:苏州(21.76万平方米)、南通(13.26万平方米)、无锡(10.06万平方米);排名靠后的地区分别为:常州(3.49万平方米)、扬州(4.09万平方米)、连云港(4.69万平方米)。

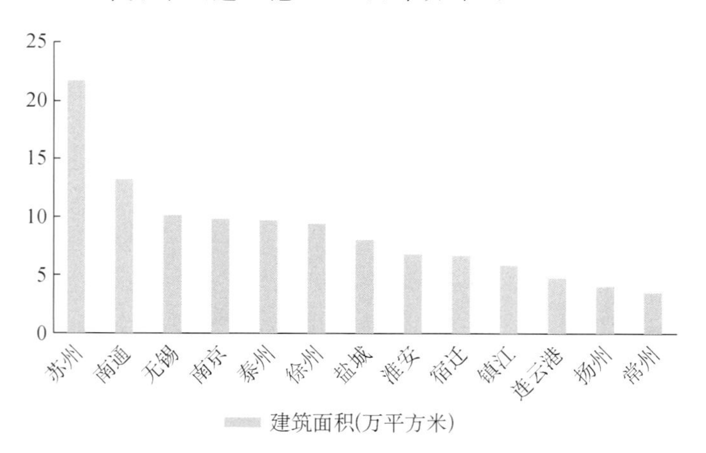

2016年底江苏省各地区县级馆建筑面积对比分析

3. 江苏省少年儿童图书馆建筑面积情况分析

截至2016年底,江苏省共7家少年儿童图书馆建筑面积总量为5.18万平方米。

少年儿童图书馆中，扬州市少年儿童图书馆建筑面积最大，为 1.31 万平方米；南京市溧水区儿童图书馆建筑面积最小，为 0.35 万平方米。

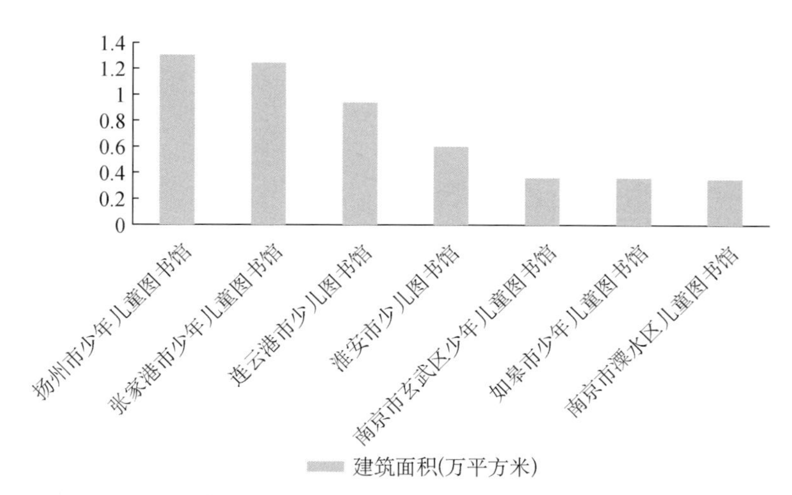

2016 年底江苏省各少年儿童图书馆建筑面积对比分析

4. 建筑面积投入产出比

本小节对 2013—2016 年间江苏省公共图书馆的财政拨款和建筑面积进行对比分析。

（1）**省级馆：**南京图书馆建筑面积为 9.61 万平方米，财政拨款为 15 053.4 万元。

（2）**市级馆：**

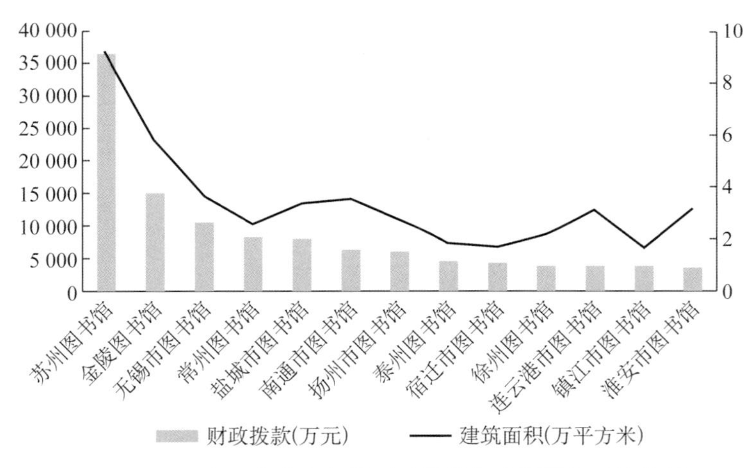

2013—2016 年江苏省市级馆财政拨款与建筑面积对比分析

结论：

由上图可得知，市级公共图书馆中财政投入较多的图书馆有：苏州图书馆、金陵图书馆、无锡市图书馆；建筑面积较大的图书馆有：苏州图书馆、金陵图书馆、无锡市图书馆。

（3）**县级馆：**

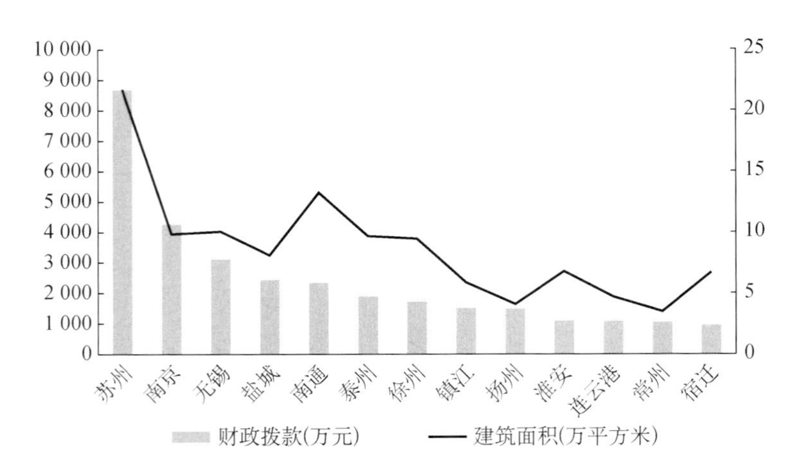

2013—2016 年江苏省各地区县级馆建筑面积与财政拨款对比分析

结论：

由上图可得知，2013—2016 年江苏省各地区县级公共图书馆中财政拨款比较高的地区有：苏州、南京、无锡；建筑面积比较大的地区有：苏州、南通、无锡。

（4）**少年儿童图书馆：**

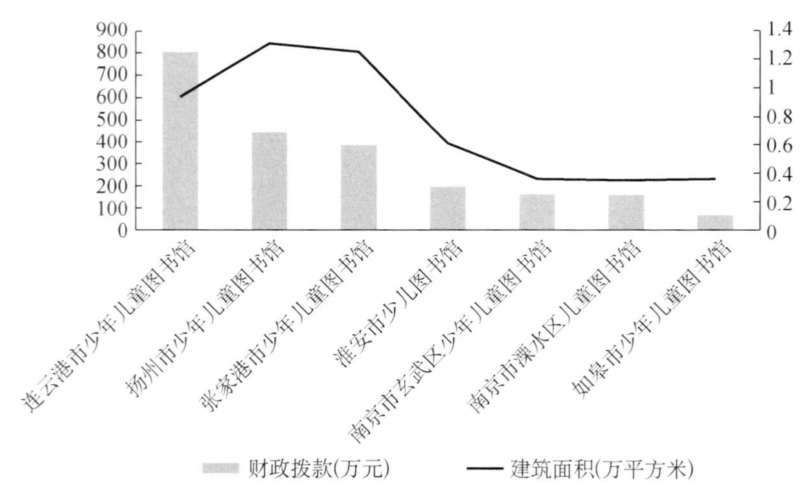

2013—2016 年少年儿童图书馆建筑面积与财政拨款对比分析

结论：

由上图可得知，2013—2016 年各少年儿童图书馆中财政拨款较高的图书馆有：连云港市少年儿童图书馆、扬州市少年儿童图书馆；建筑面积较大的图书馆有：扬州市少年儿童图书馆、张家港市少年儿童图书馆。

5. 阅读推广活动和建筑面积对比

本小节对 2013—2016 年江苏省公共图书馆的阅读推广活动和建筑面积进行对比分析。

（1）**省级馆**：南京图书馆年均阅读推广活动 225.75 次，建筑面积 9.61 万平方米。

（2）**市级馆**：

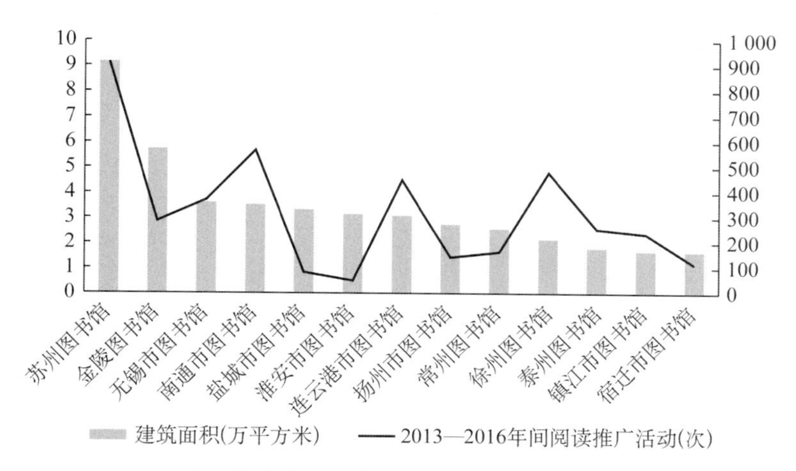

2013—2016 年江苏省各市级馆阅读推广活动与建筑面积对比分析

结论：

由上图可得知，2013—2016 年市级公共图书馆中建筑面积较大的图书馆有：苏州图书馆、金陵图书馆、无锡市图书馆；阅读推广活动数量较多的图书馆有：苏州图书馆、南通市图书馆、徐州图书馆。

（3）**县级馆**：

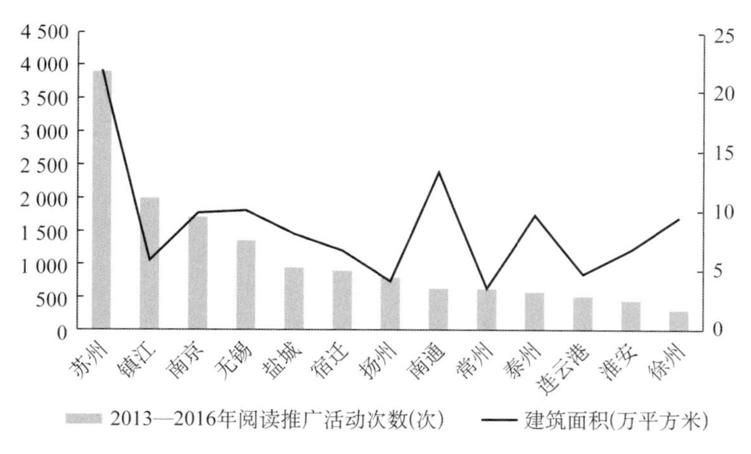

2013—2016 年江苏省各地区县级馆阅读推广活动与建筑面积对比分析

结论：

由上图可得知，2013—2016 年江苏各地区县级公共图书馆中建筑面积较大的有：苏州、南通、无锡；各地区县级公共图书馆中阅读推广活动次数较少的地区有：扬州、宿迁、盐城。

四、信息基础保障

1. 江苏省公共图书馆信息基础保障总体情况分析

2013—2016 年间,江苏省 109 家图书馆共有计算机终端 9 152 台。

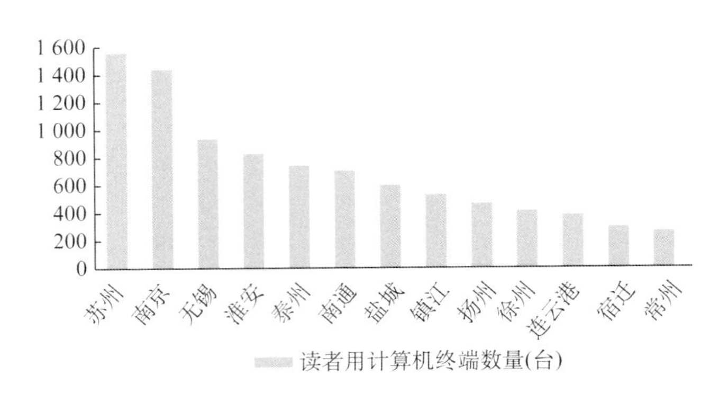

2013—2016 年江苏省各地区公共图书馆读者用计算机终端数量对比分析

2. 省市县标准级别公共图书馆信息基础保障分析

2013—2016 年间,江苏省 102 家公共图书馆计算机终端数量为 8 895 台。

省级馆:省级公共图书馆(南京图书馆)计算机终端数量为 525 台。

市级馆:江苏省市级公共图书馆 13 个,计算机终端数量总计为 1 980 台。

市级公共图书馆中,淮安市图书馆计算机终端数量最多,为 327 台;宿迁市图书馆计算机终端数量最少,为 60 台。根据以上数据,市级馆计算机终端数量差距较大。

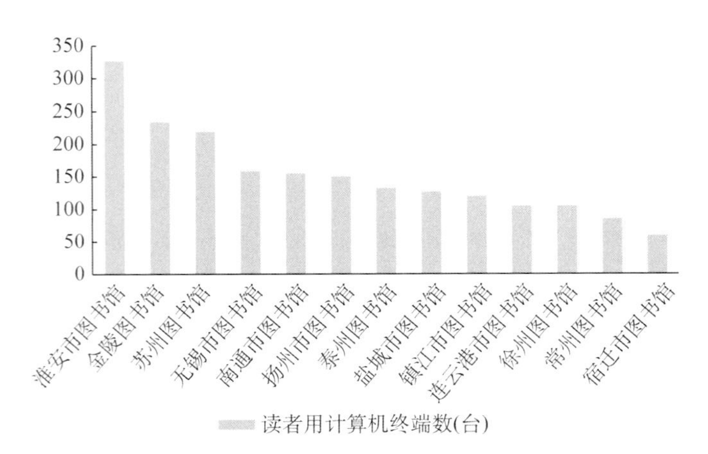

2013—2016 年江苏省各市级公共图书馆计算机终端对比分析

县级馆:江苏省县级公共图书馆共 88 个,计算机终端数量总计 6 390 台。

县级公共图书馆中苏州工业园区独墅湖图书馆计算机终端数量最多，有 270 台；徐州市丰县图书馆和徐州市贾汪区图书馆计算机终端数量较少，分别为 10 台和 20 台。

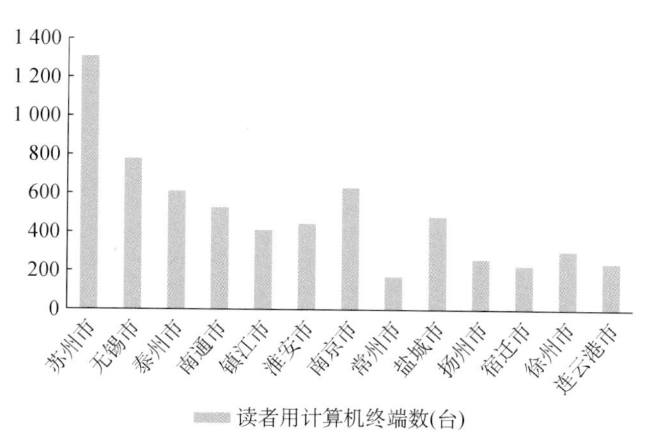

江苏省各地区县级馆计算机终端数量对比分析

3. 少年儿童图书馆信息基础保障情况分析

江苏省共有少年儿童图书馆 7 个，计算机终端数量总计为 257 台。其中扬州市少年儿童图书馆计算机终端数量最多，为 59 台；如皋市少年儿童图书馆数量最少，为 20 台。由以上数据得知，少年儿童图书馆中计算机终端的数量差距较大。

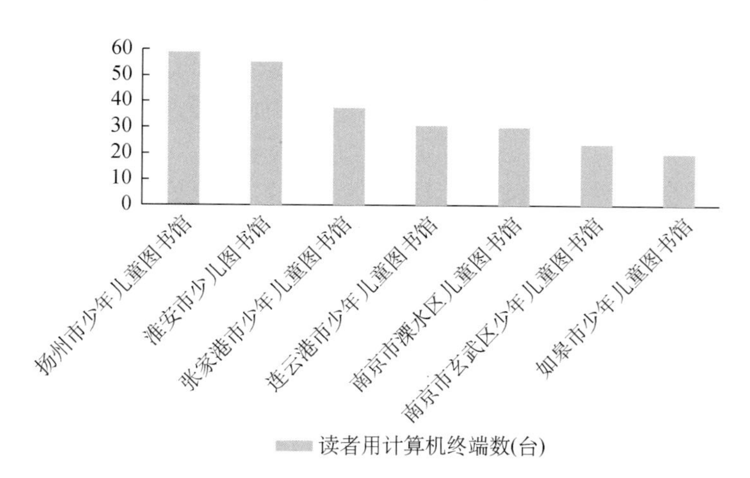

江苏省各少年儿童图书馆计算机终端数量对比分析

五、年新增文献入藏量[①]

1. 市级馆年人均新增文献入藏量

2013—2016年间，江苏省各市级公共图书馆年人均新增文献入藏数量平均值为0.09册件。

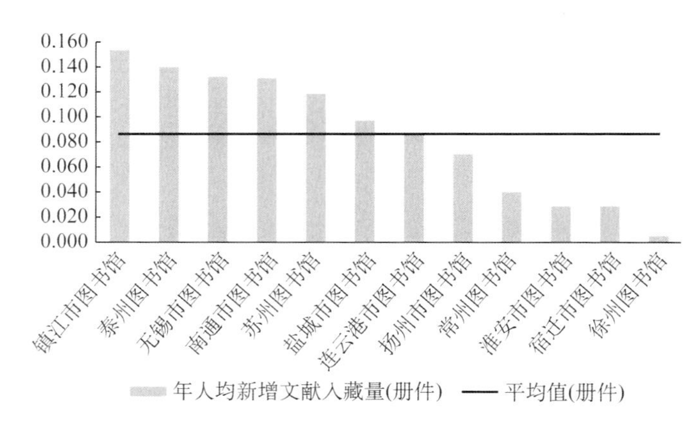

2013—2016年江苏省各市级馆年人均新增文献入藏量对比分析

各市级公共图书馆中，年人均新增文献入藏量排名靠前的图书馆分别是：镇江市图书馆（0.154册件）、泰州图书馆（0.14册件）、无锡市图书馆（0.132册件）；年人均新增文献入藏量相对较少的图书馆分别是：徐州图书馆（0.004册件）、淮安市图书馆（0.028册件）、宿迁市图书馆（0.028册件）。

由以上数据可得知，2013—2016年间各市级馆年人均新增文献入藏量数目分布不均衡。

2. 各地区县级馆新增文献入藏量[②]

2013—2016年间，江苏省各地区县级公共图书馆新增文献入藏量合计为595 836册件。以新增文献入藏量为基础，得出排名前三的地区为：南京（195 188册件）、盐城（70 928册件）、苏州（48 903册件）；排名靠后的地区为：镇江（7 307册件）、常州（15 220册件）、扬州（16 758册件）。

其中苏州吴江区图书馆新增文献入藏量为151 466册件，在县级图书馆中排名第一；淮安市清江浦区图书馆和徐州市贾汪区图书馆没有新增文献入藏。

① 注：省级馆和金陵图书馆无此指标，故不参与分析。

② 注：本章节基于评估定级填报数据分析，县级馆服务人口和评估期的不同导致年人均新增文献入藏计算有误差，故本指标选取新增文献入藏量进行分析。

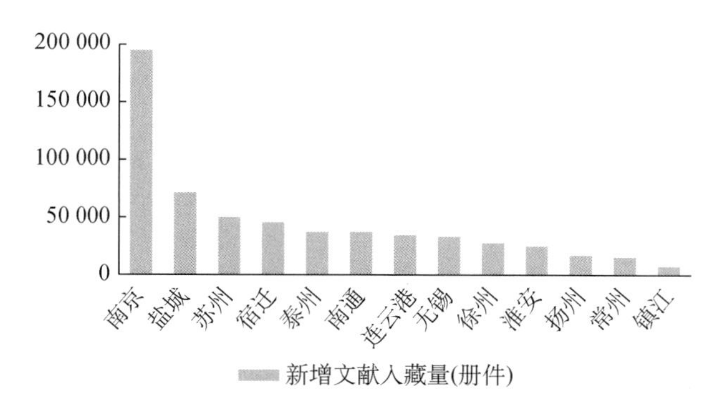

2013—2016 年江苏省各地区县级馆新增文献入藏量对比分析

广东、江苏、山东、浙江四省指标分析

本章节对广东、江苏、山东、浙江四省（以下简称四省）图书馆事业的主要指标进行对比分析。

2016 年，广东省地区生产总值为 80 854.91 亿元，人均地区生产总值74 016 元；江苏省地区生产总值为 77 388.65 亿元，人均地区生产总值为 96 887 元；山东省地区生产总值为68 024.49 亿元，人均地区生产总值为 68 733 元；浙江省地区生产总值为47 251.36 亿元，人均地区生产总值为 84 916 元。其中广东省地区生产总值最高，为 80 854.91 亿元；江苏省人均地区生产总值最高，为 96 887 元。

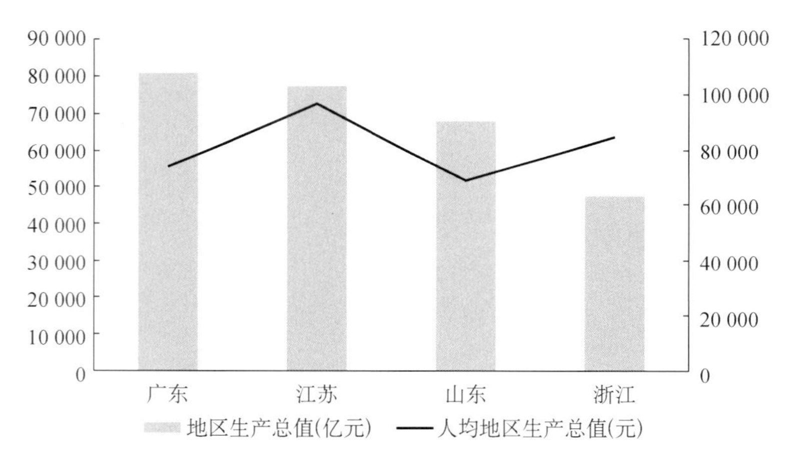

2016 年四省地区生产总值与人均生产总值对比分析

2016 年四省 GDP 与人均 GDP 排名情况表

地区	地区生产总值(亿元)	人均地区生产总值(元)
广东	80 854.91	74 016
江苏	77 388.65	96 887
山东	68 024.49	68 733
浙江	47 251.36	84 916

一、整体图书馆核心指标分析

1. 服务效能

（1）文献外借量

2013—2016 年间，四省公共图书馆年文献总外借量为(73 139.48 万册次)，年外借总人次为 33 387.76 万人次。

广东省文献外借量为 16 943.01 万册次，外借人次为 6 937.08 万人次；江苏省文献外借量为 25 172.08 万册次，外借人次为 11 435.93 万人次；山东省文献外借量为 9 922.71 万册次，外借人次为6 190.97 万人次。浙江省文献外借量为 21 101.68 万册次，外借人次为 8 823.78 万人次。其中，江苏省的文献外借量和外借人次均为最高。

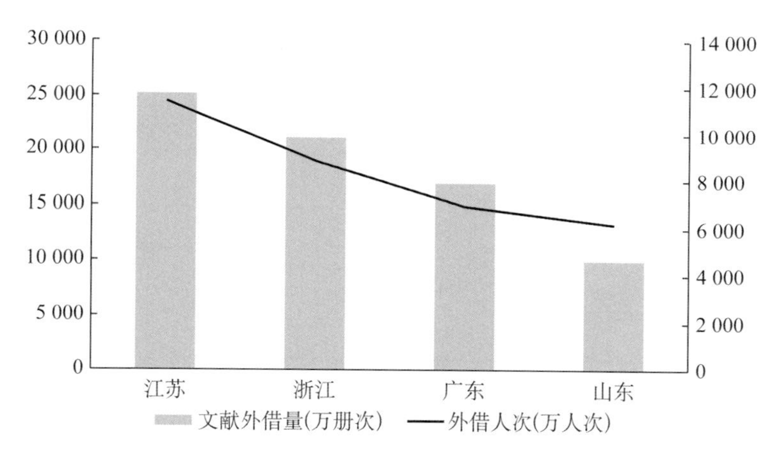

2013—2016 年四省文献外借量及外借人次对比分析

2016 年四省文献外借量及外借人次统计表

地区	总外借量(万册次)	总外借人次(万人次)
广东	16 943.01	6 937.08
江苏	25 172.08	11 435.93
浙江	21 101.68	8 823.78
山东	9 922.71	6 190.97

（2）活动次数及参加人次

2013—2016 年间四省公共图书馆年均讲座培训活动数量为 22 829.37 次，年均活动参与人次总计 300.86 万人次。

广东省年均讲座培训活动 2 416.56 次，年均活动参与人次为 30.16 万人次；江苏省年均讲座培训活动 6 072.81 次，年均活动参与人次为 91.39 万人次；山东省年均讲座培训活动

5 287.5 次，年均活动参与人次为 73.45 万人次；浙江省年均讲座培训活动 9 052.5 次，年均活动参与人次为 105.86 万人次。其中，浙江省的活动次数及参与人次均排名第一。

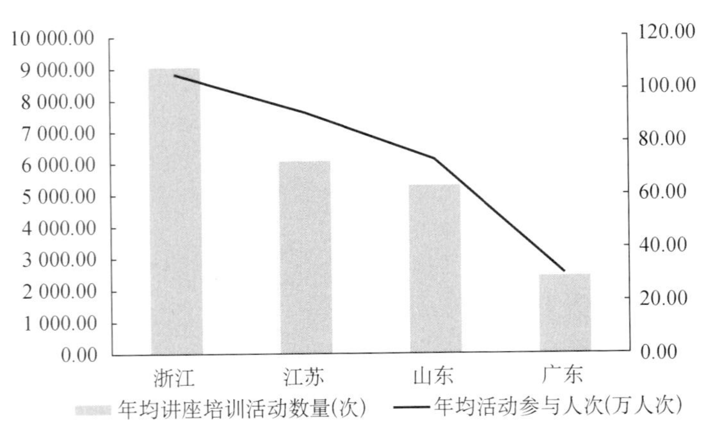

2013—2016 年四省年均讲座培训活动次数及参加人次对比分析

2016 年四省年均活动次数及参加人次统计表

地区	年均讲座培训活动数量(次)	馆年均活动参与人次(万人次)
广东	2 416.56	30.16
江苏	6 072.81	91.39
浙江	9 052.5	105.86
山东	5 287.5	73.45

(3) 总流通人次

2013—2016 年间，四省公共图书馆的总流通人次为 23 401.48 万人次，四省平均流通人次为 5 850.37 万人次。广东省流通人次为 7 800.81 万人次，江苏省流通人次为 5 740.27 万人次，山东省流通人次为2 821.33 万人次，浙江省流通人次为 7 039.07 万人次。其中，广东省公共图书馆的流通人次最多。

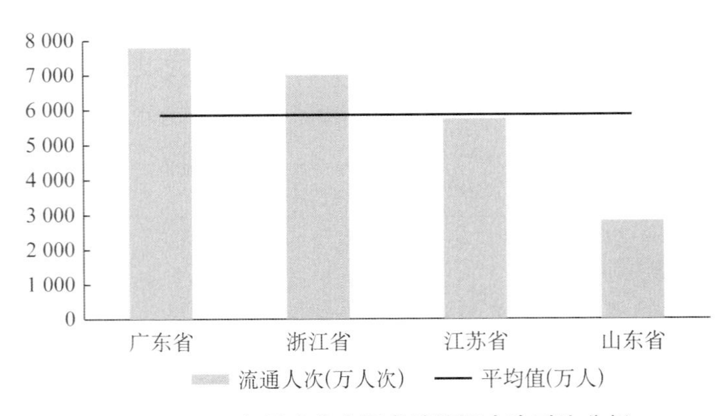

2013—2016 年四省公共图书馆流通人次对比分析

2016 年四省公共图书馆流通人次统计表

地区	流通人次(万人次)
广东	7 800.81
江苏	5 740.27
浙江	7 039.07
山东	2 821.33

2. 业务建设

(1) 总馆藏量及人均馆藏量

2013—2016 年间，四省图书馆平均馆藏量为 6 883.91 万册，人均馆藏量为 0.86 册。

广东省总馆藏量为 7 899.85 万册，人均馆藏量为 0.72 册；江苏省总馆藏量为 7 601.5 万册，人均馆藏量为 0.95 册；浙江省总馆藏量为6 969.15 万册，人均馆藏量为 1.25 册；山东省总馆藏量为 5 065.12 万册，人均馆藏量为 0.51 册。其中，广东省总馆藏量最多，浙江省的人均馆藏量最多。

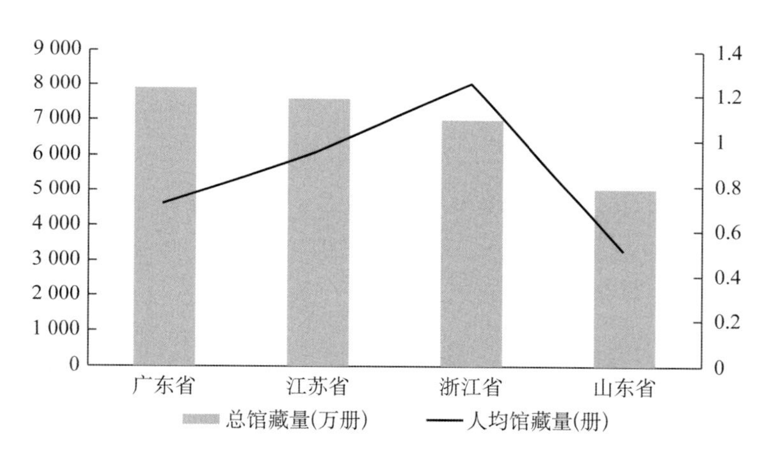

2013—2016 年四省公共图书馆总馆藏量及人均馆藏量对比分析

四省总馆藏量及人均馆藏量统计表

地区	总馆藏量(万册件)	人均拥有图书馆馆藏量(册件/人)
广东	7 899.85	0.72
江苏	7 601.5	0.95
浙江	6 969.15	1.25
山东	5 065.12	0.51

(2) 计算机台数

2013—2016 年间，四省公共图书馆计算机终端数量为 49 961 台，电子阅览室终端数为 30 459 台。广东省公共图书馆计算机终端数量为 16 163 台，电子阅览室终端数为 9 723 台；山东省公共图书馆计算机终端数量为 11 622 台，电子阅览室终端数为 7 664 台；江苏省公共图书馆计算机终端数量为 10 586 台，电子阅览室终端数为 6 009 台；浙江省公共图书馆计算机终端数量为11 590台,电子阅览室终端数为7 063台。四省中广东省的计算机终端投入数量较多。

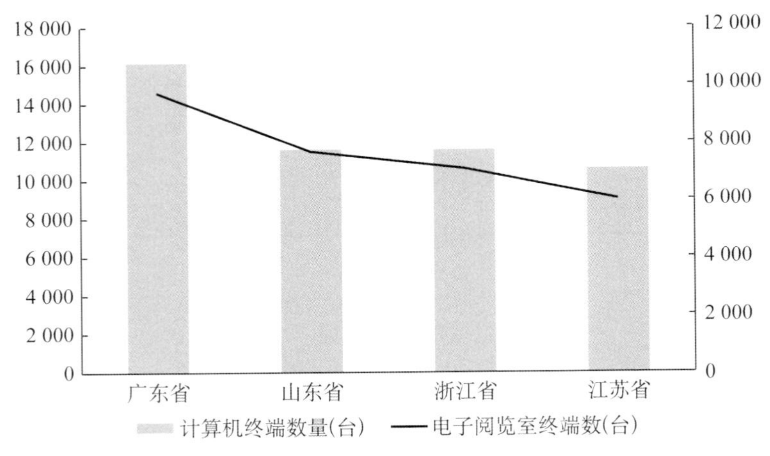

2013—2016年四省公共图书馆计算机终端及电子阅览室终端数量对比分析

四省计算机终端及电子阅览室终端数量表

地区	计算机终端数量(台)	电子阅览室终端数(台)
广东	16 163	9 723
江苏	10 586	6 009
浙江	11 590	7 063
山东	11 622	7 664

3. 保障条件

(1) 每万人占有图书馆面积

2013—2016年间,四省的公共图书馆每万人占有图书馆面积平均值为139.5平方米。广东省公共图书馆每万人占有图书馆面积为117.2平方米,山东省公共图书馆每万人占有图书馆面积为106.6平方米,江苏省公共图书馆每万人占有图书馆面积为145.2平方米,浙江省公共图书馆每万人占有图书馆面积为189平方米。四省中浙江省每万人占有图书馆面积最多。

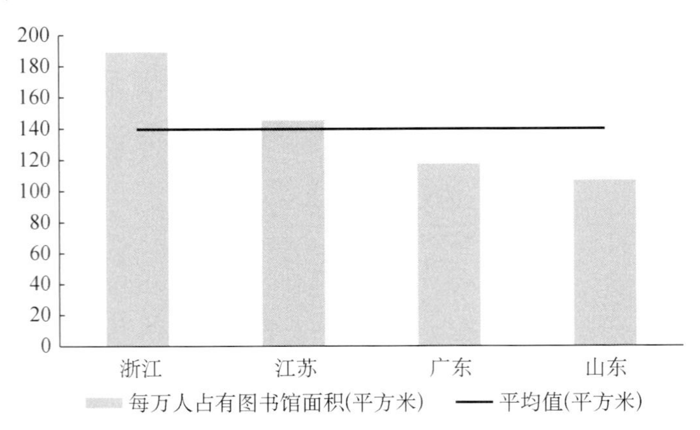

2013—2016年四省每万人占有图书馆面积对比分析

四省每万人占有图书馆面积对比分析表

地区	每万人占有图书馆面积(平方米)
广东	117.2
江苏	145.2
浙江	189
山东	106.6

二、省级公共图书馆核心指标分析

本小节将2013—2016年四省的省级公共图书馆进行对比分析，4个省级公共图书馆分别为：南京图书馆、浙江图书馆、山东省图书馆、广东省立中山图书馆。

1. 服务效能

（1）年文献外借量

四个省级公共图书馆年文献外借量的平均值为266.55万册次。浙江图书馆的年文献外借量为391.47万册次；南京图书馆的年文献外借量为328.64万册次；广东省立中山图书馆的年文献外借量为208.85万册次；山东省图书馆的年文献外借量为137.25万册次。四省省级馆年文献外借量中浙江图书馆的年文献外借量最多。

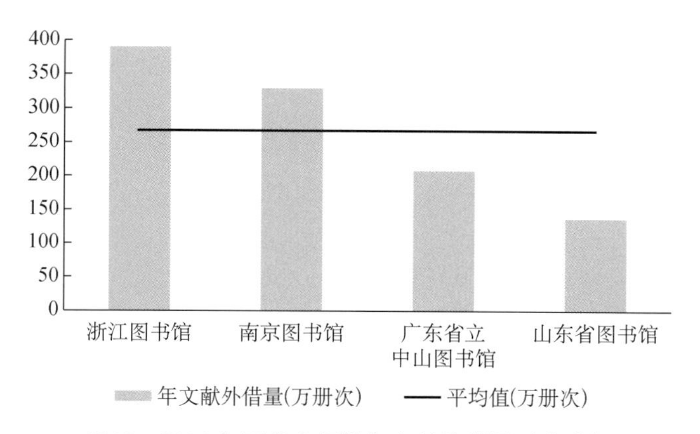

2013—2016年四省省级馆年文献外借量对比分析

四省省级馆年文献外借量统计表

图书馆名称	年文献外借量(万册次)
浙江图书馆	391.47
南京图书馆	328.64
广东省立中山图书馆	208.85
山东省图书馆	137.25

（2）年阅读推广活动次数

四个省级公共图书馆年阅读推广活动平均值为 193.56 次。南京图书馆年阅读推广活动 225.75 次；山东省图书馆年阅读推广活动 222 次；广东省立中山图书馆年阅读推广活动 221.25 次；浙江图书馆年阅读推广活动 105.25 次。四省省级馆中南京图书馆年阅读推广活动次数相对最多。

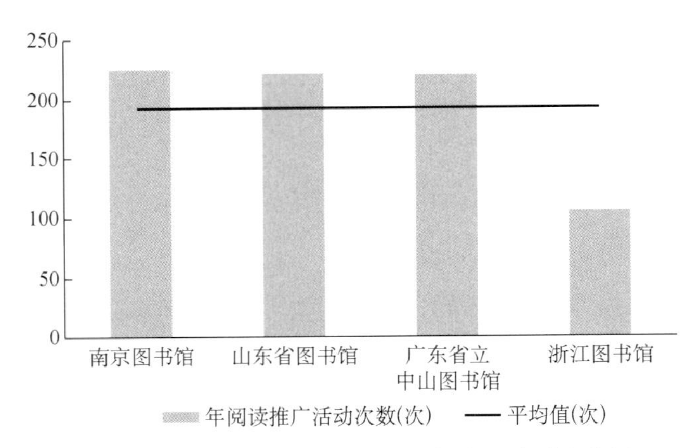

2013—2016 年四省省级馆年阅读推广活动对比分析

四省省级馆年阅读推广活动统计表

图书馆名称	年阅读推广活动次数(次)
南京图书馆	225.75
山东省图书馆	222
广东省立中山图书馆	221.25
浙江图书馆	105.25

2. 保障条件

（1）年财政拨款总量

2013—2016 年间，南京图书馆的年财政拨款为 18 224.08 万元；广东省立中山图书馆的年财政拨款为 14 829.83 万元；浙江图书馆的年财政拨款为 12 394.1 万元；山东省图书馆的年财政拨款为 8 908 万元。由以上可得，四省的省级馆中，南京图书馆的年财政拨款总量最多。

四省省级馆年财政拨款统计表

图书馆名称	年财政拨款总额(万元)
南京图书馆	18 224.08
广东省立中山图书馆	14 829.83
浙江图书馆	12 394.1
山东省图书馆	8 908

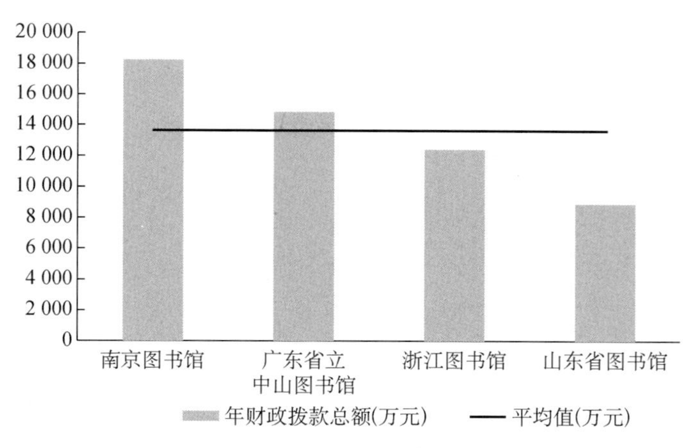

2013—2016 年四省省级馆年财政拨款对比分析

(2) 普通文献馆藏量

四省省级馆普通文献馆藏量平均值为 829.88 万册件。南京图书馆普通文献馆藏量为 1 138.73 万册件;广东省立中山图书馆普通文献馆藏量为 861.18 万册件;浙江图书馆的普通文献馆藏量为 688.11 万册件;山东省图书馆的普通文献馆藏量为 631.49 万册件。可知,南京图书馆的普通文献馆藏量在四省省级馆中排名第一。

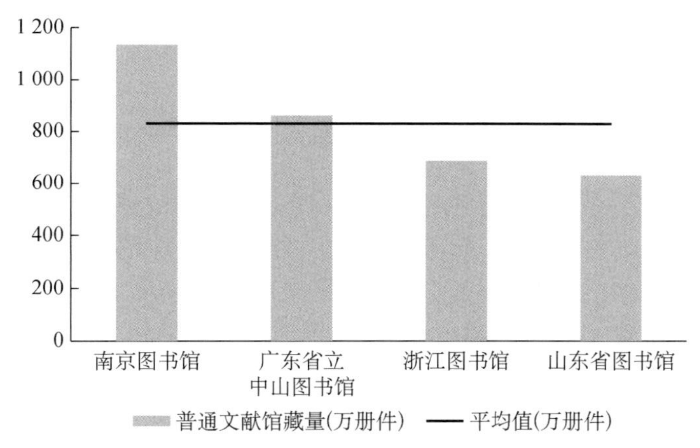

四省省级馆普通文献馆藏量对比分析

四省省级馆普通文献馆藏量统计表

图书馆名称	普通文献馆藏量(万册件)
南京图书馆	1 138.73
广东省立中山图书馆	861.18
浙江图书馆	688.11
山东省图书馆	631.49

(3) 建筑面积

四省省级馆的建筑面积平均值为 7.76 万平方米。南京图书馆建筑面积为 9.61 万平方米,广东省立中山图书馆建筑面积为 9.59 万平方米,山东省图书馆建筑面积为6.34 万平方米,浙江图书馆的建筑面积为 5.51 万平方米。四省的省级馆中,南京图书馆建筑面积总量最大。

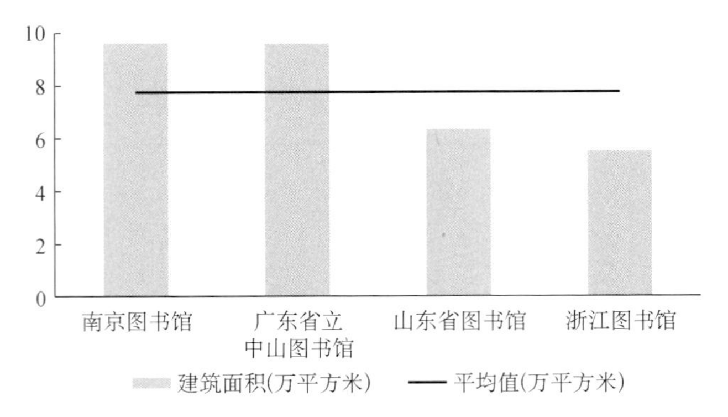

四省省级馆建筑面积对比分析

四省省级馆建筑面积统计表

图书馆名称	建筑面积(万平方米)
南京图书馆	9.61
广东省立中山图书馆	9.59
山东省图书馆	6.34
浙江图书馆	5.51

三、地市级图书馆评级率分析

四省77个地级市图书馆中，49个图书馆被评为一级图书馆，1个图书馆被评为二级图书馆，7个图书馆被评为三级图书馆。四省地市级图书馆上等级评级率为74%。

广东省37个市级图书馆中，13个图书馆被评为一级图书馆，1个图书馆被评为二级图书馆，6个图书馆被评为三级图书馆，广东省地市级图书馆上等级评级率为54%。

江苏省13个市级图书馆均被评为一级图书馆，江苏省地市级图书馆上等级评级率为100%。

山东省17个市级图书馆中，15个图书馆被评为一级图书馆，1个图书馆被评级为三级图书馆，山东省地市级图书馆上等级评级率为94%。

浙江省10个市级图书馆中，8个图书馆被评级为一级图书馆，浙江省地市级图书馆上等级评级率为80%。

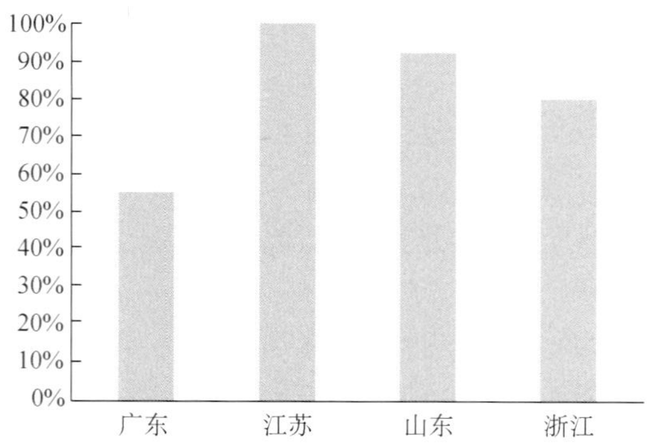

四省地市级馆上等级评级率对比

四、县级图书馆评级率分析

四省 405 个县级图书馆中，有 268 个图书馆被评级为一级图书馆，69 个图书馆被评为二级图书馆，55 个图书馆被评为三级图书馆。四省县级图书馆上等级评级率为 96.8%。

广东省 105 个县级图书馆中，57 个图书馆被评为一级图书馆，14 个图书馆被评为二级图书馆，31 个图书馆被评为三级图书馆，广东省县级图书馆上等级评级率为 97.14%。

江苏省 88 个县级图书馆中，80 个图书馆被评为一级图书馆，5 个图书馆被评为二级图书馆，江苏省县级图书馆上等级评级率为 96.59%。

山东省 126 个县级图书馆中，62 个图书馆被评级为一级图书馆，46 个图书馆被评为二级图书馆，13 个图书馆被评为三级图书馆，山东省县级图书馆上等级评级率为 94.66%。

浙江省 81 个县级图书馆中，69 个图书馆被评级为一级图书馆，4 个图书馆被评为二级图书馆，8 个图书馆被评为三级图书馆，浙江省县级图书馆上等级评级率为 100%。

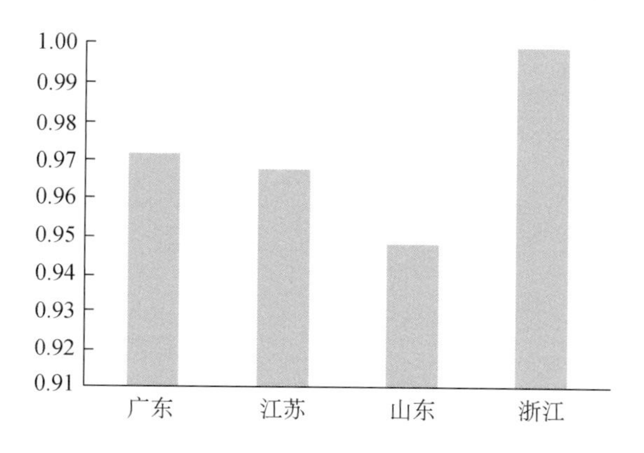

四省县级馆上等级评级率对比分析

五、少年儿童图书馆评级率分析

四省 14 个少年儿童图书馆中，有 12 个少儿馆被评级为一级图书馆，1 个少儿馆被评级为二级图书馆，1 个少儿馆被评级为三级图书馆。四省少年儿童图书馆上等级评级率为 92.86%。

广东省共 3 个少年儿童图书馆，2 个少儿馆被评级为一级图书馆，1 个少儿馆被评级为三级图书馆，广东省少年儿童图书馆上等级评级率为 100%。

江苏省共 7 个少年儿童图书馆，6 个少儿馆被评级为一级图书馆，1 个少儿馆被评级为二级图书馆，江苏省少年儿童图书馆上等级评级率为 100%。

山东省共 1 个少年儿童图书馆，被评级为一级图书馆，山东省少年儿童图书馆上等级评级率为 100%。

浙江省共 3 个少年儿童图书馆，均被评级为一级图书馆，浙江省少年儿童图书馆上等级评级率为 100%。

江苏省公共图书馆大数据汇总

全国各省(市、区)基本情况一览表(以 2016 年数据)

序号	地区	常住人口数量(万人)	面积(万平方千米)	地区生产总值(亿元)	人均地区生产总值(元)
1	北京	2 173	1.680 8	25 669.13	118 198
2	天津	1 562	1.194 7	17 885.39	115 053
3	河北	7 470	18.88	32 070.45	43 062
4	山西	3 682	15.63	13 050.41	35 532
5	内蒙古	2 520	118.3	18 128.1	72 064
6	辽宁	4 378	14.59	22 246.9	50 791
7	吉林	2 733	18.47	14 776.8	53 868
8	黑龙江	3 799	45.48	15 386.09	40 432
9	上海	2 420	0.63	28 178.65	116 562
10	江苏	7 999	10.72	76 086.17	95 257
11	浙江	5 590	10.2	47 251.36	84 916
12	安徽	6 196	13.97	24 407.62	39 561
13	福建	3 874	12.13	28 810.58	74 707
14	江西	4 592	16.7	18 499	40 400
15	山东	9 947	15.38	68 024.49	68 733
16	河南	9 532	16.7	40 471.79	42 575
17	湖北	5 885	18.59	32 665.38	55 665
18	湖南	6 822	21.18	31 551.37	46 382
19	广东	10 999	18	80 854.91	74 016
20	广西	4 838	23.6	18 317.64	38 027
21	海南	917	3.4	4 053.2	44 347
22	重庆	3 048	8.23	17 740.59	58 502
23	四川	8 262	48.14	32 934.54	40 003
24	贵州	3 555	17.6	11 776.73	33 246
25	云南	4 771	38.33	14 788.42	31 093
26	西藏	331	122.84	1 151.41	35 184
27	陕西	3 813	20.56	19 399.59	51 015
28	甘肃	2 620	45.44	7 200.37	27 643

（续表）

序号	地区	常住人口数量（万人）	面积（万平方千米）	地区生产总值（亿元）	人均地区生产总值（元）
29	青海	593	72.23	2 572.49	43 531
30	宁夏	675	6.64	3 168.59	47 194
31	新疆	2 398	166.49	9 649.7	40 564
32	台湾	2 354	3.619 3	177 166(新台币)	753 565(新台币)
33	香港	733.7	0.110 4	24 910(港币)	339 531(港币)
34	澳门	65.2	0.029 9	3 548.9(澳门元)	549 000(澳门元)

全国内地各省市区公共图书馆数量一览表(2016年数据)

排名	地区	公共图书馆数量(个)
1	四川	203
2	河北	172
3	河南	158
4	山东	154
5	云南	151
6	广东	142
7	湖南	137
8	辽宁	130
9	山西	127
10	安徽	123
11	内蒙古	117
12	广西	114
13	江西	113
14	湖北	112
15	陕西	110
16	江苏	109
17	黑龙江	108
18	新疆	107
19	甘肃	103
20	浙江	102
21	贵州	98
22	福建	90
23	西藏	81
24	吉林	66

(续表)

排名	地区	公共图书馆数量(个)
25	青海	49
26	重庆	43
27	天津	31
28	宁夏	26
29	北京	24
30	上海	24
31	海南	23

2016 年江苏省各地区公共图书馆类型统计表(单位:个)

地区	省级公共图书馆	市级公共图书馆	县级公共图书馆	市级少年儿童图书馆	县级少年儿童图书馆	合计
南京	1	1	11	0	2	15
无锡	0	1	7	0	0	8
徐州	0	1	7	0	0	8
常州	0	1	3	0	0	4
苏州	0	1	10	0	1	12
南通	0	1	6	0	1	8
连云港	0	1	6	1	0	8
淮安	0	1	7	1	0	9
盐城	0	1	9	0	0	10
扬州	0	1	5	1	0	7
镇江	0	1	6	0	0	7
泰州	0	1	6	0	0	7
宿迁	0	1	5	0	0	6
合计	1	13	88	3	4	109

江苏省地区生产总值和公共图书馆财政拨款统计表

年份	2013 年	2014 年	2015 年	2016 年	总计
地区生产总值(亿元)	59 753.3	65 088.3	70 116.4	76 086.1	271 044.1
图书馆财政拨款(万元)	62 609.46	69 355.8	78 597.63	98 655.37	309 218.3
地区生产总值同比增长率	—	8.93%	7.73%	8.51%	—
图书馆财政拨款同比增长率	—	10.78%	13.33%	25.52%	—
图书馆财政拨款在财政总收入中占比	0.010 5%	0.010 7%	0.011 2%	0.013 0%	0.011 4%

2013—2016年间江苏省常住人口数量变化统计表

年份	常住人口数量(万人)	同比增长
2013年	7 913.49	—
2014年	7 960.06	0.26%
2015年	7 976.3	0.20%
2016年	7 998.6	0.28%

2016年江苏省各地区每万人拥有图书馆建筑面积统计表

地区	常住人口数量(万人)	每万人占有图书馆建筑面积(平方米)
南京	827	259
无锡	652.9	149
徐州	871	81
常州	470.83	134
苏州	1 064.74	168
南通	730.2	111
连云港	449.64	137
淮安	489	176
盐城	723.5	130
扬州	449.14	138
镇江	318.13	129
泰州	464.58	130
宿迁	487.94	108

2016年江苏省各地区常住人口数量与持证读者数量关系统计表(少年儿童图书馆除外)

地区	常住人口数量(万人)	持证读者数量(万人)	持证读者与常住人口占比
南京	827	159.854 5	19.33%
无锡	652.9	91.175 6	13.96%
徐州	871	27.135 1	3.12%
常州	470.83	42.434 7	9.01%
苏州	1 064.74	762.290 7	71.59%
南通	730.2	47.390 7	6.49%
连云港	449.64	15.55	3.46%
淮安	489	18.462 9	3.78%

（续表）

地区	常住人口数量(万人)	持证读者数量(万人)	持证读者与常住人口占比
盐城	723.5	26.746 2	3.70%
扬州	449.14	35.339 9	7.87%
镇江	318.13	25.541	8.03%
泰州	464.58	35.817 6	7.71%
宿迁	487.94	34.225 2	7.01%
合计	7 998.6	1 321.964	16.53%

2016 年江苏省各地区公共图书馆每周开馆时间统计表

地区	省级公共图书馆(小时)	市级公共图书馆(小时)	县级公共图书馆(小时)	市级少年儿童图书馆(小时)	县级少年儿童图书馆(小时)	合计(小时)	馆均周开馆时间(小时)
南京	74	72	729.5	0	115	990.5	66.03
无锡	0	81	545.5	0	0	626.5	78.31
徐州	0	112	460	0	0	572	71.50
常州	0	70	208.5	0	0	278.5	69.63
苏州	0	84	752	0	59.5	895.5	74.63
南通	0	66	360.5	0	51.5	478	59.75
连云港	0	76.5	402	55	0	533.5	66.69
淮安	0	72	435	50.17	0	557.17	61.91
盐城	0	91	544.5	0	0	635.5	63.55
扬州	0	91	351.75	55.45	0	498.2	71.17
镇江	0	84	411.9	0	0	495.9	70.84
泰州	0	75	500.25	0	0	575.25	82.18
宿迁	0	101.5	339.5	0	0	441	73.50
合计	74	1 076	6 040.9	160.62	226	7 577.52	69.52

江苏省公共图书馆文献外借量统计表

项目	2013 年	2014 年	2015 年	2016 年	总外借量(万册次)
纸质文献外借量(万册次)	3 617.93	4 116.86	4 602.89	5 224.73	17 562.4
电子文献外借量(万册次)	1 275.45	1 460.27	2 108.93	2 765.03	7 609.67
总外借量(万册次)	4 893.38	5 577.13	6 711.82	7 989.76	25 172.1
纸质文献年增长率	—	13.79%	11.81%	13.51%	—
电子文献年增长率	—	14.49%	44.42%	31.11%	—
总外借量增长率	—	13.97%	20.35%	19.04%	—

江苏省各地区公共图书馆文献外借量统计表

地区	2013—2016年间纸质文献外借量(万册次)	2013—2016年间电子文献外借量(万册次)	2013—2016年间总外借量(万册次)
南京	2 077.29	1 208.67	3 285.96
无锡	1 694.48	1 003.03	2 697.51
徐州	726.28	200.53	926.82
常州	870.92	523.41	1 394.33
苏州	5 878.09	1 828.18	7 706.27
南通	985.02	381.81	1 366.82
连云港	675.81	297.55	973.36
淮安	817.33	265.05	1 082.38
盐城	985.87	398.26	1 384.13
扬州	944.19	322.72	1 266.91
镇江	639.77	391.88	1 031.65
泰州	782.91	395.02	1 177.94
宿迁	484.43	393.57	878
合计	17 562.41	7 609.67	25 172.08

江苏省各地区公共图书馆每万人文献外借量对比分析表

地区	2013—2016年间文献总外借量(万册次)	每万人文献外借量(万册次)
南京	3 285.96	3.97
无锡	2 697.51	4.13
徐州	926.82	1.06
常州	1 394.33	2.96
苏州	7 706.27	7.24
南通	1 366.82	1.87
连云港	973.36	2.16
淮安	1 082.38	2.21
盐城	1 384.13	1.91
扬州	1 266.91	2.82
镇江	1 031.65	3.24
泰州	1 177.94	2.54
宿迁	878	1.80
合计	25 172.08	3.15

江苏省各市级馆文献外借量统计表

公共图书馆名称	2013—2016年间纸质文献外借量（万册次）	2013—2016年间电子文献外借量（万册次）	2013—2016年间总外借量（万册次）	2013—2016年间电子文献外借量占比(%)
金陵图书馆	556.3	146.5	702.8	20.85%
常州图书馆	442.3	367.7	810	45.40%
淮安市图书馆	172.12	93.09	265.2	35.10%
连云港市图书馆	242.05	40.53	282.58	14.34%
南通市图书馆	332.71	157.55	490.26	32.14%
苏州图书馆	1 630.17	104.4	1 734.57	6.02%
泰州图书馆	202.09	87.84	289.93	30.30%
无锡市图书馆	618.39	233.63	852.02	27.42%
宿迁市图书馆	187.77	114.94	302.71	37.97%
徐州图书馆	183.76	200.53	384.29	52.18%
盐城市图书馆	379	51.97	430.97	12.06%
扬州市图书馆	225.93	160.07	386	41.47%
镇江市图书馆	192.64	196.15	388.79	50.45%
总计	5 365.23	1 954.9	7 320.12	26.70%

江苏省各地区县级公共图书馆文献外借量统计表

地区	2013—2016年间纸质文献外借量（万册次）	2013—2016年间电子文献外借量（万册次）	2013—2016年间总外借量（万册次）	2013—2016年间电子文献外借量占比
南京	800.02	504.11	1 304.13	38.65%
无锡	1 076.09	769.4	1 845.49	41.69%
徐州	542.53	200.53	743.06	26.99%
常州	428.62	155.71	584.33	26.65%
苏州	4 198.38	1 723.78	5 922.16	29.11%
南通	619.52	224.25	843.77	26.58%
连云港	309.92	256.39	566.31	45.27%
淮安	528.12	171.96	700.08	24.56%
盐城	606.87	346.29	953.16	36.33%
扬州	574.52	162.65	737.17	22.06%
镇江	447.14	195.72	642.86	30.45%
泰州	580.82	307.19	888.01	34.59%
宿迁	296.66	278.63	575.3	48.43%
合计	11 009.21	5 296.62	16 305.84	32.48%

江苏省各少年儿童图书馆文献外借量统计表

少年儿童图书馆名称	2013—2016年间纸质文献外借量(万册次)	2013—2016年间电子文献外借量(万册次)	2013—2016年间总外借量(万册次)
淮安市少儿图书馆	117.09	0	117.09
连云港市少年儿童图书馆	123.84	0.62	124.46
南京市溧水区儿童图书馆	62.93	0	62.93
南京市玄武区少年儿童图书馆	51.3	0	51.3
如皋市少年儿童图书馆	32.78	0	32.78
扬州市少年儿童图书馆	143.73	0	143.73
张家港市少年儿童图书馆	49.54	0	49.54
总计	581.23	0.62	581.85
平均值	83.03	0.09	83.12

江苏省各地区公共图书馆讲座、培训次数统计表

地区	2013—2016年间讲座培训次数(次)	2013—2016年间馆均讲座培训次数(次)
南京	2 569	197.62
无锡	1 483	185.38
徐州	1 084	135.50
常州	615	153.75
苏州	4 015	365.00
南通	1 060	151.43
连云港	891	127.29
淮安	694	86.75
盐城	1 613	161.30
扬州	1 171	195.17
镇江	847	121.00
泰州	926	132.29
宿迁	769	128.17
合计	17 737	162.72

江苏省各市级馆讲座、培训次数统计表

图书馆名称	2013—2016年间讲座培训次数(次)
金陵图书馆	336
常州图书馆	290

（续表）

图书馆名称	2013—2016年间讲座培训次数(次)
淮安市图书馆	165
连云港市图书馆	283
南通市图书馆	404
苏州图书馆	865
泰州图书馆	180
无锡市图书馆	426
宿迁市图书馆	285
徐州图书馆	642
盐城市图书馆	661
扬州市图书馆	352
镇江市图书馆	293
总计	5 182
平均值	399

江苏省各地区县级公共图书馆讲座培训次数统计表

地区	2013—2016年间讲座培训次数(次)	2013—2016年间馆均讲座培训次数(次)
南京	1 370	124.55
无锡	1 057	151.00
徐州	442	63.14
常州	325	108.33
苏州	3 150	315.00
南通	656	109.34
连云港	608	101.33
淮安	529	75.57
盐城	952	105.78
扬州	819	163.80
镇江	554	92.33
泰州	746	124.33
宿迁	484	96.80
合计	11 692	132.75

江苏省各地区阅读推广活动次数统计表

地区	2013—2016 年间阅读推广活动(次)	2013—2016 年间馆均阅读推广活动(次)
南京	2 900	223.08
无锡	1 728	216.00
徐州	779	97.38
常州	781	195.25
苏州	4 804	436.73
南通	1 192	170.28
连云港	955	136.43
淮安	492	61.50
盐城	1 029	102.90
扬州	932	155.33
镇江	2 234	319.14
泰州	826	118.00
宿迁	1 007	167.83
合计	19 659	192.73

江苏省各市级馆阅读推广活动次数统计表

图书馆名称	2013—2016 年间阅读推广活动(次)
金陵图书馆	286
常州图书馆	164
淮安市图书馆	50
连云港市图书馆	450
南通市图书馆	567
苏州图书馆	914
泰州图书馆	256
无锡市图书馆	371
宿迁市图书馆	115
徐州图书馆	481
盐城市图书馆	83
扬州市图书馆	143
镇江市图书馆	237
总计	4 117
平均值	316.69

江苏省各地区县级公共图书馆阅读推广活动次数统计表

地区	2013—2016 年间阅读推广活动(次)	2013—2016 年间馆均阅读推广活动(次)
南京	1 711	155.55
无锡	1 357	193.85
徐州	298	42.57
常州	617	205.67
苏州	3 890	389.00
南通	625	104.17
连云港	505	84.17
淮安	442	63.14
盐城	946	105.11
扬州	789	157.80
镇江	1 997	332.83
泰州	570	95.00
宿迁	892	178.40
合计	14 639	166.35

江苏省各地区公共图书馆每万人参与活动人次统计表

地区	2013—2016 年间参与活动(人次)	2013—2016 年间每万人参与活动(人次)	2013—2016 年间馆均每万人参与活动(人次)
南京	590 973	714.60	47.64
无锡	472 380	723.51	90.44
徐州	367 909	422.40	52.80
常州	210 349	446.76	111.69
苏州	2 354 101	2 210.76	184.25
南通	503 323	689.29	86.16
连云港	187 703	417.45	52.18
淮安	2 982 121	6 098.41	677.60
盐城	1 632 414	2 256.27	225.63
扬州	559 966	1 246.75	178.11
镇江	638 318	2 006.47	286.64
泰州	848 215	1 825.77	260.82
宿迁	281 153	576.20	96.03
总计	11 628 924	1 453.87	180.77

2013—2016 年江苏省各市级馆每万人参与活动次数统计表（金陵图书馆无此指标项，故除外）

图书馆名称	每万人参与读者活动（人次）
常州图书馆	337
淮安市图书馆	225
连云港市图书馆	205
南通市图书馆	265
苏州图书馆	628
泰州图书馆	232
无锡市图书馆	405
宿迁市图书馆	113
徐州图书馆	145
盐城市图书馆	549
扬州市图书馆	787
镇江市图书馆	476
平均值	364

江苏省各地区县级公共图书馆每万人参与活动人次统计表

地区	2013—2016 年间参与活动（人次）	每万人参与活动（人次）
南京	590 661	714.22
无锡	207 876	318.39
徐州	241 273	277.01
常州	51 957	110.35
苏州	1 685 576	1 583.09
南通	300 302	411.26
连云港	77 528	172.42
淮安	2 871 433	5 872.05
盐城	1 235 220	1 707.28
扬州	243 526	542.12
镇江	4 871.32	15.31
泰州	740 669	1 594.28
宿迁	226 183	463.55
总计	8 477 075	1 059.82

2013—2016 年江苏省各少年儿童图书馆每万人参与活动人次统计表

图书馆名称	每万人参与读者活动(人次)
淮安市少儿图书馆	1.20
连云港市少年儿童图书馆	1.56
南京市溧水区儿童图书馆	2.96
南京市玄武区少年儿童图书馆	2.16
如皋市少年儿童图书馆	1.40
扬州市少年儿童图书馆	2.81
张家港市少年儿童图书馆	135.00

江苏省各地区公共图书馆人均网站访问次数统计表

地区	2013—2016 年间总访问量(次)	人均网站访问量(次)
南京	12 872 127	1.56
无锡	11 344 960	1.74
徐州	10 317 705	1.18
常州	6 485 562	1.38
苏州	25 932 843	2.44
南通	13 279 006	1.82
连云港	6 142 657	1.37
淮安	3 922 519	0.80
盐城	3 359 623	0.46
扬州	6 089 326	1.36
镇江	4 894 640	1.54
泰州	14 220 919	3.06
宿迁	3 965 092	0.81
总计	122 826 979	1.54

江苏省各市级馆人均网站访问次数统计表

图书馆名称	2013—2016 年间人均网站访问量(次)
金陵图书馆	0.56
常州图书馆	0.96
淮安市图书馆	0.6
连云港市图书馆	0.84

（续表）

图书馆名称	2013—2016年间人均网站访问量(次)
南通市图书馆	0.32
苏州图书馆	1
泰州图书馆	1.32
无锡市图书馆	0.88
宿迁市图书馆	0.4
徐州图书馆	0.88
盐城市图书馆	0.12
扬州市图书馆	0.92
镇江市图书馆	0.88
平均值	0.76

江苏省各地区县级公共图书馆人均网站访问次数统计表

地区	2013—2016年间总访问量(次)	人均网站访问次数(次)
南京	12 872 127	1.56
无锡	5 598 842	0.86
徐州	2 657 625	0.31
常州	1 972 979	0.42
苏州	15 316 989	1.44
南通	10 831 762	1.48
连云港	1 656 805	0.37
淮安	985 691	0.20
盐城	2 490 933	0.34
扬州	2 403 050	0.54
镇江	2 100 077	0.66
泰州	8 093 446	1.74
宿迁	2 026 797	0.42
总计	69 007 123	0.86

江苏省各少年儿童图书馆年网站访问量统计表

图书馆名称	2013—2016年间网站访问量(万次)
南京市玄武区少年儿童图书馆	12.00
南京市溧水区儿童图书馆	33.60
张家港市少年儿童图书馆	105.67

（续表）

图书馆名称	2013—2016 年间网站访问量(万次)
如皋市少年儿童图书馆	14.32
连云港市少年儿童图书馆	52.40
淮安市少儿图书馆	63.20
扬州市少年儿童图书馆	88.15
平均值	52.76

2016 年江苏省各地区公共图书馆普通文献馆藏量统计表

地区	普通文献馆藏量总数(万册件)
南京	1 953.29
无锡	1 748.79
徐州	591.81
常州	607
苏州	2 457.17
南通	1 196.41
连云港	571.72
淮安	424.13
盐城	771.19
扬州	547.72
镇江	579.65
泰州	654.32
宿迁	349.21
总计	12 452.41

2016 年江苏省各市级馆普通文献馆藏量统计表

图书馆名称	普通文献馆藏量(万册件)
金陵图书馆	226.17
常州图书馆	332.45
淮安市图书馆	137.56
连云港市图书馆	165.51
南通市图书馆	640.87
苏州图书馆	613.71
泰州图书馆	84.40

（续表）

图书馆名称	普通文献馆藏量(万册件)
无锡市图书馆	332.73
宿迁市图书馆	62.20
徐州图书馆	65.28
盐城市图书馆	157.18
扬州市图书馆	230.21
镇江市图书馆	319.73
总计	3 368
平均值	259.08

2016 年江苏省各地区县级公共图书馆普通文献馆藏量统计表

地区	普通文献馆藏量(万册件)
南京	551.29
无锡	1 416.06
徐州	526.53
常州	274.54
苏州	1 824.14
南通	544.72
连云港	374.79
淮安	254.09
盐城	614.02
扬州	274.51
镇江	259.92
泰州	569.92
宿迁	287.01
总计	7 771.54

2016 年江苏省各少年儿童图书馆普通文献馆藏量统计表

少年儿童图书馆名称	普通文献馆藏量(万册件)
淮安市少儿图书馆	32.48
连云港市少年儿童图书馆	31.42
南京市溧水区儿童图书馆	18
南京市玄武区少年儿童图书馆	19.1

（续表）

少年儿童图书馆名称	普通文献馆藏量(万册件)
如皋市少年儿童图书馆	10.82
扬州市少年儿童图书馆	43
张家港市少年儿童图书馆	19.31
总计	174.13
平均值	24.88

2016 年江苏省各地区公共图书馆自建数字资源统计表

地区	自建数字资源总量(TB)
南京	254.77
无锡	99.61
徐州	58.63
常州	41.7
苏州	125.92
南通	124.31
连云港	82.98
淮安	60.08
盐城	83.81
扬州	87.03
镇江	68.9
泰州	61.46
宿迁	59
总计	1 208.2

2016 年江苏省各地区市级公共图书馆自建数字资源统计表

图书馆名称	自建数字资源总量(TB)
无锡市图书馆	20.077
徐州图书馆	4
常州图书馆	10.7
苏州图书馆	26.335
南通市图书馆	84
连云港市图书馆	20.7
淮安市图书馆	10.08

（续表）

图书馆名称	自建数字资源总量(TB)
盐城市图书馆	5.81
扬州市图书馆	15.94
镇江市图书馆	15.96
泰州图书馆	10.5
宿迁市图书馆	20
总计	244.1
平均值	20.34

2016 年江苏省各地区县级公共图书馆自建数字资源统计表

地区	自建数字资源总量(TB)
南京	95.41
无锡	79.54
徐州	54.63
常州	31
苏州	88.79
南通	38.49
连云港	50.58
淮安	50
盐城	78
扬州	66.09
镇江	52.94
泰州	50.96
宿迁	39
总计	775.43

2016 年江苏省各少年儿童图书馆自建数字资源统计表

图书馆名称	自建数字资源数量(TB)
淮安市少儿图书馆	0
连云港市少年儿童图书馆	11.7
南京市溧水区儿童图书馆	12
南京市玄武区少年儿童图书馆	5.4
如皋市少年儿童图书馆	1.82

（续表）

图书馆名称	自建数字资源数量(TB)
扬州市少年儿童图书馆	5
张家港市少年儿童图书馆	10.8
总计	46.72
平均值	6.67

江苏省各地区公共图书馆财政拨款统计表

地区	2013年财政拨款（万元）	2014年财政拨款（万元）	2015年财政拨款（万元）	2016年财政拨款（万元）	2013—2016年间年财政拨款(万元)	2013—2016年间财政总拨款(万元)
南京	20 598	22 499.3	22 444.3	25 914.9	22 864.13	91 456.52
无锡	4 630.99	5 476.13	5 881.18	6 957.4	5 736.425	22 945.7
徐州	2 273.24	2 120.97	2 577.83	3 869.9	2 710.478	10 841.91
常州	2 865.74	2 838.3	3 316.88	3 452.8	3 118.43	12 473.72
苏州	12 806.1	14 480	18 245.9	27 285.7	18 204.5	72 817.7
南通	3 044.36	3 662.58	4 681.54	5 232.8	4 155.32	16 621.28
连云港	2 319.65	2 764.64	2 860.01	3 528.4	2 868.175	11 472.7
淮安	1 735.11	1 716.11	2 479.83	2 941.03	2 218.02	8 872.08
盐城	3 819.5	4 042.21	5 070.03	4 965.81	4 474.388	17 897.55
扬州	2 046.88	2 683.72	3 482.07	5 490.55	3 425.805	13 703.22
镇江	1 988.58	2 225.97	2 547.44	3 142.84	2 476.207 5	9 904.83
泰州	2 544.97	2 864.34	3 138.25	3 614.8	3 040.59	12 162.36
宿迁	1 936.41	1 981.56	1 872.37	2 258.52	2 012.215	8 048.86
合计	62 609.5	69 355.8	78 597.63	98 655.4	77 304.60	309 218.3

江苏省各市级馆财政拨款统计表

图书馆名称	2013—2016年间财政拨款(万元)
金陵图书馆	15 053.36
常州图书馆	8 286.8
淮安市图书馆	3 723.11
连云港市图书馆	3 930.1
南通市图书馆	6 283.85
苏州图书馆	36 529.24
泰州图书馆	4 576.81

（续表）

图书馆名称	2013—2016年间财政拨款(万元)
无锡市图书馆	10 493.13
宿迁市图书馆	4 290
徐州图书馆	3 967.09
盐城市图书馆	8 167.46
扬州市图书馆	5 966.04
镇江市图书馆	3 876.75
总计	115 143.74
平均值	8 857.21

2013—2016年间江苏省各地区县级公共图书馆财政拨款统计表

地区	财政拨款(万元)	年财政拨款(万元)
南京	17 040.88	4 260.22
无锡	12 452.57	3 113.14
徐州	6 874.82	1 718.71
常州	4 186.92	1 046.73
苏州	34 750.11	8 687.53
南通	9 352.13	2 338.03
连云港	4 330.60	1 082.65
淮安	4 364.86	1 091.22
盐城	9 730.09	2 432.52
扬州	5 963.72	1 490.93
镇江	6 028.08	1 507.02
泰州	7 585.55	1 896.39
宿迁	3 758.86	939.72
总计	126 419.00	31 604.75

2013—2016年间江苏省各少年儿童图书馆财政拨款统计表

图书馆名称	财政拨款(万元)
淮安市少儿图书馆	784.12
连云港市少年儿童图书馆	3 212
南京市溧水区儿童图书馆	633.3
南京市玄武区少年儿童图书馆	648.7
如皋市少年儿童图书馆	273.1
扬州市少年儿童图书馆	1 773.46

（续表）

图书馆名称	财政拨款(万元)
张家港市少年儿童图书馆	1 538.2
平均值	1 266.13
总计	8 862.88

江苏省各标准级别公共图书馆财政拨款增长情况表

标准类型	省级馆	市级馆	县级馆	少年儿童图书馆
2013年财政拨款(万元)	12 915.75	23 389.687 7	24 636.954 9	1 667.07
2014年财政拨款(万元)	15 373.519 5	23 691.328 4	28 303.932	1 987.02
2015年财政拨款(万元)	14 821.469 7	29 109.122 2	32 275.925 5	2 391.13
2016年财政拨款(万元)	15 681.740 2	38 953.604 7	41 202.369 6	2 817.66
拨款总额(万元)	58 792.48	115 143.74	126 419.18	8 862.88
2013—2014年增长率	19.03%	1.29%	14.88%	19.19%
2014—2015年增长率	−3.59%	22.87%	14.03%	20.34%
2015—2016年增长率	5.80%	33.82%	27.66%	17.84%

江苏省各地区公共图书馆文献购置费用统计表

地区	2013年文献购置费(万元)	2014年文献购置费(万元)	2015年文献购置费(万元)	2016年文献购置费(万元)	文献购置总费用(万元)	年文献购置总费用(万元)
南京	5 411.57	5 577.53	5 725.34	6 482.02	23 196.46	5 799.12
无锡	916.29	1 683.96	1 604.59	1 512.08	5 716.92	1 429.23
徐州	370.02	342.26	222.2	466.07	1 400.55	350.14
常州	662.6	549.85	565.45	627.71	2 405.61	601.40
苏州	2 780.85	3 308.64	3 872.33	4 708.84	14 670.67	3 667.67
南通	1 383.45	1 339.97	1 348.3	1 715.8	5 787.52	1 446.88
连云港	385.26	360.66	450.82	411.44	1 608.18	402.05
淮安	411.02	410.74	419.16	530.66	1 771.58	442.90
盐城	849.25	872.12	923.82	966.42	3 611.6	902.90
扬州	324.12	523.28	1 009.99	1 027.2	2 884.59	721.15
镇江	290.38	287.23	275.28	464.77	1 317.66	329.42
泰州	408.25	511.9	436.34	658.08	2 014.57	503.64
宿迁	126.83	143.34	137.51	160.48	568.16	142.04
合计	14 319.89	15 911.48	16 991.13	19 731.57	66 954.07	16 738.52

2013—2016 年江苏省各市级公共图书馆文献购置费用统计表

图书馆名称	文献购置总费用(万元)	年文献购置费用(万元)
常州图书馆	1 560	390
淮安市图书馆	800	200
金陵图书馆	2 080	520
连云港市图书馆	548.107 7	137.026 9
南通市图书馆	3 528.15	882.037 5
苏州图书馆	6 102.869	1 525.72
泰州图书馆	546	136.5
无锡市图书馆	1 994.722	498.680 6
宿迁市图书馆	0.196	0.049
徐州图书馆	480	120
盐城市图书馆	1 772.529	443.132 2
扬州市图书馆	1 240	310
镇江市图书馆	529.6	132.4
总计	21 182.17	5 295.543

2013—2016 年江苏省各地区县级公共图书馆文献购置费用统计表

地区	文献购置总费用(万元)	年文献购置费用(万元)
南京	2 956.46	739.12
无锡	3 722.19	930.55
徐州	920.55	230.14
常州	845.61	211.40
苏州	8 340.30	2 085.08
南通	2 219.37	554.84
连云港	830.08	207.52
淮安	680.95	170.24
盐城	1 839.07	459.77
扬州	1 255.09	313.77
镇江	788.06	197.02
泰州	1 468.57	367.14
宿迁	567.96	141.99
合计	26 434.26	6 608.57

2013—2016 年江苏省各少年儿童图书馆文献购置费用统计表

图书馆名称	文献购置费用(万元)	年文献购置费用(万元)
淮安市少儿图书馆	290.63	72.66
连云港市少年儿童图书馆	230	57.50
南京市溧水区儿童图书馆	80	20.00
南京市玄武区少年儿童图书馆	80	20.00
如皋市少年儿童图书馆	40	10.00
扬州市少年儿童图书馆	389.5	97.38
张家港市少年儿童图书馆	227.5	56.88
平均值	191.09	47.77
总计	1 337.63	334.40

2016 年江苏省各地区公共图书馆建筑面积统计表

地区	建筑面积(万平方米)
南京	25.9
苏州	32.16
无锡	13.67
盐城	11.42
扬州	8.14
徐州	11.61
镇江	7.56
泰州	11.47
连云港	8.71
淮安	10.52
宿迁	8.36
南通	17.14
常州	6.05
总计	172.71

2016 年江苏省各市级馆建筑面积统计表

图书馆名称	建筑面积(万平方米)
金陵图书馆	5.73
常州图书馆	2.56

（续表）

图书馆名称	建筑面积(万平方米)
淮安市图书馆	3.14
连云港市图书馆	3.08
南通市图书馆	3.52
苏州图书馆	9.15
泰州图书馆	1.8
无锡市图书馆	3.61
宿迁市图书馆	1.66
徐州图书馆	2.15
盐城市图书馆	3.33
扬州市图书馆	2.74
镇江市图书馆	1.68
平均值	3.40
总计	44.15

2016年江苏省各地区县级公共图书馆建筑面积统计表

地区	建筑面积(万平方米)
南京	9.85
苏州	21.76
无锡	10.06
盐城	8.09
扬州	4.09
徐州	9.46
镇江	5.87
泰州	9.67
连云港	4.69
淮安	6.77
宿迁	6.7
南通	13.26
常州	3.49
总计	113.76

2016 年江苏省少年儿童图书馆建筑面积统计表

图书馆名称	建筑面积(万平方米)
淮安市少儿图书馆	0.61
连云港市少年儿童图书馆	0.94
南京市溧水区儿童图书馆	0.35
南京市玄武区少年儿童图书馆	0.36
如皋市少年儿童图书馆	0.36
扬州市少年儿童图书馆	1.31
张家港市少年儿童图书馆	1.25
平均值	0.74
总计	5.18

2016 年江苏省各地区公共图书馆读者用计算机终端数量统计表

地区	读者用计算机终端数量(台)
南京	1 443
无锡	937
徐州	408
常州	257
苏州	1 564
南通	703
连云港	379
淮安	826
盐城	608
扬州	468
镇江	530
泰州	742
宿迁	287
合计	9 152

2016 年江苏省各市级公共图书馆读者用计算机终端数量统计表

图书馆名称	读者用计算机终端数量(台)
金陵图书馆	234
常州图书馆	86
淮安市图书馆	327

（续表）

图书馆名称	读者用计算机终端数量(台)
连云港市图书馆	106
南通市图书馆	157
苏州图书馆	219
泰州图书馆	133
无锡市图书馆	159
宿迁市图书馆	60
徐州图书馆	104
盐城市图书馆	127
扬州市图书馆	148
镇江市图书馆	120
平均值	152
总计	1 980

2016 年江苏省各地区县级公共图书馆读者用计算机终端数量统计表

地区	读者用计算机终端数量(台)
南京	630
无锡	778
徐州	304
常州	171
苏州	1 307
南通	526
连云港	242
淮安	444
盐城	481
扬州	261
镇江	410
泰州	609
宿迁	227
合计	6 390

2016年江苏省各少年儿童图书馆读者用计算机终端数量统计表

图书馆名称	读者用计算机终端数量(台)
淮安市少儿图书馆	55
连云港市少年儿童图书馆	31
南京市溧水区儿童图书馆	30
南京市玄武区少年儿童图书馆	24
如皋市少年儿童图书馆	20
扬州市少年儿童图书馆	59
张家港市少年儿童图书馆	38
平均值	37
总计	257

2016年江苏省各市级公共图书馆年人均新增文献入藏量统计表(金陵图书馆无此指标)

图书馆名称	年人均新增文献入藏量(册件)
镇江市图书馆	0.154
泰州图书馆	0.140
无锡市图书馆	0.132
南通市图书馆	0.131
苏州图书馆	0.119
盐城市图书馆	0.097
连云港市图书馆	0.085
扬州市图书馆	0.070
常州图书馆	0.040
淮安市图书馆	0.028
宿迁市图书馆	0.028
徐州图书馆	0.004
平均值	0.086

第四部分

江苏省公共图书馆事业发展创新案例选编

南京图书馆空间再造与实践

关键词：

图书馆　空间再造　文化氛围　专题空间

对象及范围：

南京图书馆公共空间。

创新背景：

图书馆作为一个开放的文化窗口，其服务能力关乎读者最直接、最切身的感受。同样，营造一个宜人的阅读空间，使其成为激活知识交流的创造型空间，是未来图书馆的发展之路。

图书馆空间再造需求主要基于两个方面的理由：

(1) 作为政府投资建设的公共文化设施其建设由政府相关部门负责，作为使用单位的图书馆在设计建设过程中往往与设计建设方沟通不够充分，同时由于投资、工程进度等原因，建设过程中往往会忽视图书馆具体需求。

(2) 随着社会物质和文化的快速发展，公众对文化产品和服务的需求和要求都不断提高，我们必须敏感于这些新的需求、新的变化并做出积极的反应和调整，使之成为不断满足社会需求的生机勃勃的“生长的有机体”。

主要创新点：

作为省级图书馆的大型公共文化设施，落成开放以后空间划分已经定型，要在正常开放的前提下对公共服务空间进行大规模的调整再造，难度远远超过在一张白纸上的随意挥洒。南京图书馆以强烈的社会责任感和担当精神高度关注新时代下社会物质、文化的发展变化，以服务为导向、用适应当代的前瞻性眼光和意识对南京图书馆的主要服务空间进行了有计划有步骤的改造提升，为读者呈现了一个舒展、温暖、个性、时尚的综合阅读交流空间，展现了公共图书馆不断生长的勃勃生机。

这一系列改变我们都围绕着以下三个方面进行：

一、公共空间文化氛围的营造与优化

社会的不断发展要求图书馆必须适应发展的需求，给读者与员工一个适宜的空间，公共空间文化氛围的营造与优化是最重要也是最直接的体现。

南京图书馆开放伊始，一层共享大厅光线、空间格局及交通功能良好，但图书馆功能相对单薄，略显清冷。共享大厅环境的营造不仅要强调开敞的感受，注重自然元素的引入和利用，也需要功能的完备及安静舒适的休息停留场所的安排，据此，我们调整了一层共享大厅的布局。

目前一层大厅有少儿阅览室、江苏作家作品馆、惠风书堂、文创商店、珍蜜堂(饮品店)、综合服务厅和南图荐书台,从单一的借书阅览、交通疏散功能拓展成集特色阅读、咨询服务、休憩、图书文创品销售等为一体、布局合理流畅的共享空间,各区域在设计风格上各具特色又相互协调,空间上各自成篇又交通流畅互通有无。从服务品种、装修元素上都很好地烘托出公共文化空间的文化气息。

二、专题空间特色功能的定位与提升

图书馆除了基本的阅览和外借满足读者的普遍需求外,针对特定读者群体和资源打造专题空间是精准服务的直接体现,而这些专题空间既有传统服务项目的提升也有新的项目的定位。为此我们把少儿图书室由 1 个室 400 平方米扩大到 3 个室 2 200 平方米,分别按年龄特点建设,提供精细化服务的同时实现了我馆服务对象年龄的全覆盖;通过重新布局改造空间优化提升视障人阅览室、电子阅览广场、综合服务厅、多功能多媒体欣赏室的功能和环境;策划建设了江苏作家作品馆、和畅文苑等特色鲜明的专题阅览空间,组成一个南京图书馆特色服务群。

三、业务空间服务内容的整合与拓展

每一个图书馆服务内容应该随着时间的流动而产生的认识上的变化而做相应的调整,基于继承、发展、弘扬中华传统文化的理念,我们打造了包含国学资源阅览、精读、展示、国学培训等功能为一体的约 7 000 平方米的国学馆,整个空间又分成玄览堂、十德堂、惜阴堂、国学图书馆等浓浓中式元素的区域,让读者在中国传统氛围中阅读体味中国文化的魅力和力量。

“南京图书馆古籍修复中心”是国家级古籍修复中心,南图作为古籍收藏大馆有强烈的古籍修复需求,同时作为省中心又有指导培训全省古籍保护的责任,原先的小空间单一古籍修复室远远不能满足需求,因此南图挤出近千平方米建设了包含修复、研究、培训等功能的古籍修复中心。

24 小时自助图书馆是图书馆有效服务的延伸,南京图书馆在建设之初没有考虑闭馆后的读者需求,为此我们在图书馆正门处开辟了 160 平方米、9 500 册藏书,无人值守的 24 小时自助图书馆,具备了图书馆借还服务基本功能,弥补了常规图书馆闭馆的时间和图书馆馆舍的限制,实现图书馆全时段服务,推进了全民阅读。

在这些空间改造中,我们牢牢把握主动权,以读者需求为导向,以适宜、前瞻、节约为原则,自己设计,对空间造型、色彩计划、材料选择、施工组织和绿植软装全程控制,很好地实现了预定目标设想。

创新项目开展过程:

2011 年完成的江苏作家作品馆是第一个比较大的场馆改造,江苏作家作品馆设在南京图书馆一楼大厅西北面,独立空间,面积约 900 平方米。设置供研究精读、研讨交流、浏览休闲、文学展览厅多功能前厅,构成一个内涵丰富、环境怡然的特色专题馆。

从 2015 底开始,馆领导班子以 2017 年 110 周年馆庆为节点,开始实施一系列服务空间的整合、拓展、提升、再造。

2015 年底为实现服务时间全覆盖而建设 24 小时自助图书馆。原建筑设计对此功能忽略,并未留有邻近图书馆主体且独立的区域,我们反复挖掘比较,选择了正门台阶下的楼梯肚内的杂物堆放空间，克服空间逼仄层高不足的缺陷巧妙设计，因地制宜，为读者增加了一个造型简洁、色彩明快、风格现代的全天候服务空间。

2016年为了解决办证、咨询、还书等功能分散隐蔽不易寻找的问题，在大厅主入口对面设立综合服务厅。我们采取现代简约风格，以功能、空间组织和结构的形式美为追求目标，用合理的工作流线划分体现了一站式服务的特点。

在调整出的原办证咨询处，建设由书店和休闲茶座组成的书吧“惠风书堂”，比邻惠风书堂，又引进了“珍蜜堂”甜品店增加了休闲性。惠风书堂书店部分的设计，我们采用中式书房的风格，在休闲区域与书店之间辅以中式隔断，具有通透的“隔而不断”效果。这里我们首次将自然的山、水元素引入室内，休闲区设置假山鱼池，视觉上打破了原建筑钢构、玻璃和石材构成的冷峻，2016年4月23日落成开放，成为吸引人气的室内景观。

一层0～3岁幼儿馆

2016年将一层视障人阅览室、报刊阅览室调整到负一层和三层后，将少儿阅览室按年龄段分为三个独立的阅览室。0～3岁阅览室采用鲜艳的色彩、生动的画面和丰富变化的造型，为宝宝提供了教育性的玩耍空间，辅助功能有：婴儿车存放区、哺乳区、亲子卫生间。其他各室根据年龄特点从区域划分、色彩设计和材料选择都做了适应性的设计安排，很好地满足小读者们的需求。

四楼的“国学馆”分为两期建设，2016年建设了北片“玄览堂”，2017年建设南片区“十德堂”。精品展室“玄览堂”的门厅，采用中式庭院的风格处理，通往“虚壹而静”阅览室通道制作安装古典圆门及花格，营造中式古典的氛围格调。“十德堂”以“仁义礼智信、孝悌忠廉耻”命名的十间教室和一个共享大厅组成，“十德堂”的建设，融进了教学、实验、交流、展览、休闲等功能。

2016年改扩了古籍修复中心，建筑面积约950平方米，中式风格，主要分七大功能区：实验、设备及水洗区；古籍修复区；交流研讨培训区；装裱区；专用纸库；门厅（兼展区）；辅助功能区。

三楼电子阅览广场(北区)

2017 年 4 月完成的“电子阅览广场”是南京图书馆利用原三层休闲区域建设,其主要功能为电子阅览区。合理地架构起清雅、静态的阅览环境,并能借助良好的外部环境景观,成为半开放园林式的数字资源阅读广场。

五层“和畅文苑”多功能阅读体验馆

“和畅文苑”是 2017 年完成的最后一个较大的改建项目。南京图书馆根据多样化阅读需求的趋势,对原有的自修室进行提档升级,新建“和畅文苑”——个性化阅读体验馆。使用面积约 1 266 平方米,总座位数为 413 座。阅读体验馆分七个功能体验区:有声读物区、互动交流区、自修区、创意设计区、休闲阅读区、数字化阅读区、朗读间等。

此外，南图近年改造了“多媒体阅览室”，各楼层公共区域的休闲、自习区域、南图文创商店，今年一楼大厅的“南图荐读台”的落成，标示南京图书馆的空间再造工程划了一个阶段性的顿号。

取得的成效、影响及评价：

（1）通过改造，南京图书馆的服务布局更加合理，读者利用图书馆更加方便。

（2）空间更加舒适优美，读者阅读体验更加完满。

（3）公共区域增加自修、休憩座位 600 多个。

（4）增加服务空间 1 200 平方米。

（5）有效增加读者接待能力，馆舍设计日接待能力 8 000 人次，经过改造节假日 17 000 人次也能够井然有序，不觉拥挤。

（6）每一次改造开放都收获读者惊异的目光和涌来的点赞，南京图书馆已实实在在地成为市民乐于驻足的城市客厅。

（执笔人：高建强　臧锦陵）

江苏省少儿数字图书馆建设的创新实践

关键词：

数字图书馆　数字阅读推广　少儿读者服务　共建共享　O2O

对象及范围：

江苏省两千万少年儿童、公共图书馆少儿读者与家长，全省公共图书馆，对数字阅读感兴趣的社会公众。

创新背景：

党的十九大报告中指出："我国社会主要矛盾已经转化为人民日益增长的美好生活需要和不平衡不充分的发展之间的矛盾"。在新时代，人民的精神文化需求是构成美好生活需要的重要组成部分，文化建设则是解决不平衡不充分的发展的重要手段，而不断完善的公共文化服务体系是提升人民群众幸福感和获得感的重要途径。江苏省少儿数字图书馆是构建江苏省公共文化服务体系的重要公共数字文化项目之一，不断尝试与探索新的公共文化服务形式。

江苏省尚无省级少儿图书馆，缺少推进全省少儿读者服务工作的中心馆。目前全省拥有独立建制少儿图书馆 7 家，虽然各地各级公共图书馆均将少儿读者服务工作作为日常工作开展，但相对于少儿读者的服务需求还有一定差距，业务工作与研究工作两方面均需要中心馆的协助与指导。

儿童阅读推广工作是公共文化服务体系中的重要内容和环节。随着我国全民阅读工作的推进，少儿阅读推广工作已经引起公共图书馆界的重视，但作为"互联网＋"时代阅读方式之一的数字阅读尚未满足少儿读者的需求。全省 13 家地级市公共图书馆购买少儿数字资源总量 1 TB 左右(2014 年调研数据)，一些县级市与区县图书馆更是缺少购买少儿数字资源的经费。同时，由于硬件与软件客观存在参差不齐和家长对数字阅读的保留意见等方面的因素，公共图书馆界对少儿数字阅读推广工作并不重视，无法满足少儿读者的需求。

作为省文化和旅游厅指导下重点打造的公共数字文化建设项目，顺应"互联网＋"时代发展需求，江苏省少儿数字图书馆由南京图书馆牵头，全省 100 家公共图书馆共同参与建设。项目精选国内主流全形态少儿数字资源，通过网站、手机 APP 和微信、PAD 和触控大屏等多平台进行访问，实现"线上资源访问与数字阅读活动结合、线下设备访问体验与现场读者活动呼应"的 O2O 服务模式。为了更好地整合文化共享工程的资源，项目还将全国文化共享工程支撑平台江苏地方特色应用系统"少儿乐园"纳入到服务体系中，因地制宜突出江苏特色。

主要创新点：

江苏省少儿数字图书馆在全国首创少儿数字资源联合采购模式，实现多方合力共建共享，具体可以表述为由省委省政府主导、省文化和旅游厅主办、南京图书馆（省馆）牵头，全省公共图书馆共同投入经费建设，数字资源厂商与少儿家长联合参与的模式。该模式充分地将数字资源的生产者（厂商）、服务者（政府、公共图书馆）、使用者（少儿读者）、监督者（家长）四个方面进行有效地整合，是公共文化服务一种全新的尝试。

项目充分体现出公共文化服务体系的标准化与均等化。主要体现在：全省成员馆严格遵守当地财政关于文献采购经费的使用规定，按照本馆采购经费的比例进行出资；少儿数字资源建设凸显标准化，数字资源采购后按照统一标准化存储并提供服务；年度线上数字阅读活动与线下图书馆现场活动的数量与规模进行细化与规范，即每年各馆需开展活动次数、参加活动人数、活动内容等均做细化规定，信息公开透明。

项目的多个数字平台充分发挥 O2O 线上线下服务的作用，促进少儿读者服务工作从以纸质图书为主的传统服务模式向以数字资源线上服务、新媒体平台线上体验、数字资源实体线下体验、数字资源活动线下举办等方式的立体化服务转变。数字平台中的所有资源访问实现全省覆盖，突破了数字资源只能在图书馆内访问的壁垒。

项目探索有效的数字阅读推广途径，即“以数字阅读推广活动吸引少儿读者来到图书馆，以数字资源访问激发少儿读者探索图书馆”，不仅强化了推广手段的针对性，同时打消了家长对少儿数字资源的疑虑与排斥，有效地推动了少儿数字阅读推广工作。

创新项目开展过程：

江苏省少儿数字图书馆的建设历程可分为四个阶段：立项阶段、资源建设阶段、成员馆招募阶段与服务推广阶段。

（1）立项阶段。2014 年，江苏省财政厅与江苏省文化厅在苏教〔2014〕143（《江苏省财政厅　江苏省文化厅　2014 全省公共数字文化建设任务及省级专项建设经费的通知》）文中正式立项成立江苏省少儿数字图书馆。文中明确写到：“2014 年我省将启动建设江苏少儿数字图书馆公共服务平台，为全省少年儿童提供一个集知识性、趣味性为一体、满足各个年龄阶段未成年人获取知识、快乐阅读的图书馆。”在经费保障方面，文中明确“省财政通过政府购买服务的方式，购买部分少儿数字资源向全省少年儿童提供服务。”同年，省财政拨款 300 万元经费用于购买资源与服务，江苏省少儿数字图书馆正式开始建设。

（2）资源建设阶段。项目立项后，南京图书馆业务管理部在调研的基础上完成《国内少儿数字资源调研报告》《南京图书馆少儿数字资源使用体验报告》《江苏省公共图书馆馆情调研报告》等具有参考价值的报告。为更好地了解国内少儿数字资源的内容与使用方式，2014年11月12日至13日南京图书馆组织召开“国内少年儿童数字资源展示及建设方案讨论会”。会议特邀省内5家少儿图书馆馆长与从业专家、南京图书馆部分馆领导及江苏省少儿数字图书馆工作小组成员参会。会议期间，国内较大的17家数字资源商分别进行了产品展示与服务方案介绍。参会人员在此基础上对资源采购优先顺序、入选厂商名单、平台建设内容等方面展开讨论，后达成共识并形成会议纪要。会议讨论决定2014年拟采购11种少儿数字资源，并同时开展试运行网站的建设，资源建设工作初步完成。2015—2018年，在采购新品种少儿数字资源的同时淘汰使用率最低的资源，促进项目稳步发展。

（3）成员馆招募阶段。2014年的立项文件中明确规定“各市、县级图书馆应积极参与该平台的建设，进一步丰富平台的服务内容。”2015年1月5日南京图书馆向全省公共图书馆发文《关于共建江苏少儿数字图书馆的工作方案（征求意见稿）》，倡议全省各馆共同出资积极参与项目，力求实现“省馆牵头、各馆参与、共建共享、服务全省”的创新模式。经过一个多月的沟通协调，全省100家公共图书馆提交《江苏省少儿数字图书馆成员馆申请表》，就“共同出资购买少儿数字资源”“共同建设服务平台”“共同宣传推广项目”等方面达成共识，成员馆招募工作完成。

（4）服务推广阶段。2016年在省财政经费的支持与全省公共图书馆的共同出资基础上，江苏省少儿数字图书馆完成资源联合采购、平台建设等多项工作，于2016年4月23日（世界读书日）正式上线为全省少年儿童提供服务。项目服务内容包括：数字资源实现全省IP范围覆盖，全省少儿读者不论何时何地均能免费使用；线上数字阅读推广活动主题新颖，每年开展20场以上线上答题、微信课等多种形式的活动；线下活动内容丰富，以服务外包的方式每年采购500场以上的数字资源商现场活动；电子展板全省共享，每年购买12个主题展览供成员馆喷绘展出。

取得的成效、影响及评价：

江苏省少儿数字图书馆取得的成效主要有以下三方面：

一是自2016年4月23日平台开通至2017年11月，平台用户数达53 835人，各种平台累计访问总量约40万人次，线上活动参与人次约3万，线下活动参与人次约10万，各类展览服务基层约100万人次，可以说江苏的少儿数字阅读推广人次与规模位居全国前列。

二是江苏省公共图书馆的少儿数字资源从不足1 TB提升到2.6 TB，所有少儿资源实现全省IP覆盖并供读者免费使用，实现公共文化服务“打通最后一公里”的目标，全面体现公共文化服务的公益性、基本性、均等性和便利性。

三是江苏省少儿数字图书馆已成为国内最大的省级少儿读者服务项目，在国内公共图书馆界产生巨大影响力。“省馆牵头、各馆参与、共建共享、服务全省”的全省共建共享的创新模式受到文化部公共文化发展中心、中国图书馆学会与省文化和旅游厅的肯定。

2016年，项目荣获省文化厅颁发的第七届江苏省公共图书馆优秀服务成果唯一的特等奖，并且在同年的中国图书馆学会年会上，设立展位进行全国宣传推广。2018年，项目荣获中国图书馆学会“第一届公共图书馆创新创意征集活动”最佳创新奖。论文《线上线下　共建共享——江苏省少儿数字图书馆建设》入选文化部全国公共文化发展中心第二批全国基层文化队伍培训教材《公共数字文化创新服务案例选编》。业内多家媒体报道了江苏省少儿

获奖证书

HUOJIANGZHENGSHU

南京图书馆业务管理部
（江苏省公共数字文化建设中心）：

你单位《江苏省少儿数字图书馆》项目，在第七届江苏省公共图书馆优秀服务成果评奖中，荣获特等奖。

特发此证，以资鼓励。

江苏省文化厅
二〇一六年十二月

数字图书馆，如《图书馆报》登载的《创新建设服务模式　普惠全省少年儿童——江苏省少儿数字图书馆服务成效显著》等。

“图书馆是一个生长着的有机体”，江苏省少儿数字图书馆就像一个实体图书馆一样不停生长，紧紧把握“两聚一高”新目标，注重从量的发展向质的提升转移，在做好阵地服务的同时紧跟时代步伐实现线上线下融合发展，让公共数字文化服务助力提升全省少年儿童的健康成长。

（执笔人：梁雯雯）

南京图书馆少儿国学推广系列活动的创新实践

关键词:

少儿　国学推广　历史文献资源

对象及范围:

主要为年龄介于7～15岁、对国学或中华传统文化感兴趣的少年儿童及其家长。

创新背景:

“国学馆”是南京图书馆为读者提供历史文献阅览的专门空间,得名于南京图书馆前身之一“江苏省立国学图书馆”。国学,作为中华优秀传统文化的代表,是建立在母语系统上的学问。一方面对于母语的理解和运用能力关系到其他学科的认识与发展,另一方面,人文素养对于世界观、人生观和价值观的塑造也至关重要。我国国民低阅读率一直未得到有效缓解。未成年人阅读在国民阅读中略占优势,但与发达国家比仍具有一定差距。公共图书馆承担了社会教育的责任,要进一步配合基础教育,在书香社会的建设中拉近经典阅读与少儿的距离,培植传统文化传播的内生长力。

主要创新点:

一、成立专门小组,合理分工

历史文献部专门成立了以新进馆年轻员工为核心的小组——“活动组”。常年开展读者活动的骨干带领着新的学术和实践力量,共同负责各种项目的策划和执行。“活动组”独立的建制可以让小组成员的活动开展更具计划性和主动性。再加上小组成员的专业出身不同,个人风格也不同,亦提高了活动的丰富性。以项目组或工作组的名义,可以完成好活动记录和活动效果的反馈。活动后及时进行沟通与总结,合力寻求问题的解决方案。并且还通过制作海报、建立公众号平台、联系电视台等新颖的方式来加强宣传。

二、构建“观—探—读”少儿国学推广活动模式

南京图书馆少儿国学推广活动可总结为“观—探—读”模式。所谓“观”包括两方面内容,即参观图书馆,了解资源,以及专题展览,掌握知识。指导小读者通过“观”去走进图书馆,初识图书馆的“外貌”和“内里”,直观了解国学的特点。其次是“探”。书籍是知识的媒介,探秘的目的是培养兴趣,引发动机,这是理解和运用的基础和前提。“读”分为导读、诵读、解读。具体说来就是将导读书目与诵读篇章、解读经典融为一体,它的指向是培养小读者的表达、思维、理解能力。“观—探—读”这种由浅入深、由易入难的推广方式,符合少儿认识事物的客观规律以及心理机制和认知规律,也保证了活动的全面和系统。

三、以古籍整理研究为导向，突出公共图书馆的定位与特点

从定位上来看，图书馆虽然拥有专业知识背景的馆员，但是与专业的研究机构相比，我们在传统文化的研究方面并没有明显优势，而与专门从事国学培训的人来比又缺乏市场经验。现在的国学推广主要集中在被人熟知的"经、史、子、集"方面的相关内容，形式上以知识性的输出为重点。社会上常见的国学培养多重复，以应试为主。而我们认为，图书馆可以根据本馆自身的性质、特点、条件以及可利用的资源进行活动开发。因为馆藏历史文献资源具有专业性和难度，所以在国学活动推广方面，内容选择更倾向于通俗而有特色，如图书发展史、出版史、流传史等各类选题，并致力于将活动办成社会热点。

四、分层进阶式的少儿国学推广策略

分层指根据少儿读者个体所处的年龄段、知识水平、能力水平、潜力等设置不同难易程度的活动，以促进此群体在参与这些活动时能够得到最好的发展。而另一种把握活动开展有限性及有效性的策略模式是进阶。我们开发活动时，既有"观—探—读"这一符合学习发展规律的具体操作，也考虑难度分级。我们鼓励青少年读者根据自己的实际情况选择参加某种活动，更鼓励他们在完成某一级学习后逐步进阶，开启下一级水平的活动。

创新项目开展过程：

少儿国学推广系列活动主要由以下几项活动组成。常规活动定期举行，一般举办于4月23日读书节、公共图书馆服务宣传周、寒暑假以及特殊节日期间，也会根据某些主题不定期举办相关活动。这些活动往往以组合拳的形式联合推出，实现"观、探、读"三位一体。

一、陶风读书会

陶风读书会于2009年正式成立，宗旨为阅读古代经典，了解传统文化，提升个人修养，增进文化认同。图书馆员担任主讲人，选取一些与主题相应的经典作品，对作品本身进行串讲，以PPT的形式提供释义，邀请读者上台朗读、背诵或作赏析，也设计一些难度适当的文史知识问题请读者回答。读书会曾组织《诗经》《笠翁对韵》等启蒙读物的连续阅读，有针对性地以中小学生为受众，试图让孩子们从古代蒙学读物中获得一些对于文化传统的基础知识，为以后接触和阅读古文经典培养基础。

二、古籍探秘

2014年，以宣传古籍修复和保护为核心内容的"古籍探秘"系列活动正式推出。南图将古籍修复室向公众开放，引领青少年读者与历史文献近距离接触，使他们直观了解中国传统优秀文化典籍的特点以及中国传统笔墨纸张、书写装帧、印刷技术的独特面貌，并邀请小读者体验传统古籍修复技艺，观看修复流程示范，在工作人员指导下尝试古籍订线，当一回"小小文献修复师"。自2016年国家级历史文献修复中心揭牌，历史文献修复室功能布局得到优化，硬件设备更加完善，古籍修复技术力量进一步提高，"古籍探秘"活动的开展拥有了更加便利的条件。近期分别举行了两期以雕版印刷体验和古籍填色为主题的活动，广受欢迎。

“古籍探秘”活动中工作人员为小读者演示古籍装帧技艺

三、陶风书话

“陶风书话”是2017年推出的一档展呈讲解系列活动。该活动以书系人，以人带事，将馆藏古籍藏书概况具体反映到一部部典籍之中，以讲解勾勒全局，揭示细节，展出我馆有代表性的善本，围绕其写成、付刻、流传、入藏的经过，讲述古籍背后的感人故事。从形式上来说，该活动致力于打造一个小型的读书沙龙，由图书馆员策划主题、担任主持，并穿插与读者的互动和交流；内容选择上较之以往的读书会更加精准、明确。设置该活动的主要目的是为了能够使馆里的古籍及其他书籍资源能够被大众进一步熟知；同时，将馆史教育与图书馆发展联系在一起，通过活动，培养图书馆员的职业精神。

陶风书话之“《钦定武英殿聚珍版程式》与活字印刷”活动现场

四、惜阴学堂

专为青少年读者打造的活动品牌——惜阴学堂于2018年启动。我们每期围绕中国传统历史文化精心选题，把握生活中的“热点”，以新颖活泼、贴近生活为旨，开展趣味课堂讲座，让小读者在聆听、感悟和体验中学习知识。此活动打破以“书”为主的常规模式，将知识性内容经归纳、整理、加工后重新演绎，是阅读推广的另一种表现形式。过程中，工作人员采取客观中立的态度，确保传递内容的正确性，使知识与道德、审美等元素互联互通。如以“打开古人的生活画卷”为主题，分为四场，分别从吃、穿、住、行四个方面来介绍古代传统社会俗尚。

五、国学馆专题展览

与图书馆日常的公益展览相比，历史文献藏品的特殊性使其专题展览拥有更加有利的条件。古籍作为实物藏品，其所具备的艺术代表性可体现在外部装帧、印刷技艺、用纸敷墨等，因此，我们在展示时将实物展品与辅助展品相结合，例如制作仿制书、撰写文字信息等，并为配合少儿活动举办适合未成年人的展览，兼具专业性和通俗性，并定时安排人员做相关讲解。

除以上几种，新春猜灯谜、书目导读、参观导览、资源介绍等也是南图经常举办的少儿国学推广活动。

取得的成效、影响及评价：

少儿国学推广系列活动受众广泛，反响热烈。近五年来（2014 年 1 月 1 日—2018 年 8 月 31 日），我们一共举办各种类型的少儿国学推广活动共计 57 场，有一千多名少儿读者参与到活动中来；展览 180 天，展览覆盖人群达 7 000 人次。少儿国学系列活动的举办，是贯彻落实党的十九大关于传承中华优秀传统文化体系的具体实践，进一步向公众宣传了南京图书馆的馆藏历史文献资源，也更广泛地宣传了古籍保护理念，扩大了南京图书馆的社会影响力。

以国学推广系列活动为统揽，重点打造数个实力和口碑兼具的品牌活动，如陶风书话、古籍探秘等。这些活动在内容和形式上不断推陈出新，融知识性与技能性于一体，不仅得到

填色图册涂色前与涂色后

少儿读者的欢迎,也得到了教育机构、社会公众的普遍认可。除常规活动外,我们也常应学校、企业等机构之邀,开展各类普及活动。

创新宣传手段。部门独立经营微信公众号,及时对国学推广活动进行预告与总结,并利用公众号平台,撰写原创文章,开展线上国学推广。目前,公众号阅读量总计已达数万人次。除此,在线下报名的基础上,我们积极探索微信报名机制,一方面方便与读者的联系,另一方面强化活动效果。2018 年暑期的古籍探秘活动,还被江苏人民广播电台多媒体互动客户端“大蓝鲸”进行全程直播报道,当天收看人数过万,而其中以《红楼梦图咏》为模版设计的仿古填色图册未来也有可能作为文创产品出版。

部门活动组通过具体推广实践,不断总结经验,撰写活动报告和研究性论文若干篇,2018 年还以“少儿国学推广研究”为主题,申报了中国图书馆学会阅读推广课题。

(执笔人:张小仲)

金陵图书馆文化创意产品开发与营销模式的创新实践

关键词：
公共图书馆　文创产品　创新实践

对象及范围：

社会大众

创新背景：

党的十八大以来，习近平总书记曾在诸多重要场合多次要求："要系统梳理传统文化资源，让收藏在禁宫里的文物、陈列在广阔大地上的遗产、书写在古籍里的文字都活起来。"能够走进寻常百姓家的馆藏文创产品无疑是传播文化、让文物及文字活起来的重要使者。

在图书馆馆藏优质资源的开发和利用、传承中华优秀文化、引导广大读者进一步了解和喜爱上图书馆，以及促进图书馆内部激励机制的建设等诸多方面来讲，文化创意产品开发工作都有着重要的意义和非凡的价值。当前，此项工作在我国图书馆界还属于一个较新的事物，大多数图书馆尚处在探索起步，甚至还心存疑惑的阶段，迫切希望能得到国家层面的政策指导。

主要创新点：

一、体制监管、市场运作

为了适应文创新形势，加快体制机制改革，将文创开发与文化产业紧密地结合在一起，我馆于 2017 年 2 月 7 日成立南京图策文化创意有限公司。公司在组织人事上，由馆内兼职人员与公司外聘人员共同构成，文创发展部副主任兼任公司总经理，另由馆内 3 名馆员兼职于公司，从事文创的设计、文案与市场工作；外聘人员 4 名，分别负责产品设计开发、出纳、产品导购等若干工作。

二、开发产品、展陈销售

金陵图书馆通过内外兼修的方式寻求突破，一方面深挖本馆自身馆藏特色资源，从中汲取文创开发元素，加速开发自主文创产品；另一方面四赴中国国家图书馆拜访取经，得到国图领导重视并获得了专门授权。

通过不懈努力，现在金图文创基于馆藏资源，采取自主和联合研发等模式，以“書藏、書馨、書趣、書器、書印”为主线，设计开发了近 140 余种文创产品；举办了多期文化创意主题活动；同时，积极参会参展：成都“博博会”、南京、上海、苏州等地的“文交会”、江苏版权交易博览会、第八届中国京剧艺术节、全国图书馆文创联盟成立大会、南京书展、中国图书馆学会年会等，在市、省及国家级的舞台上不断亮相，全面展示金图文创的工作成果。

三、事业产业、相辅相成

2017 年，南京市文广新局在整合全市文博系统各家文化文物藏品资源的基础上，建立了一体化的文创产品研发营销平台——南京文博文创大观园。金陵图书馆曾借助这个平台，不仅推广营销文创产品，同时在此还开辟了新的阅读空间及自助图书馆，产业和事业相得益彰，成效斐然。

2017年，中国第八届京剧艺术节期间，金图文创公司承接了京剧节7大场馆的京剧文创产品的展陈工作，展示了南京文化系统相关单位设计研发的一百多种京剧题材的文创产品。借助戏曲主题元素的文创开发，金陵图书馆内配套新建了"戏曲专藏"特色馆中馆；加强对文创课题研究，编辑印发了5期《文创金陵》相关资料汇编；主动吸引具有文创开发元素的主题展会，引进首届南京"女书文化及文创产品"和"南京原生艺术文创产品"论坛及展览；将文创开发工作延伸至基层，向各区馆宣传文创工作的重要性，积极带动区馆文创工作的起步，增强了市区交流和互动。我们在传统佳节开发香囊，配合养生讲座，通过专家解读、现场展示的形式，既普及知识，又能让读者将喜爱的文创产品带回家中。邀请江苏省文化馆馆长戴珩等知名学者结合阅读从历史、艺术等角度就传统文化、社会热点等在文创店内开展座谈、交流，讲述《金陵文话》。

创新项目开展过程：

金陵图书馆自2016年申报成为全国文化文物单位文化创意产品开发试点单位以来，在上级相关部门的关心和支持下，设立文创发展部，并成立文创公司，主要负责运营本馆文创产品的设计开发、展示销售以及各项文化创意活动的策划、实施与开展。通过与图书馆文创开发实践工作相结合，从公共图书馆文化创意产品的设计研发、推广营销等方面着手，结合公共图书馆的特点，创新提出公共图书馆文化创意产品开发与营销模式模型。

金图文创在推进馆藏文创产品开发进程的基础上不局限于实物展示的范畴，能以此为契机加强社会合作，并在业内持续发声。2017年9月，由文化部推动并指导、国家图书馆牵头的“全国图书馆文化创意产品开发联盟”应运而生，金陵图书馆作为联盟的发起馆之一，应邀成为全国市级图书馆的唯一代表，在会上介绍文创开发工作经验，获得了与会代表和社会媒体的肯定和关注；同年12月，全国图书馆文化创意产品开发论坛在北京召开，金图再次受邀在大会分享经验；2018年7月，“全国图书馆文化创意产品开发联盟”年会在沈阳召开，金图第三次向与会代表展示我馆文创成果。金图也因为文创工作与国家图书馆形成战略合作伙伴关系，在展览、阅读推广等其他业务方面开展深度合作与交流。

同样值得一提的是，2018年3月“南京书展”期间，金图文创承担了展区的设计、搭建、布置与活动策划等工作，全面展示了南京市公共图书馆全民阅读及文创成果。南京市委书记张敬华，市长蓝绍敏等领导，都来到金陵图书馆专题展区，了解文创工作情况并给予了肯定。

2018中国图书馆年会（河北廊坊）期间，金陵图书馆与国家图书馆、上海图书馆等作为全国公共图书馆代表在年会上搭建特展，宣传推广事业发展成果。金图文创参与了金陵图书馆展区的策划、设计及文创展示工作，还作为国家图书馆特邀代表之一，参加全国图书馆文创产品开发联盟的集中展示。文化部副部长项兆伦亲临金图文创展区，对我馆的文创工作给予了高度评价。

取得的成效、影响及评价：

一、社会效益

2018年，金陵图书馆“公共图书馆文化创意产品开发与营销模式研究与实践”在第一届全国公共图书馆创新创意征集推广活动征集的311个作品中脱颖而出，获得“最佳创意奖”。我馆因馆舍面积、馆藏量等在全国同行处于后列，知名度影响力低的现状因金图文创而大大提高。文创工作现已列入公共图书馆评估定级指标，在2017年的业界评估中金图文创指标满分，对金图“国家一级馆”的成功创建贡献了力量。

《经济日报》、中国经济网、中国政协网、新华网、新浪网、凤凰网、龙虎网、《现代快报》等多家媒体对金陵图书馆以及南京文创相关工作进行了报道，线上线下进行宣传与推广。

二、经济效益

截至2018年底，公司营业额百万余元。图书馆要开发出既叫好又叫座的文创产品，最重要的是找到兼具图书馆馆藏特色和市场需求的设计元素及其载体资源，通过梳理馆藏资源，采用代销、合作开发、自主开发等模式，金图现有文创产品500余种，其中自主设计开发的文创产品140余种。以文创产品为载体，利用“移动的阅览室”和“把图书馆带回家”的理念最大限度地传播文化、服务公众。

（执笔人：尹士亮　秦广宏　马骥　吴梦菲）

金陵图书馆“阅美四季”阅读推广品牌的创新实践

关键词：

阅读推广　阅美四季　多元发展

对象及范围：

社会大众

创新背景：

阅读的方式和阅读的空间有很多，图书馆是阅读的首选地之一，因为图书馆书籍众多，空间宽阔。如果仅靠这些，还远不够。图书馆要吸引各类型读者全天候爱上图书馆，善用图书馆，就需要不断创意创新，并逐步形成自身的特色和品牌。

近年来，金陵图书馆在这方面做了有益的探索和实践。将原本碎片化的阅读推广活动汇集到统一平台上，通过立体化、系列化、品牌化运作，经过数年整合，形成了以主题内容和时间轴为序的四大板块，这就是金图阅读推广活动的“阅美四季”系列。即：冬季“阅美·迎新”、春季“阅美·书馨”、夏季“阅美·欢欣”、秋季“阅美·悦心”。特色分明的活动主题，精准定位的服务对象，按时而作的运作规律，不仅体现了中华传统文化中春耕秋收、春华秋实的文化精髓，也彰显了当下图书馆转型发展的创意创新。

主要创新点：

一、冬季“阅美·迎新”营造书香年味

岁末年初，金陵图书馆以迎新年等为主题开展“阅美·迎新”阅读推广跨年活动季，围绕元旦、春节两大节庆开展各类迎春祝福活动。让广大市民读者在阖家团聚团圆喜气的氛围中感受传统文化，度过一个充满文化气息的新年。系列活动有特别策划、师说新语、展望新年、读者新动、少儿新知等。除此之外，每年举办的数字图书馆推广工程春节活动也很抢眼，读者通过手机等线上平台可以直接参与有声贺卡制作、年俗趣味答题、摄影展览等多项特色新年活动。

这些主题鲜明、形式新颖的活动兼具传统文化底蕴和参与互动特点，贯穿“阅美·迎新”系列活动始终，让广大读者怀着喜悦的心情在图书馆里度过一个书香四溢的“文化年”。

二、春季“阅美·书馨”播种全民阅读

春季万物复苏，是播下阅读种子的最佳时节。每年春天以读书日等为主题推出“阅美·书馨”共享金图阅读推广活动季，在读者心中播下阅读书香的种子。金陵图书馆以4月23日世界读书日和5月图书馆服务宣传周为主要时间节点，开展各类以文献推荐和阅读指导为重点的活动，激发读者的阅读热情，受到了读者欢迎。“阅美·书馨”主题系列包括特别策划、名师书苑、展陈书影、春动书林、小小书香等，并冠以“全民阅读　共享金图”广告语。通过参与这些类型多样、立意新颖的文献导读和推荐活动，更多的读者由此走进图书馆，了解图书馆，爱上图书馆。

三、夏季“阅美·欢欣”描绘七彩童年

夏天的精彩阅读活动是属于孩子们的。金陵图书馆在每年夏季推出“阅美·欢欣”七彩少儿阅读推广活动季。其中“七彩夏日”暑期少儿阅读夏令营是针对少儿读者的专属系列活动平台。该项目2015年起每年推出，源自“赤橙黄绿青蓝紫”打造“红蜻蜓国学堂”“小桔灯童萌绘”“柠檬草电影院”“绿巨人口语SHOW”“青苹果朗读者”“蓝精灵手工坊”“紫藤萝大舞台”七大色系每天一个板块，涵盖国学知识、绘本阅读、电影放映、英语互动、故事讲演、手工制作、才艺表演等众多活动内容。每届活动70余场，参与服务的文化志愿者人数近200名，参与活动的小读者则达到数千人次，赢得了孩子和家长的广泛热捧。此外，近年来为了丰富“阅美”系列，金图还专门成立了“小水滴”英文读书会和“LIB”英文原著阅读沙龙。除特别策划的“七彩夏日”活动之外，还有为成人准备“大家欢叙”“众览欢趣”“一起欢动”等活动。

四、秋季“阅美·悦心”收获成果展现

时至金秋，春天里播下的阅读种子也到了收获的时节。每年秋季，我们以“读者节”为重要平台开展“阅美·悦心”书香南京阅读推广活动季，是全年读者“阅美”系列推广阅读推广活动的高潮和总结。

为了充分体现“以读者为本”的服务理念，首届“书香南京”——金陵图书馆读者节于2015年秋季正式拉开大幕，并成为南京文化艺术节的一大亮点。读者节现已举办了3届，每

届一个主题，活动种类丰富。通过“读者节”的创办，增强了读者与图书馆之间的情感交流，充分调动和发挥了读者的积极性和参与性，也引发了社会的关注和业界的肯定，在“全民阅读”的大环境下，发出了公共图书馆和广大读者联合强有力的好声音。现在，秋季“阅美·悦心”还进行单双年分类，每逢单年，举办各部门及区馆读者服务成果与品牌活动（项目）汇展；每逢双年，举办“书香金陵”——南京市公共图书馆读者节，使图书馆多元化的文化服务逐步融入百姓生活，也进一步彰显出金图公共文化服务理念新内涵。

创新项目开展过程：

2015年是“阅美四季”阅读推广品牌雏形呈现的一年。这一年，夏季的“七彩少儿”、秋季的“首届‘书香南京’——金陵图书馆读者节”拉开序幕。2016年，“阅美四季”的概念初步形成，整合划分出冬、春、夏、秋四个阅读推广季，阅读推广活动无论是在活动主题、目标人群和时间节点上都有了较为明确的定位，既有差别，又有关联，还互为补充和支撑，进一步凸显了金陵图书馆阅读推广活动的目标化、特色化、一体化的特点。2018年“阅美四季”全年举办各类阅读推广活动1 034场，有高达345 424人次参与。

成效、影响及评价：

一、“阅美四季”激发图书馆内在动能

贯穿全年的“阅美”四季系列活动除了明显提升了金陵图书馆的社会影响力和公众认知度外，对内而言，其作用更加明显。改变了原来金图举办读者活动仅是一两个部门的事，到现在是每个部门都要承办读者活动。从2014年的金图馆办读者活动145场到2017年的661场（2018年超1 000场），每年都有大幅度的增长。当然数量只是个表象，但量变到质

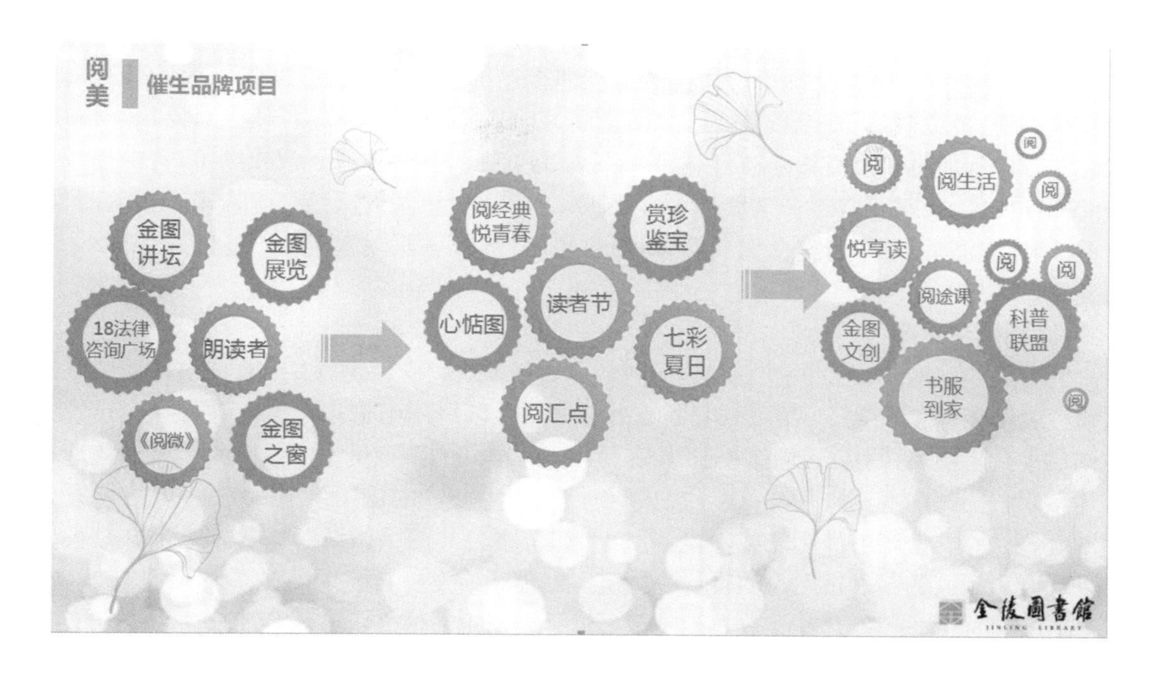

变，没有数量的积累，就很难有质量的提升。更为关键的是改变了传统图书馆被动服务到现在的主动服务意识，激发了图书馆的内在动能，顺应时代发展的趋势。“阅美”系列活动的开展，调动了金图馆员的工作积极性和创造力。跟读者亲密接触多了，才能更多更好地了解到他们的需求，从而更好地为读者服务，实现图书馆的传统服务场地转变成公众日益增长的对美好生活需求的综合服务文化阵地。

二、“阅美四季”催生特色品牌项目

“阅美四季”是通过项目融合创新而形成的一个活动平台，自身具备了较强的包容性、多样性和创造性，在这个框架体系中，不同类型的活动跨界融合激荡，人力、资金等必备资源集约共享使用，因此也更容易催生和孵化出更多更好的品牌活动项目。短短数年来，“阅经典 悦青春”“赏珍 鉴宝”“心惦图”“七彩夏日”“阅汇点”“金图科普联盟”“书服到家”等众多读者服务项目如同雨后春笋般脱颖而出，并努力创树新品牌。而“金图讲坛”“金图展览”“朗读者”“18 法律咨询广场”“金图自媒体平台”等老品牌也老树发新枝，萌发勃勃生机。这些新老品牌活动以其扬正气、接地气、聚人气的特点广受公众喜爱，也在业内获得了广泛认可，屡获行业表彰和媒体关注。年年有四季，季季有创意。因为有了“季”，有的还有了“届”，就促使我们要不断进步。现在，金图人又在谋划新的创意项目“阅生活”“悦享读”“阅途课”等等，这正是“阅美四季”赋予众多活动子品牌创意性诞生、创新性发展、创造性转化的功效之一。

三、“阅美四季”创新平台　贴合时代发展

随着现代科技的迅速发展，公众的阅读习惯也正发生着翻天覆地的变化。数字化阅读、碎片化阅读、社交式阅读等新型阅读方式和理念纷至沓来，因此，我们的阅读推广方式也应随之同步调整。在“阅美四季”中，“阅汇点”和“书服到家”两个创意创新数字化项目格外引

人注意。

“阅汇点”是2016年金图第二届读者节期间推出的创新移动综合阅读平台。其有机整合在线办证、金图微信、“I金图”APP、金图官网、金图微博等于一体。任何人只要扫一扫“阅汇点”二维码，即可在线免费办理公益《数字资源阅览证》、或关注或下载或浏览，自由选择喜爱的阅读内容，及时获取图书馆最新活动、服务、书刊等资讯及借阅信息。未来，“阅美四季”将继续利用“阅汇点”平台整合优质资源，联合更多社会机构，探索新型服务模式，持续拓展服务渠道，以“互联网＋”思维推广“全民阅读＋”理念，与社会各界与广大读者共同打造更为广阔的“阅读生态圈”。

“书服到家”南京市公共图书馆信用网借平台于2018年10月13日南京市首届公共图书馆读者节期间正式上线试运营，由金陵图书馆联合区级图书馆推出。读者可在全市统一的网借平台上借书，物流配送图书上门，实现“外卖”模式的新型借书方式。平台基于芝麻信用体系，为芝麻分550分以上的读者提供“免押金、免办卡”的信用借书服务。“互联网＋信用”的借书模式，使图书借阅从线下走到线上，让全市公共图书馆统一成一座云上共享图书馆，成为“送到家的图书馆”，也使得传统纸质图书借阅焕发出新的生机，分享了阅读新体验。

“一花独放不是春，百花齐放春满园。”习近平总书记在博鳌亚洲论坛年会上的金句也是“阅美四季”所一直努力的目标。“阅美四季”项目是金陵图书馆近几年重点打造的，在设计之初，就考虑到要把一些适合内容与区一级馆共享。这不仅是市馆作为龙头馆的地位所在，更是职责担当。2018年金陵图书馆提出了“新时代阅读共享，新征程市区同行”的新理念。确定了以市馆为龙头、以区馆为主干，以全市基层服务点为触角的全市图书馆协同发展的基本路线图和时间表，集中力量打造一批共建共享的阅读项目，整体布局，集中亮相，使全市公共图书馆的年度阅读推广活动项目逐步实现一体化、规律化和品牌化，打造一支全市公共图书馆阅读推广活动的“联合舰队”。让读者可以在全市公共图书馆的“阅美”四季里畅游！

（执笔人：尹士亮　秦广宏　马骥　吴梦菲）

江阴市图书馆“三味书咖”城市阅读联盟的创新实践

关键词：

城市阅读联盟　社会化　PPP 模式　公共文化服务

对象及范围：

读者或社会公众。

创新背景：

从社会大环境来看，“三味书咖”城市阅读联盟是在党和政府的两大重点决策部署的指导下建立的。①全民阅读。李克强总理在 2014 年、2015 年两次提到全民阅读。在江苏，全民阅读工作也有了法律和政策的支持。2015 年起，《江苏省人民代表大会常务委员会关于促进全民阅读的决定》正式实施，明确了全民阅读在江苏各级地方政府工作中的地位，通过规划、财政、组织、评估等多方位的政策推动全民阅读纵深发展。②公共文化服务社会化发展。党的十八届三中全会《中共中央关于全面深化改革若干重大问题的决定》提出推动公共文化服务社会化发展。中共中央办公厅、国务院办公厅《关于加快构建现代公共文化服务体系的意见》将培育和促进文化消费、鼓励和引导社会力量参与、发展文化非营利组织作为构建现代公共文化服务体系的重要内容，进一步明确了公共文化服务社会化发展的方向、思路和实施路径。

“三味书咖”城市阅读联盟的建设，也是从江阴实际情况出发的探索和尝试，主要针对如下两个现实问题。①现有总分馆体制的局限。江阴市自 2009 年开始建设总分馆“一卡通”体系，2010 年底建成覆盖城乡的网络体系。由于体制的原因，乡镇分馆的设置存在问题，分馆服务半径过大，服务能力较弱，不能有效满足城乡居民的文化需求。②可用资源的局限。在全民阅读深入发展的大背景下，目前人手、经费、活动场所等主要资源都存在缺口，很难形成“无处不在”的社会氛围。当下，志愿者、捐赠图书、捐赠资金等活动是图书馆获取社会资源的主要方式，然而这些方式很难为全民阅读提供持续有力的支撑。

主要创新点：

2014 年下半年以来，江阴市图书馆在全国首创“公共图书馆＋咖啡馆”的合作模式，推出“三味书咖”城市阅读联盟。项目采用公私合作（Public-Private-Partnership，PPP）模式，鼓励和调动社会力量共同构建现代公共文化服务体系。市图书馆根据实际情况提供一定量的图书资源并定期流转和管理，咖啡馆、茶楼等社会服务机构提供合适的场地、必备的借阅设备以及日常服务人员，合作双方提供的资源原有产权不变。市图书馆对合作联盟单位的阅读服务工作进行统一管理，并委托第三方进行年度社会服务效益评估。市政府则根据社会效益评估结果确定扶持补助力度。

创新项目开展过程：

在建设过程中，江阴市图书馆分阶段推进项目，重点抓好标准建设。阅读联盟的建设分拟定方案、先行试点，选择重点、示范建设，合理铺开、构建体系等三个阶段。建设过程中，图书馆特别重视标准建设：①准入标准。申报参加"三味书咖"城市阅读联盟的社会组织或机构，其资质、业务范围等均需满足一定的标准，确保与公共文化服务有机融合。②建设标准。"三味书咖"城市阅读联盟成员要符合统一的建设标准，主要包括馆舍面积、功能布局、基础设备、人员配置、图书流转等方面。③服务标准。"三味书咖"城市阅读联盟执行统一的服务标准，各服务点设置统一标识，执行统一制度，实现一卡通借通还，共享数字图书馆资源，及时传递各类服务信息，推动优质资源和服务走进各服务点。④评估标准。评估标准主要分为业务建设、读者活动与延伸服务、宣传推广等方面，突出对服务和读者活动的考评。⑤工作协作标准。加强总馆与各服务点之间的沟通联系，建立日常交流机制，以及统一的工作流程与协作标准，以服务的标准化确保服务质量的稳定。

取得的成效、影响及评价：

"三味书咖"城市阅读联盟的主要功能是：构建社会力量参与公共文化服务发展的平台，引入竞争机制；对全体市民实行免费开放，免费借阅；加密图书馆服务网点，缩短公共文化服务半径；宣传弘扬社会主流文化和社会主义核心价值观，引导良好社会风气。除了提供图书馆的各项服务之外，各网点还将延伸提供参与公益文化培训、群众文化活动，代购电影票和戏票等增值服务。截至2017年底，"三味书咖"城市阅读联盟共建成7家，取得的初步成效主要体现为以下几方面：

(1) 网络体系初步形成。这些分馆与现有总分馆体系、24 小时城市街区自助图书馆等设施形成了布局合理、层次分明、功能完善的网络体系结构。在周庄镇中心区域设置并开放浦发银行分馆，为“三味书咖”向乡镇发展做了试点。

(2) 业态融合不断展开。“三味书咖”合作伙伴类型日益多元化，目前已有咖啡馆、茶楼、银行、花店和社区等与日常生活密切相关的行业和机构，使“三味书咖”能有效“嵌入”公众的日常工作和生活，也为下一步继续推动与其他业态的融合发展奠定了实践基础。

(3) 规章制度全面覆盖。根据准入、建设、服务、评估、工作协作等 5 项标准，“三味书咖”形成了全面覆盖事前、事中和事后的管理运营全过程执行统一、规范的业务规范体系，保障整个项目合理、稳定地发展，切实起到为推动公共文化社会化发展、推动全民阅读的职能。市财政每年拿出一定的财政资金对相关网点进行奖补。

(4) 运营效益稳步提升。各联盟点图书流通数据逐步攀升，讲座、沙龙、读者培训等众多活动也逐步延伸进各个分馆。各分馆结合各自的经营特长，推出出示图书借阅证可打折消费等一系列活动，在推动全民阅读的同时，推动了市民的文化消费理念和习惯的转变。

(5) 理论研究持续深入。《推动公共图书馆服务体系社会化发展研究》获江苏省图书馆学会项目立项，《江苏江阴市：推动城市阅读联盟的实践探索》刊登在《国家图书馆学刊》(核心期刊)2015 年第 4 期，《图书馆＋：开启全民阅读 PPP 新模式》刊登在《图书馆杂志》(核心期刊)2015 年第 11 期。这些成果在总结和介绍“三味书咖”的做法的同时，也提出思考和有待解决的问题，探索“三味书咖”的下一步发展。

(6) 社会反响日益显现。《中国文化报》《新华日报》《农民日报》和凤凰网等主流媒体先后报道，认为“三味书咖”是服务方式的创新，是推动全民阅读、公共文化服务社会化发展的有益尝试，江阴市的实践走在了全国的前列。首都图书馆、武汉图书馆等业界同行纷纷到江阴实地参观“三味书咖”的运营和发展。江苏省委常委、宣传部部长王燕文，江苏省文化厅厅长徐耀新等领导同志先后考察了“三味书咖”，肯定了江阴的创新举措。

江阴图书馆进咖啡店

日前在江阴南街新开的一家咖啡店有点与众不同，除了咖啡，这里的书更多。原来，作为江阴城市阅读联盟的首家试点单位，这家咖啡店内的图书都是从江阴图书馆交流而来。在这里，市民除了可以免费看书，还能直接办理借书证进行图书借阅。　薛晟

《中国文化报》2014年11月12日　《现代快报》2014年11月24日　《新华日报》2014年1月25日

江阴把图书馆“搬”进咖啡馆

农家书屋周刊

三味书咖：茶香半间书半间

中国文化报

文化是一种潜移默化的氛围

《扬子晚报》2014年11月26日　《农家书屋周刊》2014年12月27日　《中国文化报》2015年3月19日

江阴市引导社会力量参与总分馆建设的创新，得到了文化部领导和全国专家的肯定。2016 年 5 月 8 日，全民阅读社会化发展“江阴模式”研讨会在江阴召开。研讨会上，与会领导

和专家集体“点赞”全民阅读社会化发展“江阴模式”，一致认为江阴的创新实践在全国层面具有很重要的示范意义。上海图书馆吴建中馆长说，只有当公共文化服务应该渗透到基层，实现社群互动，才能实现文化的可持续发展，而“江阴模式”给全国做了一个很好的榜样。上海社会科学院研究员巫志南教授指出，“江阴模式”把“政府主导”和“社会参与”这两个关键因素的结合演绎得淋漓尽致，形成了创新、协调、开放的良好局面。李国新教授指出，“社会化”是“十三五”期间的重点项目。公共文化服务 PPP 模式在江阴找到了好的实践方式，是今后发展的一个方向。白雪华副司长在会议总结时指出，江阴统筹、整合全社会资源，从社区、社群角度出发，准确处理政府、市场、社会三者关系，制度化、长效化、成体系地推进图书馆总分馆，非常有创意，在全国的示范效应毋庸置疑。

“三味书咖”城市阅读联盟自推出以来，荣获了多个奖项，包括第五届 2015 年中国图书馆学会“百县馆长论坛”案例一等奖、2015 年度江苏省全民阅读工作优秀项目、2016 年第七届江苏省公共图书馆优秀服务成果二等奖、2016 年第五届江苏省图书馆学情报学学术成果论文一等奖。

（执笔人：谢旗）

无锡市图书馆"太阳花开"未成年人心理健康服务的创新实践

关键词：

未成年人　心理健康　构建防治网络　防未病

对象及范围：

在全市范围内面向未成年人及其家长开展"太阳花开"未成年人心理健康服务

创新背景：

随着社会竞争的加剧和学习压力的不断增大，近年来未成年人心理健康问题不断凸显，引起社会各界的关注。从2004年起，无锡市图书馆率先在全国图书馆界开展未成年人心理健康服务，紧紧围绕未成年人健康成长实际需要，运用网络、电话、现场授课等多种形式，开展"太阳花开"未成年人心理健康服务，促进了全市未成年人身心健康、快乐成长，在全社会营造了关爱未成年人健康成长的良好氛围。

主要创新点：

一、建立服务阵地，形成立体服务体系

在馆内专辟200平方米场地，设置接待区、团体活动区、阅读区、音乐放松室、沙盘室、宣泄室和个案咨询室等功能区，全年面向全市未成年人开展心理咨询、测试、矫治及各类特色活动。开设96111未成年人心理健康心理咨询热线、咨询QQ和邮箱等，为未成年人和家长免费提供咨询服务。同时推进服务体系建设，在侨谊幼儿园、扬名中心小学、旺庄实验小学、广勤中学、梅村高级中学、无锡市特殊教育学校、阳光城市花园第一社区等32家单位挂牌成立"太阳花开"心理辅导站分站，建立了覆盖全市的心理辅导站网络，进一步拓展服务范围，与锡城关注、关心、关爱未成年人心理健康事业的社会力量联合起来，共同呵护未成年人健康成长。

二、组建志愿团队，建立长效服务机制

联合本市相关部门、单位以及社会心理咨询机构积极推进志愿团队建设，建立了一支近百人的"太阳花开"未成年人心理健康志愿服务团队。这些志愿者有来自心理教育一线的中小学心理老师、医疗卫生机构的专业心理治疗师、高校心理学和教育学专家及具备国家二级和三级心理咨询师资格的心理咨询师。

为加强志愿团队的专业建设，建立长效服务机制，围绕"危机干预与创伤治疗""校园心理障碍预防与治疗"等主题举办了无锡市未成年人心理健康服务培训班，迄今为止已办五届，累计2 000余人次参与培训。邀请知名心理专家开设专业督导课程，结合公益咨询案例

进行现场督导,对心理咨询志愿者的专业素质进行培训。组织全市心理健康教育骨干人员分批参加全国未成年人心理健康辅导工作骨干人员培训班、全省成年人心理健康教育宣讲骨干培训班,为心理咨询师们提供成长平台。

三、运用多种载体,普及心理健康知识

开设无锡市未成年人心理健康咨询网。咨询网设有“成长心曲”“专家咨询”等 8 个类目,通过网络让广大未成年人享受便捷的服务;聘请专家网上答疑,给未成年人提供深层次、个性化的服务。目前,网站的访问量达 102 万余人次,文章阅读量 496 万余人次。开通心理健康咨询服务热线“96111”。热线面向全市未成年人提供心理健康咨询服务,打造未成年人心理咨询、实施危机干预和救助的绿色通道。将热线服务与 QQ 在线咨询、公益咨询日有机结合,搭建了一个形式灵活的心理咨询服务平台。截至目前,已为 1 200 余名来访者提供了“一对一”的专业服务,许多困扰家长和未成年人的心理问题得到了妥善解决。编印“太阳花开”专刊、开通“太阳花开”微信公众订阅号。通过专刊和新媒体平台宣传推广活动品牌,内容涵盖专家讲座、活动荟萃、分站风采、业界动态、案例参考等,全面展示服务动态与成果。与无锡新闻综合广播联合举办亲子成长类节目《80 分课堂》。每周安排心理咨询专家和电台主播一起讨论现代家庭教育的问题和解决办法,切实解决家庭教育中父母与孩子间的矛盾和问题。栏目自 2018 年 8 月开播以来,围绕家庭教育中的热点问题,通过音、视频同步直播,与市民互动交流,累计吸引近 10 万人收听、收看。

四、开展丰富活动,落实“治未病”理念

开设“太阳花开”父母课堂,以专家与未成年人、家长面对面互动交流为主要形式,深受未成年人、家长的欢迎;定期举办“太阳花开”心理健康讲堂,邀请国内知名心理学专家开办专题讲座,面向全市未成年人及家长普及心理健康知识;开展大型现场咨询会,紧扣心理健康知识普及、心理公共卫生服务主题,组织心理健康志愿者向未成年人及其家长提供直接而有效的建议和帮助;开展特色寒暑假假期训练营,策划举办“拥抱阳光、快乐成长”等各类主

题训练营 20 余场，吸引近 600 名未成年人踊跃参与；推动心理健康工作进学校、进社区、进农村，将“让我们的青春更美丽”“小学生习惯养成与家庭教育指导”等活动送进学校、社区、农村，并通过少儿图书流动车，将未成年人心理健康书籍送到未成年人身边；从青少年的兴趣和需求出发，策划开展“彩虹桥”青少年阅读推广系列活动，为不同年龄段的青少年提供精准的分众阅读服务；与市精神卫生中心联合对全市未成年人心理健康状况和家庭教养方式进行大型调查，了解无锡市未成年人心理健康状况和常见心理问题发生率、家庭教养方式及与心理健康的关系，为更有针对性地开展工作提供事实依据。

组织举办未成年人心理健康服务月。2010 年开始，我馆创新活动形式，每年 5 月推出未成年人心理健康服务月，迄今已举办了九届。在服务月期间，以团体辅导、专题讲座、父母课堂、公益咨询、心理健康教育现场课、征文比赛、画报制作比赛、微视频比赛等丰富多彩的活动形式，广泛传播为未成年人心理健康服务的理念，呼吁全社会重视未成年人心理健康成长问题。

创新项目开展过程：

2004 年 10 月，无锡市图书馆在国内公共图书馆中率先创立了“无锡市未成年人心理健康咨询网”，专为未成年人提供心理咨询服务。2005 年 10 月，在市文明办的大力支持下，成立了“无锡市未成年人心理健康活动中心”，2009 年升级为“无锡市未成年人成长指导中心”，以未成年人心理健康服务为主要内容，以“太阳花开”为活动品牌，下设维权工作站、名师辅导站、生命关爱站、少儿阅读室、儿童快乐家园、婴幼儿早期教养基地和培训工作室等，建成了功能完备的未成年人心理健康服务阵地。

取得的成效、影响及评价：

无锡市未成年人成长指导中心是国内首家建在市图书馆并由图书馆独家承担运行管理的，为全市未成年人健康成长提供指导服务的公益性机构。无锡市图书馆也是业内最早开展未成年人心理咨询的公共图书馆之一（2001 年开始）。该中心成立至今，已开展形式多样的未成年人心理健康系列活动 2 500 余次，受惠群体 23 万余人次。

“太阳花开”未成年人心理健康服务作为无锡地区文化服务品牌，在加强和改进该市未成年人思想道德建设、构建和谐家庭乃至和谐社会中发挥了特殊而又积极的作用：一是为全市未成年人提供了一个开放、专业、公益的社会化服务平台和活动基地；二是帮助未成年人逐步培养良好的心理素质，排除成长烦恼，促进身心健康、快乐成长；三是有效提升了全社会对未成年人心理健康问题的认识，促进了未成年人心理健康知识的普及和心理健康理念的推广，在全社会营造了关爱未成年人健康成长的良好氛围。

获奖证书

无锡市图书馆：

你单位选送的《“太阳花开”无锡市未成年人心理健康系列活动》获得第九届江苏省“五星工程奖”服务项目奖。

特发此证，以资鼓励。

江苏省文化厅

二〇一〇年十二月

经过多年的积累和努力，无锡市图书馆“太阳花开”未成年人心理健康特色服务先后获得江苏省未成年人思想道德建设工作先进集体、第九届江苏省“五星工程奖”、江苏省公共图书馆优秀服务成果一等奖、第四届江苏省未成年人思想道德建设创新案例三等奖、全国图书馆未成年人服务能力提升计划案例征集活动二等奖、无锡市未成年人思想道德建设十大活动品牌、无锡市志愿服务活动十大杰出先进集体、无锡市最佳志愿服务项目等荣誉，受到中央文明办和省、市文明办的充分肯定。

（执笔人：豆碧涛）

无锡城区总分馆体系特色分馆建设的创新实践

关键词：

公共文化服务　公共图书馆　总分馆建设　特色分馆

对象及范围：

热心公益，有条件且愿意为公共文化服务出力的机关、企事业单位。

创新背景：

为切实维护人民群众基本文化权益，构建符合无锡地域特点、覆盖全市、惠及全民的公共图书馆服务网络体系，2014年10月起，无锡市启动城区公共图书馆总分馆建设。按照《无锡市公共图书馆总分馆建设实施方案》要求，对照《国家公共文化服务体系示范区（项目）创建标准（东部）》、《关于加快构建现代公共文化服务体系的意见》等有关文件精神，积极构建以无锡市图书馆为总馆，区级图书馆、街道（镇）、市属各级各类学校图书馆、各类特色图书馆为分馆的城区公共图书馆总分馆体系。通过多年努力，已初步形成布局合理、结构优化、功能完善的公共图书馆服务网络体系。

主要创新点：

无锡市图书馆在推进市区两级公共图书馆总分馆体系建设同时，主动作为，积极探索公共文化服务新路径，创新总分馆建设模式。树立“主题＋书香”的理念，建设了一批独具特色、个性鲜明的分馆，为城市生活注入书香，让全民阅读成为时尚。

一、“佛学+ 书香”，播撒佛法智慧

联合无锡千年古刹，将馆藏佛学类图书与寺院所藏各类佛教经典有效整合，精心打造佛学特色分馆，为周边居民和广大佛教信众提供公共文化服务。无锡市图书馆在寺庙内建设佛学分馆并向公众开放的模式，突破了寺庙藏经楼秘而不宣、藏而不用的传统惯例，体现了勇于创新、与时俱进的发展理念，在江苏省乃至国内公共图书馆界尚无先例。

二、“综合体+ 书香”，让阅读融入生活

创新实践，在人流密集的城市综合体内建设图书馆分馆，将公共图书馆的社会职能跨界融入现代商圈文化中，让市民读者在休闲购物之余，也能轻松便捷地享受图书馆服务。

三、“花园+ 书香”，书香更比花香浓

将图书馆分馆设在文保单位、旅游景区内，为市民打造别样的阅读空间。景区内的分馆闹中取静、环境雅致，将文化与旅游融为一体，即利用文保单位历史积淀推动全民阅读，也利用景区地理环境优势提供舒适的阅读环境，方便周边市民享受优质公共文化服务。

四、"特色主题+ 书香",查"阅"新天地

挑选具有鲜明个性特征的行业发展特色主题分馆。先后成立了标准、金融、党建等特色分馆。将市图书馆的丰富馆藏和分馆特色馆藏优势互补,满足读者更具个性化的查阅需求。

创新项目开展过程:

古刹书韵:打造静谧优美的藏经楼

无锡市图书馆先后与梅园开原寺、灵山祥符禅寺合作,将寺庙的佛学经典、静心环境与公共图书馆的浓郁书香相结合,建设佛学分馆。游人如织、书香飘逸的开原寺分馆拥有近2 500册佛学类图书以及4 000余册佛经、佛学书籍,《乾隆大藏经》《宋藏遗珍》《开宝遗珍》《敦煌遗书》《高丽大藏经》等一部部珍贵典籍,如同一座座生动的博物馆,为世人展示着越来越久远的历史遗存。

位于灵山脚下的祥符禅寺分馆是无锡市图书馆又一家佛学分馆,建筑面积6 200多平方米,藏书20万册,各类佛教期刊超过60种,设有佛教阅览室、期刊阅览室、电子阅览室,其中佛教阅览室、期刊阅览室可同时容纳100人阅读。

这两家融佛学特色阅读与服务于一体的佛学分馆为市民和佛教信众提供了一个学习修行、与书结缘的心灵港湾,成为无锡佛教文化交流、传播和研修的重要场所。

心灵港湾:打造时尚现代的城市书房

无锡市图书馆在探索总分馆建设的实践中,一直致力于以读者更方便快捷地利用图书馆的馆藏资源、享受公共文化服务为立足点和落脚点。为此,无锡市图书馆创新实践,先后与城市综合体京东广场和乐都汇商场合作,打造综合体内的城市书房。

作为无锡市首家开进综合体的分馆,坐落在城东的京东广场24小时自助图书馆为锡城市民提供了一个不眠的"星光阅读栈",为传统阅读赋予新体验、新价值、新活力,让市民可以

不受时间限制，畅享温馨舒适的阅读体验。该馆首期配备图书 5 000 余册，与城区总分馆体系所有成员馆实现通借通还。除享受 24 小时自助服务外，市民还可远程共享市馆海量电子资源，为周边市民借阅图书创造了极大的便利，让市民在家门口就能感受到浓郁的文化氛围，吸引更多的人亲近阅读、热爱阅读。

2018 年 5 月 25 日，位于华润万家乐都汇购物中心的无锡市图书馆乐都汇分馆正式挂牌成立。这是继京东广场 24 小时自助图书馆之后又一个融无锡公共文化元素和商圈文化元素于一体的新型城市公共阅读空间。该馆由无锡市图书馆、华润万家乐都汇广场及艾特书咖三方合力打造，进一步扩大了图书馆公益服务覆盖面，让市民就近享受更多更优质的文化资源。该馆首期配备图书 5 000 余册，作为城区首家配备少儿图书并纳入通借通还的分馆，乐都汇分馆还专门配备少儿图书及绘本 1 700 册，让广大市民既可享受咖啡与书香的魅力，也能体验亲子互动的乐趣。与此同时，该馆推出的“我爱我家”笔墨书法乐分享、“七彩工程”公益创投旭光阅读伴成长——少儿阅读、“携手童行”老少一家亲公益分享、多肉小盆栽 DIY 制作体验等精彩纷呈的阅读、体验活动，进一步丰富了市民的文化生活，让市民在繁华与宁静、人文与时尚之间自由切换，将各类文化元素延伸到市民生活的方方面面。

花园书房：打造温馨舒适的阅读空间

无锡市图书馆主动出击寻找环境最美的阅读场所。市委党校分馆地处鼋头渚公园内，背靠充山，面向太湖，环境优美，是由无锡市图书馆与市委党校图书馆共同打造的我市首个以党史党建、文史、哲学、政经、法律为馆藏特色，融教、科、研为一体的党建特色分馆。馆内设有图书阅览室、期刊阅览室、内刊阅览室、电子阅览室等，藏书 6 万余册，期刊 400 余种，报纸 20 余种，还拥有“热点专题”“无锡市情库”“党校文献库”等自建特色数据库，为教师、学员及学校教科研提供优质的信息服务和文献资源保障，为党政机关提供精准的决策参考服务。

于 2017 年开馆的薛福成故居分馆和东林书院分馆同样为市民开辟了书香与花香邂逅的阅读空间。薛福成故居分馆设在故居内传经楼二楼，原为薛氏私家藏书楼，远近闻名。如今，这里拥有文史、艺术、自然科学等图书 4 000 余册，为薛福成故居添上浓浓书卷气。东林书院作为我国古代著名书院之一，在学界享有特殊的声誉。东林书院分馆常年举办茶艺、书画、古琴、家具、手作类等传统文化艺术交流互动活动，为市民游客读书休闲提供了极好的去处，让阅读成为市民生活中必不可少的一部分。

企业智库：打造个性鲜明的共享空间

标准分馆位于无锡市标准化研究中心内，建筑面积 700 平方米。该馆收藏了行业标准、地方标准、ASME 锅炉压力容器标准、ASTM 等大量国内、国际先进标准、图书等，供市民免费查阅。目前已拥有国内、国际各类标准题录 110 万条，标准电子文本 19 万多件。标准信息与国家权威机构国标委、中标院保持同步，成为锡城标准信息集散地。同时，还为社会提供各类正版标准文本服务，为企业标准体系提供动态跟踪服务，通过网络（www.stdwx.org）为社会提供免费查询及资源共享，市民在任何地方任何时间都可以得到所需的标准。

2016 年，无锡市图书馆主动将资源共享的橄榄枝抛向全资控股企业近百家、职工总数近万人的无锡市国联发展（集团）有限公司，这是图书馆与企业合作建馆的全新探索。金融分馆拥有金融类、社科类、文艺类图书 1.5 万余册，同时，可以远程共享无锡市图书馆海量的电子图书、电子报刊、专题数据库。该馆陆续推出“品味书香诵读经典”朗读者活动、“朗读者”读书分享会、“幸福，是奋斗出来的”朗读者主题活动等各类阅读活动，增强员工素质，充实和丰富企业文化内蕴，不断提升企业软实力。作为无锡城区首个利用 RFID 感知技术开展服务的特色分馆，市民还可以现场自助办证、自助借还图书，实现了智能化管理。

取得的成效、影响及评价：

近年来，无锡市图书馆坚持正确导向、坚持政府主导、坚持社会参与、坚持共建共享、坚持改革创新等基本原则，主动整合全社会资源，吸引社会力量参与特色分馆建设。目前，无锡市城区总分馆服务体系拥有成员馆 22 个，其中，除 1 个市级总馆、4 个区级分馆之外，特色、直属分馆（含 24 小时自助图书馆）已达 17 个。

今年以来，《中国文化报》先后以《为生活注入书香让阅读更有温度：无锡市图书馆助力全民阅读》、《无锡市图书馆打造特色分馆》为题，两次对无锡市图书馆特色分馆建设进行了深度报道，后经多家媒体转载，在全国文化领域引起了强烈反响。

无锡市图书馆将秉承文化惠民、精准服务的宗旨，适应新态势，强化新思维，继续加快发展特色分馆，使服务内容更多元、形式更多样、架构更完备，切实满足广大市民不断增长的精神文化需求，在推动新时代文化高质量发展的创新实践中，展现新作为，做出新贡献！

（执笔人：蒋凌）

徐州图书馆"点读"服务项目的创新实践

关键词：

市级公共图书馆　读者决策采购(PDA)　文化供给侧改革　业务流程重组　服务模式创新

对象及范围：

社会公众。

创新背景：

徐州作为国家历史文化名城、淮海经济区中心城市、"一带一路"重要节点城市，以创建省级公共文化服务体系示范区为抓手，强力推进覆盖城乡的公共文化服务体系建设，目前已经形成市有"四馆一院"、县(市)区有两馆、镇(街道)有一站、村(社区)有一室的四级公共文化服务体系，同时还创新性地探索了如何为市民提供更广泛、更多元的公共文化服务。近年来，徐州图书馆从满足市民阅读需要和文化供给侧改革入手，不断创新服务方式和手段，开展了形式多样的创新服务及读者活动，逐步形成了以普惠式、精准化、常态化以及社会各界多方面参与配合的、与读者良性互动极强的具有鲜明特色的文化供给服务新模式。

在当前深度信息化、泛在化、全媒体交融的数字时代，徐州图书馆面临着爆发式增长的海量信息文献和有限经费的双重压力，传统的文献信息资源建设方式受到了极大的冲击与挑战。一般的文献采访模式主要依靠采访人员的主观经验判断，其弊端在于无法与读者的个性化信息需求达成有效衔接契合。从而造成馆舍空间的无效占用以及购书资金的严重浪费。为此，徐州图书馆决策层下定决心变革图书采购与服务方式，以满足广大读者不断增长的多元化借阅需求，提高文献资源的流通率和开发利用水平。

创新项目开展过程：

"点读"服务项目发端于徐州图书馆与徐州凤凰书城、徐州博库书城于2009年合作开展的"我的书架我做主"读者自主选购图书活动。为了使这一活动经常化、常态化，从2017年开始，徐州图书馆与徐州凤凰书城开展进一步深度合作，搭建"点读"服务平台，通过下放图书采购权于读者的理念创新、外移借阅服务职能于书店的技术创新，实现公共文化服务与需求的有效对接。

这种以读者需求主导的创新服务模式，运用大数据理念与技术以及云技术、云平台、云架构，通过Libstar智慧图书馆服务平台将徐州图书馆、书店、出版社的资源与服务进行有效对接整合，为读者提供基于图书借阅、资源共享、联合编目等集成化动态数据的云服务，徐州图书馆的持证读者在任一合作书店(目前是徐州凤凰书城)即可下单，极大地拓展了服务的空间，满足了读者的个性化需求，同时也促进了图书馆、出版社、书店等不同机构之间的资源开放与共建共享。

为使更多读者了解项目的运作流程，切实加强项目的运行效果与社会效果，徐州图书馆采用多种方式广为宣传，主要包括：精心设计宣传彩页并在各开放部门广泛发放；在徐州图书馆公告栏、门户网站、微信公众号等发布项目公告；精心制作项目宣传展板等等。同时，徐州图书馆采编部召开多次会议，动员该部门全体馆员通过多种方式对广大读者进行广泛宣传。通过以上努力，使广大读者对项目的目的、运作流程、操作程序、借(购)阅规则等情况有了详尽了解。

以读者为中心、读者需求驱动是徐州图书馆“点读”服务项目运行模式与业务流程的显著特点。通过整合融通图书馆、书店、出版社等各方社会文化资源，实现公共图书馆文化服务的均等化延伸。具体来看，徐州图书馆“点读”服务项目由读者、图书馆、书店三方交互参

与完成,可以分解为五个主要环节,如下图所示。

徐州图书馆“点读”服务项目的业务流程

项目的具体流程如下:读者在徐州凤凰书城现场选书;读者选好书后在书店柜台刷借阅证,经系统确认读者借阅证有效后(读者没有未归还和超期的图书),书店工作人员扫描图书ISBN号,系统自动与徐州图书馆书目数据比对,如本书符合图书自助采购规则范围,系统自动生成购(借)书订单,完成读者下单环节;在完成订单输出后,书店工作人员对所购(借)图书进行条码粘贴并通过光笔扫描转换后,系统自动将图书编目信息上传徐州图书馆数目数据库,完成图书的图书馆编目业务操作,该环节完成后读者即可将图书带走;读者自助购借的图书在规定的借阅期内归还图书馆,系统自动恢复读者可借阅图书数量。读者还书后系统会自动提示图书馆工作人员进行图书入馆编目并最终入藏流通;系统每日自动备份和建立日志,确保数据万无一失。徐州图书馆和书店定期对账核算费用。

项目的主要创新点:

(1) 有效化解公共文化供需矛盾。2016年1月,习近平总书记在“十八届五中全会精神专题研讨班”上指出,供给和需求是市场经济内在关系的两个基本方面。没有需求,供给就无法实现,新的需求可以催生新的供给;没有供给,需求就无法满足,新的供给可以创造新的需求。供需不对称是我国公共图书馆服务普遍存在的突出矛盾,而这一矛盾集中体现在“供给”与“需求”信息错位不对称。在公共图书馆文献资源采访的传统业务流程中,图书馆从本馆的馆藏系统出发,同时兼顾读者需要,由采访工作人员采集并选择符合本馆馆藏发展政策的文献。常见的传统采访方式有:期货文献订购(目录采购)、现货文献选购(现场采购)、报刊预订、邮购、网上采购、数据采购、交换、调拨、征集、接受捐赠、图书呈缴等。这种采访模式对采访人员的知识背景、知识体系、理论水平要求较高。“采、编、藏”三个环节均由馆员完成,属于供给侧;而读者借阅图书,则属于需求侧。虽然采访馆员可以采取一定的方法与手段,加强信息沟通与反馈,了解读者需求。但是仅凭采访馆员的一己之力,无法及时、精准、全面地获取读者的阅读需求,从而导致信息不对称情况的出现,供给单向决定需求,需求被动接受输出。这种模式的后果就是,读者想看的书图书馆很少甚至没有,而图书馆的藏书读者又往往不爱看。长此以往,导致公共图书馆的基本职能缺位,图书馆对于读者的吸引力以及读者对于图书馆的认可度大幅降低。徐州图书馆的“点读”服务项目,其对图书馆服务的最直接贡献就是提升了新书流通率,使已提出多年的“你选书,我买单,我的书架我做主”等流行口号真正落到实处,成为一项实实在在的文化惠民新举措,让图书借阅服务的私人订制成为可能。同时将公共图书馆服务职能边界拓展至书店门槛,实现图书馆和书店这两个原本相对独立的社会文化单元服务职能的立体化整合,从而让读者真正成为图书馆的主人,满足了读者不断增长的个性化、多元化和随机化需求,实现了从供给侧改革推动公共文化服务创新的逻辑理路,提高了全民阅读的积极性。

(2) 业务流程重组与再造。徐州图书馆“点读”服务项目充分借鉴业务流程重组(Business Process Reengineering,BPR)理论管理思想,另辟蹊径,对“采、藏、借”这一图书馆界通用的业务流程进行重构与再造，以公众阅读需求为导向，通过利用大数据技术和云计算技术，把读者从整个流程的最末端移至最前端，使读者从图书馆服务的受众变成发起人，变成图书馆的采购员，从而充分调动了读者参与图书馆服务的阅读积极性。同时，公共图书馆的服务空间进一步延展至书店，书店被赋予以图书馆分馆的部分职能，形成分布式服务网络。

取得的成效、影响及评价：

徐州图书馆“点读”服务项目的推出与施行，实现了读者借阅与图书出版发行的无缝对接和同步，实现了“WYSIWYG”的快速借阅。与此同时，读者在很大程度上也参与了徐州图书馆的采访工作环节，提升了他们的积极性和阅读热情，从而有助于全民阅读氛围的实现。项目开展近一年来，受到了广大读者和社会各界的广泛赞誉和一致好评。据不完全统计，《徐州日报》《都市晨报》《彭城晚报》《无线徐州》等当地主流媒体以及徐州市文广新局、江苏省文化厅门户网站相继给予连续关注与报道，在很大程度上提升了徐州图书馆的社会影响力和公众美誉度。

中国徐州 www.xz.gov.cn

徐州市文化广电新闻出版局

今天是2019年1月18日 星期五　最新通知：请注意通知通报栏目内的最新文件和通知！ 申请获取政府信息10项指引　搜索

网站首页　公告公示　公共文化　文化产业　文化遗产　广播影视　新闻出版与版权　文化市场　党建园地　公众参与

您现在的位置：首页 >> 政务公开 >> 工作动态

徐州市图书馆开展“你选书 我买单”活动

【信息时间： 2018/4/26　阅读次数：43 】【我要打印】【关闭】

值第23个世界读书日之际，徐州市图书馆联合凤凰徐州书城共同推出的“你选书，我买单”读者选购书活动。创新公共服务模式，激发读者的阅读兴趣、满足读者不同的阅读需求、促进图书馆的馆藏建设。

你选：读者可选择的图书范围包括文艺小说、社会科学、自然科学、工程技术等普及读物。图书馆已有馆藏图书、绘本、大本艺术类、期刊及各学科教材、教辅、课本、练习册、试卷、工具书、字典、地图、挂图、音像制品、礼品书、精装书、儿童贴画、小于50页的小册子等不适合流通借阅的不予选购。

我买：持证读者工作日到凤凰徐州书城服务台，将精心挑选自己感兴趣的图书现场办理借阅手续，所选图书借期为60天，到期归还至徐州市图书馆收藏。所选的图书由图书馆统一与凤凰徐州书城结算购买。读者对图书的借阅规则、遗失赔偿等遵循徐州市图书馆相关规定。

（执笔人：孙红雷　朱军）

常州电视图书馆 701 频道的创新实践

关键词：

电视图书馆　数字资源　地方文化　文化共享工程

对象及范围：

常州地区市民读者

创新背景：

作为长三角地区经济较为发达的城市，常州的信息化建设处于全国领先水平。一个以报纸、广播、电视、互联网、手机及各种新型视听设备为载体，传统传播手段与以流媒体技术为基础，信息化、数字化传播手段相互融合的传媒平台业正迅速在常州形成。

围绕信息化时代背景下如何更好地服务市民的阅读需求这一新课题，常州图书馆对市民的阅读形式进行了深入调研，通过调研发现，越来越多的阅读需要有向互联网、数字电视网和移动通信网等媒介转移的趋势。常州图书馆主动顺应这一趋势，超前谋划，在全国率先提出了“虚实结合广覆盖、信息服务全天候”的图书馆发展新理念。

常州图书馆以保障广大人民群众基本文化权益为出发点，在推进公共文化服务网络体系建设中，突破传统思维方式的束缚，依托广播电视网络的最新技术，拓展服务平台，创新服务模式，最大限度地放大公共图书馆的服务效能。2011 年，常州图书馆与江苏省广电网络公司常州分公司签署战略合作协议并联手共建常州电视图书馆，于当年 7 月 1 日正式开播，成为江苏省第一家电视图书馆。电视图书馆作为新媒体服务的创新模式，具有普遍性、均等性、便利性、可复制和创新性等特性，同时也是一个低投入、高效益、广覆盖的公共文化服务项目，满足了读者“个性化”的服务需求，拓宽了市民获取文化资源的渠道。

主要创新点：

一、平台：互动点播与单向播出并行模式

目前，我国国内数字电视的表现形式主要分为基于IP通道的互动电视服务和基于广播网络的数字电视服务，两者各有其优缺点。

常州电视图书馆开播之初，采用单向数据广播推送的模式，市民只能“被动收视”。2013年底，江苏有线通过技术升级，将电视图书馆服务由单向播出升级为互动点播模式，市民可自主点播栏目视频，实现了24小时的个性化服务。为兼顾不同层次不同条件市民的收视需求，常州电视图书馆沿承了单向播出与互动点播并行的模式，在不断充实单向播出栏目内容的同时，对互动点播模式进行了改版。

随着高清互动机顶盒的推广，项目组制定了二期技术升级方案，搭建了云媒体本地化平台，并部署广电专线与图书馆内网互联互通，在电视上开通“检索”“续借”“读书”“听书”等多种图书馆服务功能，实体图书馆的服务在电视机上得到延伸。观众可以查阅常州图书馆馆藏数目，了解书刊推荐信息，还可以根据自己的喜好选择收看国家图书馆“文津讲坛”和常州图书馆“龙城讲坛”等讲座视频，大大提高了市民使用图书馆资源的体验度。

为兼顾不同层次不同条件观众的收视需求，常州电视图书馆还保留了单向播出的模式，坚持每周更新播出内容，充分体现图书馆公共文化服务的普遍性与均等性。

二、内容：自制节目与共享资源结合模式

弘扬地方文化传统，赋予深厚人文内涵，这是常州电视图书馆建设的核心内容所在，也是电视图书馆的生命力所在。电视图书馆项目始终秉持“内容为王”的理念，以资源整合及内容组织为建设重点，紧握三大抓手，将共享资源与自建资源有机结合，不断推出内容丰富、形式多样的节目，满足市民多样化的文化需求。

（1）与国家图书馆、国家公共文化发展中心、上海图书馆、南京图书馆等单位携手，利用其高端平台、高端人才、高端资源的优势，广泛开展人才培训、信息共享、技术支持等深度合作，“文津讲坛”“上图讲座”“南图讲座”以及文化共享工程等上百部数字视频，每年源源不断充实到常州电视图书馆栏目中，极大丰富了播出内容。

（2）加大了地方文化资源的挖掘力度，引进了常州地方戏曲锡剧经典剧目、常州画派优秀作品以及常州非物质文化遗产的部分代表性项目等极具地方文化特色的精品视频，拉近了文化艺术与普通市民之间的距离，为市民奉献优质多元的精品文化服务。

（3）全程拍摄并制作了“龙城讲坛”“道德讲堂”“市民课堂”“常州公开课”等在市民中具有较大影响力和感召力的视频讲座，通过数字电视这一全新的平台，满足了读者个性化的服务需求，拓宽了市民获取文化资源的渠道，这些视频讲座被常州市民亲切地称为“一个没有围墙的城市课堂”。

（4）加大了对常州图书馆馆藏史料资源的挖掘力度，组织拍摄了一批反映常州人文历史题材的专题片，如列入全国文化信息资源共享工程地方资源建设项目的《青果巷名人传》专题系列片。该片着眼于常州老街青果巷的历史文化风韵，通过介绍盛宣怀、赵元任、刘国钧、史良、周有光等常州名人的生平轶事，深入剖析名人成长的环境人文因素，丰富了常州作为国家历史文化名城的内涵，宏扬了优秀的传统文化，树立了城市的道德形象、智慧形象和

文明形象。《青果巷名人传》的播映在常州引起了巨大的反响和共鸣，市民纷纷来信来电，表示支持和期待常州电视图书馆的崭新一页。

目前，常州电视图书馆二期高清互动版已建设完成并投入运行，共设置了《我的常图》《名人名家》《讲座荟萃》《共享工程》《少儿天地》等九大栏目，拥有500多部视频，200多条图文信息，总计3.5 TB的高清数字资源供读者免费使用。常州电视图书馆的24小时公共文化服务已经成功覆盖了常州40万户家庭逾120万人，在家中“泡图书馆”已成为市民百姓文化生活的一种新常态。

取得的成效、影响及评价：

多年来，常州电视图书馆越来越为普通市民了解和喜爱。常州图书馆在互联网平台、微信公众号平台发布了问卷调查，切实了解频道收视现状和需求，并对到馆读者进行面对面地调研交流，征求市民对于电视图书馆发展的意见和建议。调查结果显示，11.2%的调查对象表示经常收看常州电视图书馆，频道满意率达82.9%，市民对足不出户即能享受公共文化服务的创新形式给予较高评价。

此外，常州电视图书馆的建设还得到省、市领导及文化部领导的肯定支持。2012年，常州市委、市政府将常州电视图书馆的推进工作列入当年政府工作报告中文化惠民的重点工程。2014年，常州电视图书馆项目获得了江苏省文化厅颁发的公共图书馆优秀服务成果一等奖。2016年通过文化部验收，正式成为第二批国家公共文化服务体系示范项目。

701频道的开播也受到了图书馆界的高度关注。常州图书馆参加了国家科技支撑计划课题“文化资源数字化关键技术及应用示范”项目中“基于数字电视的应用示范建设”子项目，在图书情报及广播电视技术核心期刊上发表了4篇以常州电视图书馆为研究对象的学术论文，与绍兴市建立了电视图书馆交流联动机制，达成资源共建共享等协议。

2014中国图书馆年会、常州图书馆与绍兴图书馆联合主办了“电视图书馆建设的实践与探索”主题分会场，邀请了文化部公共文化司文化事业处处长白雪华、文化部全国公共文化发展中心主任助理罗云川、南京图书馆副馆长许建业等领导和专家，对电视图书馆项目的创建工作作出点评，并与图书馆界同仁共同探讨了电视图书馆的未来发展。会上，常州电视图书馆“展示地方文献，弘扬传统文化”的建设特色以及成立至今所取得的成就，博得了与会领导、专家的一致好评。北京大学李国新教授对电视图书馆的发展给予了充分的肯定，认为常州电视图书馆在全国范围内起到了良好的表率作用。《中国文化报》以“电视图书馆：将文化超市开进千家万户”为题做了专题介绍和深度报道。

（执笔人：钱舒屏）

溧阳市图书馆书友会系列活动的创新实践

关键词：

书友会　地方文化

对象及范围：

溧阳地方阅读爱好者

创新背景：

传统的读书活动都是由溧阳市图书馆主动牵头，与相关单位共同合作开展，以传播阅读文化为目的的活动。

主要创新点：溧阳市图书馆的书友会系列活动立足溧阳本地地方文化，活动主题涉及不同的领域，形式不拘一格，包括访谈、说唱、舞蹈、朗诵、座谈等。从组织读者参与到物色主持人，到对活动的后续宣传，书友群体为主办方。活动过程中，书友自发通过 QQ 群、微信、微博等形式进行图文的网络直播，活动结束后，参与的书友也纷纷撰稿，通过报纸、电视等媒体，从不同的角度对活动进行及时、生动、全面的报道。

创新项目开展过程：

读者对于公共图书馆文献资源和服务的充分利用，是图书馆绩效的具体体现和图书馆存在的根本依据。为了加强与广大读者的交流互动，增强图书馆的吸引力和凝聚力，从 2013 年开始，溧阳市图书馆通过读者 QQ 群，开展即时的线上服务和读者意见征集。当年 10 月 1 日，以好书推荐为主题举行了首次书友会，吸引了一大批爱好阅读和写作的书友积极参加。

基于对阅读的浓厚兴趣，一批书友从一开始就对活动大力支持，从组织读者参与到物色主持人，到对活动的后续宣传，都积极主动地参与。第一次书友聚会取得了圆满成功。

活动加深了图书馆和书友的相互了解。近两年来，溧阳市图书馆又策划、举办了“我们都爱溧阳话”“溧阳·记忆”“溧阳·美食”“溧阳闪小说创作座谈”“溧阳·民间文艺”“2015新年诗会”“我的读书故事”“我的收藏”“徐云峰《玉雕师》作品研讨会”“走进童话王国”等以弘扬和传承溧阳地方文化、历史，推荐和品评本地作家及其作品为主旨的文化聚会和交流活动，向广大读者推荐介绍了史剑新及其《说句溧阳话》《溧阳记忆》，史金荣及其《趣释溧阳话》，史建明及其《溧阳话》，路发今及其《溧阳往事》，赵善坚及其《老村纪事》，程思良和他的闪小说创作，以及王新华及其《王新华家乡菜》，沈福新及其《思有所悟》，徐云峰及其《玉雕师》，陈云秋及其童话创作，也让广大读者通过活动，更加深入地了解了溧阳历史文化的深厚底蕴。

溧阳市图书馆的书友聚会系列活动的形式不拘一格，包括访谈、说唱、舞蹈、朗诵、座谈，现场气氛活跃。活动主题涉及不同的领域，活动过程中，书友自发通过QQ群、微信、微博等形式进行图文的网络直播，活动结束后，参与的书友也纷纷撰稿，通过报纸、电视等媒体，从不同的角度对活动进行及时、生动、全面的报道。这些都让更多的普通市民和本地各领域的文化热心人士了解了图书馆作为公共文化空间、作为阅读推广主要机构和场所所具有的不可替代的价值，促进文化交流和传播提供了独特的平台，为推进全民阅读营造良好的环境氛围，也为公共图书馆赢得了更好的社会声誉，凝聚了更多的人气。2015年，该项目被评为“书香常州·悦读生活”全民阅读年度好活动提名奖。

苏州图书馆构建立体化现代公共阅读服务体系的创新实践

苏州自古崇文尚德，书香满城，继承和发扬千百年的读书传统，营造书香社会环境，一直是苏州图书馆工作的重点。构建立体化现代公共阅读服务体系，即在总分馆实现城区全覆盖的基础上，打造24小时自助图书馆、轨道交通图书馆、工地书屋等项目，推出“网上借阅、社区投递”“你选书，我买单”“悦读宝贝计划”“扶老上网”“我是你的眼”等品牌服务，以先进的计算机网络技术和完善的物流体系，为市民提供全天候、零距离、多样化的阅读服务。

一、不断完善的服务体系

(1) 总分馆体系：服务体系的基石

按照每3万人建设一座分馆的标准，到2017年底苏州图书馆已经拥有1家总馆，81家分馆。苏州用十余年的时间建设覆盖城区的总分馆体系，打造了读者身边的图书馆，走出了一条不寻常的新路，被业界称为总分馆体系的“苏州模式”。近年来，苏州图书馆读者办证数、到馆人次、图书借阅量年年攀升。接待的读者人数从2006年的148.2万人次递增到2017年的1 110.8万人次，外借图书册次由2006年的59.99万册次递增到2017年的497.6万册次，各分馆不仅有效地分流了总馆的读者，减轻了总馆的压力，解决了“读者需求与图书馆服务能力”之间的矛盾，而且吸引了更多新的读者，读者对书的渴望与图书馆之间不再有距离。

正如《书眷苏城》官方微博上所言：市民渴望的生活乃“图书馆在左，超市在右”。身边的超市满足市民的物质需求，身边的图书馆则能更好地为他们提供精神食粮。“有书香的地方有文化，有文化的城市会幸福常在！”(读者言)，居民身边的图书馆也在潜移默化地影响着居民的幸福感。

(2) 流动图书馆：将服务送到读者身边

与建设固定分馆相比，“流动图书馆”的形式更灵活。“流动图书大篷车”“集装箱图书馆”“文化方舱”等项目都是通过流动的形式，将服务送到读者身边。

由于学生阅读热情高，空闲时间短，且相对集中，大篷车往往在课间一小会儿，就会接待读者一大批，完成近千册图书的借还量。一辆书车，每月就有6 000册左右的借阅量，这样的成绩放在实体分馆中也毫不逊色。更何况，通过流动的形式将服务送到偏远地区的人群中，是对市民公平享受文化权利的保障，有其自身的优越性。

2014年，苏州图书馆联合社会力量设计建造了2个集装箱图书馆，针对学龄前婴幼儿的悦读宝贝集装箱图书馆和针对外来务工人员的集装箱工地书屋，苏州的流动图书馆服务增添了新的力量。以工地书屋为例，它的服务群体以外来务工人员为主，以让他们感受“家在苏州”的温暖为最终目的。除了为读者提供借阅服务以外，工地书屋还为外来务工人员提供免费上网,春节代订车票等服务,切实解决他们的生活困难。此外,书屋还准备了雨伞、雨衣、纯净水、气筒等生活用品,以及纱布、创可贴、碘酒、红药水等卫生用品。

2016 年 12 月投入使用的"文化方舱",围绕技术集成、内容集成、服务集成,通过云计算、大数据、物联网、激光全息、虚拟互动等科技手段,借助可移动的设备,搭建的一个文化交流平台,可以为市民提供阅读、科普、群文活动等多样化的公共文化服务。

(3) 网上借阅、社区投递:阅读服务的时空延伸

"网上借阅、社区投递"以苏州图书馆总分馆体系内全部可借阅馆藏为基础,以现代高新技术为依托,运用 O2O 图书馆模式,通过物流技术在最短的时间将市民需要的图书送到其身边。读者可在任何时间、任何地点,登陆"书香苏州"网站或 APP,提出借阅申请。工作人员找到书后,会通过高效的物流系统,2～3 个工作日内将书配送到读者身边,读者还可以随时在网上查询其借阅状态。"网上借阅社区投递"让读者与爱书之间不再有距离,借书就像下楼取报纸一样简单。

目前,已建成 98 个网投服务点。最新数据显示,每月有 10 万多册图书通过"网上借阅、社区投递"服务成功借出。此项服务,让读者选书、借书不再受图书馆开放时间的限制。同时由于是读者提出借阅在先,物流投递在后,这就使工作人员每次的找书、投递服务都有指向性,每次投递行为也都是有效借阅行为,这大大提升了公共阅读服务的效能。

(4) 轨道交通图书馆服务网络:微型多媒体图书馆

目前苏州乐园站和广济南路两家轨道交通图书馆已建成开馆,由于主要针对的是流动的群体,我们将轨交图书馆定位为"微型多媒体图书馆",50 平方米的空间采用固定交互式媒体与传统书架相结合的形式布局,配备 2 000 册图书、30 种报刊、5 台读者检索用电脑以及多媒体读报机、平板电脑等多媒体设备,为读者提供足够的生活信息与知识百科。同时在轨道交通一号线的木渎站和钟南街站、二号线的桐泾公园站、火车站站以及平泷路东站建了 5 个"网上借阅社区投递"自助服务点,以实体图书馆与网投服务点相结合的轨道交通图书馆服务网络初见成效。

二、不断创新的服务品牌

(1) 你选书,我买单:馆藏资源建设主体多元化

通过建立准入、考核、退出机制,"你选书,我买单"服务在苏州城区全面开展,不仅长期与新华书店、凤凰书城等国营书店合作,还与一些特色的民营书店共建,线上线下服务同时进行。开通了网上选书平台,读者登陆"书香苏州"网站或 APP,即可参与网上选书活动。书店工作人员找到读者所需图书后,会为读者办理图书借阅手续,并通过"网上借阅、社区投递"服务平台,将书送到离读者最近的社区投递点,读者只需要按时刷卡取书即可。将特定的"购书权"交到读者手中,凸显了读者在图书馆藏书建设中的自主地位,提高了读者对图书馆工作的知情权与参与权,丰富了馆藏资源选购的主体。截至 12 月 31 日,2017 年"网上借阅　社区投递"服务共借出图书 121.9 万册次,投递包裹 49.5 万个,"书香苏州"APP 活跃用户数量达到 195 万人。

(2) "悦读宝贝"计划:你的宝贝就是我们的宝贝

在苏州,即便是刚出生的婴儿也是公共阅读服务的对象。苏州图书馆"悦读宝贝"计划就是专门针对 0～3 岁婴幼儿的阅读促进活动。它引进国际上成熟的亲子阅读理念,参照英

国的“阅读起跑线”(Bookstart)的做法,由公共图书馆为新生幼儿及父母提供阅读帮助,开展亲子阅读。让儿童在尽可能早的年龄就开始喜欢图书并从中受益,从而培育他们对图书的终生喜爱。2013年,苏州图书馆“悦读宝贝”计划被“阅读起跑线”(Bookstart)英国总部承认,苏州图书馆成为中国首家“阅读起跑线”的成员馆。苏州图书馆婴幼儿服务开始走向国际。

(3) 扶老上网:让老年人跟上科技步伐

据统计,苏州全市60周岁以上的老年已超过150万人,占户籍总人口的23.09%,这个比例还在不断攀升。如何为老年人提供更优质的服务,是各届政府关注的重点。为了丰富老年人的业余生活,帮助他们跟上时代的步伐,苏州图书馆开始为老年读者举办电脑培训班。2010年,“扶老上网”免费电脑培训活动在所有分馆全面展开。图书馆馆员现场授课,及时解答学员们的疑问,学习气氛浓烈。参加培训的老年读者,年龄最大的已近80岁。老人们接触了电脑,上了机,也开始像年轻人一样在网上相互交流,收发电子邮件,QQ聊天,分享电脑使用心得。很多老年读者表示,通过参与“扶老上网”活动,感觉到自己终于赶上了时代的步伐,也体会到了现代信息社会的便利。

(4) 盲人帮扶:我是你的眼

针对盲人读者,市图书馆开展了“我是你的眼”——视障读者帮扶活动,先后推出“盲人爱心电影”“阳光大讲堂”及带领盲人读者“走出户外、触摸世界”等等。如今,图书馆还举办“每周二读书日”活动,每个星期二的下午,为盲人读者选取经典书目进行阅读。每周二的读书会遂成了盲人读者之间的交流日。每到这一天,来自各方的读者齐聚阅览室,听志愿者讲解图书,交流“读书心得”。

考虑到盲人读者出行的不便,2014年图书馆党员同志组成志愿者队伍,分批到图书馆附近各公交站台接送盲人。此举,不仅在一定程度上分担了阅览室工作人员的工作量,也为盲人读者带来了方便,受到盲人读者的欢迎。

(5) 外来务工人员服务:家在苏州

不断提升服务理念、产品、管理,促进融合,使更多的新老苏州人共享普遍均等的图书馆服务。针对外来务工人员及其子女提供特别的服务,如景山分馆即专门针对外来务工人员所建的,工地书屋集装箱图书馆的服务人群也以外来务工人员为主。通过多样化的信息服务提升其知识素养,培育新一代外来务工者,让他们从知识中得到满足,从知识中发现梦想、实现梦想。

三、进一步完善服务体系

随着书香社会建设的不断深入,建设现代公共文化服务体系对公共图书馆的发展提出了更新更高的要求。对照苏州经济社会发展对文化的要求、市民日益增长的多样化信息需求对公共图书馆建设的需求,构建现代公共图书馆服务体系还需做好以下工作:

(1) 加快实现由基础设施建设向优化服务升级转型

在总分馆服务体系城区全覆盖的基础上,如何用好这些基础设施是应充分思考的问题,尤其是社区分馆,要努力成为社区文化和公共服务的交流空间和平台。

(2) 进一步促进科技与公共文化发展的融合

公共图书馆的服务受科技发展的影响越来越明显,因此,应顺应时代发展潮流,提升科技在图书馆服务的应用水平,为市民提供更加便捷高效的服务。

(3) 激发社会力量参与公共图书馆发展的活力

随着全民阅读理念的推广和深化，越来越多的社会组织和个人加入到阅读推广的队伍中来，并成为重要的力量，阅读推广主体的多元化为公共图书馆的发展提出了一个新的命题，即激发社会力量的激情和活力，不断充实阅读推广队伍，提升全民阅读水平。

(4) 丰富供给，满足不断增长的文化需求

相对于广大市民不断增长的信息需求，图书馆的服务供给的内容和方式还应进一步丰富，水平和质量仍需提升。针对不同的群体，如老年人、少年儿童、残障人群、外来务工人员等，提供专门的服务，做好分众阅读工作已成为图书馆阅读推广的重点工作之一。

(5) 继续保持全国领先地位，不断扩大业界影响力

被誉为“苏州模式”的总分馆服务体系享誉全国，在国际上也具有一定的知名度，苏州图书馆在全国地市级公共图书馆的第一方阵，为地区乃至全国公共图书馆的发展提供了先进的经验。新形势下，继续保持全国领先地位是我们奋发而为的动力。

“十三五”期间，苏州图书馆将根据苏州经济社会发展的新变化，充分发挥在传承文明、宣扬文化、服务社会中的重要作用，不断加强基础设施建设，以苏州创建国家公共文化服务体系示范区长效管理工作、苏州书香城市建设及建设苏州第二图书馆为契机，进一步促进公共图书馆服务的均等化、数字化、标准化和社会化发展。到“十三五”末，苏州图书馆的服务效能将显著提升，基础设施覆盖率、图书外借率、到馆读者人次、阅读活动参与率等指标明显增加，社会效益显著。馆内组织机构更趋完善，管理机制更加高效，人才结构更趋合理，科研对业务的促进作用显著增加，在业界的影响力大幅提升，国际影响力不断扩大。

广场诵读

24 小时图书馆

悦读宝贝

你选书，我买单

轨道交通分馆

“网上借阅　社区投递”点

盲文图书

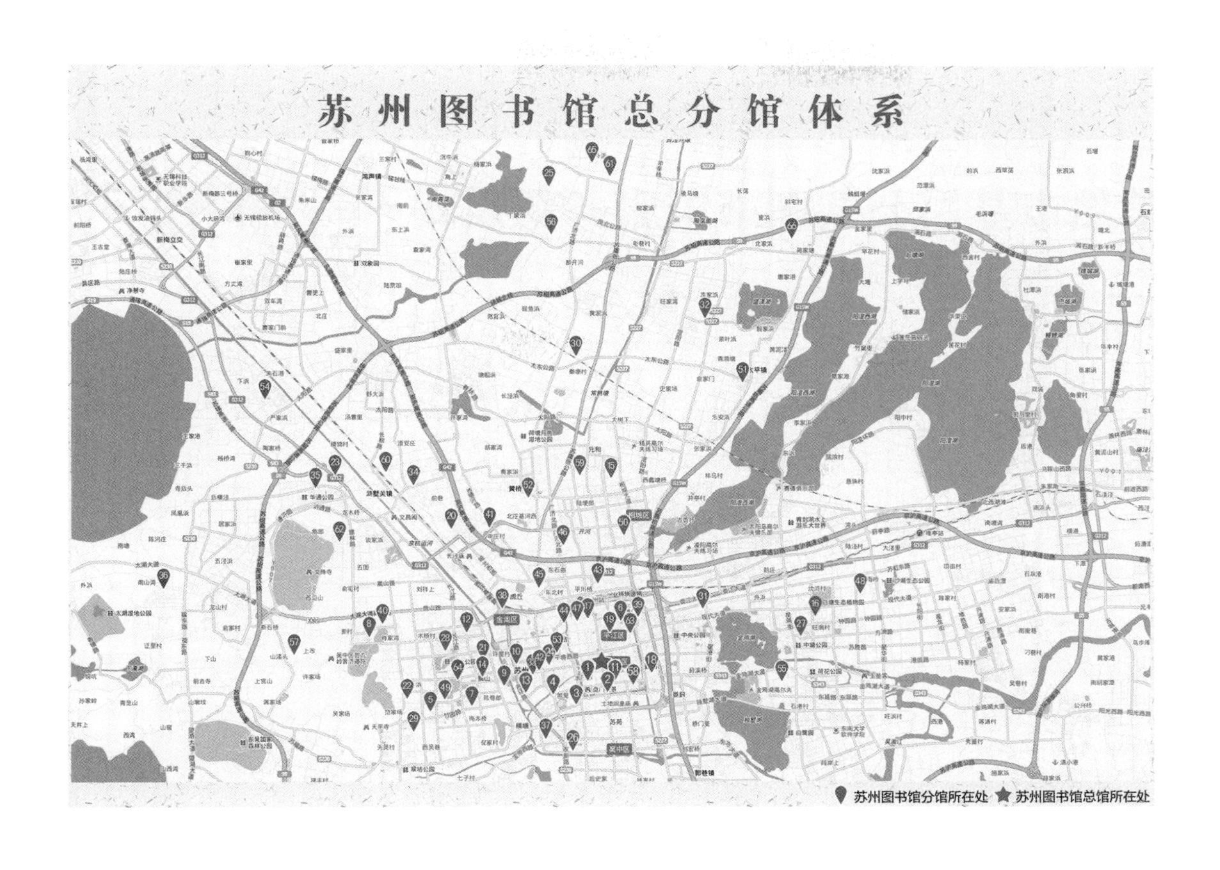
苏州图书馆总分馆体系
苏州图书馆分馆所在处
苏州图书馆总馆所在处

蘇州圖書館分館分布圖
请输入关键字：
单位名称 地址 电话等
搜索
分馆简介
已建分馆
在建分馆
规划分馆
平等 免费 专业
礼貌 高效
北桥街道
阳澄湖镇
黄埭镇
望亭镇
太平街道
阳澄湖
黄桥街道
元和街道
通安镇
许墅关街道
枫桥街道
凤凰山
莲花峰
胜浦镇
苏州市城市规划信息中心

常熟市基层公共图书馆服务新模式——“图书馆＋”

关键词：

公共图书馆　总分馆　图书馆＋　公共文化服务

对象及范围：

公共图书馆管理者、公共图书馆读者及社会公众、分馆（流通点）建设管理人员。

创新背景：

近年来，常熟市图书馆积极贯彻落实党的十九大和十九届三中全会精神，以习近平新时代中国特色社会主义思想为指导，以《中华人民共和国公共图书馆法》为行动准则，不断增加投入，完善服务体系，提升服务效能，扎实推进“图书馆＋”总分馆建设模式，取得了良好的成效。

2014 年，常熟市图书馆的总分馆建设实现了三个全覆盖，市、镇、村（社区）三级图书馆服务网络建设见成效，呈现资源共建共享、城乡服务均等的新格局。作为较早实施总分馆制的基层公共图书馆之一，常熟市图书馆在此过程中虽取得了一定成效，但仍处于探索阶段，发展模式尚未成熟，总分馆制的优势也未得到充分发挥，主要存在：乡镇行政区划调整带来的资源重整、乡镇之间发展水平不均衡造成的基础设施层次不齐、乡镇原有图书和新进图书编目不统一、产权归属混乱、功能定位模糊、横向联合缺乏等问题。

为了突破发展中的瓶颈，破解发展中的难题，2015 年起，常熟市图书馆进行了“图书馆＋”基层公共图书馆服务新模式的尝试与实践。

主要创新点：

总分馆建设的十年取得了显著成绩，但按照国内普遍的总分馆模式，始终是在行政区划“金字塔”上做文章，并且随着行政区划的合并与撤消要进行分馆调整，带来一些不稳定和不均衡的问题。于是，常熟图书馆开始探索与社会力量结合的方式。

创新点一：“图书馆＋组织”。“图书馆＋组织”模式使图书馆进入公共组织和企业之内，服务延伸到组织成员，取得了原有总分馆无法达到的效果，既有“图书馆＋机关”，如市委组织部分馆等；也有“图书馆＋企业”，如阿特斯图书室等，还有如常熟市经济技术开发区投资 30 多万，联合常熟市图书馆共同打造的开发区自助图书馆。

创新点二：突破图书馆固有的公共文化圈子，加强与高校深度合作，产生“图书馆＋教育”的联盟合作模式。近年来，常熟市图书馆在全省率先与高校图书馆开展校地全方位深度合作，利用常熟理工学院东南校区新图书馆优越的载体，建立了“三中心”。“图书馆＋教育”的这种联盟合作，把高校拉进公共文化服务体系之中，让文化充分利用了教育资源，有利于实现全社会资源共建共享、成果共创共享的公共图书馆服务体系目标。

创新点三：突破图书馆不入商业场所的“藩篱”，大胆尝试与商业组织合作，产生“图书馆＋场所”的新型分馆。哪个地方聚人气，那儿就是图书馆进驻的目标场所。集自然风光、茶室、咖啡馆、风景区、书屋为一体的“图书馆＋场所”，是常熟图书馆建设公共图书馆总分馆体系和探索民营企业融入书香城市创建的新尝试。这些“图书馆＋场所”的建成启用，为全市爱好茶文化、咖啡文化、旅游文化和书香氛围的市民提供了极好的去处，让“悦读”成为了市民生活中必不可少的存在。

创新项目建设模式：

“图书馆＋”通过拟定制度、分馆选址、签约确认、运营管理、考察评比五个流程来进行建设和管理。

拟定制度：制定《常熟市图书馆图书分馆（流通点）建设标准与管理办法》，对分馆、流通点的场地、面积、总馆及分馆之间关系、签订管理协议、图书流转经费、编目费用、图书产权归属、借阅制度、开放时间、全民阅读活动次数、管理员培训、年借阅量、考核细则等进行了详细的规范。

分馆选址：通过接受请求、发出邀约的方式，对分馆、流通点的选址进行专家实地考察、通过科学的分析研究，确定地址和规模。

签约确认：一般分为双方协议和三方协议。双方协议——直接和政府机关部门签订；三方协议——市图书馆和设立图书分馆流通点的社会机构以及分馆流通点所在辖区的文化主管部门签订，起到一个很好的监督、协调、引导作用。

运营管理：从分馆、流通点的筹备建设、基层图书管理人员的业务培训到正式启用和日常运营进行一站式管理。

考察评比：通过在公共平台发布月度、季度、年度数据推动分馆、流通点做好日常化对标找差，提档升级工作；年底进行自评和考评，两评相结合进行评估，对达不到考评标准的分馆和流通点进行撤销，对表现优异的站点进行评奖评优和表彰。

近年来，在常熟市“图书馆＋”建设模式的实践中诞生了很多特色分馆、流通点。“星光天地”分馆是常熟市首家城市综合体图书分馆，通过“图书馆＋商业”模式，深度阅读融合文创产品展示、手工 DIY 活动，吸引以年轻人为主的群体驻足流连，创下了“图书馆＋”模式下分馆最高借阅记录。2018 年更是结合常熟团市委青年社区学校、关爱自闭症儿童项目以及第十一届常熟市阅读节，助推全民阅读推广活动，提升了分馆运营深度和内涵。

“耕心书苑”滨江幼儿园流通点是常熟市首家投入运营的实体阅读结合数字阅读的图书流通，通过“图书馆＋教育”模式，流通点投放了 2 台数字阅读触摸屏，上万册的数字图书绘本可供少儿阅读。同时，流通点建成时将 356 个带有图书借阅功能的小书包送到滨江幼儿园小朋友手中，小读者和家长们可直接通过“小书包”或市民卡进行图书借还，以满足新市民群体的阅读需求。

大石山房图书流通点由常熟市图书馆联合虞山风景区管理处和七溪流水咖啡吧共同打造，是常熟市首家由第三方协助管理的图书流通点。书屋集自然风光、咖啡馆、书屋为一体，是常熟图书馆早期在探索“图书馆＋景区”模式的过程中，与民营企业融合书香城市创建实践的主要试点单位。书屋的建成启用，为我市爱好咖啡文化和书香氛围的登山市民、游客提供了极好的去处。

沿江经济技术开发区分馆是常熟市首家配备了 24 小时自助图书馆的分馆，通过“图书馆＋组织”模式，市图书馆与沿江经济技术开发区通力协作，图书分馆内的书刊类目以服务科研人群为主，并设置了高新产业专架，精准面向特定阅读人群，结合全天候的自助模式，使开发区读者能够更加快捷地进行借还书操作，享受书香氛围。

在“图书馆＋社区”模式下，市图书馆还建设启用了一批各具特色的社区流通点，即将投入使用的东南邻里中心流通点以融合教育培训资源，激活邻里社交潜力为优势进行打造；任阳镇老年书屋充分考虑老年读者需求，不仅在书目种类上进行了专项配送，还在硬件设施上进行了无障碍处理，与老年志愿者项目结合，受到读者欢迎。

取得的成效、影响及评价：

截至 2018 年 9 月，常熟市图书馆在“图书馆＋”创新模式下共建成特色分馆 28 家，图书流通点 70 个，结构上突破了传统总分馆制的纵向“金字塔”结构，向横向社会机构联合发展。2017 年，“图书馆＋”借阅总册次达到 51 000 册次，其中星光天地分馆、滨江幼儿园流通点、琴湖幼儿园流通点、大石山房流通点、沿江开发区分馆分别以 21 141 册次、6 374 册次、4 759 册次、3 957 册次、2 556 册次的借阅量位列“图书馆＋”借阅榜前五名。2015—2017 年，“图书馆＋”模式下的各分馆、流通点借还书册次占常熟市全市借还书之比逐年上升，从 5%上升至 12%。各分馆、流通点活动场次、参与人数从 2015 年的 44 场次 822 人上升至 2017 年 130 场次 3 150 人，建设成效显著，广受市民好评。

2015 年，“图书馆＋”总分馆服务创新模式荣获常熟市阅读节组委会“2015 全民阅读创新项目奖”；2016 年，荣获首届苏州市群众文化“繁星奖”公共文化服务项目奖，同年荣获第七届江苏省公共图书馆优秀服务成果一等奖；2018 年，“图书馆＋”荣获“第一届公共图书馆创新创意作品征集推广活动”最佳创新奖。

在常熟市，总分馆、“四位一体”和“图书馆＋”是公共图书馆服务体系创新的三级跳。从总分馆到“四位一体”的跨越，解决了基层图书馆服务体系最大的难点在农村的问题，而目前从“四位一体”到“图书馆＋”的跨越，真正实现了社会细胞的图书馆化和图书馆的泛在化。今后，常熟市图书馆将一如既往地做好“图书馆＋”品牌，让百姓身边的“文化驿站”持续不断地焕发光彩。

吴江图书馆“阅读齐步走”——未成年人阅读服务城乡一体化建设工程的创新实践

关键词：

阅读服务　城乡一体　未成年人

对象及范围：

全区未成年人。

创新背景：

现阶段，受城乡资源分配不均、服务水平差异较大、缺乏专业人才引导等因素的影响，我省基层图书馆未成年人阅读服务发展迅速，却仍存在很多可提升空间。根据《2013 年度江苏居民阅读状况调查》显示：江苏省 0～8 周岁城镇儿童图书阅读率为 79.0%，较农村儿童的 67.6%高 11.4 个百分点；9～13 周岁城镇少年儿童的图书阅读率高达 97.9%，比农村少年儿童的 89.3%高 8.6 个百分点；14～17 周岁城镇青少年的图书阅读率为 90.4%，较农村的 83.3%高 7.1 个百分点。值得注意的是，通过“图书馆借阅”阅读图书的城镇儿童比例为 5.9%，而农村儿童的选择比例仅为 1.1%。相对城市而言，农村人口众多，阅读活动组织不丰富、阅读资源配备不合理，是开展阅读活动的难点所在。同时，在农村地区又交叉并行着多个由政府主导的常态型公共阅读服务体系和项目型重大文化惠民工程，资源类似重复、高耗低效，大大阻碍了城乡未成年人阅读服务的标准化、均等化发展。

2014 年起吴江图书馆打造“阅读齐步走”——未成年人阅读服务城乡一体化建设工程，依托全覆盖的总分馆体系，打通总馆、各分馆及村阅读综合服务中心之间的服务通道，以未成年人阅读活动的常态化、品牌化、体系化建设为中心，以未成年人阅读服务标准化建设为抓手，建构起开放、共享的未成年人阅读服务发展机制，为城乡未成年人提供均等优质的精神文化产品和服务。努力改变由于体制机制束缚、管理理念认识不到位造成的未成年人阅读服务“单打独斗”的局面，推动基层图书馆城乡一体化全民阅读活动蓬勃发展。

主要创新点：

一、观念和理念的创新

本项目突破了单体图书馆传统上“单打独斗”搞阅读活动的惯性思维和框束，针对农村公共文化服务和未成年人阅读服务体系建设存在的问题，创造性地提出“阅读齐步走”理念，把城乡一体化未成年人阅读服务体系建设放置到促进基本公共文化服务标准化、均等化的大背景中。通过实施“阅读齐步走”工程，开阔未成年人阅读服务的维度和深度，建构起开放、共享的阅读服务发展机制，利用已经建立起的城乡一体化文化资源平台，提升公共文化服务水平和服务力，完善未成年人阅读服务体系，丰富未成年人的精神文化生活。

二、方法和手段的创新

吴江图书馆将“智慧”概念融入未成年人数字文化服务发展思路，集成吴江图书馆馆藏、实体书店、电子书城三方的海量阅读资源，运用互联网数字技术，形成线上选书、线下配送服务模式，大大简化了借阅程序，扩展了借阅范围。以“读佳少儿”微信订阅号的方式，发挥自媒体的优势，为全区未成年人打造一块媒体化、便捷化、娱乐化的“第三空间”。将活动、资讯、知识共享等内容进行整合后发布，使图书馆新媒体成为文化领域内的一个专用频道，对于关注的和用户提供持续的、可靠的文化信息，满足用户的文化需求。最终使得“读佳少儿”微信订阅号成为一个独特的文化频道与学习交流平台。

三、机制和体制的创新

文化体制机制实现新突破，创新公共文化资源整合，打破部门之间的体制约束，定向增加业务编制，形成“馆考核、镇招聘、村用人”的新型聘用模式。将人员纳入市政科学发展综合考评，将经费纳入公共财政的经常性支出，建立起以政府投入为主导，各成员支持的二元公共文化服务投入机制。建立起普遍、均等、广覆盖的城乡一体化未成年人阅读服务支撑体系。实行“区、镇、村”三级管理模式，通过远程数字监控及网络签到，进行日常开放管理。建立起科学、独立、公正的管理运行评价体系，提升了专业化管理水平。

创新项目开展过程：

一、未成年人阅读服务设施与空间改造升级建设

对吴江图书馆进行少儿阅读智能设备升级，启用两台自助借还机和一台 24 小时自助还书机，采用 RFID 智能馆藏系统，帮助小读者实现自助借还、借阅情况查询、欠费扣款等服务。引进少儿触摸屏一体机，共享“江苏省少儿数字图书馆”丰富的数字资源，大大提升了我馆少儿数字阅读推广服务效能。建成吴江图书馆亲子阅读绘本馆，面积达 450 平方米。2014 年年底正式开馆，专为 0～12 岁少年儿童提供专业、丰富的绘本阅读资源和亲子活动场所。亲子阅读绘本馆包括了绘本馆、亲子活动室和 3D 影音播放室，规划藏书达到 10 000

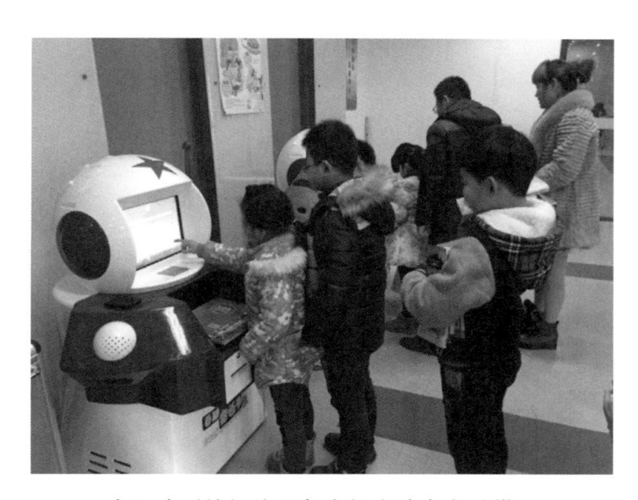

卡通造型的智能设备方便小读者自助借还

册，作为我区推广亲子阅读、绘本阅读的平台阵地。2015年初，吴江图书馆面向所有分馆、“四位一体”中心，根据《吴江区图书馆未成年人阅读基地评比标准》评选出首批未成年人阅读基地（10家），并予以授牌，由此拉开农村基层未成年人阅读设施及空间改造升级的序幕，各镇村按照《吴江区图书馆未成年人阅读基地评比标准》要求，不断加强设施资源建设。

二、未成年人阅读服务规范与人才队伍建设

制定《未成年人服务安全条例（或手册）》《未成年人服务标识体系》，面向未成年人建立城乡一体化的公共阅读服务规范，包括服务开放时间、服务内容公示、服务基本礼仪等。加强未成年人服务人才队伍建设，率先试点“服务外包、社会参与”举措，以政府出资购买的公益岗位的形式进一步确保基层文化服务效能。这些活跃在基层、为城乡未成年人搭起一座“阅读齐步走”桥梁的未成年人阅读推广团队统一命名为“彩虹使者”，并成功注册国家商标。动员教育工作者、法律工作者等多方力量组成专业的未成年人服务志愿者队伍，同时邀请未成年人教育专家对图书馆工作人员进行专业培训，工作人员之间开展服务经验交流，打造一支思想到位、服务到位、人员到位的未成年人服务团队。

“彩虹使者”基层服务照片

三、未成年人阅读资源与数字资源建设

2016年起，吴江在全国率先实现线上选书、线下配送的“读佳·悦借”图书网借服务创新模式，将采编权前置，整合吴江总分馆、在线书城、实体书店在内的海量阅读资源，真正把图书馆办到了家，此举也大大方便了基层的小读者。吴江图书馆综合考量未成年人年龄差异、阅读偏好、理解能力，精选了100本成长书，具体划分为“经典绘本”“幼儿读本”“拼音读本”“儿童文学”“外国儿童文学”“其他”几大类，印制成《吴江图书馆少儿优秀书目推荐》小册子，随流动车进校园、彩虹使者镇村活动等分发给基层的小读者，提升我区未成年人阅读品质。2016年8月，吴江图书馆以微信订阅号的方式，打造“读佳少儿”未成年人阅读推广专属

服务平台，读者通过这一平台参与“吴图少儿活动”“掌握教育资讯”“收听绘本故事”“实现在线阅读”“获取新书推荐”等。

“读佳少儿”微信订阅号平台界面

四、未年成人阅读活动常态化、体系化设计与建设

形成《吴江未成年人阅读服务城乡一体化建设标准指南》。以吴江图书馆（总馆）为统领，组织开展城乡一体化的未成年人阅读活动，建立阅读活动内容与提供标准：

一是未成年人常态化阅读活动内容与提供标准，即每个公共阅读服务设施提供的未成年人阅读活动，如阅读指导、新书推荐、功课辅导、上网指导、影视欣赏、科普小课堂等。

二是未成年人体系化阅读内容与活动提供标准，即由吴江图书馆（总馆）培育、孵化的未年成人阅读活动，经过加工、优化，依托服务体系，拓展延伸至农村基层，如悦读彩虹堂（妈妈故事会）、经典诵读馆、金婴阅读礼包等。

三是大型未成年人阅读内容与活动提供标准，即全区动员、各镇村参与，每年在全区举办大型未成年人阅读活动。基本规划思路是设计成可比赛的阅读活动，形成体系化，将阅读活动与书评、绘画、摄影等活动相结合，将阅读活动与地方文化传承（宣传）相结合，将阅读活动与广播电视、新媒体等平台相结合。

取得的成效、影响及评价：

一、促进了未成年人阅读服务“最后一公里”的均衡发展

吴江“阅读齐步走”——未成年人阅读服务城乡一体化建设工程，通过资源下移、服务下沉、活动下延，丰富了基层公共文化服务供给内容，提高了基层未成年人阅读服务水平，推进了城乡未成年人阅读服务的均等化发展，解决了“最后一公里”的短板问题。

二、多元参与提高了经济和社会效益

“阅读齐步走”工程，有效整合了各类资源，扩大了社会多元投入，引入了专业化组织，降

低了运行成本，丰富了服务内容，增加了服务活动，引导了公众加入志愿者“自我表现、自我教育、自我服务”，扩大了公众受益面，提高了服务效能。另外，吴江“阅读齐步走”工程，引入了政府购买公共文化服务岗位机制，培育了专业化的文化非营利组织，创新了农村公共阅读服务方式，实现了政府、市场、社会多元参与基层公共文化服务的崭新格局。

三、突破惯性思维，探索阅读服务城乡一体的“吴江样本”

本项目突破了单体图书馆传统上“单打独斗”搞阅读活动的惯性思维和框束，通过实施“阅读齐步走”工程，开阔未成年人阅读服务的维度和深度，建构起开放、共享的阅读服务发展机制，既贯彻落实了中央提出的“开展全民阅读”要求，又为全国未成年人阅读服务城乡一体化建设提供了可资借鉴的经验模式。

张家港市少年儿童图书馆未成年人分级阅读推广的创新实践

关键词：

未成年人　分级阅读　阅读推广活动

对象及范围：

0～18 岁的少年儿童读者。

创新背景：

未成年人是祖国的未来、民族的希望，也是“强富美高”新江苏建设未来的实践者。张家港市少年儿童图书馆以培养更多优秀未成年人为己任，根据未成年人不同年龄段心智发展特点，在全国率先探索未成年人分级阅读推广，按照少年儿童不同年龄段的智力和心理发育程度为他们提供科学的阅读计划和有针对性的读物，取得了显著的社会效益。

先后荣获首届华文领读者・阅读空间入围奖、全国少年儿童经典讲读诵读大赛（成语故事专场）优秀组织奖、全国少年儿童绘本创作大赛最佳组织奖、全国少年儿童名著新编短剧大赛优秀组织奖、全国社区与乡村阅读推广活动“最佳案例奖”、江苏省“红读”征文优秀组织奖等一系列荣誉。

主要创新点：

阅读作为一种智力活动，与人的阅历、经验、知识水平等相关，并且与人的年龄往往成正比，年龄越小，对作品的理解、接受也就越难。同时，不同年龄段未成年人的心智发展、阅读兴趣有明显的差异，而相同年龄段的学生心智发展、阅读兴趣又有相近的特点。因此，根据各个年龄段的心智发展特点，开展相应的读书活动，将会使效果更好。

对应教育部门对未成年人年龄段的划分，将未成年人划分为 0～3 岁婴幼儿、3～6 岁儿童、小学生和中学生四个群体，根据 0～3 岁婴幼儿没有阅读能力但有阅读行为的特点，设计了以培养阅读行为为重点的“宝贝启蒙”行动，包括阅读起跑线计划、晒晒我的小书房、晒晒宝宝阅读照、手指谣亲子读书会、“八音盒”阅读体验课等；根据 3～6 岁幼儿已经具备一定的语言基础和图形辨识能力但是不识字的特点，设计了为今后进行文字阅读打基础的“幼儿启智”行动，包括彩虹姐姐读绘本、“百宝箱”阅读体验课、手工制作等阅读实践等；根据小学生已经认识一定数量文字的特点，设计了激发阅读兴趣为重点的小学生“乐读童年”行动，包括电子书制作、优秀绘本比赛等；根据中学生具备了较强的阅读和思考能力的特点，设计了以加大阅读量为重点的“喜阅青春”阅读行动，包括自编故事、征文比赛、课本剧表演等。

创新项目开展过程：

以激发未成年人内在阅读兴趣和动力为目标，采取符合各个年龄段特点的多样化活动形式，扎实开展主题阅读活动。“宝贝启蒙”行动，利用 0～3 岁婴幼儿集中注意力时间较短和喜欢模仿的心理，专门设置了芽芽园，墙面四周以“森林读书会”为主题，设计了各种各样婴儿喜爱的动物读书图，婴幼儿会在家长的提示下，模仿动物阅读行为；加大活动的频次，每个双休日上午、下午各 2 场活动，听玩结合，以听为主，促进语言发育和培养阅读行为，活动分问好时间、故事时间、游戏时间、自由活动时间和再见时间五个环节，整个活动时间控制在 30 分钟左右，同时为新生儿免费发放阅读大礼包，包括编印了全国首部系统论述家庭亲子阅读的辅导用书《阅读种下一棵幸福树》，推动家庭阅读。“幼儿启智”行动，根据 3～6 岁幼儿集中注意力时间已达 15 分钟的特点，专门设置了绘本馆，并将绘本阅读活动分为听一听、讲一讲、演一演和玩一玩四个环节，激发参与热情，每月举办活动 70 多场。在小学生“乐读童年”行动中，定期开展各种阅读活动，如职业体验、我与儿童文学作家面对面、借阅排行榜、阅读存折，根据借阅量多少分别授予小学士、小硕士、小博士、小院士等荣誉称号，让更多的小学生爱上阅读。中学生“喜阅青春”阅读行动，根据中学生学业负担相对较重的实际情况，通过好书推荐、交流分享、学生沙龙、各类竞赛、课本剧表演、征文比赛、阅读冠军评比等，吸引更多的学生阅读。

取得的成效、影响及评价：

为保障未成年人分级阅读推广顺利实施，建立并完善了一系列制度和措施。一是实现馆员以借还书为工作重点向阅读推广活动转变，把策划、组织相应的阅读推广活动作为每位员工必须具备的基本素质。每年的三月举办为期一个月的业务培训月，邀请各方面的专家主讲，培训内容包括活动方案的设计、读书会的组织、文化志愿者的招募、服务礼仪等，培训结束进行考核，合格者上岗，不合格者继续培训，仍不合格者待岗处理；二是建立阅读推广活动备课制度，按照统一标准和各岗位活动要求，做好活动备课方案，由部门主任初审，报分馆

领导审核同意后实施；三是建立活动讲评制度，总结活动经验和不足，提出改进办法；四是招募具有良好表达能力和活动组织能力的文化志愿者，承担相应的阅读推广活动；五是鼓励优秀民间阅读组织利用本馆阵地开展活动；六是开展星级馆员、优秀阅读推广人、优秀民间阅读组织、优秀活动案例评比等，多举措保证分级阅读活动质量。市少儿图书馆已经成为全市未成年人阅读活动和推广中心。

南通市图书馆智慧空间体验区的创新实践

关键词：

智慧空间　体验区　创新　新技术

对象及范围：

南通市图书馆持证读者及广大市民。

创新背景：

南通市图书馆新馆位于新城区世纪大道南侧，崇川路北侧，行政中心南绿轴心地块北端。新馆建成后我馆基础硬件设施条件达到了行业领先水平，但我馆在新技术和创新服务方面还有更高的期待。智慧空间体验区建设在新馆二楼大厅西北角，夜间图书馆南，建设目标是：为市民读者带来全新的数字体验和科技创新感受。

主要创新点：

一、空间的整体设计打造

本项目包括深化设计、制作安装及相关服务的设计、设备材料供应、安装、调试、试运行、第三方检测、验收、交付使用、技术培训、售后服务等。项目整合度高，这样的做法对项目本身大有益处。本项目的主要工作有设计、装修施工、软硬件整合、售后服务，这些工作常规做法是分开招标、分别进行，常规做法有其合理的方面，但也会对本项目造成难以避免的负面影响。这主要体现在将设计、装修施工、软硬件整合、售后服务四个环节分开招标、分别进行将难以避免地影响到这些环节之间的衔接。仅设计而言，若单独招标，的确能招到比较有实力的设计供货单位，但当设计软硬件整合进行衔接时，难以避免地会出现设计单位对软硬件供货单位的产品和服务不够熟悉、理解不足，难以做到对这些软硬件货物的高度融合。同样，装修施工在与软硬件产品进行衔接时也会出现类似问题。本项目将设计、装修施工、软硬件整合、售后服务融为一体，招标时评选出在这四个方面均有较强实力和案例经验的供货单位。解决了以上衔接问题，设计时就充分考虑到后期装修施工、软硬件整合及售后服务，不但使得项目整合度更高，沟通更简单快捷，售后服务也更有保障，真正做到项目空间的整体打造。事实也证明，中标单位对空间的整体设计、装修施工、软硬件整合及售后服务均具有很丰富的经验，对每一个环节都很熟悉，实实在在地避免了设计单位、装修施工单位不熟悉空间内计划整合的软硬件产品，软硬件产品供货单位不熟悉设计和施工过程等问题。

二、新技术的融入与体验

本项目需主要实现的功能包括：3D体验、虚拟管理员、互动拍照换景、虚拟漫游、触摸一体机等，旨在将物联网等科技元素融入公共图书馆，为公共图书馆开辟一块科技含量高、互动体验强、学习方式新的空间。同时供货单位还可以提供其他的用数字化互动技术供市民读者互动体验图书内容、科普知识、资讯信息的创新功能，适当地自由发挥。这大大地激发了在新技术方面有实力的供货单位的参与热情。

最终建成智慧空间体验区整合了全息投影、VR、智能机器人、互动拍照、裸眼3D、红外触摸等新技术，在VR方面还将我馆新馆的二层、三层进行1∶1实景建模，搭配丰富的互动功能，使读者可身临其境地体验我馆各区域功能，吸引读者更有兴趣地体验熟悉我馆各区域的功能配置。另外，空间的整体设计充分考虑到了软硬件内容的整合，整体上充分体现出了科技感、现代感，使得本项目开放后给了读者耳目一新的感受和实实在在的数字和互动科技的体验。

三、半开放式的服务方式

首先是本项目所在的区域和设计是半开放的。本项目所在的位置是我馆新馆二楼大厅西北角，在项目设计阶段也对设计单位提出了半开放设计的要求，使得最终定稿的设计也是半开放的。

其次，体验区安排了专职工作人员负责日常的讲解、服务及维护，平时正常开放，读者进体验区是无障碍的，也就是说服务的时间和方式也是半开放的。

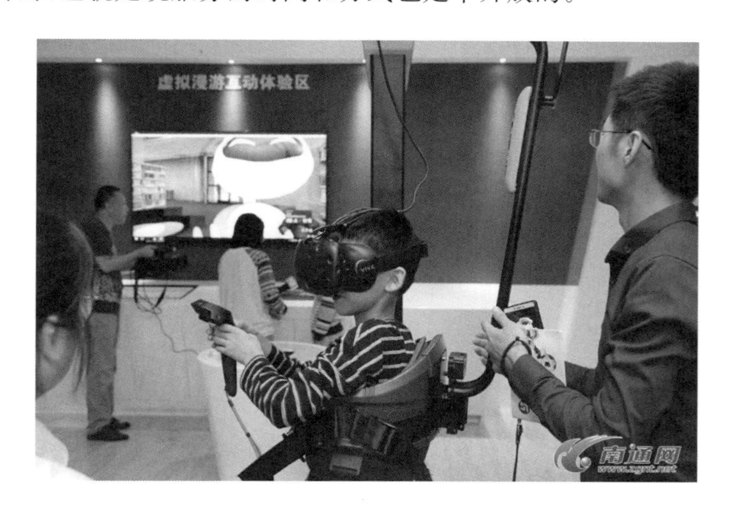

这样的半开放式的服务方式，既有利于体验区本身的宣传，也大大方便了读者体验的便捷，开放后广受读者的好评。

创新项目开展过程：

本项目采用集中加分布的方式建设，主体验区建筑面积90平方米，在不影响读者行走通道的前提下，可向周围作部分的扩展延伸，同时一些设备分布于图书馆的其他功能区域。本项目涵盖方案的设计、体验区的施工、硬件设施设备、软件的配套，以及新科技数字资源的展现。

本项目的中标单位是具备科技展示区设计施工经验的科技型企业，提供智慧空间体验区的整体方案设计、施工，方案设计高度整合了所有软件系统、硬件设备，项目的实施过程可以概括为严格按照方案设计执行和与中标单位充分沟通协调的过程。

项目设计初期就与中标单位进行深入地沟通，设计时就要求中标单位须充分考虑到接下来的施工、软硬件的整合及后期的售后服务，结合中标单位在类似项目上的丰富经验和场地的实际情况，对所有影响项目效果的细节进行及时地沟通调整，使得项目在设计定稿时就打下了非常好的基础。

项目施工时，根据场地的实际情况及硬件设备供货的实时情况，在保证呈现效果的前提下对部分设备及功能进行了及时必要的变更调整，保证了施工的高质量。

在硬件设备进场后，进行设备的检测调试及软件资源的安装调试，我馆人员与中标单位均保持了密切沟通，均严格按照设计的思路和要求进行，对某些软件功能进行了优化调整，充分发挥软硬件的性能优势，使得最终的呈现效果高于预期。

在本项目开放服务后的售后服务方面，因为设计时就早有考虑，中标单位也具有丰富的维护经验，不论是使用培训、软硬件的维护均能及时满足日常需要。

取得的成效、影响及评价：

本项目在建成开放后，为读者提供了一个了解体验最新科技的窗口，由于科技感、现代感强，服务方式新颖，对读者产生足够大的吸引力，读者争相体验，为本地的新技术科普作出了一定的贡献，同时也带动了本馆的到馆人数和办证人数，提升了我馆工作人员的能力和服务水平，受到读者及市民的广泛好评。

本项目在建成后，接待了数批图书馆同行、各级领导、外宾的参观考察，受到了普遍的肯定和称赞，为图书馆同行提供了有益的经验参考，向来宾展示了我馆的服务水平和积极形象，这也将有利于我馆后续工作的开展。

接下来，基于体验区的现状，根据新技术的发展，继续深挖整合新的软硬件内容，充分发挥本项目新科技普及的功能。继续收集读者及市民反馈的意见，分析研究，进一步优化服务模式，探索有益的服务外包新模式。与供货单位继续合作，在本地其他单位部门以及周边公共图书馆进行推广，扩大本项目的影响力和社会效益。

未来，在条件允许的情况下，还可尝试在我馆各分馆进行类似的建设探索与尝试，将新技术的体验送到读者及市民的家门口。

（执笔人：袁轶男）

如皋市少年儿童图书馆“馆校对接”模式的创新实践

关键词：

少年儿童图书馆　学校分馆　馆校对接

对象及范围：

如皋市部分小学、幼儿园。

创新背景：

2014年2月26日如皋市少年儿童图书馆对外开放，地理位置优越，与如师附小、附小幼儿园、连中等名校相邻，是老城区唯一一座公共文化服务设施。在保证阵地开放的同时，我馆努力改变传统的思维定势，积极探索和建立运用先进技术建设和传播先进文化的新途径、新办法，创新服务模式，拓展服务渠道，积极探索将少儿图书馆服务效能最大化、服务覆盖面最大化。

主要创新点：

先后在如师附小、附小幼儿园、下原幼儿园、西城幼儿园、健康幼儿园、开发区幼儿园建立分馆，将少儿图书馆分馆开到校园里去，图书服务零距离，同时给学校师生免费办理借阅证，并与我馆通借通还。其中在如师附小成立的分馆得到上级领导的一致肯定，先后送去图书一万多册，并安装了两台自助借阅机，和我馆实现通借通还，采用大开放自主借阅的方式提升未成年人阅读兴趣，打造爱心诚信教育基地。

创新项目开展过程：

第一步，成立分馆。在和学校沟通后首先确定少儿图书馆分馆具体地点，我馆根据学校提供的地点选配图书。如师附小提供的是近1 000平方米的风雨广场，这是一个半开放式广场，我馆根据场地设置了低年级绘本图书室、图书外借室，并配置了两台自主借阅机，首期送书9 000册，并给全校师生免费办理了借阅证。开放式的自助图书馆吸引了孩子们前来借书，分馆刚成立，每天课间借阅机前都排起长队，大家都前来借书阅读。据统计，附小分馆图书借阅量达到每天500多人次。

第二步，借助分馆培养孩子的爱心诚信观念。我们的校园分馆基本上都是半开放式的，自助借阅，平时孩子多，有时难免有些孩子不办理借阅，直接拿走，这个时候就是考验孩子们的诚信观念的时候。印象最深的就是有老师反映，班级孩子互相之间监督，谁谁没有办理借阅直接拿走图书，其实是快上课了孩子来不及办理借阅，下课后再补的。在附小分馆成立3年多，我们的图书流失率不到百分之一，这其实就是很好地培养孩子们的诚信意识。

第三步，借助分馆开展多样的阅读活动。我们在幼儿园分馆开展亲子故事会。首先各个幼儿园自己开展选拔，然后到我们馆来举行决赛。我们在附小分馆开展“我与身边的的少儿图书馆"讲故事、演讲比赛。每位参赛选手讲述"我与图书"的真实经历，同时通过举办迎新春朗诵会、"我与诗词有个约会"演讲比赛等。通过讲故事、演讲来检验校园阅读成果，打造书香校园，进一步激发学生的阅读热情。

取得的成效、影响及评价：

开创的图书馆进校园服务被省图书馆专家称为创新"馆校对接"新模式，大大地提高了少儿图书馆图书流通量，提高了图书利用率。

（执笔人：吴志云）

东海县农家书屋延伸服务建设

关键词：

农家书屋　延伸服务点　志愿服务

对象及范围：

针对全县农家书屋，从条件较好的村中开始，逐渐推广到全县农家书屋。

创新背景：

近年来，东海县按照“政府组织建设，鼓励社会捐助，志愿服务管理，创新机制发展”的工作思路，对现有农家书屋管理模式进行了大胆改革，创新开展了“耕读传家”农民阅读志愿服务项目，有效破解了“农家书屋”村干部“兼”管不到位、图书流通不畅、村民借阅不方便、资源利用率低等难题，切实激活了农家书屋，农民的读书热情得到了有效释放。目前，该项目已在全县 58 个村中广泛实施，受惠农民超过 20 万人。

主要创新点：

为破解“农家书屋”村干部“兼”管不到位、图书流通不畅、村民借阅不方便、资源利用率低等问题，东海县积极发挥社会资源，利用村中较好地理位置、家庭条件较好、有责任心、有文化的农家建设农家书屋延伸服务点，通过村民就可以开展阅读服务。对于村民来说，在自己的邻居家中就可以阅读图书，不仅村民阅读方便，而且开放时间充裕，较好地解决了农家书屋人员不专职带来的各种问题。

创新项目开展过程：

一、突出便捷性，将农家书屋搬到村民中去

2017 年，东海县根据实际情况，按照每个乡镇 2～3 个村的规模，实施第二批“耕读传家”项目。各村选择位于村中较好地理位置且家庭条件较好、责任心强的农家，将村原农家书屋清产核资，整建制从村民出入不便的村部迁移到该村民家中，并积极利用会议、广播等手段在村民中间大力宣传，让村民知晓并方便进出阅读。同时，由各乡镇村为各个书屋添置书桌书橱，配备空调、饮水机，开通广电有线网络，较好地改善了农民阅读条件。石湖乡廖塘村农民马如飞将自家楼房一楼全部腾空供农家书屋使用，并将自家院落改造成乡村文化大院，供村民开展文化娱乐活动，每天都吸引了大量乡邻。

二、招募志愿者，将志愿服务融进农家书屋

东海县利用推进农民阅读这一文化惠民实事，巧妙地融入志愿服务元素，以村为单位，面向村中老党员、退休老教师、热心村民等公开招募志愿者，每个书屋招募 2～3 人，组建“耕读”志愿服务小组，义务管理书屋，实现了书屋“有人服务、有人管理”。“耕读”志愿者主要负

责图书的统计整理、借阅流通、书屋设施维护等，每人每周服务时间不少于10小时，活动情况纳入到“志愿江苏”东海平台统一注册、管理。青湖镇阚朱洲村“朱洲书院(农家书屋)”共招募耕读志愿者6人，其中村民阚吉林不仅每周义务服务超过12小时，还个人自发捐款5 000元，为“朱洲书院”购买图书。目前，平台注册的“耕读”志愿者达70余人，在服务农民阅读的同时，很好地传播了志愿服务理念，弘扬志愿服务文化，让广大农民通过身边的人和事，触手可及地感知志愿服务，了解支持志愿服务活动，从而参与到农村各项志愿服务活动中去。

三、增强吸引力，把书屋建成乡村文化新阵地

为吸引更多农民走进书屋，东海县着力增强书屋吸引力。县乡财政首批拿出资金90万元，购买少儿、养生保健、文艺类图书，配置到每个书屋。文明办专门组织了“人捐一本书，书香润晶都”图书募捐活动，为书屋募集图书10万多册。县图书馆对书屋开展具体的业务指导和培训，对各书屋的图书实行统一编码，初步实现了乡镇内各村“农家书屋”之间的图书定向定期交流。组织文明单位和爱心企业与书屋结对共建，提高书屋硬件水平。各村以“书屋”为中心，将24字的社会主义核心价值观作为“源头活水”，围绕孝敬父母、关爱子女、勤劳致富、艰苦创业、节约节俭、反对浪费、义务奉献等贴近农村实际的内容，精心制作一批贴近生活、导向鲜明、新颖活泼、群众喜闻乐见的“美德文化墙”，使广大群众想看爱看、百看不厌、潜移默化。同时，在每个村的“书屋”内设立了专门的“贤德簿”，由志愿者们及时发现并实时登记本村发生的诸如诚信经营、捐资助学、敬老爱老、邻里互助、拾金不昧等凡人善举，使一本“贤德簿”成为一个村的道德村史。并利用书屋的号召力和吸引力，广泛开展小手拉大手家庭读书会、故事会、读书标兵评选等农民读书交流活动，对热爱读书的村民和留守儿童进行精神和物质奖励，更好地激发村民的读书热情，把村风民风引上文明健康、积极向上的新轨道。

取得的成效、影响及评价：

2016年东海县图书馆将樊氏图书馆吸纳为樊氏分馆，成为江苏省首家挂牌为公共图书馆分馆的民间图书馆。同年4月20日，央视《新闻联播》等栏目以“全民阅读书香人家——樊氏百年私人图书馆”为题，连续集中报道东海县图书馆樊氏分馆事迹，在全国引起强烈反

响，节目播出后，先后有多家党政机关和社会团体来东海县考察学习。

通过推进农家书屋与文化大户的融合发展，释放了基层社会中蕴藏的文化热情，在相当程度上解决了农家书屋建设以来存在的进出书屋不方便、开放时间无法保证、管理人员缺位等问题，极大地提高了农家书屋社会效益。使农家书屋真正成为新农村建设当中提供基本公共阅读服务、传播现代文明理念、保障群众文化权益的重要阵地。

（执笔人：霍正雷）

连云港市图书馆开展“书乡少年”的创新实践

关键词：

农村留守儿童　公共图书馆　课外阅读　阅读缺失

对象及范围：

连云港市图书馆“书乡少年”项目主要为连云港市留守儿童开展阅读推广活动，活动范围覆盖连云港市四县三区，主要集中在较为贫困的农村小学。

创新背景：

农村留守儿童是一个引人关注的特殊群体，农村留守儿童的阅读状况极大地影响着国民的整体阅读水平和国民素养。通过调研、问卷、走访等相关调查，图书馆的工作人员发现造成农村留守儿童阅读缺失的主要原因有以下几点：

（1）书籍来源少。书籍来源少是农村学生与城市学生的最大区别，城区学校图书馆、阅览室藏书丰富，学生家中也有不少藏书，而农村学生特别是留守儿童很难获得丰富的阅读资源。

（2）指导方法少。农村小学的一些语文教师本身阅读量不足，无法对学生的课外阅读进行有效的指导，同时，在课堂教学中又不能积极地向课外拓展，不能激发学生的阅读兴趣。

（3）学校对课外阅读的态度不够重视，组织不力。学校对于小学生课外阅读的态度只限于口头提倡，并没有多大的实际行动。

（4）经济条件不好。有很多家庭是因为经济比较拮据无法为孩子购买课外书籍，致使孩子无课外书可读。

（5）缺少引导。由于父母常年在外打工，导致监护教育角色缺失，孩子缺少正确引导以至于难以养成阅读习惯，很多农村留守学龄儿童在学习之余几乎不会进行课外阅读。

以上这些原因直接导致农村留守学龄儿童知识宽度和广度都十分有限，所以农村留守学龄儿童课外阅读缺失这一现状急需改善。因此，作为我市公益性的文化教育机构、公共文化服务体系的重要组成部分、全民阅读主阵地的公共图书馆，有责任也有义务对这一弱势群体进行文化关怀，帮助他们改善阅读环境，使其健康成长。

针对这一问题，连云港市图书馆特打造“书乡少年”这一公益项目，希望经过努力能够改善农村留守儿童的课外阅读缺失现状，并使农村留守儿童的课外阅读量及阅读环境接近市区学校学生标准。

主要创新点：

以阅读为桥梁，以书籍为媒介，连云港市图书馆“书乡少年”爱心公益项目通过开展阅读活动帮助农村留守儿童改善阅读环境，提高学习成绩，满足精神需求，丰富课余生活并让农村留守儿童树立正确的价值观。该公益项目能够整合社会资源，发挥自身优势，把图书馆及各分馆作为推动农村留守儿童课外阅读的主阵地，利用其深厚的阅读资源开展各项公益阅读活动。

一、开展送阅读进校园活动

为改善农村留守儿童阅读环境，营造农村留守儿童阅读氛围，传播优秀少儿读物，培养阅读习惯，不断增强广大儿童尤其是留守儿童的阅读兴趣和阅读能力，有效提升农村留守儿童的阅读意识，连云港市图书馆不断延伸服务内容，积极开展送阅读进校园活动，为农村留守儿童提供阅读指导服务，满足他们的阅读需求，指导他们掌握科学的阅读方法，引导他们多读书、读好书，培养他们爱读书、会读书的良好习惯。

二、建立留守儿童图书流通点

鉴于大多数农村小学没有图书阅览室或图书室的书籍陈旧长期未更换这一情况，连云港市图书馆充分发挥自身资源优势，在农村小学建设图书流通点，将优秀少儿书刊读物送到留守儿童身边。另外，连云港市图书馆进一步完善农家书屋的建设，扩大农家书屋的影响力，在为农家书屋采购书籍时可以适当提高儿童文学作品的采购量，尤其是中小学生必读书目，极大地丰富农村中小学生阅读资源。

三、整合社会资源加强交流合作

连云港市图书馆作为推动全民阅读的核心载体和主导力量，在为留守儿童改善阅读的服务中有不可替代的地位。关爱农村留守儿童是全社会共同的责任和义务，公共图书馆要调动社会各界的积极性，充分整合社会资源，积极争取社会爱心资金，与社会慈善机构、爱心企业、公益服务机构、社会爱心团体等单位加强交流，建立科学有效的合作机制，广泛开展献爱心送温暖活动，形成关注农村留守儿童群体的合力，切实让农村留守儿童真正感受到来自社会的关怀和温暖。

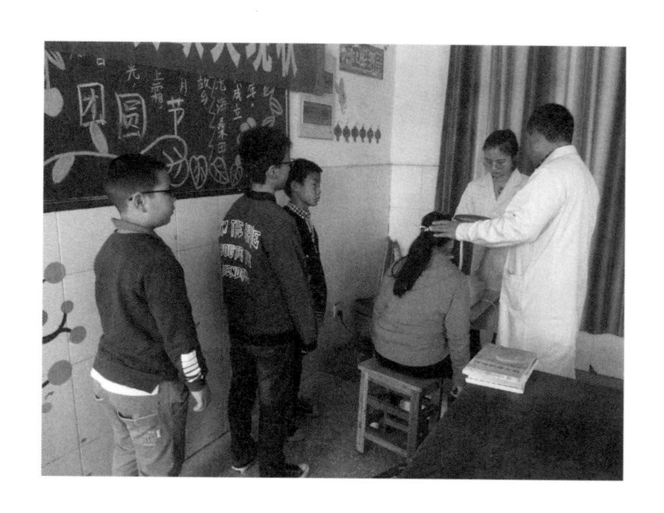

四、建立健全志愿者服务制度

连云港市图书馆面向社会公开招募志愿者并从中吸纳一批优秀志愿者参与到农村留守儿童的阅读推广服务工作。同时连云港市图书馆还与地方各大高校的志愿者社团取得联系,合作开展志愿活动。在寒暑假期间,连云港市图书馆可以组织志愿者以学校为单位,为留守儿童开展阅读夏令营活动。

此外,该项目通过前期的课外阅读能力测试,中期的课外阅读辅导,到后期的课外阅读知识竞赛等活动,更加专业化、体系化、科学化,从不同的角度去帮助农村学龄儿童解决课外阅读缺失这一问题。通过公益阅读的活动把市区的学生与农村的留守学生紧密地联系在一起,无论是在阅读上、学习上还是生活上都能使他们相互了解,相互学习,共同进步。

创新项目开展过程:

以“公益+阅读”的形式开展各项活动,帮助农村留守儿童改善阅读环境。“书乡少年”项目主要有以下 7 项活动组成。

一、课外阅读能力测试

组织阅读老师以小学生必读书目中的内容为基础，设计两套课外阅读摸底试卷，第一套试卷主要考察“书乡少年”项目开展前农村留守儿童课外阅读的开展情况，以及对课外阅读知识的掌握情况。另一套试卷主要考察项目开展后，农村留守儿童的阅读水平提升情况。

二、共享阅读活动

征集农村留守儿童阅读微心愿，组织市区学校的学生认领，并与农村留守儿童组成一对一读书小组，以交换阅读的形式长期开展共读课外书活动，分享阅读心得，共同感受阅读乐趣。

三、阅读辅导课

组织市区优秀语文教师定期赴农村小学为那里的留守儿童开展阅读辅导，引导学生们更好地开展阅读活动，帮助他们培养阅读兴趣，掌握阅读方法，通过阅读来提高他们的学习能力，养成阅读的习惯。

四、图书捐赠

整合社会资源，为农村小学捐赠书籍，建立阅览室，帮助农村留守儿童丰富阅读资源，改善阅读环境。使农村留守儿童人人有书读，人人读好书。

五、课外阅读知识竞赛

组织市区的学生与农村学校的留守儿童开展知识竞赛活动，检验农村留守儿童是否能将从课外阅读中所学到的知识学以致用，以及服务项目结束后农村留守儿童与城市学生在课外阅读上的差距是否缩小。

六、暑期阅读夏令营

为了使农村留守儿童在暑期中也能开展阅读活动，让留守儿童有一个美好的假期，连云港市图书馆特组织高校志愿者在暑期中赴农村小学开展暑期阅读夏令营活动，以此来缓解农村留守儿童在暑期无书读、无好书读的现实状况。为留守儿童的暑假增添一些快乐和趣味。

七、关爱农村留守儿童健康成长

连云港市图书馆定期组织爱心读者深入农村，精准扶贫，慰问帮助留守儿童。在春节、六一、端午等传统节日中为留守儿童送去温暖，在开学前夕赴农村小学为留守学生送去学习用品及生活用品。让留守儿童感受到社会对他们的关爱。

取得的成效、影响及评价：

连云港市图书馆“书乡少年”爱心公益项目开展至今足迹遍布我市数个县区，共惠及留守儿童3 000余人，捐赠书籍5 000余册，投入金额数十万元。为了让“书乡少年”项目落到实处，由连云港市图书馆牵头，在留守学生较集中的学校设立了项目服务点，广泛开展留守学生阅读辅导课、留守学生阅读推广的试点及援建工作。此外，该项目还大力整合社会资源，多次与市纪委、市财政局、市文广新局等市级机关单位合作，深入农村开展关爱留守儿童的阅读推广活动，活动受到了社会各界的一致好评，多次被连云港市电视台、《连云港日报》、《苍梧晚报》等主流媒体报道。此外连云港市图书馆“书乡少年”改善农村留守儿童阅读缺失项目还在由中国图书馆学会举办的“图书馆扶贫工作典型服务案例”征集活动中荣获二等奖。

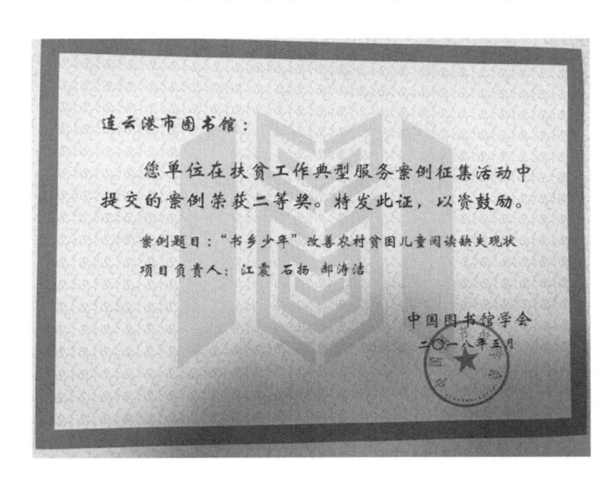

连云港市图书馆：

您单位在扶贫工作典型服务案例征集活动中提交的案例荣获二等奖。特发此证，以资鼓励。

案例题目：“书乡少年”改善农村贫困儿童阅读缺失现状

项目负责人：江震 石扬 郝涛洁

中国图书馆学会

二〇一八年五月

同时为了更好地开展活动，服务留守儿童，连云港市图书馆还成立了志愿者服务队，成员大多是来自各大高校的学生，他们不辞辛劳，不计回报，无私奉献着自己的力量。连云港市图书馆“书乡少年”项目不仅通过阅读帮助留守儿童解决了学习、安全教育、心理健康等社会问题，同时还弘扬了社会正能量，为我市公益事业发展做出了自己的贡献。

（执笔人：石杨）

淮安市图书馆“暑”你最精彩阅读推广的创新实践

关键词：

阅读推广　未成年人　暑期

对象及范围：

热情仲夏，快乐暑期。针对未成年人，开展暑期阅读推广系列活动，让孩子与阅读一起出发，通过新鲜有趣的活动，带领小朋友们走进图书馆，体验阅读带来的不一样的魅力。

创新背景：

“一个人的精神发育史就是他的阅读史”，阅读影响着孩子们的文化素养、精神世界以及未来的成长轨迹。因此，如何让孩子们爱上书，爱上读书，是公共图书馆的工作重点之一。关心未成年人的成长，为他们身心健康发展创造良好的条件和社会环境，已为全社会所共识。公共图书馆作为传播先进文化的重要阵地是未成年人最为重要的文化活动场所。在国家大力倡导全民阅读的社会环境下，公共图书馆未成年人阅读推广工作快速开展，逐渐成为公共图书馆服务的新常态。在暑假这样一个悠长的假期里，孩子们除了放松、玩耍，也是让阅读充实未成年人假期生活的好时机。鉴于以往自发的、零散的、补充式的暑期活动由于缺乏系统性、互动性、娱乐性，无法使小读者充分融入阅读氛围，影响读者参与阅读活动的热情和阅读推广活动的长效发展。鉴于此，淮安市图书馆充分发挥文化休闲、文化娱乐功能，满足读者阅读新需求、新特点，通过分享互动式服务以及用户体验交互式服务等新形式，开展多主题“体验式”阅读活动。体现阅读生活之美，使未成年人身心得到放松和滋养，对阅读产生兴趣和向往。

主要创新点：

（1）成立未成年人阅读推广服务小组，打造未成年人阅读品牌。

我馆从2006年起开始，致力于未成年人阅读推广工作，一直探索新时代、新阅读的环境下未成年人阅读推广工作的创新模式。经过10多年的积累和拓展，未成年人阅读推广工作逐渐成为图书馆特色活动。我馆成立了未成年人阅读推广服务小组，开展暑期阅读训练营系列活动，创立“希望来吧”“知心姐姐讲堂”“航模”等活动品牌，提升未成年人阅读能力与素养，在全社会营造了浓厚的阅读文化。随着对阅读推广工作理解与实践的深入，未成年人品牌活动吸引了更多青少年参与，为丰富未成年人的暑期生活，提升未成年人的阅读乐趣与知识储备，培养良好的阅读习惯，淮安市图书馆打造了“共读、共写、共生活——淮图‘暑’你最精彩阅读推广”品牌活动。

（2）阅读主题鲜明，阅读形式新颖，富有创意。

“暑”你最精彩阅读推广活动，坚持“儿童优先”和“儿童最大利益”服务理念，针对未成年人不同需求，细化服务，将阅读与朗诵、音乐、绘画、美食、插花、品茶、陶艺、传统文化、亲子瑜伽等元素融入阅读，融入生活，为广大青少年开展别出心裁的创意阅读盛宴，活动主要包括六大主题：阅读+参观——图书馆阅读体验零距离；阅读+朗诵——朗诵让阅读更“声”动；阅读+生活——五彩缤纷的阅读生活会；阅读+手工——别出心裁的手工阅读会；阅读+美食——色味俱佳的美食阅读会；阅读+传统文化——丰富多彩的传统文化体验阅读会。

（3）注重“体验”元素融入未成年人阅读活动中，增强活动的互动性、凝聚力。

以传统文化公开课为例，结合地方文化，挖掘地方特色，让孩子领略家乡文化，发现家乡之美，开展了瓷刻、衍纸、扎染、蛋雕、撕纸画、酿酒、京剧脸谱绘画、风筝制作、国画荷花、围棋、剪纸、团扇绘制、宫灯制作等传统文化公开课，既锻炼了孩子们的动手能力又提高了团队协作能力。

淮图非物质文化遗产·瓷刻公益课——非遗·瓷淮快乐童趣过暑假

（4）注重活动的整体规划性、延续性、系统性。

在阅读推广活动的策划、组织过程中，从活动的宣传口号到场地，从特邀嘉宾到活动主题、形式，都精挑细选，反复磋商。充分考虑未成年人个性化体验需求。加入互动性、自主性、娱乐性、趣味性因素，以期帮助小读者置身阅读情境之中，让阅读成为一种个性化行为。

朗诵新声代　声动图书馆——青少年有声阅读汇报表演暨诗词大会

重视读者在阅读中生成自己独特的体验，提升阅读效果。活动注重整体规划性、延续性、系统性。以“阅读＋朗诵”系列活动为例，开设“少儿诗歌朗”“少儿国学朗”“小小朗诵家”专题课堂，通过分角色朗诵、亲子朗诵、独诵、合诵的形式向公众传播朗诵理念。暑期朗诵培训开展 23 期，截至目前已开展 10 多场少儿朗诵会，具备完整的服务模式。组织“从课堂到人民大会堂”全民悦读朗读大会（淮安站）比赛，选出 16 名选手，代表淮安市远赴北京人民大会堂，参加全国总决赛，取得佳绩。

取得的成效、影响及评价：

“暑”你最精彩阅读推广活动，秉承创新务实的作风，主题鲜明、载体新颖、参与广泛、亮点频出、高潮迭起，获得各界支持及社会肯定，取得了良好效果。通过这些活动，服务成果明显增多，服务水平明显提升，事业发展明显加快，表现在以下四方面。

一、服务效益

在“暑”你最精彩阅读推广活动影响下，仅暑期 2 个月，少儿进馆人数突破 29 万，与此同时，暑期关注图书馆微信的读者大幅度增加，人数由 7 800 人增至 19 724 人，涨幅 152.87%。建立了多个不同主题活动的微信群、QQ 群，如淮安青少年阅读会、淮图插画沙龙、淮图瑜伽群、淮安市图书馆少儿活动群等，吸引了上万个小读者的加入。

二、读者关注

本活动采取融入体验，集朗诵、音乐、绘画、美食、插花、品茶、陶艺、亲子瑜伽、非遗课堂（瓷课、蛋雕、云锦等）传统文化公开课多种形式为一体，全方位、多层次展示阅读文化的魅力，挖掘图书馆资源，内容涵盖广，形式新颖，深受读者欢迎。信息一发布，活动名额瞬间就被抢光，可以说是一票难求。

三、多方合作

图书馆各部门、中小学、志愿者团队、淮安市诗词协会、淮安悦读会等社团、网络、媒体等社会机构参与阅读推广活动。

四、媒体报道

“暑”你最精彩阅读推广系列活动在全社会引起反响，中图图书馆学会、淮安电视台、《淮海晚报》等媒体纷纷报道了精彩活动。2017 年两个月的暑期活动共有报道 63 篇，其中中国图书馆学会报道 13 篇，《淮海晚报》报道 11 篇，淮安电视台报道 4 篇。

（执笔人：吴珩　朱晓丽　唐红　吴冬梅）

盐城市图书馆“书香济困　悦读民心”结对帮扶的创新实践

关键词：

文化扶贫　图书馆公益联盟　文化惠民　结对帮扶

对象及范围：

地市级公共图书馆　农民和留守儿童　公益组织　文化志愿者　社会爱心人士

创新背景：

为全面完成脱贫攻坚任务和实现文化惠民均等化、实用化，盐城市图书馆积极响应中央“打赢扶贫攻坚战”“文化精准扶贫”的战略部署，自2009年起，盐城市图书馆围绕“文化扶贫”建设目标，探索以“图书馆公益联盟”为载体，以“总分馆、盐渎书吧、流动图书车、讲座展览、万册捐书、送书下乡”为主要服务方式，深入开展各项悦读活动，着力打造“书香济困　悦读民心”扶贫项目，通过资源推送、人才培养、服务活动等多种途径，全方位开展精准帮扶工作，真正发挥文化工作在贫困地区脱贫攻坚中扶志、扶智的作用，保障贫困地区群众基本文化权益，同时传播了全民阅读的理念，助力书香社会建设，打通公共文化“最后一公里”。

主要创新点：

依托图书馆公益联盟，创新文化扶贫模式。依托图书馆公益联盟，丰富资源供给推送。实现资源的统一配备、资产设施统一管理、阅读活动统一组织、使用经费统一保障。传播了全民阅读的理念，助力书香社会建设，打通了公共文化“最后一公里”。建立健全人才培养机制，加强扶贫人才队伍培养，不断扩展扶贫人才队伍培养渠道。广泛组织发动文化工作者，丰富扶贫服务内容和形式，提高扶贫服务品质。

加强文化设施建设，完善文化服务体系。积极加强对各种基础文化设施的建设，形成完善的文化服务体系，增加更多公益性质的文化投入，切实加强贫困地区的图书馆、乡镇文化室、农家书屋等各种基础设施的建设，改善贫困地区的文化基础条件，并配备相应的文化资源。

开展多种文化活动，提高市民文化素质。积极组织书籍阅读、电影放映、文艺演出、讲座展览等丰富多样的文体活动，充分调动市民学习兴趣，丰富了市民业余文化生活，既加快了地区文化脱贫的脚步，也推动了社区的和谐建设。

创新项目开展过程：

一、提升完善，推进建设“文化圈”

盐城市图书馆以图书馆公益联盟为依托，充分调动全市文化资源，市县联动，助力打造“党委领导、政府推动、部门承办、组织支撑、全民参与”的全民阅读“文化圈”。根据基本公共文化服务相关标准，加快建设和完善覆盖城乡、实用便利、服务高效的公共图书馆、农家书屋、公共阅报栏(屏)等为主的全民阅读基础设施体系。完善农家书屋建设,落实“四个统一”,书屋管理员统一配备、资产设施统一管理、阅读活动统一组织、使用经费统一保障,全面提升农家书屋硬件质量与管理水平。积极推进分馆、“盐渎书吧”、农家书屋、“鸟巢”漂流书屋等城市阅读新空间建设。加快推进公共数字化阅读平台建设,推进数字图书馆建设,将数字化出版物送入农家。

二、综合施治,科学推使“组合拳”

立足文化行业特色和优势,充分发挥文化、图书潜移默化的浸润感染功能,努力为全市脱贫攻坚工作营造良好氛围。

(1) 组织“精准配书”下乡活动。盐城市图书馆充分依托“‘三下乡’集中服务”“全民阅读春风行动”等活动平台,广泛组织发动文化工作者,积极组织社会捐赠,将各类满载“三农”信息、致富信息、农技知识的图书阅读服务及时送到贫困村的田间地头,送到贫困户的家门口、心坎上。

(2) 加强文化科教扶贫兴边。组织志愿流动服务,搭建流动服务点,在贫困地区推动开展科普宣传,定期开展讲座、文化培训,开展图书流动借阅、参考咨询服务、借书证办理和数字阅读推广等活动,真正做到送关爱、送阅读式移动服务,支持贫困地区群众利用文化科技创业致富,并在我市周边贫困地区建立千册图书馆室。

（3）开展特殊困难儿童关爱行动。健全留守儿童关爱体系，完善家庭、学校、基层组织、政府和社会力量相衔接的留守儿童关爱服务网络，多手段对贫困家庭留守儿童关爱帮扶。用正能量照亮孩子的天空，开展廉洁文化暑期社会实践活动，注重对留守儿童心理健康教育和亲情关爱，促进留守儿童健康快乐成长。组织农村留守儿童和城乡贫困家庭子女参观图书馆、利用图书馆，同时免费播放公益电影、举办公益读书讲座，充分发挥图书馆文化主阵地优势，丰富留守少年儿童课余文娱生活。

（4）开展互联网＋精准扶贫活动。盐城市图书馆充分利用网络平台优势，在图书馆网站和“书香盐城”微信公众号平台开辟精准扶贫专栏，定期进行“三农”图书推荐，为拓宽贫困地区民众获取知识拓宽渠道，也为社会大众参与精准扶贫提供平台。

三、定向发力，打好对口“帮扶牌”

盐城市图书馆坚持统筹指导，定向发力，促进协同发展，广泛发动系统力量，加强对口支援、合作共建等工作。积极落实盐城市“牵手致富”结对帮扶工作安排，组织盐城市图书馆班子成员及帮扶干部深入贫困户逐家逐户调查走访调研，与帮扶对象见面座谈沟通，听取意见心声，收集核实情况，共谋致富良策，建立了“一对一”帮扶台账，确定帮扶联系人，定点跟踪、精准帮扶、一包到底。引导各类民间阅读组织、学校结对共建，落实共建项目，改善阅读条件，建立健全为特殊儿童群体提供方便快捷阅读服务的长效机制，努力让阅读成为留守儿童和贫困家庭学生安全温暖的心灵港湾。

“让星星跳起来”——关爱自闭症儿童系列公益活动

取得的成效、影响及评价：

盐城图书馆公益联盟获得2017年盐城市首届“最佳志愿服务组织”，2018年获评文化部全国基层文化志愿服务活动典型案例。在2018年5月召开的中国图书馆学会年会上，盐城市图书馆分享的“书香济困　悦读民心精准扶贫项目”，传递了盐城市图书馆以图书馆联盟为基础的精准扶贫、宣传推介的理念，获得一致好评。并获得扶贫工作典型服务案例优秀案例一等奖。专家表示，盐城市图书馆的扶贫案例具有典型意义，帮扶范围跨区域，是一种无边界的支持。盐城市图书馆通过联盟、通过服务体系，有效提升了农村的阅读服务。有理念、有想法，落实的时候有措施、有抓手、有效率。

精准帮扶，创新开展援建项目，对陕西铜川图书馆、西藏山南市图书馆的对口帮扶工作开展顺利。2018年盐城市图书馆分别在铜川市、川南市建立万册图书馆，推动文化资源向老少边穷地区倾斜，推动贫困地区文化服务工作蓬勃开展，切实推动当地文化事业、文化产业快速升级。2018年底，新建全民阅读新空间60个，公共阅报栏（屏）300个以上，建成基层公共文化服务中心500个以上，改造农家书屋实现通借通还800个以上。

扬州市少年儿童图书馆建立国家级亲子阅读体验基地的实践

关键词：

少儿图书馆　亲子阅读　阅读推广

对象及范围：

少儿读者及家庭。

创新背景：

阅读是人类获取知识、增长智慧的重要方式，是一个国家、一个民族精神发育、文明传承的重要途径。十八大以来，以习近平同志为核心的党中央高度重视全民阅读，而少儿阅读则是全民阅读的基础。儿童是国家的未来，儿童的阅读状况代表着国家的前途和命运。

亲子阅读，又称“亲子共读”，就是以书为媒，以阅读为纽带，让孩子和家长共同分享多种形式的阅读过程，是增进父母与子女之间感情，培养孩子阅读习惯的重要方式之一。

主要创新点：

多年来，扬州市少儿图书馆积极开拓、勇于创新，在实践中不断丰富少儿图书馆服务的内涵与外延，在亲子阅读推广活动中凸显与践行儿童优先的服务理念，形成了以“智创”“智读”“智育”为主线的亲子阅读服务品牌。

一、智创活动——体会探索与发现的乐趣

我馆将音乐、绘画、手工、游戏等元素融入亲子阅读，为小读者和家长带来别出心裁的创意阅读盛宴。“奇思妙想科学实验屋”科普系列亲子活动和童趣童创手工游戏活动是智创活动的重要组成部分。

低幼儿童图书借阅室每月定期开展“奇思妙想科学实验屋”科普系列亲子活动，引导孩子通过观察和实验，用自己的双手化平凡为神奇，解开科学的神秘面纱，探索自然世界中的奥秘。玩具馆的童趣童创手工游戏活动以“亲子互动”为主打，让小朋友们在“学中乐，乐中学”。

二、智读活动——领略语言与文字的魅力

随着全民阅读越来越深入人心，更多的家长意识到阅读的重要性，而良好的阅读习惯必须要从小培养。为此，扬州市少儿图书馆充分发挥其社会教育职能，以融洽亲子情感为桥梁，以培养少年儿童良好的阅读素养为宗旨，以丰富的馆藏资源、优秀的人才队伍、健全的软硬件设备为保障，组织开展了一系列内容丰富、形式多样的智读活动。

绘本馆不渴(book)书虫智“绘”屋活动以互动、体验式的亲子绘本阅读方式，引导孩子和家长通过读绘本、讲绘本、演绘本、做绘本等立体多维的形式，加强亲子互动，并爱上绘本，爱上阅读。数字资源馆有数字资源设备10台，活动共分为三个部分：“童创童话”主题系列活动，“创·动漫”主题系列活动以及数字图书馆推广活动。外文阅览室共陈列有6个语种的原版外文图书，定期于每周日下午为小朋友和家长们举办特色主题趣味英语亲子阅读活动——“磨耳朵·英语悦读时光”。国学馆秉承“以人为本”的理念开设了“国学小讲堂”，于每周六的下午带领小读者走入国学、亲近圣贤。

三、智育课堂——共聚智慧，同心培育

(1) 建设高质量和特色性馆藏资源，开展个性化亲子阅读指导服务

多年来，我馆通过举办书展、推荐书单、新书推荐等全方位的图书导读工作，有力地促进少儿读者及家长的深度阅读和选择。此外，我馆充分利用微信、微博等高效、有人气的新媒体服务平台，对绘本类、教育类等最具阅读价值的书目加以推荐，对亲子共读、家庭教育中的误区加以纠正，引导爸爸妈妈在陪伴宝贝共读的时候，和孩子一起学习，共同成长。

（2）开设“少图讲堂”公益讲座，构建读者阅读交流平台

“少图讲堂”是我馆品牌系列活动之一，旨在通过公益讲座的形式为广大少儿读者和家长提供阅读交流的平台。在讲座策划上，我们一方面注重少儿阅读兴趣的培养和阅读品味的引领，另一方面，紧扣时代脉搏，针对广大少儿读者的健康、求知需求以及他们所关心的社会热点，力求通过讲座传递最科学最有效的信息和正确的价值观，有效提升少儿读者的整体素养。目前已经形成亲子早教、名师讲堂、儿童作家零距离、家庭教育、儿童身心健康等多个板块。

创新项目建设过程：

一、专设亲子阅读活动场所，相关馆藏图书及馆舍面积领先全国同类机构

1998 年建馆之初我馆就设立亲子阅览室，定期邀请亲子阅读专家和志愿者为家长和孩子开展各种亲子阅读推广活动，树立亲子阅读理念。2015 年新馆扩建后，我馆逐步形成以亲子阅览室、绘本馆、低幼儿童图书借阅室为亲子阅读体验的主阵地，以形式多样的亲子活动吸引着广大小读者和家长们参加。我馆每年划拨专项经费采购亲子阅读类和绘本图书 2 000 多种 8 000 多册。目前全馆共有亲子阅读类图书 38 000 册，可供亲子阅读的场所面积达到 1 260 平方米。

二、精塑亲子阅读品牌活动，声动全国

我馆从 2010 年开始在全国图书馆界率先开始实施“0 岁阅读”计划，每年 4 月 2 日“国际

儿童图书日”都来到扬州市妇幼保健医院，为新生儿及家长赠送亲子阅读大礼包，为他们送上宝贝阅读卡、亲子阅读指导卡、精美绘本图书和家教类图书，在200多个家庭中播下了亲子阅读的种子。

为了进一步做好亲子阅读推广指导工作，加强重点读者发展和培养，达到以书交友、会友目的，我馆于2012年初成立了“亲子读书之家”绘本阅读推广组织。创建“亲子绘本讲堂”品牌活动项目，以加入会员的形式参与活动。“亲子绘本讲堂”固定在每周六、周日下午开展活动，由绘本阅读推广专家、“亲子读书之家”会员家长、阅读志愿者和馆员带着小朋友们一起读绘本讲故事，目前已发展志愿者100多名。

三、注重“名师名家”效应，加强亲子共读指导

从2010年开始，我馆聘请专家定期开展亲子阅读指导专题讲座。著名教育专家知心姐姐卢勤、上海市知名学前教育专家姜勇、北师大教授王晓华、学前教育专家夏晓红、《由图画书爱上阅读》作者余耀，扬州市电台《童心碰碰车》栏目主持人叶楠、扬州市幼儿园教育专家沐文扬、小学语文骨干老师孙燕等名师每年为儿童举办20余场《“爱心姐姐”读绘本》亲子阅读指导活动。同时，我馆先后邀请著名童书作家秦文君、曹文轩、方素珍、王巨成、薛涛、殷健灵、饶雪漫、晓玲叮当等一大批名人名家做客“少图讲堂”，培养家长阅读指导理念，指导孩子们如何开展阅读。

四、亲子阅读推广队伍人才济济

我馆一直注重亲子阅读推广人才队伍培养工作，采取引进、自学和外培三种方法，有意识地引进教育心理学、外语、中文等各种专业人才。五年时间组织相关人员参加专业培训30余次，12人取得“阅读推广人”证书。

取得的成效、影响及评价：

2010年起我馆举办亲子阅读指导专题讲座近220场次，参与人数达2万多人。2012年初我馆创建“亲子绘本讲堂”品牌活动项目，6年来共举办亲子绘本分享会300多场次，参与小朋友和家长6 500多人。2015年10月扬州市少儿图书馆新馆正式对外开放，亲子阅读指导活动全面升级。3年多来举办亲子阅读体验活动近1 000场，参与活动读者近6万人次。组织“亲子阅读书目推荐”106次共计展出2 544册图书。我馆举办的亲子阅读活动在全市少儿读者和家长中反响热烈，《图书馆报》《扬州晚报》《扬州日报》等新闻媒体也多次对我馆的活动进行宣传和报道。

多年来我馆获得多项国家级大奖，得到图书馆和社会各界的赞誉和肯定。2010年获得中国图书馆学会“全国少年儿童阅读年”阅读推广奖；2012年获得扬州市唯一一家由中央文明委授予全国未成年人思想道德建设工作先进集体；2014年、2015年江苏省全民阅读工作先进单位；2015年度、2016年度扬州全民阅读工作先进单位；2014年获得中国图书馆学会“全国十佳主题绘本推广活动”奖，2016、2017、2018年连续三年获得“全国十佳绘本馆”称号；2018年获得“全民阅读十佳推广机构”；2018年获得全国妇联家庭和儿童工作部颁发的“全国家庭亲子阅读体验基地”。

（执笔人：华斌　孙勇）

扬州市图书馆 24 小时城市书房的创新实践

关键词：

城市书房　全民阅读　图书馆　公共文化服务

对象及范围：

通过媒体和网站公布城市书房的选址条件，广泛征集企业、社区等单位报名，继而组织专家评审，拟定建设单位并向全社会公示，以期多源头地吸纳社会力量，为广大读者和社会公众提供就近、便捷的阅读服务新空间。

创新背景：

扬州自古崇文尚读。在扬州人心中，不论丢什么，都不能丢失文化，尤其不能丢失书香。建设城市书房，就是要提升城市文化软实力，促进文化名城建设，促进城市创新发展。同时，不断提高市民文化素质和文明素养，进而为以文化城、以文化人，促进城市文明建设常态化、长效化提供坚强保障。

当今社会，文化多元、知识爆炸，但我国成年人阅读率、人均纸质图书阅读量不高，远远低于以色列、新加坡、日本等国。功利浮躁的风气和快节奏的工作、生活，让读书成为一种奢侈。城市书房就是要给市民提供便捷、安静阅读的公共空间，甚至将不爱读书的人逐步从酒桌、牌桌吸引到书桌前。

中国互联网络信息中心(CNNIC)发布的第 36 次《中国互联网络发展状况统计报告》显示，截至 2015 年 6 月，我国网民规模达 6.68 亿，其中手机网民规模达 5.94 亿。移动互联网的普及促成了知识信息获取的便捷化，但也碎化了人们对知识的系统学习尤其对经典的阅读，影响了民众整体素质的提升。读书使人心明眼亮，人生最大的捷径就是用时间和生命阅读一流的书。城市书房恰恰为移动互联网时代提供了阅读新空间，具有引领深阅读、纸质阅读和经典阅读的功能。

图书馆虽藏书较多，但布点少、距离远。读书本身就是一种身与心的享受，为读点书而长途奔波，势必影响读者的心情。家庭书房大多藏书量少、读书氛围不足，也影响持久阅读。而城市书房恰恰弥补了图书馆和家庭书房的不足，让市民在海量的图书资源中，享受彼此感染相互熏陶的读书氛围，在“知识的海洋”中尽情遨游。

主要创新点：

一是体制创新。坚持以人为本的价值取向，在“城市书房”建设过程中，坚持政府主导保障公共文化服务的基础上，通过资源互补、签约合作等方式，调动吸引社会力量的广泛参与。

二是机制创新。网点布局上，打破了行政区划壁垒，根据服务半径来规划建设服务网点；在资源利用上，打破了部门之间的藩篱，整合了各种社会资源；在服务供给上，打破了时间空间的限制，实现24小时服务，提供丰富的纸质资源和海量的电子资源，极大地满足了市民的阅读需求。

三是技术创新。"城市书房"将门禁系统、防盗监控系统、自助借还系统与图书馆业务管理系统有效整合，完成读者识别进入，自助借还服务，24小时不打烊。为市民提供自助办证、阅览、外借、数据库检索、二维码书刊数字资源下载等"一站式"阅读体验服务；通过门禁控制人员的进出，与市图书馆控制中心联动，实时监控书房现场，保障图书及自助图书馆内设备的安全；中央智能控制系统通过对灯光、空调等设备进行自动控制，深夜无人时感应灯光系统自动切换成夜灯节能模式；专门配备了图书自助消毒机、自助水吧、咖啡机等，满足读者的个性化需求，让读者舒心阅读。

四是服务手段创新。一是数字化图书馆服务有益尝试，移动图书馆、微信图书馆带读者进入现代阅读新时代；二是坚持建在城市最繁华、最漂亮、离老百姓最近的地方，与城市公园、旅游景点等相结合，让阅读空间嵌入城市的各个角落，扩大了图书资源服务覆盖面，既方便了市民，也提升了城市形象。

创新项目开展过程：

一是多方来参与，建立公开参与新机制。坚持"开门办馆、社会参与"的理念，从城市书房选址的公开报名参与，到评审会的专家评审确认，到设计方案的反复修改，再到图书采购，每个环节都有面向公众的意见征询，如组织"最美阅读空间，请你来设计""你选书，我买单"等活动。城市书房建设采取市图书馆与各区文化部门、街道社区、企业或其他机构合作的模式，合作方提供场地和设施，市图书馆负责书房整体设计，图书馆专用设备、图书采购配送和后期运行维护等，通过撬动社会力量，有效降低了图书馆建设书房的投入。

城市书房选址评审会

二是建在家门口，构建城市阅读新空间。扬州，坚持在城市最繁华、最漂亮、离老百姓最近的地方建设城市书房，把图书馆搬到市民家门口，打通图书馆服务的"最后一公里"，构筑

"15 分钟阅读圈"。广陵新城红帆驿站城市书房是第一家城市书房，填补了城市东区图书馆的空白；虹桥坊城市书房位于寸土寸金的虹桥坊街区；三湾湿地公园、半岛公园和明月湖公园城市书房，都建在城市公园内，坚持动静结合，打造运动健身、全民阅读的健康生活理念。

三是服务一站式，探索管理服务新模式。依托计算机技术、网络技术、通讯技术，将门禁系统、防盗监控系统、自助借还系统与图书馆业务管理系统有效整合，完成读者自助识别进入，自助借还图书，打造了便捷、高效的一站式服务平台，实现了实体图书馆和数字图书馆协同发展。城市书房为市民提供 24 小时"不打烊"的图书馆服务，弥补了图书馆闭馆对读者随时阅读的影响。通过大数据分析各个书房的借书信息和读者阅读爱好，实现精准购书、精准配书、精准满足市民阅读需求。

四是环境很温馨，打造阅读环境新体验。坚持"以人民为中心"理念，以群众需求为工作导向，用温度和情感建设城市书房。城市书房提供宾馆式、居家式阅读体验，配备无线网络、图书自助消毒机、自助饮水机、自助咖啡机等设施。室内设备进行自动控制，无论外面寒冬酷暑，空调设备都保证书房内四季如春，打造出人性化、智能化的温馨环境，极大地增强了城市书房的读者粘性。同时，注重对城市书房的室内装饰风格与周边环境相协调，如街南书屋城市书房是第一座园林式书房，与古色古香的东关街相得益彰。

五是运营有保障，实践运行维护新措施。书房建设是基础，运营是关键。为此，市图书馆专门成立了分管管理部(图书配送中心)，负责城市书房等馆外服务窗口的图书配送工作，2 辆配送车予以保障，并形成了一整套定期更换、补充图书的长效机制，实现了服务的"六个统一"：图书资源统一采购、统一配送，工作人员统一培训、统一指导，服务流程统一规范、统一标准。技术部专门设立城市书房服务窗口设备运行维护岗位，招聘 1 名技术人员，专门负责城市书房设备的运行维护工作，对外公示报修电话，购置 1 辆运行维护车辆加以保障。维护人员除定期对各种电子设施、设备进行维护管理外，接到报修电话亦会在规定的时间内到位处理，保证正常的运行秩序。

取得的成效、影响及评价：

经过 3 年的建设，扬州市图书馆已建成开放 22 家城市书房，书房新增读者办证量 6 万张，月均 15 万人次走进书房阅读。城市书房仿佛一座"文化灯塔"，成为扬州的"精神地标"。

"城市书房"的建设得到了专家学者的广泛认可。2016 年 3 月，上海图书馆副馆长、研究员周德明在考察扬州城市书房后认为，扬州这样一座有历史人文底蕴的城市，它的优良传统通过运用现代化的手段在"城市书房"这个载体里得到提升，令他很是感动。上海社会科学院研究员、文化产业首席专家巫志南表示，城市书房建设是扬州城市特色和文脉延续的现实体现，这一创新之举值得肯定。

扬州"城市书房"建设无论是建设管理水平，还是实际运行成效，都处于国内领先地位，形成了书房建设的"扬州经验"。近两年，我市共接待中宣部、山东、广东、辽宁、福建、甘肃等各省市学习考察团近百批。《央视新闻》频道、《央视十九大特别节目 · 还看今朝》栏目、《人民日报》、《光明日报》、人民网、新华网等主流媒体对"城市书房"给予了高度关注和聚焦报道。"城市书房"还荣获 2016 年度江苏省宣传思想文化工作创新奖和扬州市政府工作创新奖。经市民投票，入选扬州"2017 年 10 个赞工作"。2018 年 9 月，扬州"城市书房"入选了江苏省庆祝改革开放 40 周年图片展，在展馆呈现实物场景。

扬州市图书馆庆祝改革开放40周年图片展实物场景

（执笔人：袁晖）

仪征市图书馆地方文献发掘与利用的实践

关键词：

地方文献　展示与研究　地方特色数据库

对象与范围：

对象与范围：仪征公众、对仪征地方文化感兴趣的读者或公众、研究仪征地方文化的专业人员或公众。

创新背景：

地方文献是地方文化的深厚积淀，具有存史、资政、励志的重要作用，是我们创造新文化和促进社会文化进步不可缺少的信息资源，也是新时代增强文化自信的重要途径。

仪征是一座有着两千五百多年悠久历史的古城，历史积淀深厚，文化内涵丰富。自古就有盛世修史重文的传统，在建设汽车名城、弘扬“尚义求真”精神成为仪征各界共识的今天，对地方文献的系统收集整理、展示研究、开发利用，既是对文化事业服务功能的延续和拓展，也是对仪征悠久历史、深厚文化的挖掘和弘扬，更是藉此进行“知仪征，爱仪征，兴仪征”主题教育、凝聚人心、合力求进的需要。

仪征市图书馆以地方文献为载体，积极开展地方文献征集工作，建立完整的地方文献收藏利用体系，践行“以展促藏，以藏推展”理念，设立了仪征市地方文献陈列馆，并以此为平台，围绕“地方文化”这一主题，以活动、展览、研究、地方特色数据库建设为抓手提供多元化地方文献服务，使地方文献开发利用直观生动兼具系统深入，既能满足大众化普及性需求，又能满足仪征地方文化研究专业人士需求。

主要创新点：

一、设立仪征地方文献陈列馆

仪征市地方文献陈列馆于 2013 年 1 月正式建成开馆，是扬州地区首家地方文献陈列馆。陈列馆位于仪征市图书馆二楼，由地方文献陈列室和地方文献研究室两部分组成。地方文献陈列室共分十个展区，分别是：淮南名邑、地方文史、英杰留芳、院士风采、名人名著、经济科教文献、真州文坛、白沙诗词、扬子艺坛和综合著述。共展出仪征文史和仪征名人等各类著作一千余件，图片百余幅，文字万余字，其中包括部分省级珍贵古籍如《重修仪征县志》等，全方位、多角度向参观者展示仪征籍精英的丰采成果，为广大市民提供极具仪征地方文化气息的乡土教材。2013 年底，仪征市图书馆以地方文献陈列室和研究室为活动阵地，吸纳仪征本土文史和地方文化专家，成立了仪征市地方文献资料研究会，将地方文化特别是地方文献研究工作向纵深推进。

二、以活动丰富地方文化体验

仪征市图书馆为弘扬地方文化，着力打造“乐仪讲坛”和仪征地方文献图片展（进校园、社区、乡镇）两大服务品牌，同时定期举办主题特色活动，以引领公众了解地方文化，走近地方文化，传承优秀文化。

“乐仪讲坛”成立于2015年，以“用仪征人讲仪征事”为特色，围绕家庭教育、国学经典、地方文化、阅读分享四个主题，引进社会化合作机制，联手推进“乐仪讲坛”可持续发展，为广大市民感受地方传统文化提供一个优质平台。

2017年策划组织“弘扬地方文化，建设书香仪征——仪征地方文献图片展”进机关、学校、社区、乡镇、分馆活动。通过一“看”（参观制作精美的展板）、二“听”（听专业人员的讲解）、三“猜”（别出心裁的地方文史知识竞猜）、四“赠”（送地方文献书刊）活动使图书馆的地方文化优质服务惠及更多公众。

此外，仪征市图书馆围绕地方文化传承，策划了系列主题展览和特色活动。如《仪征历史文化名人古籍图片展》集纳了唐宋元明清不同时代的50位名人的著述，通过图文并茂的形式使公众感受仪征丰厚的文化底蕴；举办“青春杯”书香真州文明仪征全民阅读暨红领巾读书征文大赛、“我与图书馆”征文大赛、中国梦——知仪征、爱仪征、兴仪征地方文史知识大赛、辞旧岁迎新春·仪征地方文史知识有奖竞答等主题活动，进行地方文献阅读推广；在仪征市图书馆暑期品牌活动“七彩夏日　快乐成长”暑期体验营中融入地方文史知识讲解，使小读者在寓教于乐中了解仪征，从小培养孩子们爱我仪征的情怀。

三、深化地方文献研究

为了充分发挥公共图书馆保护民族典籍、传承中华文化的重要作用，为深入挖掘仪征地方文献资源打开一扇窗，2013年启动了《仪征历代古籍珍贵图录》研究项目，对历代仪征籍或与仪征相关人士的古籍进行梳理、筛选，组织人员赴国家图书馆、南京图书馆、上海图书馆、扬州市图书馆等查阅资料、挑选版本、采集书影。2017年《仪征历代古籍珍贵图录》一书付梓出版。该图录以人物为经，以著述为纬，收录了宋元明清时期204位仪征人及占籍仪征者的著作，彰显了仪征深厚的历史文化底蕴。这不仅在全市古籍保护与研究工作上是史无前例的，乃至全省都是一大创新与亮点。

四、建设仪征地方特色数据库

为进一步保护、开发和利用仪征地方文献，适应网络信息时代数字图书馆建设需求，2015年仪征市图书馆启动了地方文献数据库建设项目。经过多方调研，与专业信息技术公司合作，按计划、分步骤做好地方文献数据库建设。目前已建成仪征地方特色古籍数据库和仪征市图书馆典藏古籍数据库。其中，仪征地方特色古籍数据库现有地方文献6 389册，仪征市图书馆典藏古籍数据库现有地方文献工具书5 995册，让广大市民朋友足不出户即可查阅海量地方文献与工具书。

创新项目发展过程：

仪征地方文献陈列馆

“仪征地方文献图片展”走进巡特警大队

乐仪讲坛——“名城扬州的历史文化和地方特色”讲座

2011 年初，仪征市地方文献陈列馆建设项目启动，以政府发文并成立工作小组征集地方文献。2013 年 1 月正式建成开馆，并设立了地方文献研究室。2013 年底，仪征市图书馆以地方文献陈列室和研究室为活动阵地，吸纳仪征本土文史和地方文化专家，成立了仪征市地方文献资料研究会，将地方文化特别是地方文献研究工作向纵深推进。2015 年，设立乐仪讲坛，以“用仪征人讲仪征事”为特色，围绕家庭教育、国学经典、地方文化、阅读分享四个主题，定期举办讲座，为广大市民感受地方传统文化提供一个优质平台。同年启动了地方文献数据库建设项目。2017 年组织策划“弘扬地方文化，建设书香仪征——仪征地方文献图片展”进机关、学校、社区、乡镇、分馆。同年底出版《仪征历代古籍珍贵图录》。

取得的成效、影响及评价：

仪征化纤党员干部参观地方文献陈列馆

获奖证书

HUOJIANGZHENGSHU

仪征市图书馆：

你单位《展现地方文献新魅力 提升汽车名城软实力》项目，在第六届江苏省公共图书馆优秀服务成果评奖中，荣获二等奖。

特发此证，以资鼓励。

江苏省文化厅

二〇一四年九月

第六届江苏省公共图书馆优秀服务成果二等奖

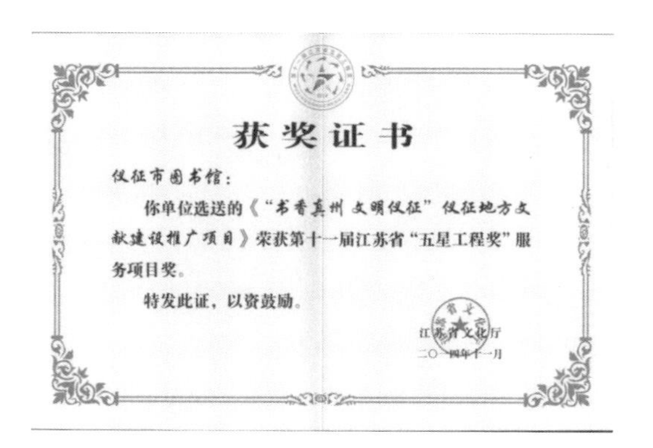

获奖证书

仪征市图书馆：

你单位选送的《“书香真州 文明仪征”仪征地方文献建设推广项目》荣获第十一届江苏省“五星工程奖”服务项目奖。

特发此证，以资鼓励。

江苏省文化厅

二〇一四年十一月

第十一届江苏省五星工程服务项目奖

仪征地方文献陈列馆已成为仪征市文化标志之一，被市政府作为仪征文化发展的特色门户，接待省内外各级领导参观考察。同时也吸引了众多学校、单位的集体参观及社会公众的参观。自2013年开馆以来共接待参观10余万人次，接待学校、企事业单位等社会团体参观20多批次，接待省内外各级领导近30批次。乐仪讲坛举办讲座59场，参与人次4 000余人，开展“弘扬地方文化，建设书香仪征——仪征地方文献图片展”走进阳光社区、巡特警大队、金升外国语学校等8次。

仪征市图书馆以地方文献为切入点，深入挖掘其蕴含的价值并充分展示、研究与利用，得到了社会各界、行业内外的广泛好评，先后荣获江苏省文化志愿服务优秀服务项目奖、第六届江苏省公共图书馆优秀服务成果二等奖、第十一届江苏省五星工程服务项目奖。作为扬州地区首家以地方文献陈列、研究、传承为主旨的展馆，仪征市地方文献陈列馆先后被评为扬州市社科普及示范基地、扬州市爱国主义教育基地。

弘扬地方文化是图书馆义不容辞的责任和肩负的使命，仪征市图书馆将再接再厉，继续提供优质服务，展现地方文化新魅力，提升特色服务软实力，将地方文化服务工作推向更高水平，为促进广大市民“知仪征、爱仪征、兴仪征”做出新贡献。

（执笔人：郭菲）

句容市图书馆“国学讲座”的创新实践

关键词：

创新　国学讲座　教育

对象及范围：

全市小学生及热爱国学的市民读者。

创新背景：

句容市图书馆是县级市公共图书馆，创建于1959年。新馆于2015年1月1日正式对外开放，建筑面积达1.5万平方米，环境舒适、功能齐全，是集传统型、数字型、多功能、先进性、开放性于一身的现代化图书馆。2013年被文化部授予“国家一级馆”称号，多次被句容市政府评为“文明单位”。

我馆现有员工26人，开架图书16万余册，电子图书25万余本，书库藏书10万余本。功能区设置主要有电子阅览室、数字图书馆、学术报告厅、亲子乐园、少儿借阅、成人借阅、期刊报纸、残障人借阅、24小时自助图书馆、密集书库、休闲书吧等。自新馆建成以来，实现了由传统图书馆向现代图书馆的历史性蜕变，在推广全民阅读、营造书香社会的进程中起到十分重要的作用。我馆力求以更加人性化的服务，为读者打造舒适温馨的阅读环境，丰富群众的文化生活，使句容市图书馆真正成为句容的文化传播中心。

国学，不仅仅是传统文化，不仅仅是先进文化，不仅仅是时尚文化；也不仅仅是自然国学，不仅仅是生命国学，不仅仅是家庭国学，不仅仅是公益国学；国学更是一种起源于原始太初而传承于历史现实的活着的正在继续的中正文明、和谐文化，是中华民族核心的价值理念和追求，是数千万年来中国人思维方式、行为方式、生活方式、生产方式的高度总结，是中华母亲的乳汁，是中华儿女的血脉、精神和灵魂，是中国人信仰的天空和大地。

但是，一些优秀的国学文化正在慢慢消亡。一方面由于中国现代化节奏的加快，越来越多的人们静不下心来体会感悟国学文化，使得很多国学经典正在被人们淡忘。另一方面，由于周身环境和自身的限制，人们与传统文化的距离渐渐变得越来越遥远，谈到国学很多人觉得十分陌生。

主要创新点：

为进一步弘扬国学，加强市民朋友对国学经典的重视与学习，提高自身修养，普及国学知识，我馆免费开展了国学知识系列讲座，给市民朋友提供了解和接触国学的平台，通过生动有趣的课程，提高市民对国学文化的兴趣，孕育淳朴民风，传承美德，陶冶情操，铸造精神。

创新项目开展过程：

一、前期安排

（1）成立相关工作小组。
（2）联系主讲教师，确定讲课时间、内容、面向对象。
（3）根据讲课内容、时间制作宣传材料。

二、中期安排

（1）安排相关负责人，检查上课场所，确保音响、投影设备的正常使用。
（2）根据不同年龄的听课群体安排相关引导人员，保证市民进出场安全性和上课的纪律。
（3）增设专门的邮箱听取市民反馈意见，根据不同意见与授课老师沟通调整讲座的内容。

三、后期安排

（1）对活动经费使用进行核算。
（2）通过照片、通讯稿或其他不同的形式进行本次活动的后期宣传，提高活动影响力。

为保证讲座教学的顺利进行，提高教学效果，我馆制定了国学讲座制度。学生听课要自觉遵守纪律，对违反课堂纪律的行为，讲师可及时批评指正，对严重违纪并造成不良影响的可暂停其课程。

为了保证国学讲座课程的质量，我馆特意联合刘俊、程明、王辉等句容市数名资深教师来授课。

开课时间为每周周六、周日上午 9:00—10:30 以及寒暑假上午 9:00—10:30。开课地点为句容市图书馆五楼多功能厅或一楼放映厅。

取得的成效、影响及评价：

我馆国学讲座自2015年3月开办以来共举办讲座300余场，活动参与人数达15 000余人次，国学讲座开展以来受到了《扬子晚报》《南京日报》《镇江日报》《句容快报》等多家媒体的报道，在我市产生了很大反响，受到了学生和家长的热烈欢迎。

我馆的国学讲座以其通俗易懂的课程内容、丰富有趣的授课方式吸引了众多学生和家长关注国学。学习国学不仅增强了学生的文化底蕴、滋养了语文素养，而且提升了学生的人文素养、培育了人文精神。国学经典文化的韵律、美妙的意境和精炼的词句，对培养孩子的语感、发展能力、提高文化素养有独到的作用。通过对国学经典的学习和背诵，引导学生积累一些文化底蕴，培养运用语言文字的能力。国学经典，作为人类文化载体的传统文化精粹篇章，蕴涵着深厚的人文思想，凝聚着中华民族的人文情感，饱含着丰富的人文精神和道德因素，蕴藏着浓厚的文化积淀，闪耀着理性思索的光芒，传承仁、智、勇，兼以真、善、美和谐统一的崇高道德标准。

弘扬国学、发展国学并使国学在中华民族中得到广泛的传承和发扬，对于建设中国特色社会主义，建立社会主义核心价值体系，促进中国经济社会快速发展也具有十分重要的意义。我馆将继续积极发挥优势、创新服务方式，为国学教育与传播贡献自己的力量。

（执笔人：殷素红）

扬中市图书馆故事义工深入全面助推学前儿童阅读推广的实践

关键词：
故事义工　绘本　学前儿童　阅读推广

对象及范围：
扬中市0～6岁学前儿童家庭。

创新背景：

一、国际背景

重视和提倡儿童阅读的浪潮基本波及世界上所有教育发达的国家。在美国，社会各界大力提倡儿童阅读，就连国家总统也参与进来。1987年里根总统签署法令，将当年定为美国的“阅读年”。1996年，克林顿总统发起“美国阅读挑战”运动。2001年，布什总统签署“不让一个孩子落后”的中小学教育法案和旨在提高儿童阅读能力的“阅读优先”政策。布什总统的夫人也发起了一项“为阅读而阅读，为学习做准备”的计划。2009年2月，奥巴马总统与妻子米歇尔一起来到华盛顿的一所小学，为孩子们朗读、送书。英国也是将儿童阅读做得风生水起的国家。具有世界影响力的学前儿童阅读推广项目Bookstart从1992年起就为0～4岁的学前儿童免费发放与其年龄相对应的阅读礼包。到目前为止，该计划已经实行了24年，成功推广至欧洲、亚洲、北美洲、南美洲和大洋洲。国内的苏州图书馆也在2011年加入该项目。亚洲有些国家也非常重视儿童阅读。在韩国，幼儿园的阅读课程已经占到总课程的80%以上。日本政府秉承“让阅读成为教育的灵魂”的国策，认为儿童阅读关系到国家的未来，通过各种途径大力推广儿童传统阅读。

二、国内背景

2012年，由中共中央办公厅、国务院办公厅印发的《国家“十二五”时期文化改革发展规划纲要》将全民阅读列入重要文化建设工程。2014年，第十二届全国人民代表大会第二次会议上，李克强总理做的政府工作报告中，首次提到“倡导全民阅读”。2015年召开的十二届全国人大三次会议和2016年召开的第十二届全国人大四次会议上，李克强总理做的政府工作报告中又连续强调全民阅读。可见全民阅读正逐渐上升为国家战略。儿童阅读作为全民阅读的基础，儿童阅读权利的保障也在多个法律文件中得到体现。《中国儿童发展纲要(2011—2020年)》提出：为儿童阅读创造空间、资源条件，培养儿童阅读习惯，增加阅读时间和阅读量，广泛开展图书阅读活动，鼓励和引导儿童主动读书。《全民阅读条例》(征集意见稿)明确表示：国家鼓励学龄前父母或者其他监护人积极开展家庭阅读、亲子阅读，营造良好的家庭阅读氛围;国家鼓励有条件的公共图书馆等社会公共服务机构通过设立学龄前儿童阅读室为开展亲子阅读等活动提供便利条件;国家鼓励和支持高等院校、科研机构和社会组织开展阅读理论研究,促进阅读的新技术、新载体、新设施的开发与应用。

主要创新点:

(1) 主讲人由志愿者担任。我馆在2016年9月招募了志愿者妈妈,成立了"故事妈妈"志愿者团队,定期开展"故事妈妈"活动。活动伊始,也有各种顾虑,担心不是专业的讲故事人,活动效果会不好。后来,我们试着办了一期,发现家长和孩子们都反响不错。所以,我们就坚持了下来。主讲人由故事义工担任不仅可以培养孩子的阅读兴趣,更重要的是它可以推动亲子阅读、推广家庭阅读。

(2) 把绘本故事和手工、声乐、体育等结合起来,开展体验式阅读,寓教于乐,大大提高了活动的影响力。为了促进孩子与家长的互动,培养学龄前儿童的阅读兴趣,增强孩子的参与性,我们会根据绘本故事内容开展延伸活动。延伸活动不仅能巩固在故事中学到的知识,而且能培养孩子们的动手能力、创造能力等。母亲节,我们会讲一个关于母亲的故事,然后让小朋友做一个礼物送给妈妈,或是手工花束,或是芭比娃娃。秋天,我们会领着孩子们来到户外,阅读《一片叶子落下来》,然后让孩子们做树叶拼接,让他们感受秋天,感悟生命。

取得的成效、影响和评价：

（1）形成服务品牌，定期开展活动。自2016年活动开展以来，故事妈妈活动就以其新颖的形式、丰富的内容、强烈的感染力，受到小读者和家长的广泛赞誉和大力支持，至今已举办活动30余场，参与人数达1 000余人，已成为岛城少年儿童的良伴知己。

（2）创新服务理念，提高图书馆的社会影响力。以往图书馆的活动都是以成人活动为主，或听讲座、或看电影、或开展读书会。"故事妈妈"活动是图书馆面向婴幼儿群体的一项活动，参与性、互动性极强。这项活动增强了图书馆的亲和力，使小朋友觉得图书馆不是枯燥与古板的代名词，它是可以亲近的。

（3）"故事妈妈"品牌活动迅速发展壮大，获得了广泛好评。自举办以来，《扬中日报》、扬中电视台、《镇江日报》等本市主要媒体都做过专题报道。

（执笔人：化慧）

镇江市图书馆“阅读＋”少儿积分兑换课程的实践

关键词：

阅读＋，少儿，积分兑换

对象及范围：

镇江市所有持少儿借阅证的儿童读者。

创新背景：

“阅读＋”少儿积分兑换课程是镇江市图书馆于2016年推出的一个面向儿童的阅读推广项目，旨在通过“积分兑换课程”的奖励方式激发儿童阅读兴趣，促进读者阅读行为。根据项目规则，小读者可以凭借个人借阅证上的积分，兑换各类文化、艺术、体育等素质教育课程。小读者获取积分的方式有两种：一是通过借阅图书获得阅读积分，每借阅一本图书积1分，每天每卡最多可积3分；二是通过参加图书馆举办的各类少儿阅读活动，获得由管理员自定义的相应活动积分。积分累积到一定程度，小读者可以登录我馆自主研发的积分管理系统，查看相关课程的预告，消耗一定数量的积分（一般为30个积分）选择报名自己感兴趣的课程。课程由我馆和其他单位、社会机构或个人合作推出，目前我们已开设和正在开设的课程包括国际象棋、古筝、琵琶、书法、围棋、诵读、彩铅画、陶笛、硬笔书法、吉他、乐理、茶艺、油画、搏击、儿童国画等。

“阅读＋”项目施行一年多来，吸引了众多小读者来馆阅读、参加阅读活动并兑换喜爱的课程，得到了家长、社会机构和媒体的好评。同时，还成功申报了2016年中国图书馆学会的阅读推广课题，获评2017年度江苏省社科联社科普及资助项目。在此基础上，项目继续平稳推进，现已成长为有着规范组织管理和成熟运作模式的创新型阅读推广品牌。

主要创新点：

一、自主研发系统，规范积分管理

为了推动项目顺利施行，我馆自主研发积分系统，采用B/S模式，运用PHP语言开发。系统由读者界面及管理后端组成，在读者界面，读者登入后可查看并报名相关阅读活动、查询个人积分、利用积分兑换课程等。在管理后端，管理员可进行系统维护和升级工作、修改积分参数、查看读者积分、发布活动和奖品信息、进行积分兑换活动的确认等。同时，我馆还制定积分管理办法，优化积分管理指标，以明确职责，规范操作。

二、跨界融合资源，营造书香社会

“阅读＋”项目鼓励小读者利用积分兑换课程，但提供丰富且有吸引力的课程非我馆一己之力所能为，因此，我们将目光放到馆外，积极寻求社会资源，即我馆作为发起者、组织者、沟通者，以购买、提供产品受众和承诺口碑推广的形式与社会机构、组织和个人形成合作，联合推出各类素质教育课程。项目施行一年多来，我们与镇江市文化馆、镇江市体育局、镇江市棋院、镇江公益艺术培训联盟、镇江市小记者活动中心、朱雀艺术培训中心、“戏墨娃”国画基地等机构和组织建立了长效合作机制，联合推出了包括国际象棋、古筝在内的16种课程，是跨界融合社会资源、为儿童阅读提供良好环境、营造“书香社会”浓厚氛围的一项有益尝试。

三、串起三个全民，辐射阅读影响

“阅读＋”项目追求个体经验的完整丰沛，重视儿童成长的全面平衡，以阅读作为杠杆，撬动各方资源，为儿童提供各类文化、艺术、体育等素质课程，在阅读的同时播下人文的种子、艺术的种子和健康的种子，是一项将“全民阅读”与“全民艺术普及”“全民健身”结合起来，努力践行《公共文化保障法》，培养人文素养、艺术素养、身体素质全面发展的新世纪儿童的创举。

四、升华阅读奖励，关注读者获得

图书馆职能决定了阅读推广活动必须以服务读者为至上，“图书馆工作的成败、兴衰、存亡，系于读者”，图书馆要赢得关注，就要让读者有真实的文化获得感，使读者得到看得见、摸得着的实惠。与一般图书馆鼓励读者利用积分兑换礼品、减免滞纳金的奖励方式不同，“阅读＋”项目将文化、艺术、体育等素质课程作为阅读奖励，让小读者切切实实地感受到阅读的好处，大大提高了奖励的层次。

取得的成效、影响和评价：

一、目标达成效果

积分系统开放后，我馆举办了160余场可累积活动积分的少儿阅读活动，吸引了4 000余人参与。与其他机构组织合作推出的15种课程和21次开课(其中琵琶、书法、围棋、国际象棋已重复开课2次，古筝已开课3次)让超过500多个小读者获益。另外，针对家长的问卷调查显示：认为参加“阅读＋”项目后孩子的阅读意愿有所提升、来馆参与活动的意愿有所增加、较之前更愿意来图书馆的家长分别占比84.93％、93.15％、95.89％，还有89％和83.56％的家长认为孩子来馆的实际次数和借阅图书的册数较以前有所增加。

二、社会影响效果

“阅读＋”项目推出后，受到省内外多家媒体的关注和认可，包括《中国文化报》、中国文化传媒网、人民网、搜狐网、中国江苏网，以及镇江市的金山网、淘文化网、镇江发布(微博)等。项目也促进了我馆与镇江市小学的联系，以项目为契机，我馆为宝塔路小学、孔家巷小学的小读者统一办理了借阅证，以鼓励读者累积阅读积分，享受阅读的好处。同时，还推动了我馆与“妈咪爱宝贝读书会”“老约翰绘本馆”等民间阅读组织和社团的合作，以共同推出少儿活动，为读者提供更多的活动选择。

“阅读十”积分兑换儿童彩铅画

“阅读十”积分兑换羽毛球

“阅读十”积分兑换少儿茶艺

（执笔人：吕超）

泰州图书馆开展“作家见面会”的创新实践

关键字：

本土作家　读者交流　征集地方文献

对象与范围：

泰州籍作家，以及广大文学爱好者。

创新背景：

在宣传本土作家以及地方文献的基础上，满足广大读者与作家面对面交流的愿望，并提升广大文学爱好者的写作水平与文学素养。泰州图书馆于 2015 年起，利用自有讲座品牌“凤城讲坛”，组织举办本土作家系列活动——作家见面会。

主要创新点：

甄选本土作家优秀新作品进行先期宣传，在图书馆公众号对选定的新书进行介绍，并对部分章节提前推送、导读，让读者对作品有初步的了解，搜集读者留言与建议，根据他们的观点制定作家见面会的关注点，与作家提前沟通，制定活动方案。

为了鼓励参加活动的读者，泰州图书馆作家见面会活动，与每位作家达成共识，将活动经费用于购买作品五十本，现场签名赠书给前五十名读者，让大家细致深入地阅读作品；每场活动，公布作家的微信号二维码，读者与作家因图书馆的活动结缘，文学交流不仅仅停留在短暂的见面会中，后期的互动一直延续中。

创新项目开展过程：

多渠道搜集本土作家作品出版动向，为公共图书馆搜集地方文献。并在其中甄选优秀作品，取得作家协会等部门的合作，联系作家，对他们解读活动主题，宣传地方文献的意义，作家们纷纷向图书馆捐赠作品并加以广泛传播，作家捐赠的作品不仅入藏泰州图书馆地方文献库，他们的名字也将列入捐赠荣誉录。

工作人员阅读作家作品，提炼作品主要内容，记录阅读作品过程中产生的共鸣与想法。同时结合图书馆公众号推送作品优秀章节后的读者留言，整理读者的建议与留言。从读者的角度，带着阅读体会与作家沟通见面会方案，撰写活动方案以及推广文案，商榷见面会活动的主题、内容、时间、地点、形式等具体活动流程。

在图书馆公众号、图书馆网站、图书馆大厅张贴海报、泰州地区主流媒体刊登等方式发布见面会活动信息，征集参加现场活动的读者。活动前期，整理读者报名信息，通过公众号回复、电话通知等方式通知读者。

活动现场，由工作人员作为主持人，带着读者的阅读体会，与作家进行交流的方式开展见面会活动。做到对现场状况的可控性，例如对一些读者偏离主题的交流进行礼貌地提醒，对现场读者在见面会过程中可向作家现场提问，由作家现场解答疑惑。活动最后，作家将自己的作品现场签名赠送给参加活动的读者。对没有得到赠书的读者做好解释工作。

整个作家见面会活动现场,有专业的人员进行照片拍摄和视频录影,后期将进行素材的整理,将活动制作成视频,上传至图书馆网站以及地方数字资源库以供更多的人观看。

活动结束之后,将对现场读者进行跟踪,鼓励他们撰写活动感受,并将读者感受整理保存。通过他们带领更多的人阅读泰州本土作家作品,宣传泰州优秀文化。

以其中一期作家见面会推广为例:

看悲欢离合　知善义冷暖

——《千雪柏》作者李晓东见面会

【嘉宾简介】

李晓东,江苏省泰州市人,现为江苏省泰州中学语文高级教师,作家。代表作品有长篇小说三部曲《青桐时代》《紫檀时代》《白槐时代》,《透明色》,随感录《润玉流翠》。2018 年 3 月,长篇小说《千雪柏》出版。

【作品推荐】

《千雪柏》以 40 万字的篇幅,随着作家的目光和思绪掠过老树、古巷、老井、古庙,最后停留在 21 世纪初的一座旧院落中,从曹、俞、马、赵四户人家的日常而漫生的丝丝缕缕,将千年古城深厚的人文精神、文化底蕴、历史变迁一一铺陈。一座大院、四个家庭的历史变迁,让城市文化的失落和人性的扭曲交织在一起。

作品语言有坊间俚语之忍俊不禁、也取《诗经》《老子》之精粹博雅,笔端深隐惜叹,流露对古城的钟爱和留恋。书中平凡人物,以诚实的品格守护着社会良知,如日月星辰,在历史的苍穹中,永远发光、温暖。

创作源于生活,通过前期新书推送可见,书中的方言运用、后街背巷的小吃、家长里短、小城大事,无一不让人感觉似曾相识,仅从豆腐脑、臭干等绣花般细描,透出作家浸润市井的深度。

【活动内容】

本次作家见面会,作家李晓东先生将携长篇小说《千雪柏》一书,与广大文学爱好者见面,并特邀两名读者作为嘉宾主持,和大家一起交流初读感受,讲述隐蕴在作品里的那些年、那些人、那些事,在《千雪柏》的善与义间,心领神会。

就新书提前看五期推送内容,本期作家见面会将设置答题环节,答对者将获赠李晓东先生画作。

【参与方式】

参加者可在市图书馆总服务台现场登记报名或微信公众号留言报名,格式:作家见面会+姓名(人数)+电话,欢迎广大文学爱好者踊跃参加,活动现场前五十名签到读者可获赠作家签名作品《千雪柏》。

【活动时间】

2018 年 7 月 7 日(星期六)下午 3:00

【活动地点】

泰州市图书馆三楼音像厅

【咨询电话】0523—80201006

作家李晓东见面会签名赠书现场

对于一些经典书目，例如刘仁前先生的《楚水风物》再次出版，我们应读者要求，将作家见面会组织成为一场文学讲座，与刘仁前先生沟通后，他做了一场《关于散文写作的几个维度》的讲座，将书的内容与写作紧密结合，得到了广大读者的欢迎。此次活动与泰州文艺广播联办，泰州文艺广播现场录音，截取精华部分在《品读时光》节目中共享给听众。泰州文艺广播邀约20位听众，与作家现场面对面互动交流。活动前期，将以《品读时光》的节目为主，微信公众号和其他节目为辅，宣传本次活动以及征集听众参加。

作家刘仁前讲述风物散文写作的几个维度现场

取得的成效、影响及评价：

泰州图书馆凤城讲坛品牌活动——作家见面会，以推荐并赠阅本土作家文学作品以及邀请本土作家举办讲座的方式，组织读者与作家面对面交流，通过作家的写作经历，促进广大读者深刻领悟文学的精神性。该活动得到泰州市作家协会的大力支持以及广大文学爱好者的欢迎。作家见面会自举办三年以来，已有十多名本土作家携新书与读者相聚图书馆，畅谈写作心得，分享写作历程。参与读者800多人次，赠送图书800多册。

著名作家刘仁前先生携长篇小说《残月》与读者一起沉浸里下河的风土人情的同时，感慨时过境迁，以作品寄托良知；根据散文集《楚水风物》举办的讲座《散文写作的四个维度》给文学爱好者质朴的指引；由网络写作走向职业写作的作家顾坚的长篇小说《爱是心中的蔷薇》见面会，让读者了解到小说背后一段美好善良的真实过往；青年作家严勇、周卫彬介绍写作体会，在泰州图书馆举办作家见面会，先后到学校、企事业单位推广十多次。作家李晓东两次做客泰州图书馆作家见面会，第二次不仅带来了他的新作，还甄选了三十幅自己的绘画作品，就前期推送的作品内容，进行有奖竞答赠画，现场气氛热烈、有序。

目前，作家见面会涉及的作品以文学为主，泰州图书馆将拓展推广阅读范围，将与更多的单位合作，如与泰州市作家协会共同举办"凤城讲坛"作家见面会活动，以梳理全市文学艺术界工作者的著作出版情况，推荐本土文化艺术界好书，宣传泰州优秀文化，营建读书好氛围，推广全民阅读，同时丰富公共图书馆地方文献馆藏。

接下来拟将每季度举办一场作家见面会签赠活动，活动主旨为推广全民阅读、提供文学爱好者交流机会；泰州图书馆按相关标准提供讲座费，作家提供所需签赠书籍，具体册数视书籍定价拟定；不定期举办泰州人士著述展；每年举办一期本土作家交流会，探讨下一年合作项目。

（执笔人：章素梅　陆炜）

兴化市图书馆“一点村色”全民阅读创新品牌的实践

关键词：

“全民阅读、服务品牌、一点村色、文化志愿者、阅读分享、你点我送”

一、创新思路，变“送读”为“点读”

党的十八大以来，以习近平同志为核心的党中央高度重视全民阅读。2012 年 11 月，党的十八大报告提出“开展全民阅读活动”。2014 年以来，“倡导全民阅读”连续 3 年写入国务院政府工作报告。《中华人民共和国国民经济和社会发展第十三个五年规划纲要》要求“推动全民阅读”，并将全民阅读工程列为“十三五”时期文化重大工程之一，将全民阅读提升到国家战略高度。

江苏兴化，文化底蕴深厚，文风昌盛，是一个有着比例较高的阅读群体的水乡。这样的优秀阅读传统，造就了一大批响当当的写作群体。毕飞宇、王干、顾保孜、费振钟、顾坚等著名作家异军突起。他们与坚守本土的作家和文学爱好者形成“兴化文学现象”。毕飞宇、顾保孜等人被评为江苏全民阅读形象大使。近年来，我们围绕有关要求，积极探索，尝试在创新阅读品牌上做文章，在创新服务方式上下功夫，打响了“一点村色”文化志愿者阅读分享品牌，将全民阅读更贴近农村，走近农民，向纵深推进。

首先，我们明确一点，我们所从事的全民阅读工作，是一项功德无量的文化服务，是文化惠民的举措之一。

一直以来，以“中国小说之乡”誉满海内外的兴化，在小小的区域把全民阅读工作推到了前所未有的高度。为丰富和策应全民阅读工作，提升服务方式，2008 年以来，我们推出两块阅读品牌，一是“昭阳讲坛”，站在较高层面上特邀全国知名的专家学者进行阅读讲座。二是“兴图讲坛”。以推广阅读为己任，邀请本土有一技之长的文化志愿者，奔赴各乡镇、行政村做专场阅读讲座。首批招募 20 多位文化志愿者，带着他们各自的学习心得，到各个行政村，进行全民阅读分享活动，试图点燃阅读的星星之火。村民们一片赞誉。在取得很好的社会效益的同时，我们也发现大部分分享活动效果不尽如人意。志愿者讲得津津有味，听的人如坠五里云雾，我们的一腔热情不能引起老百姓的共鸣，原因何在？经过深入调研，发现了“症结”所在：兴化市 614 个行政村，村与村之间经济发展、人文素养、文化差异比较大，村民阅读需求内容不同。由我们根据计划烹制的阅读惠民“大餐”，经常不对村民“胃口”是主要原因。例如，我市安丰镇以鱼蟹养殖为主，大邹镇写作氛围较浓，戴南镇是不锈钢名城，垛田镇以民间文化显长，我们自主安排的分享内容与老百姓的需求不能“适销对路”。2013 年 4 月起，我们改变思路，尝试在全市开展“全民阅读百村行，读书分享你点单”活动。将文化志愿者各自特长、专业“晒”到网上，让村民根据各自所需“点”其喜欢的志愿者。

第一堂分享活动，在垛田镇张庄村农家书屋。书屋里济济一堂。来自本村的数十位村民早早来到这里，聆听来自兴化图书馆的文史专家张培元先生交流自己的阅读体会。这个村村民以张姓为主，但他们普遍对自己姓氏的来历不甚了解。他们在文化站群里“点”到了博学多才的文史专家张培元先生。张先生研究地方史50余年，对一方文化情有独钟，他也是主动报名的志愿者之一。张先生帮他们理顺了张氏家族的来历，历数了张氏历代忠良及贤人，阐述了张姓家风家训家规，并激励张姓后代以史为荣，继往开来，为祖国、为社会多作贡献。村民热情的掌声标志着兴化市“全民阅读‘百村行’、读书分享你点单”活动正式启动。来自全市的全民阅读首批10位领读者分别被8个乡镇的16个村村民“点单”。

经过几轮的实践后，发现听众越来越多，场面越来越火爆。志愿者也越讲越带劲。一个小点子，产生了意想不到的好效果。

实践表明，点单式阅读分享，更好地贴近百姓文化需求，有效解决了“我送非你需”的尴尬局面。

二、注重实效，变“讲授”为“互动”

全民阅读工作以群众需求为导向，进一步夯实了全民阅读阵地，开展了丰富多彩的阅读活动，对全民阅读服务方式进行持续创新。

全民阅读重在“全民氛围”，更重在“阅读实效”，真正有效果的全民阅读，是人们读书观念的改变——从被动读书、从众读书，变为主动阅读、个性阅读。只有摆脱了对阅读的实用、功利目的，阅读行为才会根植于精神，融入人们的气质。

全民阅读活动很容易流于形式，走过场。我们脚踏实地，注重实效，哪怕做得小一点，但力忌形式主义。我们事先在全市选聘一批全民阅读志愿者。他们由本地文史研究人员、作家和艺术专业人士等组成。他们平时喜爱阅读，从阅读中得益匪浅，并且因读书而掌握文学文艺创作、艺术表演、历史人文等一技之长。然后将所有志愿者的姓名、工作单位及专业特长，向每一个乡镇文化站“张榜公布”，通过乡镇文化站向行政村“点单”，征集村民希望获得哪一位志愿者提供什么样的阅读服务。将每一份“点单”交由“百村行”活动领导小组办公室梳理后，根据“点单”类别，组织被“点单”的志愿者撰文并在相应的行政村农家书屋开展阅读分享和推广活动。

我们在组织志愿者培训时，要求志愿者在阅读分享时注意两点：一是必须要把全面阅读的意义和迫切性做一个通俗易懂的介绍，放在分享的“头版头条”；二是从讲台、会议桌上走下来，坐到老百姓身边，不要高高在上，改“坐式讲授”为交流互动。拉近志愿者与老百姓的心理距离。拉家常式的分享老百姓愿意听、愿意插话；志愿者也愿意讲，讲得带劲。

沈小华是一名文化工作者，成为文化志愿者，她依然很开心。她是南京艺术学院硕士研究生，专业是声乐表演。多次获得国内外声乐大奖，首唱、拍摄多首新歌和 MTV，是老百姓心中的明星。刚刚开始点单的时候，她怀孕了。看着手中厚厚一叠“单子”，她很开心。走进村头，与地方民歌手相互切磋，为孩子们教唱地方民歌，满足老百姓文化需求的同时，也提高了自己的艺术修养，学到了原汁原味的地方民歌。

王锐是八零后先锋女作家，18 岁开始出版长篇小说，迄今已公开出版 6 部小说。她绘声绘色讲述自己的写作经历，分享自己的读书体会，幽默风趣的语言，牢牢抓住孩子的心。她最受在校学生的喜爱和推崇，拥有众多的学生粉丝。所以她总被学校“点”中。每每总是数百人的场合，鸦雀无声的聆听，哄堂大笑的互动，拥挤着求签名。

郭兆军是南艺舞蹈系高材生，他编排的舞蹈多次登上省、国家级舞台。他所有的工作时间和业余时间都是舞蹈。这次他报名参加文化志愿者，是想把他近几年所阅读、体验和编排的广场舞与老百姓分享。农村广场舞盛行以来，很多爱好者都是从互联网上看视频自学，他们渴望能有一个专业的老师给他们手把手指导。郭兆军老师每到一处“点”中的村，村民们放下烧饭的铲子，关掉电视机，离开麻将桌赶来参加活动。天黑了，都不想离开。

三、形成影响，树品牌抓长效

全民阅读由“静”到“动”、由“送”到“点”的转变，是全民阅读惠民“精准服务”模式的一个有益尝试。从本市网站发出第一个报道后，引起省级、国家级媒体的关注。《泰州日报》《凤城泰州》《书香江苏》及省新闻出版广电局网站纷纷转载或撰文鼓励。《中国全民阅读网》记者特别另行起草文稿。《中国新闻出版广电报》刊登相关报道。茅盾文学奖获得者、著名作家毕飞宇先生闻听这个阅读分享实践后，非常激动，欣然挥笔，写下“一点村色”四个大字。

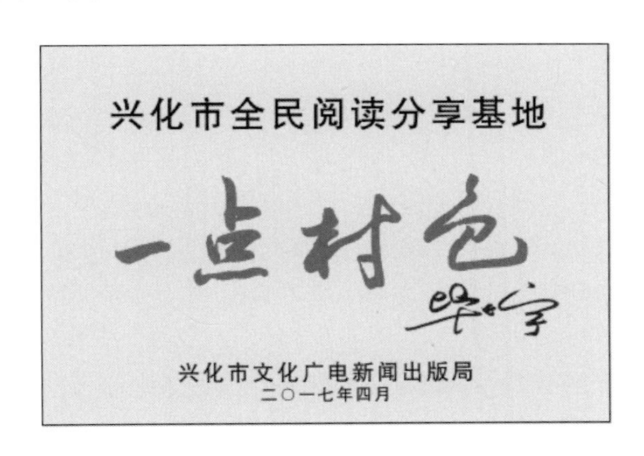

几年来,“全民阅读”无论是活动的覆盖面还是这一活动所取得的社会效益,都是有目共睹。不过,着眼于阅读的重要意义,无论是对于个人的成长与成熟,还是对于民族的强盛与社会的繁荣,我们在推进全民阅读时,都不能有丝毫的松懈,更不能止步不前,而必须是甚至只能是“百尺竿头,更进一步”。这是希望,更是要求,关键在于,我们如何将这份希望与要求落在实处。这就需要我们在服务方式上全面创新。

面对媒体的关注和领导的关心,我们将以更高的热情投入全民阅读的分享当中去。克服重重困难,脚踏实地,走遍水乡大地,做一个阅读分享的“农夫”,在肥沃的大地上遍撒全民阅读的种子。

(执笔人:董景云)

宿迁市图书馆城市书巢的创新实践

关键词：

共享　阅读　零门槛　全天候　新平台

对象及范围：

城市书巢首批在市区部署 50 个点位，以最实用的电话亭、鸟巢样式作为图书漂流的外观模型，同时充分考虑人流量，与周边环境的兼容性等各个因素，共设置中型书巢 20 处，每处可放置 200～300 本图书，分布于商业街、广场、景区等人流密集场所；小型书巢 30 处，每处可放置约 30 本图书，主要分布在市区的各公园内。

创新背景：

图书漂流是一个文明城市的流动风景线。图书漂流活动最早起源于 20 世纪 60 年代的欧洲，人们将自己不再阅读的书贴上特定的标签投放到公共场所，如公园的长凳上，无偿地供人们阅读。目前，该模式已经在浙江省温州市、嘉兴市以及江苏省南京市、南通市、徐州市、张家港市、江阴市等城市落地、推广，其中南通市一次性投入 10 万元图书，用于“鸟巢书屋”图书的初始投放和补充，各区全民阅读促进会、阅读办负责后期投入和日常管理；江阴市采用线下“漂流书箱”与线上“全民阅读、志愿风采”书籍借阅系统相结合的模式，在公共活动区域设置“漂流书箱”，书籍统一用软件系统管理，市民可以通过手机扫描图书封底的二维码实现分享、传递；志愿者也可根据扫描者的注册信息对图书进行追踪与催还，加之志愿者定

期对漂流书箱进行维护，确保书籍与书箱的常态化运作。图书漂流项目的建设不仅解决了市民即时的阅读需求，同时也是阅读的传递、文明的传递，体现了社会文明的进步。

主要创新点：

共享书巢的概念，主要源于共享单车之于资源的反复利用及对资源的有效管控：每辆自行车无须归还到指定地点、通过二维码即可进行借还操作、每辆车均有 GPS 定位装置。这些特点使得共享单车便于获取、易于找回。根据这些特点，我们专门开发了图书共享系统，为城市书巢设计了二维码用于门禁的开合。这样，一方面市民可以通过二维码扫码进入软件平台，享受更多的阅读服务；另一方面能够有效防止读者随意开门导致的公共资源浪费；同时也能通过平台对读者借阅信息进行总结、分析，从而更合理地调整馆藏结构、图书配备结构。

2018 年以来，先后完成系统管理平台开发，用于书巢硬件管理、数据分析、实现图书共享功能；系统平台与市图书馆图书管理系统、移动图书馆对接，市民可通过微信公众号、手机 App 实现借还书功能；在市区 50 个“书巢”上增加灯光感应、微信扫码、无线网和门禁系统等；通过市民捐赠及政府采购添置 1.8 万余册共享图书。

其中，我们开发的管理平台采用实体平台（书巢）和虚拟平台（手机 App）相结合的形式，为全国首创，实现了传统阅读难以比拟的阅读分享和推广功能。

一、信息采集

（1）采集共享图书信息：为维护意识形态安全和读者健康，由市图书馆对图书统一核验、消毒、编目后进站参与共享。

（2）采集参与者信息：为方便市民参与图书共享，设立网上注册系统，参与者可通过录入个人信息，参与图书共享。

二、图书共享

（1）共享借阅：扫描书巢的二维码，系统确认后进行图书借还。当读者选书出箱，系统便记录在该读者名下，并适时提示，逾期归还系统将对读者扣相应的诚信分。

（2）点对点借阅：读者有意共享图书，又不想放到书巢中共享，可将书的封面和部分内容拍照录入平台，供其他读者查询，一旦有读者对该书感兴趣，可以直接向图书所有者申请借阅，所有者同意即可互换联系私下交换借阅，该书在虚拟平台中共享，不在实体书巢中参与共享，但同样记入系统并给予诚信加分。

（3）每次扫码借阅不超过 2 本，借期不超过 10 天，市民若续借，可通过微信公众号办理续借。

三、系统管理

（1）积分奖惩。

读者首次登录，系统赠送 100 分的诚信分，后期根据借还书情况对读者诚信给予相应的加、减分。

系统内设读者心得留言等栏目，每月评出 10 佳“精彩留言”，给予相应奖励。

读者按期归还共享图书，系统将自动为其集“赞”，积“赞”10 次可兑换 10 元购书券（每年每人限兑 5 张，试行 1 年）。

逾期系统推送提醒信息，1 周后仍未归还者，计入不良记录，逾期 3 次者，将报市信用办列入读者诚信档案。

（2）资源共享。

共享系统由第三方通信运营商支持，市民免费注册。市图书馆读者证可通过共享系统自动生成电子证，实现与书巢共享图书资源。

市民扫码注册后，可与全国图书馆联合编目中心及市图书馆数据库实现互联，可参与图书共享、使用馆藏数字资源、支持馆藏及站点书目检索、了解站点图书位置信息等。

系统实时显示读者个人阅读信息、馆情信息、到馆人次、借阅册数和图书借阅排行榜等信息。

创新项目开展过程：

从全国各地运行情况看，图书漂流大都是一种阶段性阅读推广活动，大都集中在每年 4 月 23 日世界读书日期间，以及暑假期间，或者各地阅读节、读书月期间，往往活动一过，漂流图书便不见踪影，有的地方甚至将图书漂流箱关门上锁，使图书漂流活动流于形式，集中活动期间热热闹闹，平时冷冷清清，缺乏常态化和长效性。

为破解这一瓶颈，从 2017 年 3 月起，我市开始漂流图书常态化项目的调研，先后多次前往张家港等地学习图书漂流经验，并针对图书漂流箱的功能、样式提出了众多方案，最终以书巢命名我市图书漂流项目。其出处为清代时期，宿迁著名书香门第陆氏家族所建的藏书室“小书巢”。

城市书巢首批在市区部署 50 个点位，以最实用的电话亭、鸟巢样式作为图书漂流的外观模型，同时充分考虑人流量，与周边环境的兼容性等各个因素，共设置中型书巢 20 处，每处可放置 200～300 本图书，分布于商业街、广场、景区等人流密集场所；小型书巢 30 处，每处可放置约 30 本图书，主要分布在市区的各公园内。各类书巢均有专人管理、维护，定期补充图书。

城市书巢于 2017 年 7 月正式投入使用。其时正值我市迎接全国文明城市测评，城市书巢的建设给市民提供了全新的阅读体验，在全市营造了充满书香气息的城市文化氛围，不仅得到了广大市民的赞赏，也收获了来宿领导的认可，成为我市文明城市创建工作中的一大亮点。

取得成效、影响及评价：

城市书巢不仅零门槛，而且全天候24小时免费开放，吸引了越来越多的群众关注和使用。市委市政府明确将城市书巢作为市图书馆功能的延伸和补充，由市图书馆负责维护、运行和管理。为此，市图书馆专门成立书巢运营小组，制定一系列管理制度，并与数字图书馆建设相结合，对城市书巢进行技术升级和改造，促进其科学、高效运行。

随着信息技术与图书馆行业的深度融合，数字图书资源品类不断完善、质量不断提高，公共图书馆纸质藏书对读者的吸引力大不如前，读者越发倾向于通过数字化设备阅读文字，或直接获取图书馆购买的数字资源。为此，市图书馆将数字图书馆微信公众号打印张贴在书巢上，市民直接用手机扫码即可下载和阅读电子图书，使城市书巢成为纸质图书和电子图书的综合借阅载体。

目前，市民对公共图书馆服务水平、质量的要求越来越高，通过总分馆建设，打造群众身边可接近性、全面开放的图书馆，将阅读资源逐步向园区、乡镇、社区等基层推广，一直是市图书馆工作的重心。城市书巢从建设之初就纳入全市公共图书馆总分馆服务体系，每一个书巢就是一个市、区图书馆流通服务点，在开展图书漂流服务、共享阅读的同时，书巢还承担市、区图书馆图书通借通还等功能，成为百姓身边永不关门的图书馆，充分解决全民阅读的最后一公里问题。

（执笔人：王景）

宿迁市图书馆融入政务“一张网”的创新实践

关键词：

一张网　政务一张网　互联网＋　图书馆服务新模式

对象及范围：

宿迁市图书馆与宿迁学院图书馆、宿迁高等师范学校图书馆、宿迁卫校图书馆、宿迁中学图书馆及各县区图书馆合作，构建我市公共图书馆、高校图书馆阅读服务一张网。

创新背景：

“让信息多跑路、让群众少跑腿”是习近平总书记在2015年8月主持召开中央全面深化改革领导小组第十五次会议上提出的。2016年8月，江苏省政务服务网络项目启动，省、市、县三级开展政务服务“一张网”建设，大力推动“不见面审批”改革。

面对互联网＋的时代背景和“不见面审批”的改革趋势，宿迁市从去年起大力推行政务服务“一张网”，集行政审批、便民服务、政务公开、数据开发、互动交流于一体，逐步形成“网上办、少跑腿、高效率”的服务模式。“一张网”让更多行政职权和公共服务事项网上办理，实现“一网覆盖、一次办好”及“一次认证、全网通用”，实现多种政务信息互推、数据共享，减少多类申请材料，压缩办理时限，实现行政审批大提速，让企业和群众少跑腿、不添堵。宿迁政务服务一张网的不断铺展和良好的社会效益，对我市图书馆服务方式创新具有重要的启发意义。

2018年起，为响应我市政务服务一张网建设，促进全市阅读资源利用最大化，宿迁市图书馆启动政务服务一张网客户端对接开发项目，接入“政务服务一张网”APP平台，目前已实现资源检索功能，极大方便了读者对馆藏资源的查询利用。

宿迁市图书馆政务服务一张网功能的启动，带给了读者极大的便捷服务，做到了“让信息多跑路、群众少跑腿”，然而，检索及参考咨询只是图书馆服务的简单化模式，仅满足读者的一般化需求，如何利用互联网＋新技术探索建设“图书馆互联网＋服务与管理平台”，进一步丰富“一张网”服务内容，增加功能板块，拓展服务外延，形成图书馆服务新模式，从而满足读者个性化阅读需求，仍需要进行深入研究和探讨。

主要创新点：

"一张网"公共图书馆服务新平台特点：图书信息开放共享、高效融合、协同创新。

目前，全国各地方兴未艾的政务"一张网"建设大潮，已经形成一种势不可挡的"倒逼"机制和力量，促进各地图书馆对互联网＋时代图书馆服务创新的内容和策略进行探索，从而为公共图书馆新一轮跨越发展提供新动能。

首先，促进提升图书馆服务体系效能。随着信息革命的到来，互联网的普及已打破了原有的文化结构，对传统的图书馆服务体系形成了严峻挑战。通过对图书馆服务体系建设的现状进行深入的调查和分析，整合图书馆长远发展的核心要素，全面融合国家层面颁布的政策方针和图书馆行业组织、主管部门指导意见，分析图书馆内外环境和发展现状，统筹图书馆用户、知识、资源和服务之间的关系，设立专门机构，对"一张网"的资源内容及服务要素进行科学的顶层设计和统筹规划，利用互联网思维求变革新，发挥创新驱动力。

其次，促进优化图书馆馆藏资源结构。互联网＋时代各类型信息资源增速飞快，图书馆的馆藏结构和类型也在发生深刻变化，除传统纸质馆藏外，各图书馆都在逐年增加电子阅读资源的采购，以满足读者的日益增长的数字化阅读需求，图书馆各种结构化和半结构化数据及网络资源、报纸期刊资源、全文数据、书目数据使图书馆内涵产生了巨大变化。与此同时，读者对信息的需求也趋于碎片化、功利化和快速化，读者希望能够在有限时间内，以最便捷、经济的方式获取对应性、针对性、全面性、准确性和时效性较强的阅读信息。

因此，如何将全市海量数字资源进行有效整合，并融入政务服务一张网中，以实现"让读者不跑路，让资源多跑路"的目的，仍需在长期实践中不断总结和摸索。在此过程中，除协调各级图书馆，进行技术对接外，还需对各馆的服务现状、馆藏情况、读者阅读需求等要素进行详细的研究分析，以此为基础对"阅读服务一张网"进行科学的顶层设计和统一规划，从而形成科学、合理、最大限度满足读者需求的馆藏网络布局和功能区块。

创新项目开展过程：

今年以来，市图书馆以图书馆联盟为平台，系统地将全市范围内各个图书馆的发展指数与全市图书馆整体信息资源发展指数相结合，从整体角度探讨其适宜的融合方式，建立互联网＋时代图书馆信息资源异地调度与有效融合的组织协调、共享与获取的长效机制，为互联网＋时代图书馆服务体系的建立和完善提供扎实的创新基础和指导思路，努力实现图书馆服务的创新和发展。

取得成效、影响及评价：

目前，宿迁市图书馆已分别与宿迁学院图书馆、宿迁高等师范学校图书馆、宿迁卫校图书馆、宿迁中学图书馆及各县区图书馆达成协议，构建我市公共图书馆、高校图书馆阅读服务一张网。内容包括图书检索、信息服务一张网建设、针对全市读者开放读者证注册、数字资源初步整合联建、阅读推广活动整合等，这既是对新时代图书馆事业发展的创新性探索，打通学校图书馆参与公共文化服务通道，同时适应当下资源共享发展理念，提升我市文献资源利用率和全民阅读率，从而推动全民阅读活动的深入开展。宿迁市图书馆政务服务一张网功能的启动，带给了读者极大的便捷服务，做到了"让信息多跑路、群众少跑腿"。

（执笔人：陈雪）

第五部分

附　　录

江苏省第六次全国县级以上公共图书馆评估定级上等级图书馆名单

一级图书馆(100个)

南京图书馆
金陵图书馆
无锡市图书馆
徐州市图书馆
常州图书馆
苏州图书馆
南通市图书馆
连云港市图书馆
连云港市少年儿童图书馆
淮安市图书馆
淮安市少儿图书馆
盐城市图书馆
扬州市图书馆
扬州市少年儿童图书馆
镇江市图书馆
泰州市图书馆
宿迁市图书馆
南京市玄武区少年儿童图书馆
南京市秦淮区图书馆
南京市建邺区图书馆
南京市鼓楼区图书馆
南京市浦口区图书馆
南京市栖霞区图书馆
南京市雨花台区图书馆
南京市江宁区图书馆

南京市六合区第一图书馆
南京市六合区第二图书馆
南京市溧水区图书馆
南京市溧水区儿童图书馆
南京市高淳区图书馆
无锡市锡山区图书馆
无锡市惠山区图书馆
无锡市滨湖区图书馆
无锡市梁溪区图书馆
无锡高新区(新吴区)图书馆
江阴市图书馆
宜兴市图书馆
徐州市铜山区图书馆
沛县图书馆
睢宁县图书馆
新沂市图书馆
邳州市图书馆
常州市武进区图书馆
常州市金坛区图书馆
溧阳市图书馆
常熟市图书馆
张家港市图书馆
张家港市少年儿童图书馆
昆山市图书馆
太仓市图书馆
苏州高新区图书馆
苏州市吴中区图书馆
苏州市相城区图书馆
苏州市姑苏区图书馆
苏州市吴江区图书馆
苏州工业园区独墅湖图书馆
南通市通州区图书馆
海安县图书馆
如东县图书馆
启东市图书馆
如皋市图书馆
海门市图书馆
连云港市连云区图书馆

连云港市海州区图书馆
连云港市赣榆区图书馆
东海县图书馆
灌云县图书馆
灌南县图书馆
淮安市淮安区图书馆
淮安市清江浦区图书馆
淮安市洪泽区图书馆
盱眙县图书馆
金湖县图书馆
盐城市盐都区图书馆
盐城市大丰区图书馆
响水县图书馆
滨海县图书馆
阜宁县图书馆
射阳县图书馆
建湖县图书馆
东台市图书馆
扬州市邗江区图书馆
扬州市江都区图书馆
宝应县图书馆
仪征市图书馆
高邮市图书馆
镇江市京口区图书馆
镇江市润州区图书馆
镇江市丹徒区图书馆
丹阳市图书馆
扬中市图书馆
句容市图书馆
泰州市海陵图书馆
泰州市姜堰区图书馆
兴化市图书馆
靖江市图书馆
泰兴市图书馆
宿迁市宿城区图书馆
沭阳县图书馆
泗阳县图书馆

二级图书馆(6 个)

丰县图书馆
如皋市少年儿童图书馆
淮安市淮阴区图书馆
涟水县图书馆
盐城市亭湖区图书馆
宿迁市宿豫区图书馆

后　记

《江苏省公共图书馆事业发展报告(2013—2017)》是我省编制出版的第一套较为完整的关于公共图书馆事业发展的报告,也是基于第六次全国县级以上公共图书馆评估定级大数据形成的重要成果,这在历次评估定级中尚属首次。

本书由南京图书馆副馆长、江苏省图书馆学会常务副理事长全勤全面负责,江苏省图书馆学会秘书处具体实施和统稿。“江苏省公共图书馆事业发展总报告(2013—2017)”由南京图书馆研究部马晴和田丰两位博士负责,“江苏省公共图书馆大数据分析报告(2013—2016)”由安徽华博胜讯信息科技股份有限公司负责,“江苏省公共图书馆事业发展区域报告(2013—2017)”和“江苏省公共图书馆事业发展创新案例选编”由各设区市图书馆学会负责。东南大学出版社为本书出版做了大量工作。

在本书编写出版过程中,江苏省文化和旅游厅公共文化处杨树发处长等领导给予重视与支持;全省各级图书馆、各市图书馆学会给予配合与帮助,在此一并表示衷心感谢。

由于时间仓促和水平所限,本书难免有疏漏和不足之处,敬请广大读者批评指正。

《江苏省公共图书馆事业发展报告(2013—2017)》编写组

2018 年 12 月